● 丛 书 主 编　朱永祥

● 丛书副主编　庞红卫

中小学心理健康教育
教师专业培训系列用书

心理辅导活动课操作实务

PRACTICE OF SCHOOL MENTAL HEALTH CURRICULUM

钟志农 著

宁波出版社
NINGBO PUBLISHING HOUSE

图书在版编目(CIP)数据

心理辅导活动课操作实务/钟志农著. —宁波:宁波出版社,2007.7(2025.7重印)
ISBN 978-7-80743-093-3

Ⅰ. 心… Ⅱ. 钟… Ⅲ. 心理卫生—健康教育—中小学—教学参考资料 Ⅳ. G479

中国版本图书馆CIP数据核字(2007)第098769号

中小学心理健康教育教师专业培训系列用书

心理辅导活动课操作实务

作　　者　钟志农
责任编辑　陈　静
责任校对　华肖竞
出版发行　宁波出版社(宁波市甬江大道1号宁波书城8号楼6楼　315000)
经　　销　新华书店
邮购电话　0574-87286804
印　　刷　宁波白云印刷有限公司
开　　本　787毫米×1092毫米　1/16
印　　张　24.5
字　　数　400千
版　　次　2007年7月第1版
印　　次　2025年7月第70次印刷
标准书号　ISBN 978-7-80743-093-3
定　　价　36.00元

序

朱永祥

浙江省学校心理健康教育在近几年取得了很大进展：省、市、县（区）、校四级心理健康教育管理与咨询机构逐步建立；持有省级心理健康教育上岗证书的近万名教师在各级各类学校从事着专职或兼职心理健康教育工作；越来越多的学生摆脱传统观念的束缚而愿意主动走进学校心理咨询室接受教师的专门心理辅导；更重要的是，许多校长和教师已经意识到学生心理健康教育的重要性和必要性。在工作实践和大量调研的基础上，省中小学心理健康教育指导中心逐渐形成了今后的工作思路：在继续做好学生心理咨询和疏导工作的同时，突出学生心理问题的早期预防、早期发现和早期干预。

美国心理学家坎普伦将心理危机预防分为三个层次：一级预防是尽可能控制直至消除导致人产生心理问题和心理疾病的各种不健康社会环境因素，让学生生活在较为和谐的家庭、社会和学校环境中；二级预防是注重早期发现和早期诊断，在学生心理问题和心理困惑还没有加重之前及时予以干预，防止衍变成严重的心理疾病；三级预防是对已经患有心理疾病的学生及时进行心理咨询和辅导，防止极端事件的发生。目前我省的学校心理健康教育工作基本沿着这个思路进行设计，但重点还在后两者，对于根源性预防则关注较少。学生产生各种心理问题，都可以从学校、家庭和社会生活中追溯根源。学校和家长过分强调考试分数和升学率，采用频繁的考试、分数排名、提倡竞争、额外补课、超负荷练习、题海战术等做法，必定会加重学生的学业负担和心理压力，恶化学生的人际关系，严重的还会产生学生厌学、上学恐惧乃至逃学的现象。而家庭矛盾和家长不恰当的教育方式，也会对孩子的心理健康产生负面影响。因此根源性预防应成为学校心理健康教育的一个重要内容。

既然学校教育教学和管理工作中许多不科学、不明智的做法可能会引发学生的心理问题，校长和广大教师就有必要反思自己在日常工作中有哪些行为、做法、措施和态度在有意无意地伤害学生的心灵，引发他们的不满和焦虑，也有必要学习和掌握基本的师生沟通交往原则、技巧和相关学生问题的科学处理方式方法。有鉴于此，我们组织有关专家和一线教师编写了这套《中小学心理健康教育教师专业培训系列用书》，既可用于学校心理健康专职和兼职教师的专业培训，也可作为校长和其他学科教师了解心理健康教育常识的阅读材料。希望该套丛书能对推动学校心理健康教育工作，促进学生身心和谐发展有所裨益。

作者系浙江省教育科学研究院副院长、
浙江省中小学心理健康教育指导中心办公室主任

前　言

我从事学校心理健康教育完全是“半路出家”。

1993年8月，为了“叶落归根”，我以一个前“知青”的身份，从黑龙江调回南方时，已经是“知天命”之年了。在此之前，我在山西建设兵团、内蒙建设兵团、黑龙江建设兵团“屯垦戍边”，整整奋斗了28年，我人生中最美好的岁月永远地留在了大漠、荒滩和白雪皑皑的黑土地上。除了“文革”中老老实实地在农田和水利工地上“摔打”了6年之外，我还做过10多年的中学教师和10多年的教育行政干部。而当我踏上故乡的土地时，过去的一切已经“归零”，我必定要从新的“起点”开始。于是，一个问题油然浮上脑海：今后的10年，路该怎么走？

其实，我们这一代人早已习惯了“服从组织安排”，许多事情不用你去多想，因为想了也不一定管用。所以后来我就二话不说，去了杭州西南一个过去从未到过的卫星城，在市教研室里搞教育课题研究；后来又因为“文史不分家”的理念，毫无精神准备地做起了高中历史、初中社会两门学科的教研员，并且还要担起分管全市中学教研工作的重任。

事情如果到此为止，那我这一生也许就同心理健康教育“失之交臂”了。

但也是“无巧不成书”，到任后两个月，有一位青年校长来找我，希望我帮他们这所中学选择一个教育科研的课题方向。经过几个月的实地调研、查找资料、深入思考、拟订方案、座谈论证，某种信念似乎在自己心中逐渐形成并清晰起来。到次年4月，一个在当时具有前沿性的课题——《初中生心理辅导目标体系的研究与实践》，正式在省市两级立项了，而这个课题的实施形式就是班级心理辅导活动课。

那时候真的没有什么“慧眼”，根本没有想到后来教育部会做出全局性的决策，也根本没有想到心理健康教育的区域性推进。我只是怀抱一种信念：学生中出现的各种问题，主要的不是思想问题、品德问题、法制意识问题，而是心理上的问题；真正的教育应该从“心”抓起，从学生心理成长的规律抓起，从“预防”和“发展”

抓起。这就是我那个时候对课题组和老师们讲得最多的话。

具有这样一种信念，我要衷心感谢台湾师范大学的吴武典教授。为了帮助那位青年校长寻找课题研究方向，1993 年底，我写信托自己的叔叔从台湾帮我购买一些学校心理辅导方面的书，这在当时是一件很麻烦的事情。这批书辗转数地，历时两个月左右才到了我的手里，其中就有吴武典教授刚刚出版的《班级辅导活动设计指引》以及他的《学校辅导工作》、《青少年问题与对策》等著作。我那时真有一种如获至宝的感觉，用“狂喜”二字来形容也不为过。就是这些理论的明珠瑰宝，在 20 世纪九十年代初期大陆心理辅导著作极为稀缺的环境下，照耀并引领我一步一步地走进学校心理辅导这座辉煌殿堂的大门。后来的几年中，我费尽心机地去搜集吴武典教授的各种学术成果，成了他的未曾相识的忠实的学术“追星族”。而吴武典老师对我也是关爱有加。2002 年 7 月，当他在网络上搜索到我主办的“心海扬帆”网站之后，特地发来电子邮件对我的工作和“心海扬帆”网站热情垂勉奖挹，使我倍受感动与鼓舞，而当时的“心海扬帆”还只是一个“襁褓中的婴儿”，其内容主要是班级心理辅导活动课的设计。后来他又多次来信关注与扶持“心海扬帆”的成长，并亲自给我邮寄各种书籍。直至 2006 年，我才有幸在北京两次见到了这位台湾学校心理辅导界的泰斗，并当面聆听他的教诲，敬仰之情无以言表。吴老师回到台湾后，又专门给我寄赠了他的代表作《散播爱的种子》。可以说，正是吴老师的学术思想和人格魅力，14 年来深刻地影响了我的研究方向和自我成长。

具有这样一种信念，我还要衷心感谢北京师范大学的林崇德教授。1999 年我在攻读北师大“发展心理与教育”方向的硕士研究生课程期间，林崇德教授亲自为我们讲授《发展心理学》这一门课程，使我有幸领略了我们大陆心理学界大师级人物的学术风采，他的学术思想为我研究心理辅导活动课的规律奠定了重要的理论根基。尤其是林崇德老师关于“心理健康教育主要应该从正面来论述，……发展性指标是分析中小学生心理健康的根本性指标，中小学心理健康教育的重点应放在学生心理素质的发展上”的独到见解，指引我始终坚定地将发展性和预防性的心理辅导活动课的研究作为自己的主攻方向。

回顾这 14 年的路程，走得艰难而曲折。前 7 年，我完全是以一个“志愿者”的身份在从事这项工作。我不能耽误我的“正业”，也没有一个明确的专业身份，只好利用双休日和节假日来编写教案，并对开课教师进行指导。头 3 年实验，共开出了 48 节心理辅导活动课，所有的教案都是这样用业余时间写出来的。到教育部教基字(1999)13号文件下达后,在市教育行政部门的大力支持和北京师范大学发展心理研究所的指导下,我致力于以心理辅导活动课为切入点、"区域性推进心理健康教育"的实践探索,主持编写了从小学到高中12个学年的422篇心理辅导活动设计,举办和指导了90多次公开课研讨活动,深入第一线听课1000余节,并且亲自"下水"参与了试教实践和"送教下乡"活动。特别是在退休之后,我有了更多的时间和机会参加全国各地心理辅导活动课的听课、评课、研讨和培训活动,使我接触到了全国各地的开课模式和实践经验,大大开阔了自己的视野。

在这样一个"东风随春归,发我枝上花"的"地域气候"里,我执著地探寻着心理辅导活动课的客观规律,一些个性化的理性思维也在这一过程中逐渐形成。而其中最具代表性、直至现在仍在广泛流传或被转载引用的理性思维,就是我在1999年10月提出的心理辅导活动课的8条操作要领,即"八重""八不重"("重感受,不重认知;重引导,不重教导;重目标,不重手段;重口头交流,不重书面活动;重真话,不重有无错话;重氛围,不重理性探讨的完美;重应变,不重原定设计;重自我升华,不重教师概括总结")。从2001年起,我又在《人民教育》、《大众心理学》、《中小学心理健康教育》、《思想·理论·教育》等杂志上发表了一系列探究心理辅导活动课操作规律的论文,内容涵盖:心理辅导活动课的"课程论依据"、心理辅导活动课的"发展心理学依据"、心理辅导活动课的"六个特点"、心理辅导活动课的"目标设计要求"、心理辅导活动课的"活动设计要求"、心理辅导活动课的"四大发展进程"、心理辅导活动课的"八条操作要领"、心理辅导活动课的"十项操作技术"、心理辅导活动课的"六条评价标准"、实施心理辅导活动课过程中常见的"四种倾向"和"四个误区",等等。正是这14年积累起来的研究成果,构成了这本书的基本理论架构。我相信,读者们不难发现,这些基本的理论架构都是来源于实践的真切感悟和内心体验,带有较浓的现场感和较强的操作性,而绝非人云亦云或者是海外辅导理论的翻版。因为我的初衷本来就是:希望这本书能具有鲜明的本土特色,希望这本书能表现独特的个人风格。至于是否做到了这两点,那只好留待读者们去评判了。

这本书虽说是我对自己14年来致力于心理辅导活动课实践与研究的一个比较系统的回顾总结,但同时它也是浙江省内乃至全国各地数以千百计与我合作的第一线辅导教师努力探索、付出心血的智慧结晶。因此,在书稿付梓之时,我的内心充满了对他们的感激。

我衷心感谢我最早的合作伙伴任张才校长和缪群老师。任张才校长尽管校务繁忙，无暇顾及具体的业务研究，但他却以自己对心理健康教育的独到见识为我们提供了最可靠的研究基地和“大后方”；而缪群老师则是我的“开门弟子”，她的踏实、勤奋、执著和奉献精神，使我毫不犹豫地将各种重要的担子托付给她。

我衷心感谢我的老领导李亚元、唐永祥、蒋建民、何勇、童锦彬、郭一莲、温持雷、夏承洪、余龙生、陈竹根、凌国柱等同志，没有他们的远见卓识和运筹帷幄，没有他们对我的高度信任和放手使用，心理辅导活动课的研究和实施就会阻力重重。能够遇见这样好的领导，是我后半生的一大幸事。

我衷心感谢原浙江省教委副主任丁可也先生、浙江省教育厅副厅长张绪培先生、浙江省教科院院长方展画教授、副院长朱永祥教授以及王健敏博士、庞红卫博士、周红五副研究员，衷心感谢杭州市教科所施光明所长、陈凤鸣书记以及黄淑真老师、孙义农老师、姚立新老师，衷心感谢上海市教育科学研究院的吴增强教授，衷心感谢北京师范大学、浙江大学、浙江师范大学等众多的专家学者，14 年来，是他们的教育、指导、引领、鞭策，推动我不断进步和成长。

我还要衷心感谢“心海扬帆”中小学心理辅导论坛（www.xhyf.net）的几十位版主和全国各地数以万计的网友们，没有他们积极参与论坛“团体辅导”栏目中有关心理辅导活动课的讨论，没有他们反映的来自第一线的实践信息和困惑问题，没有他们发表的众多独到的见解，就不会触动我的灵感，引发我深入的思考，也就不会使拙作具有更浓郁的时代气息。

最后，我要衷心感谢我的家人：感谢我亲爱的夫人成月英女士，是她数十年来最为深情的理解、支持、关爱和督促，使我能心无旁骛地献身于我所执著的事业；感谢我的儿子钟崴博士，是他的创意、远见、辛勤付出和始终如一的技术支持，使“心海扬帆”网站 6 年来从无到有、从小到大，从而为探讨心理辅导活动课的发展规律提供了强大的网络平台；感谢我的儿媳黄先碧博士，是她多年来不辞辛苦地从海外帮我搜集了众多宝贵的资料，给我热情的鼓励，并为本书完成了相关英文资料的译校工作。没有他们的支持，我这本书稿的完成也是不可想象的。

钟志农

2007 年 5 月

目录

序 …… (001)
前言 …… (001)

理论篇

第一章　心理辅导活动课概述 …… (003)
第一节　心理辅导活动课的相关概念 …… (003)
一、心理健康教育 …… (003)
二、心理辅导 …… (004)
三、团体辅导 …… (006)
四、心理辅导活动课 …… (008)
第二节　心理辅导活动课的基本性质 …… (012)
一、心理辅导活动课是一种“活动课程” …… (013)
二、心理辅导活动课是一种“发展性团体辅导” …… (013)
第三节　心理辅导活动课的“四个区别” …… (016)
一、心理辅导活动课与思想品德课的区别 …… (016)
二、心理辅导活动课与主题班会课的区别 …… (017)
三、心理辅导活动课与媒体谈话节目的区别 …… (019)
四、心理辅导活动课与小组团体辅导的区别 …… (020)
第四节　心理辅导活动课是独特的心育载体 …… (022)
一、满足全体学生共同的心理发展需要 …… (022)
二、为学生个性的发展创设了团体氛围 …… (023)
三、为实现学校心育目标提供课程保证 …… (024)
本章小结 …… (025)
问题讨论 …… (026)

第二章　心理辅导活动课的理论分析 …………………… (027)
第一节　心理辅导活动课的团体动力学分析 …… (027)
一、团体的特征 ………………………………… (027)
二、团体的功能 ………………………………… (028)
三、团体的动力 ………………………………… (030)
四、团体与个体行为的关系 …………………… (031)
第二节　心理辅导活动课的发展心理学分析 …… (033)
一、埃里克森的“心理社会期”理论简述 ……… (033)
二、小学阶段学生发展的重要主题 …………… (035)
三、中学阶段学生发展的重要主题 …………… (037)
四、埃氏人格发展理论对心理辅导活动课的启示 ……………………………………………………… (041)
第三节　心理辅导活动课的教育社会心理学分析 … (042)
一、师生关系对学生个体成长的影响 ………… (043)
二、朋辈互助对学生个体成长的影响 ………… (045)
三、班级气氛对学生个体成长的影响 ………… (047)
第四节　心理辅导活动课的课程论分析 ………… (050)
一、心理辅导活动课的课程取向 ……………… (050)
二、心理辅导活动课的课程特点 ……………… (052)
三、心理辅导活动课的课程内容 ……………… (055)
四、心理辅导活动课课程设计示例 …………… (056)
本章小结 ………………………………………… (059)
问题讨论 ………………………………………… (060)

设 计 篇

第三章　心理辅导活动课的设计流程 …………………… (063)
第一节　正确表述辅导理念 …………………… (064)
一、对辅导主题的理论辨析 …………………… (064)
二、对学生年龄特征的把握 …………………… (065)

三、对辅导主题针对性的斟酌 …………………… (070)
第二节　恰当设定辅导目标 …………………… (073)
一、辅导目标必须分层级 …………………… (074)
二、辅导目标必须清晰 …………………… (079)
三、辅导目标必须集中 …………………… (080)
四、辅导目标必须可操作 …………………… (082)
五、必须顾及团体共性目标 …………………… (082)
第三节　精心设计辅导活动 …………………… (084)
一、心理辅导活动课的团体发展进程 ………… (085)
二、团体暖身阶段活动的设计形式 ………… (091)
三、团体转换阶段活动的设计形式 ………… (092)
四、团体工作阶段活动的设计形式 ………… (095)
五、团体结束阶段活动的设计形式 ………… (111)
六、辅导活动设计中可能出现的问题 ………… (112)
第四节　认真理清辅导思路 …………………… (114)
一、辅导思路决定辅导活动的成败 ………… (114)
二、辅导思路设计中可能出现的问题 ………… (115)
本章小结 …………………………………… (116)
问题讨论 …………………………………… (117)

第四章　心理辅导活动课的设计素材 …………… (118)
第一节　团体暖身期设计素材示例 …………… (118)
一、动作类热身游戏示例 …………………… (118)
二、语言类热身游戏示例 …………………… (131)
第二节　团体转换期设计素材示例 …………… (136)
一、案例类活动素材示例 …………………… (136)
二、表演类活动素材示例 …………………… (139)
三、音像类活动素材示例 …………………… (144)
四、游戏类活动素材示例 …………………… (148)

第三节　团体工作期活动素材示例 …………………（152）
一、体验类活动素材示例 ……………………………（152）
二、认知类活动素材示例 ……………………………（170）
三、行为训练类活动素材示例 ………………………（198）
第四节　团体结束期活动素材示例 …………………（207）
一、团康类活动素材示例 ……………………………（208）
二、音乐类活动素材示例 ……………………………（211）
本章小结 ………………………………………………（213）
问题讨论 ………………………………………………（213）

第五章　心理辅导活动课设计示例 ……………………（214）
第一节　小学教案设计:如何应对父母的唠叨 ……（214）
第二节　初中教案设计:穿越情感的风暴 …………（233）
第三节　普通高中教案设计:人生长宽高 …………（244）
第四节　职业高中教案设计:花开应有时 …………（254）
本章小结 ………………………………………………（264）
问题讨论 ………………………………………………（265）

操 作 篇

第六章　心理辅导活动课的操作要点 …………………（269）
第一节　心理辅导活动课的操作原则 ……………（269）
一、动感第一 …………………………………………（269）
二、情境体验 …………………………………………（272）
三、多元互动 …………………………………………（273）
四、现场生成 …………………………………………（276）
五、主体抉择 …………………………………………（280）
六、和谐有序 …………………………………………（282）

第二节　心理辅导活动课的操作要领 …………… (288)
一、重感受,不重认知 ………………………… (288)
二、重引导,不重教导 ………………………… (289)
三、重目标,不重手段 ………………………… (290)
四、重口头交流,不重书面活动 ……………… (291)
五、重真话,不重有无错话 …………………… (292)
六、重氛围,不重理性探讨的完美 …………… (293)
七、重应变,不重原定设计 …………………… (294)
八、重自我升华,不重教师概括总结 ………… (295)
第三节　心理辅导活动课的操作技术 …………… (297)
一、专注技术 ………………………………… (297)
二、倾听技术 ………………………………… (298)
三、重述技术 ………………………………… (300)
四、具体化技术 ……………………………… (301)
五、引导技术 ………………………………… (302)
六、同感技术 ………………………………… (303)
七、支持技术 ………………………………… (304)
八、面质技术 ………………………………… (305)
九、保护技术 ………………………………… (307)
十、自我开放技术 …………………………… (307)
本章小结 ………………………………………… (309)
问题讨论 ………………………………………… (309)

第七章　心理辅导活动课操作示例 ……………… (310)
第一节　小学课例:奇妙的想象力 ……………… (310)
第二节　初中课例:请在我背上留言 …………… (317)
第三节　普通高中课例:花开应有时 …………… (321)
第四节　职业高中课例:花开应有时 …………… (331)
本章小结 ………………………………………… (337)

问题讨论 …………………………………………………………（338）

评 价 篇

第八章　心理辅导活动课的评价 …………………………………（341）
第一节　心理辅导活动课的过程评价 ……………………………（341）
一、辅导过程评价的标准 ……………………………………（342）
二、辅导过程评价的方法 ……………………………………（357）
第二节　心理辅导活动课的效果评价 ……………………………（359）
一、辅导效果评价的标准 ……………………………………（359）
二、辅导效果评价的方法 ……………………………………（363）
第三节　心理辅导活动课评价过程中常见问题分析 ……………………………………………………………（364）
一、一种感受——部分教师的挫败感 ………………………（364）
二、四种倾向 ……………………………………………………（366）
倾向一：选题的单一化
倾向二：活动的单调化
倾向三：游戏的过热化
倾向四：课堂管理的无序化
三、四个误区 ……………………………………………………（369）
误区之一：学科化
误区之二：带有政治思想教育色彩
误区之三：主题班会化
误区之四：刻意模仿“媒体谈话节目”
本章小结 ………………………………………………………（373）
问题讨论 ………………………………………………………（373）

参考文献 …………………………………………………………（374）
参考网站 …………………………………………………………（378）
后　　记 …………………………………………………………（379）

理论篇

LI LUN PIAN

内容提要

本篇包含两章。第一章从理论的高度回答了第一线教师在实践中提出的对心理辅导活动课的种种模糊认识，重点论述了心理辅导活动课与思想品德课、主题班会课、媒体谈话互动形式和小组团体辅导的“四个区别”，明确了其独特的基本性质，从而界定了全书的核心概念。第二章则从团体动力学、发展心理学、教育社会心理学和课程论这四个视角详细阐述了心理辅导活动课的理论依据；其中，从发展心理学视角提出的中小学各个阶段的发展性主题，有力地说明了实施心理辅导活动课的根本意义在于“抓好中小学生成长的关键期”。

个性化理论视点

◎ 许多精彩的、感人至深的心理辅导活动课，往往是那些与学生整日厮守在一起的优秀班主任的杰作。对于兼任心理辅导活动课的班主任来说，对学生抱有充分的尊重、理解、真诚、接纳、支持、鼓励、关爱等基本的辅导态度，比他掌握较多的辅导理论与辅导技巧紧迫得多、重要得多。

◎ 学校里搞心理健康教育，在注意到德育和心育各有其内在规律、不能混为一谈的同时，也没有必要非得把心育和德育这两件事搞得"泾渭分明"。我们不是说可以不顾两者的区别，也不是不主张提高心理辅导活动课的专业化水平；而是说，在中小学现实教育环境中，要接纳心育和德育的内容、形式都有交叉这一事实。

◎ 心理辅导活动课刻意追求的辅导氛围，应该是"真诚"和"理解"，对幽默和调侃只能偶尔为之，不可形成风气。否则，年龄尚小的中小学生蜂起效仿，就难以把握分寸，甚至会开出一些庸俗的玩笑来，那就破坏了辅导活动必须具备的真诚、尊重和开放自我的现场氛围。

◎ 一个学校的心理健康教育工作如果仅仅停留在做"宣传"、搞"讲座"、开设"心理辅导室"、建立"心理信箱"或"心理热线"等工作层面上，而不去花力气发动全体班主任积极参与、认真实施心理辅导活动课，那么，即使表面的形式搞得十分花哨，我们也可以认为这个学校的心理健康教育局面尚未真正突破"瓶颈"。

第一章 心理辅导活动课概述

从20世纪九十年代初开始，心理辅导活动课在我国一些沿海大中城市悄然兴起。短短十几年时间里，心理辅导活动课已经从局部的试点逐步推广到大江南北、戈壁海岛，成为各地中小学心理健康教育发挥其发展性、预防性功能的重要形式。尽管在此过程中，心理辅导活动课也受到各方面强势因素的制约，发展进程曲折艰难，但是作为一种惠及全体学生心理健康的团体辅导形式，它的生命力是顽强的，它的发展前景也一定是灿烂的。

在本章中，我们将从宏观的角度，对涉及心理辅导活动课的有关概念、性质、作用等问题做一个概要的论述。

第一节 心理辅导活动课的相关概念

在正式讨论心理辅导活动课的理论与实务之前，我们有必要对我国中小学正在普遍使用的几个概念做一个厘清，以免在实施过程中出现混淆和误解。这些相关的概念包括“心理健康教育”、“心理辅导”、“团体辅导”，以及“心理辅导活动课”等。

一、心理健康教育

“心理健康教育”概念的提出，是我国学校教育改革发展到今天的一种必然，也是应用心理学发展到今天的一种必然。“心理健康教育”是学校心理素质教育工作的总概念,它是就广义上和宏观上的心理素质教育内容和教育形式而言的。

从教育内容来说,"心理健康教育"包括学生心理素质的培养和学生心理健康的维护两大部分,涵盖了普及心理健康基本知识,帮助学生树立心理健康意识和求助意识,了解简单的心理自我调节方法,认识心理不适应状态或心理异常现象并能探求应对的策略,初步掌握心理保健常识(例如认识自我、学会学习、人际交往、升学择业以及生活和社会适应等方面的常识),以促进学生在智力和人格两方面得到主动、健康的发展。①"心理健康教育"的两部分内容,反映了学生在成长和发展过程中的不同层面的要求。良好心理素质的培养主要是为了帮助学生能够成功和成才,而心理健康的维护则主要是使学生能够正常地发展、成长和主动地适应社会,以帮助他们成为一个健康的个体。

就教育形式来说,"心理健康教育"的实施载体是多种多样的,包括开设班级团体辅导活动课和心理健康教育讲座,开展个别辅导、小组团体辅导和校园网络辅导,通过心理信箱、心理热线电话等渠道为学生提供辅导服务,将心理健康教育的理念、方法、技巧与学校日常的教育教学工作相融合,注重各种媒体手段的宣传和教育,创设学校和家庭良好的人文环境和心理氛围,以及为教师提供心理咨询以减少"师源性"心理问题等。

二、心理辅导

"心理辅导"是心理咨询学和学校心理学的一个专业概念,是"学校心理健康教育"这个系统的一个重要组成部分,它主要指学校教育人员对学生的一种协助,也可以泛指由专业人员所从事的人群服务。②

琼斯(Jones,1970)在其名著《辅导原理》中,为"辅导"下的定义是:"辅导是某人给予另一人的协助,使其能做明智的抉择与适应,并解决问题。"莫廷生与夏缪勒(Mortensen & Schmuller,1976)称"辅导"是"整个教育计划的一部分,它提供机会与特殊性服务,以便所有学生根据民主的原则,充分发展其特殊能力与潜能"。查布伦(Chaplin,1985)在其主编的《心理学词典》中则对"辅导"作了如下的解释:"辅导是协助个人在教育与职业生涯中获得最大满足的方法。它包括使用晤谈、测验和资料汇集,以协助个人有系统地计划其教育与职业的发展。"而罗杰斯(Rogers,1942)

①教育部.中小学心理健康教育指导纲要.中小学心理健康教育,2001(9)

②吴武典等.辅导原理.台北:心理出版社,2002.3

则认为“辅导是一个过程，其间辅导者与当事人的关系能给予后者一种安全感，使其可以从容地开放自己，甚至可以正视自己过去曾否定的经验，然后把那些经验融合于已经转变了的自己，作出统整”①。

林孟平认为，“从狭义看，辅导最简单的定义是‘帮助一个人自助’。而详尽一点的解释就是说两个人在一个特别情况下的沟通。这两个人其中一个是辅导员，受过专业训练，明白心理学原则，能用合适的技巧和方法帮助当事人明白自己，引导他适应环境，与人建立融洽和谐的关系，改正短处，发挥长处，成为一个内心平安，满足现实，对社会有贡献的人。若从广义看，辅导是全人发展，当事人借着辅导过程学会面对难题和解决难题的原则，从而全面均衡地发展他的人生。”②

吴武典根据学校教育的实际情况，认为“辅导乃是一种助人的历程或方法，由辅导人员根据某种信念，提供某种经验，以协助学生自我了解与充分发展。在教育体系中，它是一种思想(信念)，是一种情操(精神)，也是一种行动(服务)”③。

综上所述，我们认为，在教育系统内部，“心理辅导”是学校心理健康教育体系的一个重要组成部分及一种特殊的工作方式。之所以说它是一种“特殊的工作方式”，是基于以下几个原因：

1. 辅导是一种双边互动的人际关系

这种关系强调的是平等、安全、尊重、信任，强调的是助人自助。辅导的力量不在于施加规范、教导和指令，而在于提供一种支持、引导和帮助。它致力于建立一种良好的人际关系(包括辅导教师与受辅个体、辅导教师与受辅团体之间的人际关系)，通过某种专业技巧来协助受辅学生全面地开放自己，更好地认识自己，使学生能够通过自己的体验和感悟，去发现和开发自己的潜能，积极地面对生活中的具体问题。因此，辅导体现着对学生价值和潜能的一种充分信任和高度尊重。

2. 辅导是一个讨论和同理的过程

辅导与传统的教育和训导不同，它不是依靠灌输和说教，而是依靠受辅个体或受辅团体自身的积极参与、平等探讨和逐步领悟，来促成他们自身成长的。因此，辅导不能一蹴而就，辅导需要耐心的等待。辅导的过程是一个增进自我认识、相互理解、表达同理和学会自助的过程，也是辅导教师和学生共同成长的过程。

①林孟平.辅导与心理治疗.香港：商务印书馆，1986.7

②林孟平.辅导与心理治疗.香港：商务印书馆，1986.9

③吴武典等.辅导原理.台北：心理出版社，2002.4

3. 辅导是一种理念、态度和精神

就学校而言,辅导不是一项具体的工作,也不是一个具体的岗位,辅导是一种以人为本的现代教育理念。它不仅是一种技术,而且首要的是一种对人性的理解和信任,一种对学生的尊重与关注,它是学校全体教职员工都应该了解并努力实践的一种教育的理想境界。有无辅导的理念是区别"个别辅导"与"个别谈话"的分水岭,也是区别"团体辅导"与"团体活动"的最后分界。

从学校辅导的功能来说,"心理辅导"包括了发展性(重在认识自我与开发潜能)、适应性(重在调适自我与提高社会适应能力)和矫治性(重在帮助当事人克服心理障碍)三大功能;从学校辅导的形式来说,"心理辅导"则包括了"个别辅导"和"团体辅导"两大类别。

三、团体辅导

1. 什么是团体

所谓"团体",是指两个人或两个人以上彼此互动,并使每一位成员能够影响他人或受他人影响的集合体。(Shaw,1981)①团体本质上是一个动力性的有机体,而并非静止状态的组织体,因此,团体内部的各个成员必须持续、经常地产生交互作用,包括成员与成员之间的沟通、领导与成员之间的沟通、团体内部与团体外部的互动、团体气氛的催化、团体领导者的领导方式与方法、团体的凝聚力等。有一种广义的解释认为,凡是两个人以上的集合就称为团体。但是如果两个人以上彼此之间没有任何联系,那么自然也就无法产生团体动力。所以勒温(Lewin,1948)强调:"团体须植根于成员的互动关系。"而柯瑞(Corey,1987)则认为:"团体是一群人的集合体,此集合体内须具有目标、内容、架构、过程及评估等要件。"②

综合多数学者的意见,从团体动力学的观点出发,可以认为:团体乃是由两个人或两个人以上(也有人认为须三个人以上)成员组合而成,成员之间产生交互作用,且有一致的目标的组织。由此看来,构成团体的条件主要有四个:(1)成员在两个人以上;(2)彼此互相影响;(3)一致性共识;(4)共同目标。

团体根据成员人数的多寡又可以分为"大团体"、"中团体"和"小团体",我们在本节后半部分还要详细阐述。

---

①徐西森.团体动力与团体辅导.台北:心理出版社,2001.11

②徐西森.团体动力与团体辅导.台北:心理出版社,2001.24

2. 什么是团体辅导

所谓“团体辅导”,是指运用团体动力学原理设计团体活动、课程、内容,用以预防及处理个体在各个发展阶段所面临的问题。团体辅导是一种系统性的辅导,它强调辅导的预防性和发展性功能。团体辅导为了达到辅导目标并实现其辅导功能,必须运用团体动力以凝聚团体成员,催化团体气氛,激发团体成员产生建设性的行为和开放性的反应。

台湾学者杨极东认为:“团体辅导即是运用团体互动的过程,协助成员认识与解决生活问题,进而促进个人的自我了解与自我接纳,以发展良好的生活适应。”①

台湾学者黄惠惠则认为:“团体辅导是运用团体的情境,设计出活动、课程、内容,用来预防个体在各发展阶段中会碰到的各类问题所引发的一般性困扰。”黄惠惠还认为,在使用团体动力及其交互作用以促进成员解决自身问题的共同前提下,“团体辅导”与“团体咨商”和“团体治疗”各有不同之处。“团体辅导”在学校的实施中通常是有主题的,而它的主要领导责任在教师身上,它的重点是在主题上。而在“团体咨商”的整个过程中,重点在于“参加的成员”上,当然它也可以预定一些主题,但它更侧重于个人的感受、情绪的表达和处理,主题也可以是参加者自然表达出来的,因此,“团体咨商”的领导者须是受过专业训练的咨询员。而“团体治疗”的实施对象都是某些方面不正常、病态或情绪有严重障碍者,其实施过程也不是一般的辅导和咨商,而是较深度的分析、重建、支持等,领导者也应是受过心理治疗训练的医护人员或专业人员。②

综上所述,团体心理辅导是在团体情境下,利用团体动力营造和推动信任、接纳、理解、支持的团体氛围,通过共同商讨、训练、引导,解决团体成员共同的发展性问题或共有的心理不适应问题的一种辅导形式。

3. 团体辅导的功能

(1)发展性功能

团体辅导的积极意义主要体现在它的发展性功能上。通过团体辅导,可以改善成员的不成熟的偏差态度和行为,促进其智力和非智力因素的良好发展,培养其健全的人格。尤其是学校的团体心理辅导,更是可以对正常状态下的学生加以启发和引导,满足他们成长发展的需要,增进他们的自我了解与自我接纳,改进他

①杨极东.团体辅导——理论与实务.台北:五南图书出版公司,1993.31

②黄惠惠.团体辅导工作概论.台北:张老师文化事业股份有限公司,1995.8~11

们的人际关系和人际交往技巧，培养他们面对生活、面对自我、面对现实、面向未来的积极人生态度。

(2)预防性功能

团体辅导又是预防心理不适应问题发生的最好途径。团体心理辅导可以使成员加深对自己的了解与认识，懂得什么是适应行为，什么是不适应行为；可以提供更多的机会分享彼此之间的看法，互相倾诉，讨论对策，求得心理的支持，增进独立处理问题的能力，因而可以预防心理问题的发生或减少心理问题发生的几率。

(3)教育性功能

团体辅导还是一种借助成员之间的互动而获得自我学习的教育过程。它有利于促进全体成员的社会化发展，有利于成员学习社会规范、交流社会信息、提供行为模式、养成适应社会生活的积极态度和良好习惯。对于初中生而言，这些都是具有教育意义的。①

四、心理辅导活动课

"心理辅导活动课"，在我国不同的地区又分别被称为"班级辅导"、"班级团体辅导"、"心理辅导活动课程"、"心理辅导课"、"心理教育课"、"心理健康教育课"、"心理健康教育活动"、"心理辅导专门活动"等，不一而足。这些表述的多元化，恰恰反映了这种以班级团体活动为载体、以班级全体学生为辅导对象、以发展和预防为主要功能的心理健康教育形式在我国还处在探索、尝试的初始阶段，因此各种学术观点"百花齐放，百家争鸣"。例如，刘华山(1998)称其为"心理辅导专门活动"，指的是"根据学生的身心发展特点和社会需要，有目的地对学生施加旨在促进其更有效地适应学校学习和社会生活的一种教育，它的表现形式可以称之为活动或课程"。②吴增强(2001)将其表述为"班级心理辅导"，认为"班级心理辅导，是指以团体心理辅导及相关的理论与技术为指导，以解决学生成长中的问题为目标，以班级为单位的集体心理辅导活动"。他强调指出，"国外的有关文献中没有'班级心理辅导'这一术语。在欧美国家，学校的心理辅导工作大多由专业的学校心理咨询工作者担任，主要着眼于解决个别学生心理问题的矫治性目标。而我国中小学的心理健康教育一开始就寻求与学校教育目标融合的教育模式，是以发展

①刘勇.团体咨询治疗与团体训练.广州：广东高等教育出版社，2003.10~11

②刘华山.学校心理辅导.合肥：安徽人民出版社，1998.109

为主,矫正为辅,主要认为是提高学生的心理素质,促进他们的心理健康。班级心理辅导正是这种着眼于全体学生成长的心理教育模式。”[①]莫雷(2003)称其为“心理健康教育活动”,认为这是“以培养学生良好的心理素质、发展健全的人格、促进其心理健康状况和社会适应能力为专门目的的教育活动。在形式上,它是作为一门课程或按一节课的时间来进行的,所以也可以称之为心理健康教育课;但由于该课程不同于一般的认知学习课程,它主要通过活动的形式来进行,因此,有人主张把它称为心理健康教育活动”。[②]刘宣文(2004)则将其定名为“心理辅导活动课程”,认为它是“指辅导员根据学生的身心发展特点和社会需要,依据团体动力学原理,有目的、有计划地增进学生有效适应和健全人格发展的一种辅导形式”。[③]综合上述这些学者的观点,可以发现,不管用何种术语来描述,在这几个方面的观点是基本一致的:这种辅导形式以“团体动力学”为理论支柱;它是一种“活动课程”;它是“以班级为单位”的;它的功能是“发展性”的。

而主张使用“心理健康教育课程”这一概念的学者的看法与上面几种观点则有较大的区别。例如夏海鹰(2004)认为,“各校开展的心理辅导课、心理常识课、心理训练课、心理咨询与辅导活动等,目的在于提高学生的心理素质,健全学生的人格,帮助学生解决在成长过程中出现的心理问题,增强承受挫折、适应环境的能力。从这个意义上讲,它们都属于心理健康教育的范畴。因此,把心理健康教育所对应的各种课程统称为心理健康教育课程是比较合理的。”她进一步指出,“心理健康教育课程不是特指某一种课,它是一类课的总称,是依据心理健康教育的目的,或者说为实现心理健康教育的目标而组织的各种教育活动及各种教育性经验的总称。”[④]不难看出,这种表征方式是从宏观的视角来进行归类的。但正因为过于宏观,才显得模糊,因此可能会不利于做深入的专题研究。

在台湾地区则称之为“班级团体辅导”,这一概念的提出也经历了一个比较长的发展过程。早在20世纪六十年代末,台湾教育行政当局颁布《国民中学暂行课程标准》,将“指导活动”列为一个科目进入课堂。到1983年,修订后的《课程标准》将“指导活动”更名为“辅导活动”,以其来“统整实施各级学校辅导工作”。至20世

①吴增强,沈之菲等.班级心理辅导.上海:上海教育出版社,2001.1~2

②莫雷.青少年心理健康教育.上海:华东师范大学出版社,2003.127

③刘宣文.学校发展性辅导.北京:人民教育出版社,2004.162

④夏海鹰.心理健康教育课程问题探究.北京:中国人事出版社,2004.7

纪八十年代末，在台湾“辅导活动课教科书编审委员会”审定的《国民中学辅导活动教师手册》中，又将“辅导活动”明确为“班级辅导活动”，并指出：“班级辅导活动是全校辅导工作的一部分，也是学校辅导工作的基础。班级辅导活动做不好，整个辅导工作就不会成功。换言之，只有班级辅导活动实施的成功，学校全盘的辅导工作方有成功的可能。”①1993 年，吴武典在《班级辅导活动设计指引》一书中，第一次将“班级团体辅导”的概念与“班级辅导活动”交错使用。例如他在介绍该书内容的“序言”中指出：该书“除了介绍班级团体的性质及一般班级团体辅导技巧之外……更具体地介绍了各种班级团体辅导活动方式，举例说明班级辅导活动的单元设计”。可见，他是将“班级团体辅导”与“班级辅导活动”作为包含同一内涵的概念来使用的。1998 年，台湾“国立”政治大学教授李坤崇博士出版《班级团体辅导》一书，系统地论述了“班级团体辅导”的意义、目标、功能、技术、过程、原则、方法以及评价等问题，较完整地构建了一个“班级团体辅导”的理论体系。

近十多年来，台湾辅导界关于“班级团体辅导”的研究成果逐步传入大陆，在沿海省市特别是浙江和广东一带产生了较大的影响。但在此之前，香港辅导界的一些学术观点也早已在沿海地区广为传播，其中，特别是对“团体辅导”概念外延的诠释与台湾有些差异。其差异主要在于：香港辅导界将“团体辅导”与“小组辅导”视为同一个概念；台湾辅导界则将“团体辅导”视为一个很宽泛的概念，分类有多种向度，例如按团体辅导的人数又可以细分为“大团体辅导”与“小团体辅导”等。这里所谓的“大团体”指的是人数约在 35 人以上的团体，例如班级团体等；而“小团体”指的是人数约在 20 人以下的团体，例如咨商团体等；介于 20 人与 35 人之间的团体则称为“中团体”②。按照台湾学者的看法，“较大、较知性的团体，教育的意义强于预防和诊疗的意义”，应以“团体讨论”为重要的辅导方式，“较适合一般教师使用，也较适合配合各种教育活动实施，其主要目的在于沟通意见、集思广益、解决问题，故较属知性活动”；而“较小、较感性的团体，预防与诊疗的意义则大于教育的意义”，应以“团体咨商”为重要的辅导方式（8~12 人最宜），“其主要目的在于促进自我觉知、自我成长和行为改变，故感性较强。”③

台湾学者周美伶、杨文贵（1990）对“团体辅导”（group guidance）与“团体咨

①台湾“国立”编译馆.“国民”中学辅导活动教师手册，1989.2

②徐西森.团体动力与团体辅导.台北：心理出版社，2001.30

③吴武典.团体辅导手册.台北：心理出版社，2000.12~15

商”(group counseling)也作了比较明确的区分,他们认为:“团体辅导通常指学校为学生设计的辅导计划,基本目的是提供资料帮助学生的行为或作决定,本质上是预防性的。”“团体咨商指在一段历程内,咨商员同时和几位当事人发展关系。成员的数目有的建议是4~8人,大部分建议为6人较理想。”“团体辅导与团体咨商的不同如下:(1)团体辅导是按照固定计划施行,施用于学校全体学生;团体咨商则应用于正遭到持续性或短暂性问题的人;(2)团体辅导强调提供信息,透过认知功能间接地改变态度和行为,团体咨商则强调感情的投入,直接引起态度和行为的改变;(3)团体辅导适合教室般大小的团体,而团体咨商则适用亲密的小团体。”①

上述港台两地对“团体辅导”概念外延诠释的不同,其主要原因在于香港因其特定的文化背景,全面承继西方辅导理论的色彩较浓,当地教育界虽然有“全校参与的辅导模式”(whole school approach to guidance),但尚未有“班级辅导活动”这样一种辅导形式,亦即没有这样一个概念;而台湾开展“班级辅导活动”已有30余年的历史,并在理论的概括上将其归入了“大团体辅导”。由此而出现的对“团体辅导”的理解有些不同,本在情理之中。但是,由于香港进入大陆开展中小学心理辅导学术交流稍早于台湾,因此在沿海许多地区的业内人士便有“先入为主”的印象,至今还有相当多的中小学辅导人员一提到“团体辅导”,便与“小组辅导”划了等号;而对“班级团体辅导”的概念从学术思想上就难以接受,习惯以“班级心理辅导”或“心理辅导活动课”的概念将其独立于“团体辅导”概念之外。其实,任何理论都是要发展的。班级本来就是一种团体,“班级辅导活动”或者说“心理辅导活动课”从其性质上讲本来就是 种团体辅导,我们不必拘泥于固有的一些理论学说而将其排斥于团体辅导的范畴之外。

说到这里,我们还可以再追溯一下“班级团体辅导”的最早起源。据台湾学者徐西森教授考证:团体辅导运动的发展历史可追溯至1907年美国爱荷华州山德瑞比高中的“职业和道德辅导”课。1908年,康乃迪克州渥帕高中引进“职业资讯”课。这些课程偏重教导式,提供学生职业和生活的资讯,被视为是职业性团体辅导的先驱。20世纪三十年代,团体辅导式的课程遍及全美各地,并出版许多学校团体辅导的图书。此外,美国各级学校也实施“Homeroom”(同年级学生定期定点集会接受教师的指导,类似我们的导师时间、班周会时间),强化了教师的辅导功能,包括建立师生关系,协助学生探索自己的性向、需求与兴趣,以发展生涯抉择的能力。

①吴武典等.辅导原理.台北:心理出版社,2002.223~224

此类团体辅导的课程大多在班级教室中进行，人数约在20~35人，重要目标是提供正确的资讯，用以协助学生改变自我和了解他人，领导者是教师或导师。此类课程活动常应用各种教学媒体和团体动力概念，易引发成员的学习动机，并促进学生团队精神。直至20世纪五十年代，因一般教师缺乏团体动力与咨商辅导的训练，学校咨商员因而取代教师的辅导专业角色，加上学校行政部门又未能有效支持，使得班级团体辅导的实施成效大打折扣。至此，学校教师开始向校内咨商员学习团体领导技巧，并关心学生认知、情感和态度各方面的发展，许多教师在教室内开始引导学生讨论个人的感觉、经验并带领发展个体身心的各种练习活动，"团体咨商"(小组团体辅导)于焉形成。①

综上所述，我们认为，心理辅导活动课在目前的应试教育重压下，远未成长为一门可以独立支撑、在教学计划与日课表中占有一席之地的"广义课程"。所以，现实当中的形态是五花八门的，理论的概括也就不能界定太死。若是从我国各地开展心理辅导活动课千差万别的实际情况考虑，那么，姑且可以按照当地学校辅导系统多年来已经形成的习惯用语，将其称之为"班级心理辅导"、"心理辅导活动课"等等，以免第一线的中小学教师感到无所适从；若是从学术研究的角度来考虑，顾及到一个概念表述尽可能具有的科学性，那么当然还是使用"班级团体辅导"这一表征方式比较妥当一些。本书主要是面向第一线中小学心理辅导教师和班主任，重在操作性的探讨，因此书中均以大家习惯用语"心理辅导活动课"作为核心概念。

上面所列出的上述四个基本概念，是各地中小学开展心理健康教育中使用频率最高的概念，也是学校领导、教师对其内涵加以理解时容易出现歧义的概念，因此赘述几笔，以便后文陈述起来更为方便一些。

第二节　心理辅导活动课的基本性质

本书论及的"心理辅导活动课"，是指在国家颁布的基础教育新课程教学计划内，列入"活动课程"板块的，以教学班为辅导单位，针对中小学生年龄特点和成长发展的实际需要而开展的一种团体辅导形式。也就是说，我们可以用"活动课程"

①徐西森.团体动力与团体辅导.台北：心理出版社，2001.28

和“发展性团体辅导”这两点来表述心理辅导活动课的基本性质。

一、心理辅导活动课是一种“活动课程”

作为一门“活动课程”,“心理辅导活动课”与人们习惯上所说的学科“课程”概念至少有三点区别:

其一,它属于涵括了“显在课程”(overt or manifest curriculum)与“潜在课程”(hidden or latent curriculum)在内的赋予学习者“学习经验的总体”的广义课程论范畴,体现了教育社会功能的多样性,而并非属于传统的那种“把力点置于学科的知识内容这一客观侧面”的狭义的“课程”范畴。①

其二,它是以学生的情意活动为主要内容的,它拒绝系统地向学生传授心理学的学科知识。“活动”为学生提供了各种社会生活的模拟场景,成为学生自我体验、自我发展、自我超越、自我实现的重要学习方式。因此,心理辅导活动课既没有作业,也不需要考试。而且,从本质上说,“课程”除了文化属性之外,还有它的社会属性和人本属性。就后者而言,“课程”是“旨在塑造新生代未来人格而设计的蓝图”(钟启泉,1998),无需一提“课程”,就立即联想到“学科作业”或“学习负担”问题。

其三,它是充满弹性的,完全根据学校自己的教育哲学思想自主进行开发,重在体现学校的办学思想和培养目标, 体现学生对课程的多元化和个性化的需求。它在“校本课程开发”中占有重要的一席之地,学校及心理辅导教师完全有权根据本校、本班学生身心发展的实际情况,在辅导的目标、内容、策略及课时的安排上做出灵活的调整。这一点,与传统的文化课程“重目标”、“重控制”、“重统一尺度的质量评价”更是迥然不同。

二、心理辅导活动课是一种“发展性团体辅导”

一般而言,富有发展性、预防性功能的学校团体辅导可以有两种形式:一种是小组团体辅导(或称作“成长团体”),另一种就是班级团体辅导,即心理辅导活动课。廖凤池等(2002)认为:“一般学校的班级辅导活动课程可视之为辅导与心理教育团体,其组成人数较多,所探讨的课题属发展性或共同性的主题,对个人的涉入较浅,团体时间长短不拘。”②李坤崇(1998)认为:班级团体辅导(即“心理辅导活动

---

①钟启泉.课程设计基础.济南:山东教育出版社,1998.2

②廖凤池.儿童咨询团体理念与方案.台北:世界图书出版公司,2003.5

课”)是“以全班学生为对象,运用适切的辅导策略或方法,借着团体互动,协助学生重新评估自己的思想、情感和行为,调整认知与增进因应能力,以预防或解决问题并激发学生潜能”。①作为一种团体辅导形式,它有以下几个重要的特征:

1. 辅导的功能是发展和预防

心理辅导活动课是学校心理健康教育发挥其发展性、预防性功能的重要载体,是一种有目标、有系列、操作性较强、相对稳定而又灵活机动的团体辅导形式。所谓“发展性功能”,指的是同一年龄段的中小学生的心理发展基本上处在同一水平上,他们在学习、生活、人际交往、自我意识及情感活动的发展过程中遇到的问题和困惑,大体呈现出一种普遍性和规律性。因此,我们完全可以通过心理辅导活动课的形式来加以解决,使同一年龄段中小学生的心理素质能整体性地得到发展。当然,这种“发展”既包括智力的发展,也包括人格的发展(社会化发展)。所谓“预防性功能”,指的是中小学生在发展过程中如果出现什么重大的行为偏差或成长危机,也都是有征兆、有规律可循的,它们与学生年龄的增长、身心的发展有着密切的关联,因此同样是可以预见的。如果我们能够根据学生的这些成长规律,运用班级心理辅导活动课的形式将“引领、诱导、防范”工作做在偏差与危机出现之前或初露端倪之时,往往就能较快地扭转某些不良倾向的演变趋势,使问题不至于继续发展或蔓延开来。这样,就可以预防因缺少必要的关注、疏导而可能发生的心理不适应甚至是心理障碍。②由此我们也可以了解,心理辅导活动课的选题必须着眼于学生发展的需要,也必须带有某种前瞻性,以预测学生在成长道路上可能遭遇的挫折与困难,帮助他们提前掌握应对的策略。

2. 辅导的对象是全班学生

心理辅导活动课以全班学生作为辅导对象,这是它与其他各种辅导形式明显不同的一个特点。正是因为这一特点,才使它成为一种提高全体学生心理素质的无可替代的辅导形式。尽管学校里有时也会举办一些面向全体学生的心理健康教育讲座,但是讲座无法展开生生之间的团体互动,除了某些讲座会使用集体催眠或其他放松训练技巧之外,心理健康教育讲座基本上是面向全体学生的一种单向信息传输,而不是真正的团体辅导。

3. 辅导的目的在于激发潜能

①李坤崇.班级团体辅导.台北:五南图书出版公司,1998.4

②钟志农.班级心理辅导活动课是学校“心育”的重要载体.大众心理学,2001(9)

心理辅导活动课之所以能成为学校心理健康教育的重要载体，是由于它是建立于一个基本的辅导理念之上的，那就是：相信每一个学生都有其向上发展、向善发展的需要，相信每一个学生都有解决其成长中出现的各种问题的潜能。因此，心理辅导活动课无需教师的长篇说教，无需各种规章制度的硬性灌输，无需主题班会式的舆论压力。它的最终目的是使每一个学生觉察到自己在班级团体中的尊严与平等地位，感受到自己向善之心的有力搏动，体验到教师、同学对自己的真诚关爱，从而激发起上进的欲望，寻找到面对生活的因应策略，增进自己战胜各种困难局面的能力，鼓起勇气去迎接生活和学习中的各种考验。

4. 辅导的效能取决于团体动力

心理辅导活动课是否能达到目标、取得实效，取决于学生主体的自主参与和真情流露，也取决于学生同伴的积极倾听、分享与互助。而要做到这一点，必须运用团体动力的原理，给全体学生提供足够的安全感，使大家都能去除防卫心理，营造出温情脉脉的人际氛围，确保他们能自由表达思想的思维空间，容许各种不同见解的充分争鸣，以致使整个活动现场热气腾腾，各种观点交错互动。此时，才会出现学生心灵的真正触动与感悟，才会有实质意义上的自我成长。如果没有真实的参与和真实的团体动力过程，也就不会有真实的体验和感悟，就不会有真实的团体辅导效能。

5. 对辅导教师的要求是“态度第一”

心理辅导活动课一旦在学校里普遍推行，就势必会以班主任作为其基本的辅导骨干队伍。尽管这是 支未经严格专业培训的兼职心理辅导教师队伍，但并非说这些班主任就没有可能组织好心理辅导活动课。恰恰相反，许多精彩的、感人至深的心理辅导活动课，往往是那些与学生整日厮守在一起的优秀班主任的杰作。当然，班主任组织心理辅导活动课可能会出现角色的冲突，但这种冲突大都可以通过教师的自我修养和培训研习而得到化解。正如香港学者伍建新博士所说：“在上课的时候就是老师角色，在团体心理辅导时就是辅导的角色”，重要的是教师要善于进行角色的转换。[①]对于兼任心理辅导活动课的班主任来说，对学生抱有充分的尊重、理解、真诚、接纳、支持、鼓励、关爱等基本的辅导态度，比他掌握较多的辅导理论与辅导技巧紧迫得多、重要得多。如果辅导教师有了这样一些基本的对待学生的正向态度，“能充分关怀、鼓励、支持学生，则举手投足均是辅导策略；若徒

①梁东标，唐礼深.班级心理辅导手册.广州：广东教育出版社，2003.12

有策略而无良好态度，学生心存疑虑或抗拒，则空有策略将无用武之地。”[①]一句话，对心理辅导活动课的辅导教师而言，具备正向态度是第一位的。

第三节 心理辅导活动课的“四个区别”

心理辅导活动课是学校心理健康教育工作中的一个新领域，就是放在整个辅导系统中去看，对它的研究也远不及对个别辅导和小组团体辅导的研究来得深入和成熟；即使与辅导系统中比较冷僻的心理测量的研究相比，它也像是一个找不到奶水吃的“不足月的胎儿”。所以，对心理辅导活动课，我们真的“想说爱你不容易”；我们对它的规律性的认识还很肤浅，而心理辅导活动课本身的理论建设也尚待在实践中进一步完善。处于这样一个“在黑暗中摸索”的时期里，通过对它和一些相关的教育辅导形式的比较和区别，也许可以帮助我们朝着通往心理辅导活动课内在规律的大门迈近一步。

一、心理辅导活动课与思想品德课的区别

有一些教师，在实施心理辅导活动课的初始阶段，很容易按照思想品德课（或思想政治课，下同）的模式去操作；尤其在小学，许多教师分不清这两种课之间有什么区别。实际上，心理辅导活动课和思想品德课在某些方面虽然有交叉，但两者是完全不同的。

第一，从课程功能上看，思想品德课主要是关注学生的世界观、人生观、方法论问题，关注政治立场、观点、方向问题，关注法制意识、道德意识、社会规范等问题；而心理辅导活动课则旨在关注学生的个性发展、人格完善及社会适应性问题，预防学生在日常学习、生活中可能出现的心理不适应或心理困扰问题。

第二，从课程内容上看，思想品德课往往注重“高、大、全、远”的人物、事件、理念、原则、规范等，特别是为学生树立的榜样往往是盖棺论定的英雄模范，事迹虽然感人，却离学生的生活实际较远；而心理辅导活动课则比较注重“真、实、小、近”的人物、事件、心态、理念及价值判断等，往往从学生身边的具体人物、具体事件切入，引发学生的思考，化解他们遇到的具体矛盾与困惑。

①李坤崇.班级团体辅导.台北：五南图书出版公司，1998.5

第三，从实施形式上看，思想品德课侧重由外向内的理论灌输和道德教育（尽管它也有榜样的感染与熏陶）；而心理辅导活动课则侧重由内向外的自我体验、自我感悟、情绪的释放和个性的张扬。

第四，从操作技巧上看，思想品德课依据教学规律来进行运作，讲究的是教学常规、教学技巧、教学方法和教学艺术；而心理辅导活动课则是依据团体动力学规律，讲究的是运用倾听、关注、理解、同感、回馈、重述、引导、面质、具体化及行为训练等辅导技巧与辅导艺术。

还有其他的区别，不一一列举。作为辅导教师，我们应该细心地去研究和把握这两者之间的许许多多差异。

但是，问题的复杂性还在于：首先，思想品德课与心理辅导活动课在具体的内容上有许多交叉；其次，自新课程改革以来，思想品德课的课堂模式有了很大的发展变化，并且吸收了心理辅导活动课的一些理念、方法和技巧，从而使得两者从外在形式来看似乎越来越靠近了。

我们认为，学校开展心理健康教育，在认识到德育和心育各有其内在规律、不能混为一谈的同时，也没有必要非得把心育和德育这两件事搞得“泾渭分明”。我们不是说可以不顾两者的区别，也不是说不主张要提高心理辅导活动课的专业化水平，而是说，在中小学现实教育环境中，要接纳心育和德育的内容、形式都有交叉这一事实。比方说，现在的中小学思品课教材中，已经加入了心育的内容；而小学的思想品德课堂上，更是借鉴了许多心理辅导课的活动形式。这就难免让人看了某些心理辅导课之后，觉得很像思想品德课。这里，关键的问题是“谁像谁？”其实，有时候是“心理课”像“思品课”，比如辅导教师如果长于说教的话，他就会不自觉地走到“灌输”的老路上去；有时候则是“思品课”像“心理课”，比如思品课老师如果受过心理辅导专业培训的话，他就会努力地想去改变思品课的“灌输”色彩。

而且，把心育操作规范和德育操作规范的界限划得过于分明，反而会束缚心理辅导教师开课的手脚，使他们处处小心、举步维艰。所以，我们的主张是：要注意到心理辅导活动课与思想品德课的区别，尽可能把心理辅导课上得专业一点；但也不必把自己搞得缩手缩脚，不敢越雷池半步。

二、心理辅导活动课与主题班会课的区别

心理辅导活动课和主题班会课确有相似之处：一是都以班级为单位开展活动；二是都有一个明确的主题，因而基本上是结构式的；三是两者都属于“大团体

情境”。大团体的情境特别容易引发个人投射出自己对生存情况的知觉,并在团体的相互影响中激起改变自己认知、行为的动力,所以运用得好的话优点多多。和其他形式的“小团体”相比较,“大团体”的经验特别对我们塑造“社会人”提供了丰富的挑战与学习的机会。当我们在教育工作中强调“群体”的重要性时,更需要探讨如何创造教育系统中的“大团体”情境,使它更能丰富个体独立思想与自主行动的“群体”经验,而非麻木生存、顺从适应的“集合”而已。①

但是我们传统的德育模式长期以来很少有从团体动力学的角度去研究“大团体”的功能,却流行着权威管理式的教育集会(不仅是主题班会,还有例如晨会、国旗下讲话、团队活动等),而以班主任训导为主要内容的班会则更是每周一次频繁地出现。结果,学生在无奈中不得不去“习惯”和“适应”这种“大团体”中既存的僵硬模式。同时,学生中的这种近乎麻木了的“适应”行为,也冻结了许许多多本来可在班级“大团体”中独立思考与自主行动的学习机会。当我们的学生习惯了在刻板、僵硬的班级“大团体”中无声无息地生存之时,他们那种自主发展、独立思考的勃勃生机就在不知不觉之中丧失了。这就是我们传统的主题班会课越来越显得低效的主要原因。

当然,事情也不好一概而论,我们也有不少班主任在尝试着将主题班会开得更活泼、民主一些,因而也会在课堂上引进一些活动性的素材,于是便使人联想到心理辅导活动课,并产生到底“谁像谁”的问题。那么,怎样来对两者加以区别呢?

第一,如果从心理辅导活动课与主题班会课的实施过程来看,两者似乎都可以采用某些相同的活动形式来组织,例如都可以采用小品、讨论、辩论、游戏等;但从实质上去分析,这些活动载体的内涵是完全不同的。因为主题班会课重在解决班集体的建设问题,如班风班纪、班级形象、达标创优、维护集体利益等,或者是组织一些有时代色彩、政治意义的主题活动,如学雷锋做好事、绿化祖国、纪念香港回归及其他爱国主义、革命英雄主义、革命传统教育活动等,它重在发挥德育的教育作用;而心理辅导活动课则重在解决同一年龄段学生共同关心的自身成长的问题,它注重的是个体的人格发展问题。

第二,即使从实施的形式来看,两者也有很多的差别。主题班会课往往是班主任幕后导演或前台主持的,而且师生间缺少一种完全融于一体的互动状态和心灵的感应;学生的发言也往往追求完美与正统,尽量与主流社会的道德标准、政治标

①夏林清.大团体动力.台北:张老师文化事业股份有限公司,1999.22

准和纪律规范保持一致，或者有意识地向这些权威的标准靠拢。所以，活动的形式总会给人一种事先已设置答案的程序化的感觉。而在心理辅导活动课上，学生是完全处于开放状态的，是和教师平等对话的，是可以自由表达个人内心感受的，而且不必担心受到正统观念的指责和批评；教师也不必充当卫道士的角色或扮演完人的形象，他在整个活动过程中和学生一样，也可以敞开自己的心灵。因此，同样一种活动形式，在心理辅导课上就显得真实、轻松、充满活力和随机性。

第三，心理辅导活动课与主题班会的重要区别还在于使用的技术与方法是完全不同的。主题班会课更多地运用规范、示范和权威影响力，心理辅导活动课更强调教师要自觉运用团体动力学原理，并且尽可能学习使用一些初级的辅导技术，如倾听、关注、理解、同感等。

三、心理辅导活动课与媒体谈话节目的区别

一些教师初涉心理辅导活动课，往往会有一种误解，以为辅导教师应该像一个主持人那样，善于调度场面，长于调节气氛，因此就去模仿一些媒体节目主持人的主持风格和语言方式。应该肯定的是，辅导教师的确需要有驾驭团体的能力和一定的幽默感，也可以学习优秀主持人的某些技巧，但辅导教师的角色定位不同于节目主持人；提倡说真话的心理辅导活动课，也不同于“实话实说”等媒体谈话节目。具体说来，其不同点在于：

第一，内容不同。“实话实说”等谈话节目涵盖的内容，常常是社会热点或焦点问题，上天入地，纵横捭阖，无所不及，但是圈内人士通常是站在旁观立场上发表自己的看法，一般情况下不必深窥或袒露自己的内心世界；而心理辅导活动课涵盖的内容，却是青少年学生的成长发展问题，有时候就会触及比较敏感、比较脆弱的心灵深处的问题。

第二，“实话实说”等谈话节目是以主持人为中心来调度、控制谈话主题、内容和时间的。从运作形式上看，基本上是由主持人与嘉宾之间、来宾与嘉宾之间或来宾与来宾之间的单向交流，交流的内容层面包含三教九流，年龄的层次包括老中青少童；而心理辅导活动课，主要是同龄人与同龄人之间的横向交流和多向交流，他们之间的共同语言要比跨年龄、跨文化层次的社会人士多得多。

第三，从主持人的角色看，主持人是谈话节目的中心，是媒体聚光灯下多姿多彩的明星；而辅导教师在心理辅导活动课上，只能是“配角”和“辅助者”，他不应该取代学生的中心地位。

第四,从现场氛围看,媒体主持人为了调节谈话节目容易出现的沉闷气氛,常常用幽默和调侃来打破僵局;而心理辅导活动课刻意追求的辅导氛围,应该是“真诚”和“理解”,对幽默和调侃只能偶一为之,不可形成风气。否则,年龄尚小的中小学生蜂起效仿,就难以把握分寸,甚至会开出一些庸俗的玩笑来,那就破坏了辅导活动必须具备的真诚、尊重和开放自我的现场氛围。

四、心理辅导活动课与小组团体辅导的区别

心理辅导活动课与小组团体辅导的共同点主要包括:它们都属于团体辅导范畴,都以团体动力学原理作为组织和运筹团体活动的理论基础;它们作为团体,都会经历相似的发展历程和发展阶段;它们都以活动作为团体运行的基本单元,许多活动形式在心理辅导活动课和小组团体辅导中都可以使用。

但是,心理辅导活动课与小组团体辅导还有许多不同之处,主要表现在:

第一,团体成员的组合结构不同。

小组团体辅导的对象是在自愿报名的基础上经过筛选的,成员参与活动的主动性比较强;它的成员不一定是同一个班级或同一个年级的,但是却都有性质相似的成长困惑,人数一般控制在6~12人。由于是“同质”团体,比较容易产生内聚力。

而心理辅导活动课则无法筛选学生,只要是同一个班的学生,就无疑都是某一次班级心理辅导活动课的当然对象,人数一般在30(小班化建制)~50人。尽管同一个班的学生年龄相仿,都面临着基本相同的发展性问题,但个体与个体之间又有着较大的差异性。因此,这些成员对参与心理辅导活动课的主动性不一定很高,有的甚至会带有某种无奈情绪。这样,辅导教师在活动中就必须由衷地接纳每一位班级成员,无论他有何种令辅导教师不快的迹象,或是有何种对班级团体的抵触情绪,辅导教师都必须以一颗仁爱之心去倾听他的心声,引导他融入班级与同伴一起成长,而这对一部分教师来说也许会存在着某些困难。

第二,团体原有的基础不同。

中小学里的小组团体一般的持续历程为几周至数月,很少有跨学期运作的。由于人数少、历程短、成员新,成员之间的亲密度高、凝聚力强,所以比较容易认同辅导教师提出的团体规范,辅导教师在组织工作上的难度会小很多。

而心理辅导活动课是以固有班级为团体基础的,除了新组建班级之外,一般班级团体的发展历程大致为1~6年,因此,原有班级的日常经营状况及风气氛围,

会对每一次心理辅导活动课的现场效果有着直接的影响。如果班级团体平时就人心涣散，干部不力，纪律松弛，调侃成风，那么将会给辅导教师(无论他是否是班主任)带来一种严峻的挑战和考验。由此我们也可意识到，心理辅导活动课对于辅导教师自身的素质提出了怎样不寻常的要求，而这恐怕也是许多刚刚走出师范院校心理系从事专职心理辅导工作，却没有直接带班和教学经验的辅导教师面临许多尴尬、痛苦和无奈的原因所在。但是，挑战即机遇，努力便有成长。作为学校的心理辅导教师，这一“关”无论怎样艰难，也是非过不可的；而对于班主任而言，这也很可能成为我们转变教育理念，学习辅导技巧，变革班级经营艺术，以除旧布新的姿态建设班级团体的崭新起点。

第三，团体活动所享有的时空条件不同。

小组团体辅导在所享有的时空条件上是相当优越的，它一般不受时间和场地的严格限制；辅导教师围绕一个成长主题，可以安排多次辅导活动，每一次辅导活动的时间也有相当的弹性，教师对延长或缩短活动时间有很大的支配权。

而心理辅导活动课是纳入学校教学计划、按照每周课时安排进行运作的一种“活动课程”，它必须和其他学科教学一样，严格地遵循上下课的作息时间，不能“拖堂”、“压堂”。这样，就必然对辅导教师在活动设计和操作实施上提出了比较高的要求，它体现了学校心理辅导工作区别于社会心理咨询模式的教育性特征。

第四，辅导过程中辅导教师关注的焦点不同。

小组团体辅导的过程中，辅导教师关注的焦点在于每一个成员以及成员行为的改变。因为小组团体辅导的对象就是正在遭遇持续性或短暂性适应不良问题的学生，它主要通过团体亲密关系的建立及团体成员感情的投入，直接引起态度和行为的改变。

而心理辅导活动课的实施过程中，教师关注的焦点在于发展性主题，它的本质是发展性和预防性的。因为心理辅导活动课的对象就是全体成长中的学生，它主要通过团体成员的互动，对共同关心的成长中可能遇到的问题相互提供资讯，通过认知功能间接地改变成员的态度和行为，从而促进团体成员的共同成长。整个团体进程中的组织管理、发展方向、活动推展、理念把握等责任，都在辅导教师的身上。

总之，作为“小团体”的小组团体辅导与作为“大团体”的心理辅导活动课有着各自不同的性质、特点、功能、对象和内在运作规律。我们可以借鉴，但不能完全采用小组团体辅导的模式与规律去实施班级心理辅导活动课；反之亦然。

第四节　心理辅导活动课是独特的心育载体

关于学校心理健康教育的载体或途径,各地已经有许多有益的探索。虽各有特色,但总的共识是不宜偏执一端,即不赞成把学校心理健康教育搞成单一的心理测验、单一的个别心理辅导、单一的心理辅导活动课或单一的心理健康教育讲座等。近年来,关于通过学校教育教学活动融合心理健康教育的观点日渐被大家所接受,但我们在高度重视"教书育人、融合心育"的同时,对开展心理辅导活动课也要给予足够的关注。因为,全国各地的许多实践经验已经证明,心理辅导活动课是学校心理健康教育极为重要而独特的载体,在我国目前的国情下,它的作用是其他各种教育和辅导形式所无法替代的。

一、满足全体学生共同的心理发展需要

从学校心理健康教育的任务来说,促进学生的社会化发展是第一位的。中小学阶段是整个人生发展历程中最为重要的时期,在这十几年的时间里,由于心智发育的不尽完善和社会经验的明显欠缺,青少年学生在成长道路上会遇到许许多多社会适应性问题,出现一个又一个发展性的危机。例如,对入学新环境的适应问题,人际交往与人际冲突问题,学习困难的排解问题,挫折体验与情绪调节问题,青春期异性交往问题,自我认知与自我调控问题,升学与就业问题,理想、前途以及人生观、价值观问题等等。所有这些,都是带有年龄特征和阶段性、规律性的,它们或多或少、或迟或早会在每一个成长的个体身上出现,因此也是可以预见的。这些适应性问题或发展性危机如果不能得到及时的引导与妥善的解决,就会严重影响到学生的健康成长和终身发展。而应对青少年适应性问题与发展性危机,加以及时的引领、化解与预防的最好途径,就是开设心理辅导活动课。

有人提出,新课程改革之后,一些文化课程中也渗透了心理健康的内容,因此可以不必开设专门的心理辅导活动课了,我们认为这一看法是不妥的。尽管心理健康教育的某些内容可以在课堂教学中融合,某些内容可以在学校日常教育工作中结合,某些内容也可以在班主任的个别教育工作中体现,但相当多的内容还是需要通过辅导课程另辟专门的渠道。因为对于学生的成长而言,无论是认知的转化、情感的升华,还是情绪的调控、行为的训练,都有一个发生、发展、蕴蓄直至提升的渐进过程,都需要有一段相对来说比较充分、比较集中的辅导时间;并且需要

围绕一个比较集中的辅导主题，引导全体学生来进行深入的思考和讨论。在这两个条件上，"课堂教学融合"或"班团(队)活动结合"这些载体都是难以保证的，唯独心理辅导活动课才可以提供这样一个广阔的心灵舞台。换句话说，没有一定的时间和思维空间的保证，许多辅导内容是无法操作的，这也正是心理辅导活动课之所以必须存在的重要缘由之一。至于心理健康教育讲座，尽管从时间上讲是充分的，但就效果而言，则大多不能与心理辅导活动课相提并论。而且实践证明，在小学里，讲座的形式基本不可取；在初中和高中也只能偶一为之。

正如吴武典(1995)所指出："学生需要辅导，这是学校辅导工作存在的根本理由。学生为什么需要辅导呢？这是因为：第一，他们需要成长与发展；第二，他们在成长过程中有了困惑；第三，他们在发展过程中发生了危机。"①所以，如何以儿童起初的问题为基础，认清其能力、兴趣和环境的影响，以选择适合学生能力、兴趣的教材来作为共同的课程，是颇值得我们探讨的问题。而可以提供最适合学生需要的"辅导取向的课程设计"，也就应运而生，渐为教育界所重视和采纳。许多地区中小学十余年来的辅导实践表明，心理辅导活动课的这种有计划、有目的地推动同年龄段全体学生个性心理品质积极发展，以预防心理不适应或发展性障碍为其使命，以团体辅导的特殊规律和特殊技巧为其操作规范的功能，是其他形式的心理健康教育载体所难以承载的。

二、为学生个性的发展创设了团体氛围

从学校心理健康教育对学生个性发展的影响来看，心理辅导活动课不是一种严肃呆板的说教或居高临下的训导，而是一种心灵与心灵的沟通，是一种人与人之间的相互信任和相互帮助，是一种人性化氛围的感染和熏陶。从人的本性上说，每个人都"有认同的需求，隶属的动机、被爱的欲望，社会学家称之为'社会性饥饿'(social hunger)"，而班级就是基于这样一个个体心理需求的结合体，是一个"社会—心理"(socio-psychological group)团体。(吴武典，1993)②心理辅导活动课则是一种互动的"团体的过程"，这个过程"会产生影响团体成员及整个团体的力量，此即所谓的'团体动力'(group dynamics)(黄惠惠，1993)。大量的实践经验表明，当学生身处班级中接受团体辅导时，他的情感体验和心灵上受到的震撼力是

①吴武典.学校辅导工作.台北：张老师文化事业股份有限公司，1995.2

②吴武典，金树人等.班级辅导活动设计指引.台北：张老师文化事业股份有限公司，1993.2

他在个别辅导、主题班会、课堂教学及心理健康讲座等其他场合下所无法体会的。因此，就个体而言，“参与团体的经验实具有重大的心理意义。团体提供给学生一个现实的社会的缩影，使他能将从团体中所获得的洞察与日常生活经验相联结，并在安全、信任的气氛中尝试着去学习或改变行为”(吴武典，1993)。“我们可以这么说：一个人要了解自己，最好从团体中去了解；要改变自己，最好从团体中去改变；要实现自我，最好从团体中去实现。”(吴武典，1991)[①]总而言之，“以团体方式进行辅导可说是目前学校辅导工作的主要趋势之一”，我们“应该努力使‘班级辅导活动’成为少年朋友成长路上永远难忘的‘心灵享宴’”。(吴武典，1993)[②]

三、为实现学校心育目标提供课程保证

从学校教育目标与课程设置的关系来看，课程，包括活动课程，是中小学一切教育活动之本，课程的格局极大地制约着学校教育功能的发挥。回顾五十多年来的当代中国教育史，在国家教育方针指导下的培养目标的表述不管做出何种或大或小的调整，无一不是在学科课程改革中得到反映的。以德育为例，如果仅仅强调学校全部教育教学工作中“全方位渗透”，而不开设专门的思想品德课程，那么德育的目标也不能够确保全面落实。而现行的中小学三板块(必修课、选修课、活动课)课程结构，也正是针对旧有的学科课程弱点，力图通过改革来构建学科课程与活动课程相结合的新体系，以促进素质教育培养目标的实现。可见，课程是教育系统的软件，教育目标的实现皆维系于课程。鉴于“主智主义”课程在我国长期处于一种超稳定的状态，在课程结构与内容上都形成了与教育目标及学生发展需要严重脱节的局面。因此，从教育目标与课程结构的关系上来探讨学校心理健康教育的实施途径问题，就不难得出这样的结论——“心理辅导活动课”应该成为学校发展性心理健康教育的主要渠道，它在提升学生心理素质、发展学生个性、使学校教育人性化方面所起的作用是极为独特的。

当然，我们强调心理辅导活动课是学校心理健康教育的重要载体，绝不是说可以忽视或轻视其他教育和辅导形式的综合作用。恰恰相反，“只有把心理辅导专门活动融入认知教育而成为学生在校活动的一部分，并且由心理辅导教师、班级及科任教师广泛参与这项活动，辅导才能普遍地、广泛地影响学生生活而达到预

①吴武典.团体辅导手册.台北：心理出版社，2000.11

②吴武典，金树人等.班级辅导活动设计指引.台北：张老师文化事业股份有限公司，1993.6

期的目的”[①]。

总之，心理辅导活动课是学校心理健康教育整个体系中的一个组成部分，但又是一个极其重要、必不可少的组成部分，它是学校心理健康教育是否真正形成了“面向全体、全员参与、全程融合”氛围的关键一步。一个学校的心理健康教育工作如果仅仅停留在做“宣传”、搞“讲座”、开设“心理辅导室”、建立“心理信箱”或“心理热线”等工作层面上，而不去下气力发动全体班主任积极参与、认真实施心理辅导活动课，那么，即使表面的形式搞得十分花哨，我们也可以认为这个学校的心理健康教育局面尚未真正突破“瓶颈”。

本章小结

1. 本章论述了心理辅导活动课的一些基本概念、基本特征及其主要的理论依据。心理辅导活动课是以全班学生为对象，运用适切的辅导策略或方法，借着团体互动，协助学生重新评估自己的思想、情感和行为，调整认知与增进因应能力，以预防或解决问题并激发学生的潜能。它有以下几个重要的构成因素：辅导的功能是发展与预防，辅导的对象是全班学生，辅导的目的在于激发潜能、助人自助，辅导的效能取决于团体动力的催化，辅导的时间要服从于学校教育教学工作的总体计划，辅导本身对教师的基本要求是“态度第　”。

2. 心理辅导活动课的基本性质是“活动课程”和“发展性团体辅导”。要细心区分心理辅导活动课与思想品德课、主题班会课、媒体谈话节目、小组团体辅导等其他教育辅导形式之间的异同，这样才能更具体地认识心理辅导活动课的客观规律。

3. 心理辅导活动课是学校心理健康教育整个体系中的一个组成部分，但又是一个极其重要、必不可少的组成部分，它是学校心理健康教育是否真正形成了“面向全体、全员参与、全程融合”氛围的关键一步。

4. 心理辅导活动课是学校心育的独特载体。它可以满足相同年龄段青少年学生共同的心理发展需要；它为学生个性的发展创设了团体互动的融洽氛围；并为实现学校心理健康教育目标提供了课程保证。

---

①刘华山.学校心理辅导.合肥：安徽人民出版社，1998.108

问题讨论

1. 何谓心理健康教育？何谓辅导？何谓团体辅导？何谓心理辅导活动课？

2. 心理辅导活动课的重要特征有哪些？

3. 开设心理辅导活动课有何重要的意义？

4. 简述心理辅导活动课与思想品德课、主题班会课、媒体谈话节目和小组团体辅导的主要区别。

第二章　心理辅导活动课的理论分析

心理辅导活动课的出现与发展，既是因学校心理健康教育实践的迫切需要，也是因有其理论上跨学科研究成果的有力支持。在这一章里，我们将从团体动力学、发展心理学、教育社会心理学和课程理论等角度对其进行一些初步的分析。

第一节　心理辅导活动课的团体动力学分析

班级团体是心理辅导活动课赖以存在的主要背景，是学生个体活动的主要支撑，是学生社会化发展成长不可缺少的社会土壤。学生个体在班级团体的互动中会形成新的特性，而班级团体则会对学生个体的心理和行为产生重要的影响，这些变化和影响的来源我们称之为“团体动力”。因此，研究心理辅导活动课的规律，就必须首先了解团体动力学的有关理论。

一、团体的特征

关于团体的概念，本书第一章第一节已经有过论述，这里不再重复，只对团体的特征作一些补充说明。作为一个团体，必须有两人以上的结合；作为一个班级团体，则一般应有30~50人的个体结合在一起。但人数只是一种形式，判断一个团体是否是真正意义上的团体，除了人数之外，还必须具备以下三个基本特征：

1. 必须有共同的目标

共同目标是团体形成的先决条件和根本原因,也是团体的重要特征。图书馆里围坐在一张阅览桌旁的6个学生并不是团体,但是如果他们是为了共同编写一个校园心理剧本,那就是一个团体了。这就是说,一个团体中的成员是为了一个共同的目标而集合在一起的,他们或者是为了完成一定的任务,或者是为了构建一个共同的关系网络,或者是有共同的理想、兴趣、爱好、价值观而志同道合地走在一起的。这样的团体,既包括稳定的同道者,也包括临时的同道者。

2. 必须有一定的结构与规范

团体是组织化了的人群,每一个成员在团体中"都占据一定的位置,执行一定的角色,承担一定的义务并享有一定的权力"[①]。团体还会形成一定的规范,规定了为成员可接受的内隐或外显的行为规则,群体成员之间的互动和各种活动都会受到这些团体规范的约束。如果团体缺少规范,成员就会处于无序状态,并容易导致团体的解体。

3. 必须有成员之间的互动

团体的成员在总体上会感觉到他们是"一伙人",是一个与其他群体不同的联合体。这种团体成员相互靠拢的感觉,会产生一种归属感,并形成团体的凝聚力,使他们愿意分享共同的信念、态度,对团体产生心理上的依赖。团体成员之间还会发生一定的互动关系,这种互动可能是相互支持、信任、欣赏、鼓励、合作的正向互动,也有可能是相互拆台、欺骗、指责、攻击的负向互动。"成员之间正向互动越多,则团体越健康越有活力;负向互动越多,则团体可能离心离德、分崩离析。"[②]

二、团体的功能

团体能够影响个人的成长,这是由团体自身功能决定的。当然,这种影响可以是积极的和愉快的,也可以是消极的和痛苦的。

1. 团体提供了不同的资讯及多元的回馈

团体的成员各有不同的成长背景与生活经验,因此在讨论问题时,往往能够从不同的视角发表意见,提供多元化的解决问题的方案。心理辅导活动课之所以能够为学生的成长起到推波助澜的作用,正是由于团体的多元互动开阔了学生们的视野,满足了青少年学生大量吸收不同信息的需要,可以有效地弥补这一年龄

---

①金盛华.社会心理学.北京:高等教育出版社,2005.377

②樊富珉.团体心理咨询.北京:高等教育出版社,2005.2

段学生认知上的片面性带来的各种偏差和不足。

此外，团体还给成员提供了接受回馈的机会，只有在团体中，个体才可能有如此多的机会听到他人对自己的看法。团体中他人的建议、反应和看法都是很有价值并具有冲击力的。因为当你只听到一个人的回馈性意见时，你可能并不在意；但是当有五六个、七八个人对你都有相同的看法或反应时，你就很难去否认或者不予理会了。

2. 团体能改变自我概念并增进对他人的了解

在一个良性互动的团体中，每一个成员都可以将其他人看作是自己的一面"镜子"，因此便有了可以比较、对照的对象；而别人给你的反馈性意见，也能使你对自己在平时所没有察觉的个人特质有一个比较清晰的了解。这样便使自己的自我概念的结构趋于更加客观与合理，同时也使个体对他人有一个进一步的了解，有助于和他人建立良好的人际关系。

3. 团体能使成员之间产生共同的感受或体验

当个体遭遇困难或情绪不佳时，常常会感到无助、孤独、失望，并误以为自己是"最不幸的人"。这些负向的情绪，有时在个别辅导的情境中会显得久拖不决、难以消除，但若是放在一个团体情境之中加以处理，却可能有意想不到的效果。因为在团体的互动分享中，个体会发现与自己类似境遇的人其实很多，于是他的孤独感便会大大降低，而应对困难矛盾的办法也会从团体中获得启发。例如，入学适应不良的学生、考试焦虑的学生、青春期困扰的学生，都可能从团体中找到自己的"知音"，产生"我们"的感觉。"这种共同的感受本身就具有治疗性，对个体是有助益的。消极的情绪减少了，自卑、自责感也减低了，防卫也不再那么需要了，彼此也更能沟通、了解、支持与互相鼓励、学习成长了。"①

4. 团体创设了模拟现实生活情境的实验机会

团体是社会的缩影，是社会生活的真实反映。所以西方有学者称团体为"迷你社会"或"小小社会"。团体并不是遭遇困难时的避难所，而是学习面对和处理困难的学校。"在团体中真实的人类行为俱现，愤怒、嫉妒、失望、伤心、鼓励、支持、面质、真诚、固执、冲突、竞争、合作……在这样的团体情境，成员学习到的方法才可能转换到真实的日常生活中。"②在学校里，班级团体同样是社会生活的缩影，学生

①黄惠惠.团体辅导概论.台北：张老师文化事业股份有限公司，1995.19

②黄惠惠.团体辅导概论.台北：张老师文化事业股份有限公司，1995.21

之间的矛盾冲突，异性交往中的嫉妒吃醋，学习问题上的竞争合作，师生之间的关系协调……无一不反映着社会生活的真实面貌。所以，如果身处班级团体之中，却没有时间或机会参与团体中坦诚的互动，一天到晚沉溺书海、不知社会交往为何物，那么一旦离开学校，进入社会的真实世界时，就会无法适应社会生活的复杂关系与各种具体矛盾。

三、团体的动力

团体动力是指在任何时间内，发生在团体里的各种存在的驱动性的力量，包括被人们觉察到的(如人际间的互动、互相间言行的影响、团体认同的规范等)或者未被人们觉察到的一些现象(如团体的风气、舆论、潜规则等)。由于这些动力的存在，团体的运作才得以开始并持续下去。

一般说来，只要是团体，都包含静态与动态的两方面。静态的一面，如团体的名称、组织结构、团体的目标、团体的规范等；动态的一面，如正在进行的各种形式的讨论、互动、活动、反应、团体的改变等。团体动力便是由这些力量的互动作用及其在团体内产生的影响和效果所组成的。

1. 团体动力存在于成员互动的行为世界之中

任何一个团体一定都包含着一个“人与人相处的行为世界”，任何一个“人与人相处的行为世界”都建立在互动双方或多方如何认识外界现象或信息，以及互相之间如何对待、如何回应的基础之上。这样一个“人与人相处的互动世界”，就是我们每个个体所能知觉的“生命空间”。这就是说，团体就是每个成员所共享的生命空间，个体的生存、适应与发展都与这个共同构建的生命空间有着密切的关系。

2. 团体动力是团体中的“力的磁场”

“力的磁场”(force-field theory)这一理论是勒温提出来的，指团体中一种相互牵动的关系。勒温把人的心理和行为视为一种场的现象，是人与环境的函数。基本上，团体成员在团体中的所作所为，都是该成员与其知觉到的环境的互动；而团体中所有成员间的互动便建构了一个“社会——心理脉络”。在一个团体中，每个成员对各种现象可能各有其不尽相似、甚至截然相反的知觉，因此，不同的成员对自己行动的方向、目标的认定均可能不同。这样一来，团体便像是一个充满能源的小磁场，不同成员所认同的相似的或不同的目标及其行动之间，便形成或相互促进、或相互抑制、或相互斗争的种种关系。如果我们视每个成员为团体的一个元素或一个小系统，那么这些元素或小系统之间的“关系”对团体过程与动力的影响，要远远大于个体元素对团体的影响。[①]

概括地说,团体动力是由团体内部要素之间互动而产生的影响团体运作的社会力。这种社会力是动态的,会随着时空有所变化;这种社会力是有强度的,在不同的团体中,它会呈现出差异来;这种社会力是有方向的,它有着一定的运作趋向;这种社会力是可以感知的,它可以由身处其中的人所体会及知觉到;这种社会力是有影响的,它会影响到个人行为及团体的效能。[②]总之,团体动力标志着团体运作的状况,它与心理辅导活动课的操作实务息息相关。在心理辅导活动课上,团体动力主要表现在团体凝聚力、团体气氛、团体规范、团体活动的参与度及成员互动水平等几个方面。

四、团体与个体行为的关系

团体在个人的成长历程中扮演着重要的角色,任何个人的成长轨迹中都不难发现团体影响给自己留下的印记。

1. 团体行为影响个人行为

团体对个人成长的影响有可能是正向的助力,但也可能是负向的阻力。特别是在心理辅导课上,如果教师认真营造出一种温暖、安全和接纳的气氛,那么班级成员就能够做到自由表露、互相反馈、解除心理防卫、认真探索自我,以促进个体的成长,此系团体助力所起的积极作用;如果教师的前期工作没有做好,师生之间相互信任的辅导关系没有建立起来,学生感到有压力或者感到无章可循,那么,团体成员就会相互封闭、三缄其口,或者信口开河、调侃成风,于是团体阻力生焉。

一个新成员进入一个团体时,更是可以鲜明地看出团体对他的影响。在团体内,新成员必须遵守团体的规范与约束,久而久之,他就不仅在行为上以团体为归依,而且其态度、需求、价值观等等也会染上明显的团体色彩(包括正向的或负向的)。“总之,团体行为对个体行为的影响是有目共睹的事实,至于影响力的大小,则要看个体对团体的认同与接纳的程度,以及进入团体时间的长短、团体吸引力的强弱而定。”[③]

2. 个体行为影响团体行为

①夏林清.大团体动力.台北:张老师文化事业股份有限公司,1999.13

②李东红,熊少严.学生辅导——21世纪的教育选择.广州:广东教育出版社,2004.28

③潘正德.团体动力学.台北:心理出版社.1999.132

当一个个体进入团体时，事实上，这个个体是带着他独特的个人特质、生活经验、成长历程而来的，这些个人因素会直接影响他在团体中的行为表现，当然最后也会影响整个团体。个体影响团体的因素主要包括：

(1)个人背景

学生的家庭经济状况及结构状态、家长的社会地位及社会关系，学生个人的年龄(较之同班学生稍大或稍小)、身体特征、成长经历、求学经历及人际关系网络等等，都对学生的行为表现产生着微妙的、直接或间接的影响，并通过他的行为表现或多或少地影响着团体行为。例如，民办学校的学生，家庭经济状况多数比较富裕，或者家长在社会上有一定的地位，因此在学生个人成长过程中往往表现得比较自我、唯我独尊。由这样的学生组合起来的班级，用不了多长时间，就可以发现这些学生对整个团体的影响之大，整个班级有可能很快滋长起一种讲究名牌、攀比名车的不良风气。再比如说年龄，一般说来，年龄愈大，愈容易与人互动沟通；但进入某一个年龄段时，就显得比较自我封闭。还有，学生的性别、外貌、身高、体重、体格、身材等等，也会对团体发生某种影响。一般而言，女生比较容易认同团体，且易引导和催化团体产生温馨的感觉；而身高、体重占优势者，则较有机会成为团体的领袖人物。

(2)智商与能力

台湾许多学者(陈秉华、潘正德等，1990)的研究表明：一般说来，智商高者较有主见，比较能看清团体的动向，也比较积极，愿意在团体互动中引导舆论方向，因此也就容易影响团体的决策；但其中一些人却不易认同团体，尤其是当他们的意见被团体否决之时，就往往自以为“曲高和寡”，表现出一种不得志的抗拒行为，而这又会在一定程度上干扰团体的效率。不过，总体看来，智商高且能力强者如果适应得宜，就比较容易成为领袖人物，其影响团体的绩效也比较高。

(3)人格特质

Mitchell(1975)认为，有责任感、有成就感、富有创造力、精力旺盛者，最容易在团体中有良好表现。此外，人格特质会影响个体与其他成员互动的意愿和方式。例如内向型的学生在团体人际互动中比较畏缩和被动，而外向型的学生则比较主动、积极、自信，在团体互动中往往起着“领头羊”的作用，对团体动力的催化起着不可低估的作用。

上面我们概要介绍了团体与个体行为的关系，在本章第三节的部分内容中，我们还将结合班级团体的实际情况来对此作进一步的说明。了解团体动力学的这些基本理论观点，对于我们在心理辅导活动课上自觉运用团体动力学原理，有效催化团体动力，以促成班级团体活动的正向运作，是非常必要的。

第二节　心理辅导活动课的发展心理学分析

心理辅导活动课的功能是发展和预防。辅导教师只有了解并熟悉儿童与青少年发展心理学，方可把握学生成长过程中不同阶段的发展主题，引领学生走过充满曲折与坎坷的人生道路。本节中将以埃里克森的“心理社会期”发展理论为基本线索，来探讨开设中小学心理辅导活动课的发展心理学依据。

一、埃里克森的“心理社会期”理论简述

埃里克森的“心理社会期发展论”(psychosocial developmental theory)，又称为“心理社会论”(psychosocial theory)，是一种人格发展理论。依照埃氏的观点，个体在出生之后依靠与环境的接触和互动而发展成长，人的一生就是一个连续不断的人格发展过程。但是，这个成长的过程充满了种种矛盾和困境。一方面是个体有自我成长的需求，另一方面是社会环境不允许个体按其本性而毫无限制地自然发展，于是便形成自我需求与社会限制之间的矛盾冲突。这种矛盾冲突必然使个体在心理上产生适应困难的感觉，埃里克森称之为“发展危机”(developmental crisis)。这里的“危机”一词并非都是负面的意义，相反的，对于个体而言，发展危机具有重要的正面促进的作用。当个体出现发展危机时，如果个体能够适当地调适自我，使自我能够符合社会对他的要求，那么，“危机”就得以化解，并进一步变为个体成长的发展转机；如果个体调适不良，那么也可能因危机不能化解而趋向负极方向发展，就会形成个体成长的发展障碍。①

埃里克森还强调，个体的自我发展，在不同的年龄阶段会产生不同性质的心理危机，以及在不同的年龄阶段会遇到不同性质的社会适应问题。只有前一阶段的危机得以化解之后，才能顺利发展到第二阶段。他将人生全程按照危机性质的不同划分为八个时期，又称“人生八段”(见表2-1)，个体在不同的时期学习适应不同的困难，化解不同的危机，而后逐期上升，最终完成他整体性的自我。

①张春兴.教育心理学——三化取向的理论与实践.杭州：浙江教育出版社，1998.128~129

由于发展历程中各阶段的行为各有其特征，于是乃有关键期(critical period)的研究。所谓"关键期"，系指在个体成长中的某一段时期，其成熟程度恰好适合某种行为的发展；如果失却发展或学习的机会，以后该种行为即不易建立，甚至是一生都无法弥补的。①

表2-1　埃里克森心理社会发展期理论要点一览表②

期别	年龄	发展危机	发展顺利者的心理特征	发展不顺利者的心理特征
1	0~1岁	信任对不信任	对人信任，有安全感	面对新环境时焦虑不安
2	1~3岁	自主行动对羞怯怀疑	能按社会要求表现出目的性行为	缺乏信心，行动畏首畏尾
3	3~6岁	自动自发对退缩愧疚	主动好奇，行动有方向，开始有责任感	畏惧退缩，缺少自我价值感
4	6岁~青春期	勤奋进取对自贬自卑	具有求学、做事、待人的基本能力	缺乏生活的基本能力，充满失败感
5	青年期	自我统整对角色混乱	有了明确的自我观念与自我追寻的方向	生活无目的无方向，时而感到彷徨迷失
6	成年期	友爱亲密对孤僻疏离	与人相处有亲密感	与社会疏离，时感寂寞孤独
7	中年期	精力充沛对颓废迟滞	热爱家庭，关心社会，有责任心和义务感	不关心别人和社会，缺少生活意义
8	老年期	完美无缺对悲观失望	随心所欲，安享天年	悔恨旧事，徒呼负负

从上表中我们可以发现埃里克森的一个基本思想：他认为个体经历每个阶段时，都会对社会生活形成某些基本的态度，任何一个阶段内出现的问题将会导致进入下一个阶段的困难；每个阶段都有一个主要的挑战性任务，这个任务就是解决一个由生物学的成熟与社会环境、社会期望之间的矛盾冲突所带来的发展危机。埃里克森的这一"心理社会期"理论，为班级团体辅导发挥其发展性和预防性功能的重要意义做了最好的理论诠释。整个中小学阶段的班级团体辅导主题的设计，都离不开埃里克森对人生八段(特别是前五个时期)的发展危机的总体判断。

①张春兴.现代心理学.上海：上海人民出版社.1995.351

②张春兴.教育心理学——三化取向的理论与实践.杭州：浙江教育出版社，1998.129

埃里克森将人生各个时期视为重重危机的发展过程，在这一历程中，个人所能为者以及教育对他所能为者，并不是避免危机的产生，而是尽可能将危机化为转机。而心理辅导活动课就是这样一种在学生最需要引导的时候，引领学生去主动适应发展危机、提升社会适应能力、将“危机”变为“转机”的最有效的教育与辅导的方式。

二、小学阶段学生发展的重要主题

根据埃里克森的心理社会期理论，我们可以知道，在整个小学阶段，小学生最重要的发展性主题是能否养成和保持一种勤奋、积极、进取的学习与生活的态度。埃里克森认为这是有关自我成长的一个最具决定性的阶段，许多人对工作和学习的态度、习惯可以追溯到该阶段的勤奋感。我国20世纪五六十年代盛行于小学校园里的一句口号“好好学习、天天向上”，如果不是从政治的角度去做片面理解，倒恰恰概括了这个年龄段的小学生最为重要的发展性任务。“天天向上”本来是一切生物体求生存、求发展的本能，当然更是人与生俱来的一种天赋特质。我们只要稍稍留意一下刚刚进入小学一年级的孩子们，就不难发现：哪一位小朋友的脸上不是洋溢着对新学校、新生活的兴奋、期待与希望？哪一位小朋友的小脑袋里想的不是“我要早日戴上红领巾”？哪一位小朋友不是认真而又天真地向父母承诺“好好学习，听老师的话”？这完全可以证明“人之初，性本善”，或者至少是“人之初，性向善”吧！可是，过了六年之后，我们再来看看这些当年充满童稚童真的孩子们，看看他们到底发生了哪些变化？我们会惊讶地发现，六年后依然保持“天天向上”的孩子固然还有不少，但不能否认确实也有一些孩子的脸上已经写着自卑与无奈，有一些孩子的眼睛里已经褪去了憧憬未来的光彩，有一些孩子的神态近乎于麻木与冷漠，有少数孩子甚至已经被他们的老师和家长斥责为“玩世不恭”和“刀枪不入”了。这到底是为什么？用埃里克森的观点来分析，小学生从入校求学开始，第一次接受社会赋予他们并期望他们完成的社会任务。为了完成这些任务，不致落后于众多的同伴，他们必须勤奋地学习，但他们同时又难免伴随着害怕失败的自卑情绪。这种勤奋感与自卑感的矛盾构成了该阶段的发展危机。小学阶段的个体如果在学习上不断取得成就，包括在其他活动中也经常受到成人的夸奖和鼓励，那么他们就会懂得通过“勤奋学习”便能取得应有的成功，他们在学习上就会变得越来越勤奋。但如果他们在学业上屡遭失败，在日常活动中又常遭教师、家长和同学的批评，那么他们就会觉得自己无能与失败，于是便形成和强化了自卑感。从当前的应试教育现状来看，正是由于家庭和学校过分关注知识教学，才使许多小学生经历了太多学业失败的痛苦体验，才导致这些孩子的自卑自贬、消极沮丧。所以，如何使小学生在六年学习期间，无论其分数高低或名次先后，始终能保持一种旺盛的求知欲和上进心，始终能对生活充满了乐趣和自信，是整个小学阶段最重要的发展性任务。如果错过了这一发展的关键期，学生进入初中之后就会遇到更为严峻的发展危机。

要让小学生在六年期间都能保持一种旺盛的进取心，关键在于创设良好的教育环境，使学生不断地体验到生活、学习、人际交往等各个方面的成功。埃里克森十分强调教师在这一时期所起的特殊作用，"不止一次，我观察到在那些独具天赋和富有灵感的人们生活中，大多是由教师燃起了一个未被发现的天才的内心火焰。"只要教师引导有方，每一个少年都能获得勤奋感，他们都会相信只要自己勤奋学习，就可以取得应有的成就。而教师对学生人格发展的这种主动引领，除了日常"润物细无声"的教育之外，主要就是通过班级团体辅导来实现的。

在实施心理辅导活动课时，这样一个发展主题在小学六年当中又大致可以分为三段来加以把握。

1. 在小学低段(一二年级)要突出的主要的发展性任务：一是帮助孩子们尽快完成从幼儿园到小学的转变与适应；二是在入学之初就注意培养他们良好的行为习惯、学习习惯和生活习惯，使孩子们能受益终身。

2. 在小学中段(三四年级)要突出的主要的发展性任务：一是抓住孩子们"智力发展"的第二个高峰期，抓好学习辅导，努力促进孩子智力(特别是思维能力和想象能力)的发展；二是满足孩子们正在迅速扩大的交友和被同伴接受的社会性需求，并帮助他们处理好已经出现微妙变化的师生关系和亲子关系，使他们获得成长中必不可少的亲密感和安全感。

3. 在小学高段(五六年级)要突出的主要的发展性任务：一是依据高年级孩子在以往知识经验的积累、智力活动的锻炼和大脑功能的发展等方面的良好基础，进一步培养他们对事物本质属性和内部联系进行初步抽象概括和归类记忆的能力，以便为今后适应初中学习做好平稳过渡的准备；二是高度关注这个年龄段孩子们的性格发展，使他们面临这样一个非常矛盾、变化无常和严重失衡的性格发展关键期时，能够得到正确的引导和帮助，以促进他们的性格朝着积极的方向健康发展。

综上所述，小学阶段基本上是要解决一个学生是"进取或不进取、有能力或失败无能"的发展态势问题。作为心理辅导教师，在制定心理辅导活动课计划或选择辅导主题时,必须牢牢把握住这样一条小学生心理发展的主线。

三、中学阶段学生发展的重要主题

埃里克森在上述心理社会发展期理论中所说的第五个时期,正是个体进入青春期之后接受初中和高中教育的阶段。埃里克森认为,这一阶段是人生全程八段中最重要的时期,可以说是人格发展历程中多个关键中的关键。这个时期的个体所面临的发展性危机主要是"自我统整"(self identity)与"角色混乱"(role confusion)两极之间的矛盾。①

"自我统整",也称"自我同一性"、"自我同一感",它是一种个人自我一致的心理感受,是一种关于"我是谁"、"我在社会上应占什么样的地位"、"我将来准备成为什么样的人"以及"我怎样努力成为理想中的人"等等一连串的感觉。埃里克森指出:个体在青春期发育开始后,由于身心两方面都产生了很大的变化,便开始从以下六个层面去思考关于"自我"的问题:(1)我有何身体特征?(2)我父母(老师)如何期望我?(3)我以往的成败经验如何?(4)我现在有什么问题(如学业成就与人际关系)?(5)我的现实环境有何条件与限制?(6)我希望自己将来如何?个体将上述六个问题思考的结果,统而合一,然后用来试图回答"我是谁?"与"我将走向何方?"这两大问题,这样的过程就是自我统整的过程。对于身心迅猛发展而又缺乏生活经验的中学生来说,自我统整绝非易事。因年龄、能力、经验、家庭背景等因素的不同,每个人都会有不同的统整状态,多数中学生在这一时期都不能顺畅无阻地到达自我统整的理想境界。由此可见,或多或少的自我统整危机(self identity crisis),对于一般的中学生而言是无法避免的,努力实现自我统整是个体进入中学教育阶段自我了解和自我追寻的必经历程。

上述进入青春期后个体的统整危机如果得不到及时的化解,当事人将难免倾向于"角色混乱"的一端,以至于阻碍其以后的发展。因为一个成熟而心理健康的个体,通常都会对"自我"有一个清晰而持续的概念,他对自己的看法应该是基本上统一的。反之,如果一个个体对自我的认识和评价不能达到基本的一致,缺乏一个清晰和完整的自我概念,他就可能经受"统整性危机"的折磨,他就会失去生活的自信心、价值感和充实感,就会迷失自己前进的方向和明确的目标,就会经常莫名其妙地感到"空虚"、"困惑"、"迷茫"、"烦恼",他就难以正确地应对复杂的社会

①张春兴.教育心理学——三化取向的理论与实践.杭州:浙江教育出版社,1998.132

生活和成长中的种种具体问题。而这种情况最容易出现在自我发展还不完善的中学生人群中。

在中学生这个年龄段,个体必须为自己的未来做出选择和准备,所以中学生的发展危机就自然比较突出。当代的中学生是在不连续的多元文化中成长的,在自我追寻中,他们感触到的多半是困惑和迷失。儿童时期,父母对子女未来的选择,虽有安排与期待,但结果未必与子女的需要相符合。进入中学后,个体主观的认知能力发展有快有慢,但教育的内容与要求一样提升了,父母的期待一样更高了,同伴、团体对自己的压力也一样增加了,个体要追求自己理想的未来,就得面对选择的困惑,就得接受竞争与失败的挑战。而来自教师、同学、家长和内心(主体意识)对这一阶段客体"自我"种种表现的不同的评价,"过去的我"与"今天的我"之间出现的裂痕,"理想的我"与"现实的我"之间逐渐拉开的距离,往往使得他们对"我到底是一个怎样的人"产生怀疑、动摇与迷惑。因此,中学生更容易产生种种围绕自我问题的心理危机。为适应和化解发展危机,个体必须按照自己的条件去进行统整,但此种危机也未必人人都能化解,由此可以窥见中学生内心的矛盾重重。

将上述中学生心理发展的三对矛盾("主体的我"与"客体的我"、"过去的我"与"今天的我"、"理想的我"与"现实的我")归结到一点来说,就是"自我统整"与"角色混乱"两极之间的矛盾。因此,这一阶段中学生心理发展的基本任务是发展自我同一性,建立新的自我同一感。同一性并不是在青春期才出现的,个体在儿童期里已通过自居作用(即以另一个人为模特儿来塑造自己的自我)形成了各种同一性。但是到了青春期,由于身心迅速发展和即将面临的种种社会义务和选择,如异性朋友的选择、职业的选择、理想的选择等,这些都使青少年对原来已形成的自我同一性发生了怀疑,这就是同一性危机。所以这时的青少年迫切地要求了解自我,要求形成一个真正独立的自我。

在中学阶段实施心理辅导活动课,一定要紧紧抓住这个年龄段的学生在不同时期遇到的不同的社会适应性问题,帮助他们化解可能出现的同一性危机,推动他们新的自我同一感的形成。具体说来,初中和高中又有重点各异的发展性主题。

1. 初中阶段发展性主题

(1)初一年级应该把握的重点有二。一是入学适应性辅导,要帮助学生完成从小学业已形成的学习习惯、学习方法、学习策略向适应初中学习特点、学习规律的转变,这个转变完成得越快、越顺利,学生的学业发展就越顺畅,自我同一感就越强。二是根据初一学生进入青春期后独立意识和成人感的迅速发展所带来的诸多人际矛盾,开展自我意识辅导,帮助他们克服正处于高峰状态的"自我中心"意识,正确处理好亲子关系、师生关系和同伴关系,这三种关系处理得越好,学生的自我同一感也就越强。

(2)初二年级应该把握的重点有二。一是根据初二学习难度加大、学习成绩出现"两极分化"趋势的严峻现实,大力开展学习心理的辅导和学习方法、学习策略的指导,尽可能减少由于学习障碍和学业失败给学生带来的困惑、迷茫、自卑和自我挫败感,预防学生在这一关键时期在人格发展上最容易出现的"角色混乱"。二是根据初二学生在性生理发育上已经基本达到成人水平以及在性心理上普遍出现的相关特征,突出青春期性心理辅导特别是异性交往辅导,以引导他们更好地悦纳自我,恰当地展示自我,满足这个年龄段普遍出现的渴望与异性交往的正当需要,并预防由于异性"交往过密"、失却分寸而带来的与社会期望之间发生的尖锐冲突及其引发的消极情绪体验。

(3)初三年级应该把握的重点有二。一是开展抗挫折辅导,以帮助学生用更强的耐挫力和更切合实际的目标期望来面对人生发展道路上即将到来的第一次重大的考验。二是在整个学年中,围绕着"自我的统整与混乱"这一核心,有计划、分步骤地抓好考前心理辅导与报考志愿的指导,如果忽视这一点,或者只是到考前才作"蜻蜓点水"式的辅导,那么中考就会成为困扰许多学生长达几个月甚至是整整一个学年的令人焦虑的压力源,并引发他们在自我统整上的各种危机。

2. 高中阶段发展性主题

(1)高一年级应该把握的重点有二。一是入学适应性辅导。这主要是指自我定位的调整,使其"各适其性、各安其所",包括进入重点高中就读的学生在"高手如林"的新的竞争环境中如何做出恰当的自我评估和自我期待,以适应新的学习环境对自己提出的挑战,也包括进入一般高中和职业高中就读的学生如何调整原来"高不成、低不就"的心态,逐步接纳"适合自己的才是最好的"这样一种价值观念,来适应可以说是完全陌生的学校生活。二是引导学生在一个新的、充满竞争的人际环境中,学会与人合作、和谐共处的交往技巧,处理好因学习竞争、情感纠葛、自尊水平降低带来的种种人际矛盾问题。

(2)高二年级应该把握的重点有二。一是因"文理分科"以及事实上的按学业水平"分班"所形成的"两极分化"现象,会给相当一部分学业落后学生造成严重的挫败感、厌学情绪及自我的迷失,其中一部分人便会采取逃避态度,他们或逃避到"卿卿我我"的情感世界中聊以相慰,或逃避到"电玩游戏"的虚拟世界中自我麻醉，或逃离学校躲到家中一方小天地里与世隔绝、"自我放逐"，违心去做一只"痛苦的鸵鸟"。因此，在高二年级应特别注意学习心理的调适和理性情绪的辅导，帮助学生矫正不合理的认知，调整自己的学习情绪，制订适度的学习目标，增强学习计划性及自我控制能力，进一步发掘自己的学习潜能，努力实现自己的人生价值。二是对学生进行爱情、婚姻问题的价值引导，帮助他们树立正确的爱情观、择偶观、婚姻观，拓展性地构建健康的性生理、性心理、性伦理、性法理的基本认知架构（"对处在该阶段的青少年而言，他们正在经历着一种危机——积极探索价值、理念和信仰时所遇到的危机，他们的承诺要么处于缺失的状态，要么处于仅仅被加以模糊定义的状态"①——在他们对待恋爱与婚姻的问题上表现得尤其如此），引导他们处理好青春期恋情与完成学业目标之间难以完全协调平衡的矛盾，并预防学生在这一敏感问题上与家长、学校、社会的期望发生激烈的碰撞、对抗以及可能出现的危机性事件。

(3)高三年级应该把握的重点有二。一是面对即将临近的升学与就业的人生十字路口，协助学生能清楚地觉知自我，明了自己的特质、需求、背景与价值感，用整体的观念来做出自己生涯的选择，以确认何种层次的学校或何种方向的人生道路是真正适合自己并能实现自我的。二是抓好考前心理辅导，调整考前、考中、考后的心态，防止考试焦虑和其他负面情绪体验的产生。

上述中学阶段六个学年的发展性重要主题是就整体而言的，当然也是就一般规律而言的。其中不管哪一个学年的发展性主题没有处理好，都会引起中学生的社会适应困难和内心的重重矛盾，出现同一性危机问题，并给他们下一个阶段的发展留下难以消除的阴影。而班级团体辅导在这充满艰难险阻的发展道路上恰恰起着重要的导向作用，它能从大处着眼、从小处着手，引领中学生主动地去适应外部环境的变化，促进自我的统一感，进一步寻求自我的发展。这种适应环境能力的形成"不仅会提高自尊，而且也会减轻压力（Hetherington & Blechman, 1996; Lazarus, 1995）。当青少年运用适应技能解决问题时，其结果通常是，正面的自我评估以及自尊增加了。当青少年学会了调适策略时，他们也学会了现实地、坦诚地面对问题"②。

---

①(美)Jose B.Ashford 等，王宏亮等译.人类行为与社会环境.第 2 版.北京：中国人民大学出版社，2005.451

②(美)Jose B.Ashford 等，王宏亮等译.人类行为与社会环境.第 2 版.北京：中国人民大学出版社，2005.450

需要强调指出的是，在整个中学发展阶段中，这种“自我统整”的实现是一个动态的、探索的过程。“自我统整”之前很可能出现一段时间的“角色混乱”的状态，“自我统整”实现之后，也可能由于新的环境与刺激的出现而导致新的“角色混乱”，使个体重新进入一种矛盾对立斗争的探索之中。正是在这样一种对立统一与相互转化的过程中，中学生的人格不断地得到发展与完善。

四、埃氏人格发展理论对心理辅导活动课的启示

埃里克森人格发展理论给了我们开展心理辅导活动课的启示。

1. 心理辅导活动课应以人格发展为第一要务

埃里克森的人格发展理论，为中小学不同年龄段的心理辅导活动课提供了理论依据和辅导内容。埃里克森认为，在每一个心理社会发展阶段中，面临核心问题之后所产生的人格特质，都包括了积极与消极两个方面的可能性。如果各个阶段都保持向积极品质发展，就算完成了这一阶段的任务，逐渐实现了健全的人格；否则就会产生心理社会危机，出现情绪障碍，形成不健全的人格。因此心理辅导活动课不仅要关注和帮助学生解决在发展过程中面临的各种实际问题，更重要的是在此基础上培养个体面对和处理各种问题或危机的积极态度和能力，促进他们人格的健全发展。正如吴武典博士所说，辅导“主要关心的是人格的发展，它帮助个人汇聚智能、探索自我及其环境，以创造人生的意义。换言之，它……乃是以成就人格为目的……由于辅导关心人格发展，每个学生的内在世界，便成了辅导的主要课题。……一切辅导措施的目的，无非在使学生能自行掌握其经验、态度和意义，从而导向健全的人格发展”①。

2. 心理辅导活动课应是一个持续的教育历程，并应有一个连贯的主题

埃里克森认为，人格的发展是一个既有连续性又有阶段性的过程，在每一个阶段都有一对由“自我”与“社会期望”构成的冲突。儿童青少年的发展始终存在着两种可能性，或者是解决矛盾，形成积极的个性品质；或者是解决不了矛盾，形成消极的个性品质，并影响下一阶段任务的完成。我们知道了这些规律，就应该坚持在中小学各个年级持续地开设发展性心理辅导活动课，包括应试任务最为繁重的中小学毕业年级。因为从某种意义上说，毕业年级周遭环境压力愈大，个体因难以适应而出现的发展障碍和危机出现的几率也就愈大。只有确保心理辅导活动课的

---

①吴武典等.辅导原理.台北：心理出版社，2002.29~30

阶梯性和连贯性，才能给予中小学生以系统的、具体的帮助，使他们能完成每个阶段的发展任务，顺利地度过一个又一个“危机”。因此，吴武典博士曾特别强调指出：“辅导是持续的教育历程。辅导工作应从小学就开始，贯穿整个教育历程。它应有一个连贯的主题，并且成为整个教育计划的一部分。”①

3. 心理辅导活动课应该着眼于发展的关键期，重在抓好危机的预防

埃里克森认为，人格发展的各个阶段是按不变的顺序展开的，而这个顺序是生物学上成熟的结果，是儿童青少年社会心理发展的需要。他尤其重视儿童青少年发展的“关键期”，强调个体在成长中的某一段时期，其成熟程度应该适合某种行为的发展；如果错失发展或学习的机会，其损失甚至是一生都无法弥补的。因此，我们在学校的教育与辅导中，只有尊重学生的这些需求和心理发展的规律，抓好每一个成长的关键期，才能收到较好的效果。心理辅导活动课是一种发展性的而非调适性的辅导，它是通过调整个体对周遭环境的认识，增进个体对自我与社会价值的了解，运用团体互助的力量来解决学生在发展中遇到的或将要遇到的困惑和问题；它强调长期的自我成长重于短期的自我了解，因此必须突出每一个阶段对个体未来有重大影响的关键期问题。正如柯比(J.H.Kirby)所说，“团体辅导是一种有系统的辅导计划，强调辅导上预防的一面，计划的内容以发展中的个体一生可能面临的关键事件为主题。”②所以我们在操作上要切忌“就事论事”、“头痛医头、脚痛医脚”，而应依据埃里克森的人格发展关键期理论，从发展和预防的角度对中小学的心理辅导活动课做出通盘的考虑和安排。

第三节　心理辅导活动课的教育社会心理学分析

由社会系统的观点来看，学校体制中的班级团体像是一个小的社会系统。在这个小社会系统中，班级团体成员的行动，相互影响联结而形成一个人际行为的网络。班级团体作为一个社会系统，其中的社会角色及社会规范，反映了一个小系统与外在大社会系统之间的关联性。每一个学生作为团体中的一员，必定要对自

①吴武典等.辅导原理.台北：心理出版社，2002.32

②黄惠惠.团体辅导工作概论.台北：张老师文化事业股份有限公司，1995.8

己的社会角色及其行为规范进行反思与回应。[①]这些人际关系的处理和行为规范的执行状态,都对心理辅导活动课的实效产生或积极、或消极的影响。

一、师生关系对学生个体成长的影响

在学校教育的各种教育情境中,师生关系及其互动方式是影响教育效果的主要因素之一。心理辅导活动课的实施过程也是这样,辅导教师(包括班主任)的师生关系及其互动风格与班级社会心理环境之间存在非常强的关联。江光荣(2002)的研究结果表明:"班主任教师的互动风格是所有影响班级环境的因素中作用最突出者。""当排除了学生个人条件、家庭环境等个别差异因素的影响后,班主任教师的师生互动态度和风格与该班学生整体的适应和发展情况,存在着相当密切的关系。"[②]这样一个规律在心理辅导活动课中表现得非常明显:如果教师的行为倾向于指令、说教、提示、训诫等"控制型"时,学生对于团体活动的参与就会表现出被动、冷漠、对抗或消极顺从等态度;而当教师的行为倾向于对学生的接纳、认同、赞赏、协助等"民主型"时,学生对于团体活动的参与就会表现出积极、自发、主动、合作等态度,而且也乐意为团体的发展贡献力量。

在心理辅导活动课过程中,教师在与学生互动的历程之中,是借着交往沟通来彼此了解对方的意思和情感,进而形成和谐的人际关系的。教师愈是能深度倾听学生说话,有效地运用"接收技巧"、"传送技巧"、"专注技巧"与"建设性回馈技巧"等等,就愈是能促进师生互动,成为一位有效的班级团体辅导者。同时,教师与学生之间的交往互动不仅仅是一种对话与交流,而且还会潜移默化地对学生的行为准则、价值观念产生深远的影响。因为教师在组织团体活动、分享感受体验、进行价值引导、处理冲突抗拒的同时,"还把其思想、道德、文明、心态、人格、个性,诸如需要、理想、世界观、兴趣、能力、气质、性格等方面的修养和素质显露给学生,并潜移默化地影响着学生。"(钦建华,1996)[③]

盖哲尔与谢伦 (J.W.Getzels & H.A.Thelen,1960) 曾经运用社会体系(social system)作为理论架构来研究班级团体中的教师行为(图2-1)。他们认为人类在社会体系中表现社会行为,通常受两方面因素的影响:一是制度方面,指制度中的角

①夏林清.大团体动力.台北:张老师文化事业股份有限公司,1999.146

②江光荣.班级社会生态环境研究.武汉:华中师范大学出版社,2002.282~283

③佐斌.师生互动论——课堂师生互动的心理学研究.武汉:华中师范大学出版社,2002.9

色期望,又称团体规范面;

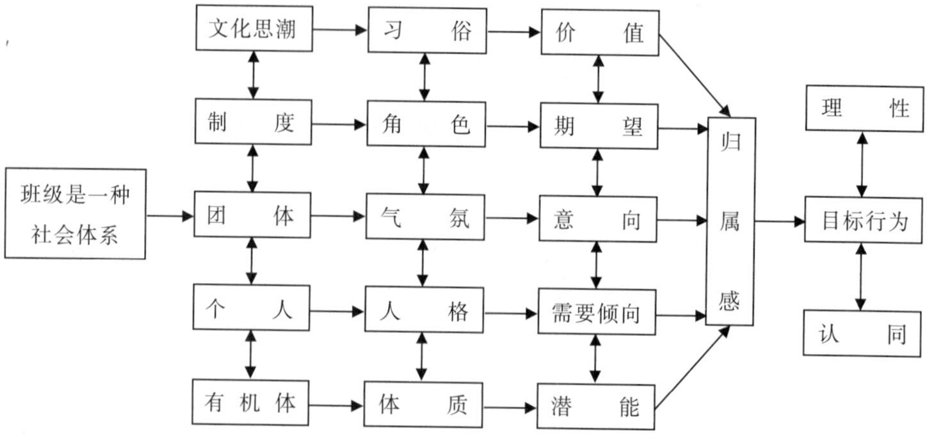

图2-1　班级社会体系的构成及其关系(J.W.Getzels & H.A.Thelen 1960)①

二是个人方面,指个人的人格特质与需要倾向,又称个人情意面。而制度中的角色期望,必须符合于社会的主流思潮、习俗或文化价值;要了解个人人格特质则必须考虑其生理因素,因此个人有机体的结构、体制与潜能也不能加以忽视。据此,他们再深入探讨教师的领导风格问题,归纳出三种教师领导方式:注重团体规范的方式、注重个人情意的方式和强调动态权衡的方式。

盖哲尔与谢伦认为最佳途径是采取动态权衡的方式,亦即"了解教学过程中个人与制度两方面的资源与限制,然后依据特殊情境的需要,对上述两种方式加以明智的运用"。这种动态权衡领导方式表现在班级团体中,是要在角色期望与人格需要之间取得平衡,以圆满实现团体目标与功能。盖哲尔与谢伦认为可以再加一个团体的因素在两者之间,因为在制度与个人之间,班级团体可以形成一种气氛(我们将在本节最后一部分具体论及),这种气氛进而影响团体中每一份子的意向。图2-1的理论模式主要就是强调:要了解班级团体的气氛,以及师生是否能够依据其意愿顺利互动达到目标,必须对社会体系中的各因素加以探讨,才能获知事实的真相。②

帕森斯(T.Parsons)也认为,班级是一个由师生组成的正式教育组织,是一种

①杨极东.团体辅导——理论与实务.台北:五南图书出版公司,1993.67

②杨极东.团体辅导——理论与实务.台北:五南图书出版公司,1993.66~67

"社会体系"。每个学生的个人情绪、认同感与归属感都影响着班级活动，能否把学生个体的行为与班级行动统一起来则取决于教师的指导，而教师的指导又与他的价值取向有关。[①]李咏吟(1995)的研究同样告诉我们，教师若能与学生维持良好的师生关系，则学校的教育环境对学生而言是吸引人的，是振奋与愉悦的，教师对学生在人格成长等方面的影响力也相对地提升。他提出了建立良好师生关系的七条原则：(1)教师是友善的，但却是坚持原则的；(2)教师仅建立少数"不可接受的行为"，并与学生讨论、说明及制订行为标准；(3)教师在课内外与学生交谈、接触，并把握心理辅导的专业特质如温暖、倾诉、接纳、设身处地等技术；(4)避免威胁学生；(5)在以"先严后宽"的原则建立教室管理后，应逐渐松绑，让学生能自律自强；(6)熟练运用不同的管理技术，如增强、惩戒、情境协助、自我控制与自我管理；(7)师生相互允许另一方发展其独特的个性与创造力。[②]

总之，班级是一个社会组织。根据动力模式"输入——整合——输出"的要求，若是期望最后输出的是班级凝聚力强、心理效应理想、班级气氛和谐、辅导效果良好，则教师输入的人格、态度、价值观、敬业精神及专业素养都应该尽可能提高其品质。如是，则师生互动的辅导过程自然会出现一种正面而理想的伦理关系。

二、朋辈互助对学生个体成长的影响

个体进入青少年期之后，必然要疏远成人而热衷于同伴交往，并对同伴倾注了越来越多的感情。相对于前期而言，同伴团体成了青少年首要的生活背景，同伴影响的作用在这一时期内也大大增强，可以说青少年的社会化主要是在同伴团体中完成的。因此，同伴关系特别是同伴团体对青少年发展具有无以取代的独特作用和重大的适应价值，其作用主要表现在：

1. 同伴关系对青少年情绪情感的健康发展极为重要，不仅可以满足其社交需要，而且是获得社会支持、安全感、亲密感的重要源泉。安娜·弗洛伊德(A.Freud)就认为，高质量的积极同伴关系是情绪情感健康发展的需要。

2. 同伴关系具有认知发展的功能。皮亚杰早就指出，只有在平等互惠的同伴关系中，个体才得以检验自己的思想，体验冲突以及协商不同的社会观点。同伴是个体认知最为重要的共同构建者。这些同伴互动经历促进了儿童和青少年社会认

①杨极东.团体辅导——理论与实务.台北：五南图书出版公司，1993.26

②陈木金.班级经营.台北：扬智文化事业股份有限公司，1999.215

知能力的发展，特别是同伴间的讨论和争论对他们道德判断能力的发展是非常必要的。

3. 同伴关系还具有文化传递和行为发展的功能。年龄相当的同学、伙伴通常享有共同的价值观念、生活经验和生活方式，具有年龄相近、关注问题相同等特点，这使他们形成了一种特有的"同伴文化"。青少年特别愿意接受来自同伴的影响，青少年独特的同伴文化影响着个体的价值观、态度、行为习惯等的形成和发展，起着"同伴导向"的作用，而"从众行为"就是这一时期"同伴导向"的一种突出表现。研究表明，个体是通过观察同伴的行为来习得新的社会行为的，同伴是其重要的榜样源，习得行为会因为不同的强化而得以表现或受到压抑。

4. 同伴群体是青少年自我同一性发展的源泉。置身同伴团体，青少年有着不同的角色经历，同伴能够为其提供丰富的信息反馈，这必将极大地促进青少年自我同一性的建构。埃里克森(1968)将同伴经历看作同一性形成过程中必不可少的一部分，同伴关系提供社会支持和尝试不同社会角色的机会，使他们有更多的机会自主做出决定，这对青少年顺利渡过"心理延缓偿付期"尤为重要。此外，群体过程(群体中友好行为、群体外对立、组间比较、组内同化等群体行为)同时又是个性发展的基础机制，并影响到他们对自己的感受及自尊水平。正如布朗(Brown，1990)所说："群体不仅能够通过提供认同或构建社会支持关系网络而为自尊的发展奠定丰实的基础，群体的标识还可以就个体在同伴中的相对位置提供反馈，这继而又提高或贬斥了其自尊水平。"

5. 同伴还是青少年未来成就发展的影响源。尽管同伴在青少年的长期教育、职业规划中的作用不及父母或老师，但他们是个体日常行为和情感方面的重要影响因素，这些影响涉及个体的学习态度、努力程度以及日常表现等多方面的情况。[①]

由于人们之间的相互的心理安慰、鼓励、劝导和支持多半发生在朋友和同辈人群中，所以同伴心理互助对于解决社会日常生活中发生的心理问题具有重要的意义。尽管这种心理互助是非专业的，但它提供的却是一种具有心理辅导功能的人际间的帮助。而一个在正确指导下的班级团体中所经历的观点碰撞、讨论分享等同伴互动过程，实际上就是一种"非专业工作者作为帮助者所采取的人际间的帮助行为"(Gray&Tindall，1978)[②]。这种心理互助对于学生个体成长的影响是不容

①张文新.青少年发展心理学.济南：山东人民出版社，2002.17，168~174

②陈国海，刘勇.心理倾诉——朋辈心理咨询.广州：暨南大学出版社，2001.5

低估的。

三、班级气氛对学生个体成长的影响

“气氛”是一个比较模糊的概念，但它确实很容易被感受到。班级气氛指的是一种团体的社交气氛。“它具有下列两种相对立的特质：温暖、友善、放松的、不拘束的、宽大的、自由自在的，及冷淡、敌对、紧张、严肃、控制等。团体气氛影响团体成员的感受，并且左右了成员的自发参与程度。”①班级团体的气氛可以反映在与群体互动相关联的情感或言语氛围、对班级群体的态度反应、学生的自我概念（动机满足或是受挫）等方面。研究表明，对于青少年来说，直接影响其成就和心理发展的因素就是学校特别是班级的气氛。青少年总是将群体视为一个参照系，积极主动地建构自我，所以，班级气氛（实际上是一种“群体压力”）在一定程度上也强制“塑造”着自我，而这一点在心理辅导活动课中往往表现得相当明显。

心理辅导活动课现场为学生提供了一种较之平时更为广泛的社会化交往，使青少年得以利用一个新的更大的信息来源，这些信息包括价值观、可供考虑的选择、性别作用、社会规范、发展可能性等等。这些信息通过群体中的互动对学生的成长发挥着潜在的影响。但是，这些群体互动通常会产生哪种效果呢？它会是积极的，抑或是消极的？这恐怕与班级的气氛有很大的关系。班级气氛影响参与者的心态，参与者的心态影响讨论的方向和结果。而这里面有三种值得注意的“气氛影响心态”的群体互动现象。

1.“他人在场”心态下的群体互动

戴维·迈尔斯（David G.Myers）认为，“他人在场”会产生一种“唤起”的倾向，“处在人群之中”对个体的积极或消极反应都会有增强作用，因此群体互动常常会产生戏剧性的效果。如果在一个充满信任、和谐、民主气氛的班级里，由于“他人在场”心态引发唤起状态的影响，群体互动就可以产生一系列观点，……那些对群体成员而言就算是一般常识的观点也会被带入讨论，这些观点即使没被提及，也会被连带着影响讨论。其他观点也许会包含一些群体成员在此之前并没有考虑到的具有说服力的观点，这种群体讨论对于中小学生在比较中学会观点采择，了解社会允许自己做什么、不允许自己做什么，以促进自己的社会化发展是大有裨益的。当然，有时候学生“态度的转变并不仅仅由于听到他人的观点。讨论中的积极参与

①潘正德.团体动力学.台北：心理出版社，1999.18

会比消极聆听更容易导致态度的转变。尽管有时参与者和聆听者听到的是相同的观点,但是一旦参与者用自己的话语表达该观点时,言语的使用会扩大这种影响作用。群体的成员对别人的观点重复得越多,他们就越可能在不断的复述中认同这些观点”(Brauer & others,1995)。①

2. 从众心态下的群体互动

从众(conformity)现象是普遍存在于我们日常生活中的一种现象,也是社会影响的一种主要形式。所谓“从众”,是指个人的观念与行为由于群体直接或隐含的引导或压力向与多数人相一致的方向变化的现象。从众行为的本质,是个体受到社会某种影响(包括班级气氛的影响)之后产生的一种适应性行为或反应。在日常生活中,参照群体、群体规范与群体压力是广泛存在的,个体在受到群体气氛的暗示或提示时,会被引导做出群体要求或期待的行为,或者对某种气氛情境做出一定的反应。

在班级群体互动中,从众往往表现为两种形式:顺从和接纳。有时学生会顺从某一种多数同伴认可的期望或要求,但并不真正相信自己所说的话或表态要做的事情,这种靠外在力量而表现出来的从众行为叫做“顺从”(compliance)。在学校里,主题班会的讨论结果常常表现出这一类的从众特征,某些德育色彩较浓的心理辅导活动课也会明显存在着“顺从”式的从众现象。另一种从众形式称为“接纳”,它是指学生真的相信群体要求自己所做的事情是正确的,这种真正的、内在的从众行为叫做“接纳”(acceptance)。②不难看出,在心理辅导活动课中的从众现象有可能是积极的,也有可能是消极的。那么,起决定性作用的因素是什么呢?是班级群体的气氛,即要看团体互动的现场是否有强势、权威、带有奖惩性甚至是威慑性的主导性影响,或者是否有安全、温馨、民主、开放、真诚、平等对话、充满鼓励和接纳谅解的讨论氛围。

总的说来,从众的行为方式,对于个人的社会适应意义是非常明显的。任何一个社会,无论从社会功能的执行,还是从社会文化的延续角度说,多数成员的观念与行为保持一致都是必要的。一个社会需要有共同的语言、共同的价值观与行为方式。一个社会是这样,一个学校、一个班级也是这样。也只有这样,人与人之间才能顺利交往,社会、学校、班级才能正常运转。从个人的角度来说,中小学生只有在

①(美)David G. Myers 著,侯玉波等译.社会心理学.第 8 版.北京:人民邮电出版社,2006.225

②(美)David G. Myers 著,侯玉波等译.社会心理学.第 8 版.北京:人民邮电出版社,2006.153

更多的方面与社会的主导倾向取得一致,他才能适应其赖以生存的社会和学校环境,否则这个学生将困难重重。但是,作为心理辅导活动课上群体互动中的学生从众行为,我们必须注意避免那种削弱学生自尊感的、带强制性或暗示性的、使个体不得不屈从的顺从行为,创设条件支持并提高学生自尊感,倡导那种表里一致的、从内心真实认同的、与群体保持一致的"真从众"行为。

3. 防卫心态下的群体互动

有时候在心理辅导活动课中也会遇到讨论冷场的情形,教师在提出一个讨论话题之后,各个小组里的学生可能都很拘谨地沉默着,现场气氛显得非常压抑,这种团体气氛会令辅导教师感到很尴尬。出现这种局面时,首先要考虑的当然是教师的问题设置是否不合时宜,或脱离学生实际水平,或过于抽象等原因,但同时也必须从当时的群体心理去探究根源。例如当辅导教师就本班的师生关系提出一个封闭式的问题(肯定或者否定)要大家来表态时,很可能没有人做出反应。这其中的原因也许是每个学生都怕老师,认为自己是唯一的一个对老师有看法的人,或者错误地认为其他的同学保持沉默都是由于明哲保身,因为他们不想与班主任老师开诚布公地探讨师生关系中存在的障碍问题。也就是说,"每个人都害怕迈出第一步,以为其他人可能对此并没有兴趣。这样的人众无知(pluralistic ignorance)会阻碍人际关系的开始"(Vorauer & Ratner)。①为了克服这种人众无知,就必须有人站出来打破沉寂,使其他人能够发现并且强化他们共同的观点和反应。发现其他人具有和自己相同的感受(社会比较),会使每个人暗自赞成的那些观点被释放出来。这一点,在心理辅导活动课中涉及某些比较敏感的话题(例如青春期恋情)时,表现得尤为显著。

可见,潜在的积极或消极的结果都可能来自群体气氛。也即是说,在健康的、积极的团体气氛尚未形成时,人们自由地进行讨论时,并不一定能正确地解决问题。就心理辅导活动课而言,自由的、失却导向的群体讨论,其结果也许不仅未能促进,反而可能压抑了个体的成长。这一教育社会心理学现象是值得心理辅导活动课的教师引以为戒的。而解决问题的关键则在于辅导教师要营造一种真正民主的班级气氛,打消班级成员的消极防卫心理和消极从众心理,使得每一个成员在讨论中都敢于说出自己的真心话。这是心理辅导活动课能否真正取得实效的极为重要的一环。

---

①(美)David G. Myers 著,侯玉波等译.社会心理学.第 8 版.北京:人民邮电出版社,2006.226

在心理辅导活动课中，一个有利于群体互动和学生个体成长的班级气氛应该是相互支持、安全而无威胁的，学生身在其中可以平等地分享各自的信息；讨论是开放并以对话交流为特色的，成员可以自由、坦诚地表达相反意见甚至是负向感受，若有观点的分歧或冲突能以建设性的方式加以解决；团体的规范对每个人都是适用的，因而活动的组织和群体的互动是有秩序的；师生之间和学生之间的关系是友善、温情、关怀、助人的，个人的见解在其中能得到鼓励和尊重，因而学生富有较高的参与性和创新精神。这样一种班级气氛实际上提供了一种良好的班级心理环境，在这样的环境中，团体成员就更为满意、安心，较少压抑感和敌意，在情绪和社会性发展方面都能产生良性的效果，也往往更能增强他们积极的自我形象(Moos，1980)；而不良的、消极的、防卫的甚至是对抗的团体辅导气氛则会使师生一无所获，甚至把置身于心理辅导活动课现场看作是一种负担和“苦差”。

第四节　心理辅导活动课的课程论分析

在学校教育领域中，课程是涵义最复杂、歧义最多的概念之一。1999年，当学校心理健康教育在全国范围正式启动之后，关于心理健康教育算不算课程、开设心理辅导活动课会不会导致心理健康教育“课程化”的争论也最为激烈。不少忙于应试教育繁重教务的领导和教师，也是借助“反对课程化”的观点来反对开设心理辅导活动课的。所以，在这一节里，尽管我们没有更多的篇幅来对心理辅导活动课的课程论背景作全面的阐述，但至少应该对这几年来涉及心理辅导活动“课程”的有关说法有一个正面的回应。

一、心理辅导活动课的课程取向

前面说到，“课程”的涵义和歧义很多，各家各派都有自己的说法，我们不必再去寻根追源。在这里，只需从20世纪末至本世纪初这二三十年里“课程”内涵的演变及发展趋势说起。概要地说，现代的“课程”内涵大致呈现为以下五个发展趋势。

1. 从强调学科内容向强调学生的直接经验和体验发展

从世界范围来看，为了切实保障儿童和青少年的发展，课程改革开始把学生的发展置于课程设置的核心，“一切为了学生的发展”也成了这几年来我国新课程改革的核心理念。人们越来越关注学生现实的活生生的经验和体验，课程的设置不再以学科知识作为价值判断的唯一标准，而是以“促进发展”为价值的根本取向。

2. 从强调目标、计划向强调过程本身的价值发展

新课程改革不是不要教育目标、教学计划，而是开始走出预期目标、计划的限制，来关注教学进程本身的教育价值。人是教育教学活动的主体，当特定的教育教学情境使教师和学生的主体性得到充分发挥的时候，这种教育教学情境必定是富有创造性的。因此这一类教育教学活动便被称之为“过程课程”(currere)。①

3. 从强调教材的单一因素向强调教师、学生、教材、环境四因素的整合发展

也就是说，谈到课程时，不再是指某一本教材，而是指由教师、学生、教材、环境(含校外环境)四个因素交互作用的一种动态情境，而这种意义上的“课程”实际上是一种动态的、生成性的“教育生态系统”。

4. 从只强调显性课程向强调显性课程与隐性课程并重发展

隐性课程(主要是情感、态度、价值观)是影响人的发展的重要课程，因此，课程改革的发展要努力创设宽松、自由、真实、富有创造性的教育环境和教学情境，以发挥隐性课程的积极作用。

5. 从强调“实际课程”向强调“实际课程”与“空无课程”并重发展

我们在讨论课程问题的时候，经常感到困惑的 ·个问题就是：为什么学校和社会在课程改革中选择了现有的课程并将其制度化，而排斥了其他课程包括心理辅导活动课？其实，那些被学校和社会在课程改革过程中有意无意地排除在学校课程体系之外的课程，就是美国课程论专家艾斯纳所说的“空无课程”(the null curriculum)。有些“空无课程”是学校和社会处于某种需要而有意识排除的，也有些“空无课程”是由于人们受习惯势力的影响而未意识到其价值而导致的。艾斯纳认为：其实，正是这些受到忽视的侧重于情感体验和感知能力方面的“空无课程”，对人的认知发展有着举足轻重的作用。因此，在课程改革中，不仅要思考现行的“实际课程”的合理性，还要思考学校教育中“空无课程”的成因并努力加以改变。②

从上面的简述中不难看出，从20世纪末至21世纪初，课程的涵义不断地在扩大、发展和延伸，其基本的走势是：“课程是知识”——“课程是经验”——“课程是活动”。这种课改发展取向的基本思想是：课程是受教育者各种自主性活动的总

①张华.课程与教学论.上海：上海教育出版社，2000.69

②张华.课程与教学论.上海：上海教育出版社，2000.71

和,学习者通过与活动对象的相互作用实现自身各方面的发展;只有那些真正为学习者所经历、理解和接受了的东西,才称得上是课程;也只有在学习者主动获取经验的过程中,才谈得到个性的充分发展。①从这样一个课程定义出发,我们可以认为,不管人们说"心理健康教育应该成为一门课程",还是说"心理健康教育不应该课程化",从当代课程改革的走向来说,心理健康教育就是一种课程,它的外在形式之一就是心理辅导活动课。但是这一课程的价值取向不是认知的,而是经验的、活动的、生成性的、隐性的(从它涉及的领域在情感、态度、价值观上这一角度而言的)。在现实的学校环境中,这一课程有可能成为"实际课程",也有可能成为"空无课程",这完全取决于官方或者学校领导者对它的认识与态度,②因为实施这一课程并非没有时间和新课程计划中课程板块设定的保证。

二、心理辅导活动课的课程特点

心理辅导活动课的课程取向既然是经验的、活动的、生成性的,对学生的影响又是隐性(潜移默化)的,那么它就应该具有这一类课程的一些共同特点,主要包括:主体性、活动性、发展性和开放性。

1. 主体性

心理辅导活动课最鲜明地体现了罗杰斯的"学习者为中心"的"非指导性教学"思想,高度关注学生对课程内容的学习是否有积极性、主动性和参与性。罗杰斯在《自由学习》一书中曾这样理解学习活动的本质:(1)人类具有学习的自然倾向;(2)当学生正确地了解所学习的内容的用处时,学习才成为最好的学习;(3)某些学习可能需要学习者自我结构方面的改变,因此这种学习可能会被抵制;(4)必须改变学习者自我结构的学习,在威胁程度最低的情境中较容易发生;(5)当对学习者的自我概念威胁很小时,学生就会用一种辨别的方式来知觉经验,这种学习将是理想的;(6)大量的学习将是通过做中学的;(7)当学生尽责地参与学习过程时,学习的进程效果最佳;(8)学习者全身心投入其中的自发学习,也就是智力和情感都共同参与的学习,是最持久和最深入的学习;(9)当自我批评和自我评价是头等重要,而别人评价居于次要地位时,独立性、创造性和自主性就容易发展;(10)在现代社会中,最有用的学习是了解学习过程,对经验始终持开放态度,并把

①陈时见.课程与教学理论和课程与教学改革.南宁:广西师范大学出版社,1999.15~17

②施良方.课程定义辨析.教育评论,1994(3)

它们结合进自己的变化过程中去。[①]

心理辅导活动课课程的主体性恰恰反映了罗杰斯的上述思想。在心理辅导活动课上,学生通过同伴互动、自我反思及情感体验,在融洽的心理气氛中自由地表现自我、认识自我,最后达到改变自我、实现自我。这种主体性的基本特征表现为:(1)它极大地依赖于主体成长、健康与适应的内驱力,细心排除各种有碍于学生成长和发展的障碍;(2)它强调情感因素,强调活动情境的情感方面而不是理智方面,要求课程内容尽可能直接进入学生的情感世界,而不是借助理性的方法去干预或重组学生的情感;(3)它强调学生"此时此刻"的情感体验,关注的是学生的成长而不是过去的错误经验;(4)它将教师看作为"促进者"即"辅导者",辅导者在活动中的作用不是"指导",而是"帮助",因为学生是有自己独特经验和情感的人,而不是接受知识的"容器";(5)它强调辅导者与学生之间必须建立一种真诚的、信任的相互关系,为学生创造一种安全的心理氛围。

2. 活动性

所有的活动课程都是着眼于促进学生个性的自主和谐发展,它们是以学生的直接经验和最新信息为主要内容、以培养学生独立思考和解决问题的能力为主要任务的。心理辅导活动课就是一种"通过活动来促进学生感悟与发展,以活动为中介的课程形式"[②]。通过活动,它为学生提供更多更广的人际交往机会,与同伴的亲密,与教师的融洽,与他人的合作,都会使学生受到多方面的影响,使他们感到心情舒畅并易于形成活泼开朗、积极主动等品质;通过活动,学生能够在团体中面临一定的任务,担当一定的角色,促使他们在思考、模拟、扮演这些角色的过程中,学会积极的行为方式,形成或改变着自己的某些个性特征。总之,心理辅导活动课的活动性课程特点对于发展和完善学生的人格起着重要的作用。

心理辅导活动课的活动性主要表现在:(1)从课程的内容来看,它面向学生不同年龄阶段生存与发展的需要,设计了一系列为学生所关心和喜闻乐见的活动形式,并且通过活动激活学生在生活、学习过程中最新的信息和体验,使课程充满动感;(2)从课程的教学关系来看,它主要表现为学生独立自主的活动,教师则起辅导作用,因此活动现场往往焕发出生命的活力;(3)从课程的实施空间来看,它不受课堂限制,可以灵活选择,既可以在课堂内,也可以在课堂外,甚至可以是在校

①张华.课程与教学论.上海:上海教育出版社,2000.146~147

②吴增强,蒋薇美著.心理健康教育课程设计.北京:中国轻工业出版社,2007.7

外的社会实践基地(如生涯辅导等)或拓展训练基地(如自我意识辅导及人际关系辅导等);(4)从课程的组织形式来看,它可以开展大团体活动,也可以开展小组活动或个别活动。

3. 生成性

从课程的角度来看,心理辅导活动课体现了杜威的"教育即生长"的命题。杜威认为,教育是儿童经验的不断改造,是儿童的生活和生长。"教育即是'引出'的意思,……教育上的问题在于怎样抓住儿童的活动并予以指导。通过指导,通过有组织地使用,它们必将达到有价值的结果。"[①]英国课程论专家斯滕豪斯也说过类似的话,他认为教育的本质是"引导",而"引导"的含义恰恰在于其不可预测性。心理辅导活动课作为一种活动性课程,它基本上是一个演进过程,它是渐进生长的,它扎根于过去而又指向未来。心理辅导活动课是一个由学生和辅导教师共同创造的过程,是一个不断生成新的辅导素材和新的成长体验的过程,正如杜威所比喻的那样:"教师是一个引导者,他掌着舵,学生用力把船划向前方。"无论对于教师和学生而言,心理辅导活动课都是与学科课程完全不同感觉的一种新奇的历程,它的每一个辅导进程或辅导阶段都是一次新的挑战,都充满着新的价值感,随时都可能爆发出开启心智的精彩,它应该努力避免许多学科课程都可能有的那种事先预设的僵硬、凝固、死板的程序和亘古不变的权威答案。

4. 开放性

活动课程一定是开放的。这种开放性不仅表现为课程内容的开放与课程实施空间的开放,更重要的表现为学生个性的张扬、开放与相容。具体说来就是:(1)心理辅导活动课应该处处尊重每一个学生的个性,给每一个学生充分表现自己的机会,因为这将有利于学生积极参与课程活动,有利于学生主体性、能动性、创造性的发挥;(2)心理辅导活动课不必追求活动结果与结论的一致性,也不追求活动情境的"一刀切",因为"标准答案的唯一性"不符合活动课程的特点和规律;(3)心理辅导活动课应该使师生之间、生生之间保持人格上的平等、情感上的相融、观点上的包容,因为只有这样才能创造出一种安全、和谐、民主的心理氛围,构建一个团体辅导必不可少的"心理场",并对学生的人格发展起到积极的作用。

---

①赵祥麟,王承绪编译.杜威教育名篇.北京:教育科学出版社,2006.28~29

三、心理辅导活动课的课程内容

1. 自我意识辅导——学会自尊

罗杰斯认为，自我意识是人格形成、发展和改变的基础，是人格能否正常发展的重要标志。中小学生的自我意识辅导大体上可从三个层面进行：

自我认识辅导——可从“自我知觉”、“自我概念”、“自我评价”等角度展开；

自我体验辅导——可从 “自尊”、“自信”、“自强”、“自立”、“战胜自卑”、“克服焦虑”、“对抗挫折”等角度展开；

自我监控辅导——可从“自我监督”、“自我完善”、“自我调控”等角度展开。

2. 学习心理辅导——学会学习

张春兴(1996)认为，在个体20岁以前的五个发展阶段的发展危机，无一不与认知学习时成功或失败所带来的快乐或痛苦经验有关。尤其是在中小学阶段，学业的失败必然带来人格发展的扭曲甚至变异。因此，心理辅导活动课的一个重要的任务，就是帮助学生学会学习。

中小学生的学习辅导有两条主要线索：

(1)智力因素发展性辅导——包括智力各要素的发展和训练。对于小学生而言，特别重要的是注意力、观察力、想象力、记忆力、思维能力、感觉统整能力和言语能力的训练；对于中学生而言，特别重要的是记忆方法的训练和逻辑思维能力、空间想象能力、创造性思维能力的训练。

(2)非智力因素发展性辅导——包括学习需要、学习动机、学习意志、学习情绪、学习习惯、学习方法、学习策略、学习自我监控等方面的辅导。

3. 人际关系辅导——学会交往

罗杰斯认为，个人的成长需要在个人能够感到真诚、温暖、安全的情况下才能完成，这样，个人才能真实地展现自我，才能完成独立和自我实现的需要。良好的人际关系能够满足这种温暖的情境需要，帮助个人彼此接纳和自我探索。对于中小学生来说，进入青春期前后必定伴随着人际关系的剧烈变化，所以人际关系应该是中小学心理辅导活动课的重要内容。中小学生的人际关系辅导可以从同伴交往辅导、异性交往辅导、师生交往辅导、亲子交往辅导、社会交往辅导等方面展开。

4. 生活适应辅导——学会适应

冯忠良认为，从广义方面来说，心理健康泛指个体对社会的良好适应。所谓适应，指有机体与环境能保持适度的动态平衡。适应作为一种机能状态，具有复杂性和多样性。从性质上来说，有消极和积极之分；从层次上来说，则有简单和复杂、低级和高级之分。心理健康是人类个体对其生存的社会环境的一种高级适应状态。[①]中小学生在成长过程中，会面临许许多多的适应性困难，例如进入青春期后在生理和心理等方面的不适应；进入新的学校环境后在人际关系的改变、学习方式的改变等方面的不适应；面临升学、考试方面的激烈竞争带来的不适应；以及社会生活方式迅速变化带来的不适应或消极适应等等。因此，学校发展性团体辅导要引导学生顺利度过人生道路上这样一段最为动荡的时期，就必须有意识地加强青春期适应性辅导、环境适应性辅导、升学就业适应性辅导和消费休闲适应性辅导等内容。

5. 生涯发展辅导——学会生存

生涯辅导不仅具有个人意义，也具有社会意义，它是构建和谐社会不可或缺的组成部分。生涯辅导应该从中小学(更多的是中学)阶段开始，为学生未来的“学会生存”做准备。它主要包括四个部分的内容：(1)学会如何去生活，即学习如何成为一个社会人，能够照顾自己的生活，不依赖别人，进而能够参与社会的活动，成为一个有效率的社会成员，做一个合格的公民；(2)学会如何终身学习，即学会如何利用学校设计的课程及教育，掌握必要的自学方法，不断更新自己的知识，来发展自己的潜能，增强创造性地分析问题和解决问题的能力；(3)学会如何谋生，即能习得一技之长，以求独立生存于社会，而不至于长期依赖父母的庇荫；(4)学会如何“爱”，即学会如何爱人与如何接受别人的爱。“从自知与知人开始，进而爱己、爱人，助己、助人；一方面在大我中完成小我，一方面也完成小我，以促成大我；不但自我实现，也促进社会的和谐与发展，从而缔造一个有意义的人生。”[②]

四、心理辅导活动课课程设计示例

我们以初中阶段心理辅导内容安排为例(钟志农，1996)，来说明上述各种辅导内容是如何在初中各年级做出递进式的安排与实施的。

1. 初一年级心理辅导活动课内容安排

第一单元　走进初中的大门

活动1　与友同行

---

①冯忠良，冯姬.心理健康教育概述.中小学心理健康教育，2000(9)

②吴武典.社会变迁与辅导.台北：心理出版社，1999.175

活动2 我为新集体献一计
活动3 老师,您听我说
单元活动评鉴
第二单元 远眺人生航程
活动4 14岁集体生日派对
活动5 21世纪的我
活动6 让美梦成真
单元活动评鉴
第三单元 我给家庭添温馨
活动7 家庭民主生活会
活动8 给父母一个惊喜
单元活动评鉴
第四单元 人贵有自知之明
活动9 我的自画像
活动10 “得意”与“懊恼”
活动11 给自己打打分
单元活动评鉴
第五单元 学业成功之路
活动12 做课堂的主人——学会听课
活动13 开启脑库的金钥匙——学会记忆
活动14 不妨“异想天开”——学会思维
单元活动评鉴
第六单元 带着自信走进考场
活动15 制订“作战计划”——学会复习
活动16 远离“考试焦虑”——学会自我调节
单元活动评鉴

2. 初二年级心理辅导活动课内容安排

第七单元 做学习的“轻骑兵”
活动17 突破困境——学习障碍的自我诊断
活动18 从“按时”开始——学习习惯的自我矫正
单元活动评鉴

第八单元　攻城不怕坚，读书莫畏难

活动19　滴水能穿石——学习意志的自我检测

活动20　学习“老母鸡精神”——学习意志的自我训练

单元活动评鉴

第九单元　人人都能成功

活动21　我的成功体验

活动22　创造成功

单元活动评鉴

第十单元　学海同舟

活动23　助人自助，同舟共济

活动24　“学法金奖”评选

单元活动评鉴

第十一单元　告别童稚时代

活动25　镜子里的“我”

活动26　小小少年，几多烦恼？

活动27　切勿“阴差阳错”！

单元活动评鉴

第十二单元　让青春更美丽

活动28　文明、潇洒、健美

活动29　心灵之美永恒

单元活动评鉴

第十三单元　友谊之树常青

活动30　让“M”先生先走一步

活动31　穿越情感的风暴

活动32　同窗友谊地久天长

单元活动评鉴

3. 初三年级心理辅导活动课内容安排

第十四单元　挫折是人生的必修课

活动33　天将降大任于斯人

活动34　含苞欲放的花蕾为何凋谢了？

活动35　钢铁是怎样炼成的？

单元活动评鉴

第十五单元 走出阴影

活动36 假如我也“栽跟斗”

活动37 我的“磨难座右铭”

单元活动评鉴

第十六单元 面对毕业前的冲刺

活动38 毕业前我在想什么?

活动39 关键时刻要有大将风度

活动40 发挥最佳水平

单元活动评鉴

第十七单元 条条大路通罗马

活动41 天生我材必有用

活动42 天无绝人之路

单元活动评鉴

第十八单元 事业与职业

活动43 睁眼看社会——行行出状元

活动44 放眼望世界——人家在做什么?

活动45 它适合我吗——我的职业兴趣

活动46 我为人人,人人为我——讲究职业道德

单元活动评鉴

第十九单元 回顾与展望

活动47 我成长了——三年的回顾

活动48 走向灿烂的人生

初中班级辅导活动自我评鉴

本章小结

1. 心理辅导活动课的主要理论依据是团体动力学理论、埃里克森所建立的“心理社会期发展论”、教育社会心理学的有关理论以及当代课程改革的理论。

2. 团体动力是由团体内部要素之间互动而产生的影响团体运作的“力的磁场”。

在心理辅导活动课上，团体动力主要表现在团体凝聚力、团体气氛、团体规范、团体活动的参与度及成员互动水平等几个方面。

3. “心理社会期发展论”特别强调个体成长的阶段性及其“关键期”。因此，心理辅导活动课应该是一个持续的教育历程，并有一个连贯的主题；心理辅导活动课应该着眼于个体发展的关键期，重在抓好个体成长过程中发展性危机的预防；同时，心理辅导活动课应以人格发展为第一要务。

4. 班级团体作为一个社会系统，其中的社会角色及社会规范，反映了一个小系统与外在大社会系统之间的关联性。每一位教师、每一位学生作为团体中的一员，必定要对自己的社会角色及其行为规范进行反思与回应。师生之间、同伴之间等人际关系的处理和班级气氛的营造、行为规范的执行状态，都对心理辅导活动课的实效产生着或积极、或消极的影响。

5. 心理辅导活动课的课程取向不是认知的，而是经验的、活动的、生成性的、隐性的。在现实的学校环境中，这一课程有可能成为“实际课程”，也有可能成为“空无课程”，这完全取决于官方或者学校领导者对它的认识与态度。

6. 从课程论的角度看，中小学心理辅导活动课的内容，大体可分为自我意识辅导、学习心理辅导、人际交往辅导、生活适应性辅导及生涯规划辅导等五个部分。以年龄特点为依据安排不同要求的活动素材，呈现出一种螺旋式上升的系列化结构。

问题讨论

1. 以埃里克森的“心理社会发展期”理论为依据，简述中学(或小学)各个不同时期最重要的发展性主题。

2. 结合“团体动力”的基本理论，在“师生关系和互动模式”、“同伴心理互助”或“班级气氛”三者中选择其一，来谈谈它对班级团体辅导的重要影响。

3. 中小学心理辅导活动课的基本内容有哪些？它们与中小学生的阶段发展性主题有何联系？

4. 根据你所任教年级的具体需要，设计一节心理辅导活动课的主题，并从发展心理学的角度说明这一主题的针对性和必要性。

设计篇

SHE JI PIAN

内容提要

本篇包含三章。第三章从“正确表述辅导理念”、“恰当设定辅导目标”、“精心设计辅导活动”、“认真理清辅导思路”四个方面具体说明了设计一节心理辅导活动课的基本流程，并列举了38种常用的活动设计形式。第四章按照心理辅导活动课的“热身阶段”、“转换阶段”、“工作阶段”和“结束阶段”等内在结构，分阶段详细列举了110则活动设计素材，并从“活动目的”、“活动准备”、“活动流程”和“注意事项”四个方面对每一则设计素材作了操作性的详细说明。第五章则针对小学、初中、普高、职高的不同辅导对象，列举了四则教案设计示例，采取读者与设计者、点评者互动讨论、反复修改的形式，带领读者步步深入，体验和感悟设计中可能出现的各种偏误，从而在“实战演习”中逐步把握一节心理辅导活动课的设计要领。总之，本篇各章节均具有很强的操作性，并为第一线的辅导教师提供了最急需、最实用的辅导素材。

个性化理论视点

◎ 理念是心理辅导活动课的灵魂，心理辅导活动课的价值及其深刻性主要体现在辅导理念上，心理辅导活动课与一般的主题班会课的根本分界线主要也体现在辅导理念上。从这个意义上说，辅导首先是一种理念，而不是技巧。心理辅导活动课的生命在于理念，成败在于理念，是否能促进学生成长也在于理念。一句话，辅导理念第一，辅导技巧第二。

◎ 心理辅导活动课的设计需要很强的针对性，需要很强的创造精神，需要有很鲜明的层次感和连续性。心理辅导活动课不能无病呻吟，不能邯郸学步，不能没有个性。

◎ 一个好的活动设计往往可以激活整个团队，使学生中各种潜在的成长问题浮出水面，而各种解决问题的方案、策略、观点也会从团队中雨后春笋般地生发出来。

◎ 所有的游戏一开始都是新鲜的，但所有的游戏用滥了之后都是令人生厌的。学校心理辅导课活动素材的不竭源泉蕴藏于学生鲜活的生命活动之中。我们必须深入到学生的班级中，去感受班级日常运作规律的原生态，去了解学生班级生活、宿舍生活、课外生活中的生命故事，方可挖掘和提炼出有声有色、有创意的心理辅导课的活动素材。

第三章 心理辅导活动课的设计流程

在本章中，我们将论及中小学心理辅导活动课如何建立一个目标体系以及大致应该包括哪些基本内容的问题。

就学校心理辅导的作用来看，它一般具有三项功能，即“发展性功能”、“预防性功能”和“补救性功能”。所谓“发展性功能”，是指心理辅导可以促使学生人格得到健全的发展，帮助他们形成良好的个性心理品质，提高他们的心理成熟度，增强他们今后全面、主动地适应社会生活的能力；所谓“预防性功能”，是指根据青少年在成长过程中缺少经验和必要的心理准备这一特点，而提供的“防患于未然”的辅导，它可以帮助学生顺利度过身心发生剧变的青春期，并较为坚强地面对人生道路上的各种挫折考验，以免他们由于无知或脆弱而产生不必要的失误或心理疾患，甚至出现危机或悲剧；所谓“补救性功能”，则是针对学生已经产生的社会适应不良问题而提供的具体的心理援助，它重在排除学生的心理困扰，恢复学生的心理平衡，重建学生的自信心。显而易见，前两种功能是辅导人员根据青少年群体的成长规律而主动施加的影响，它解决的是青少年群体心理发展的共性问题，带有鲜明的积极色彩；而后一种功能则是比较被动的，带有补救性的（当然也是完全必要的），它解决的是青少年个体心理发展中的个案问题，即哲学范畴里的个性问题。共性和个性是相互对立、相互依存的，共性存在于个性之中。共性问题没解决好，个性问题（个案）就会层出不穷，而这正是不少学校的学生工作穷于应付的一大根源。要改变这种状况，学校心理辅导就必须突出其发展性、预防性功能。中小学阶段正是人的心理品质形成和人的社会化发展的关键时期，对于这个时期的学生来说，得到科学的、较为系统而指向明确的发展性和预防性的心理辅导，小而言之，将非常利于他们树立正确的人生观、世界观、价值观，发展健全的人格，使其受益终身；大而言之，则将大大提高中华民族未来公民的整体素质水平。这样一项重要的任务，当然主要是由心理辅导活动课来承担，它也决定了心理辅导活动课的目标体系和基本内容必须着眼于人的发展来进行总体的设计和安排。

第一节　正确表述辅导理念

由于当前担任心理辅导活动课的教师大部分是"半路出家"，而且从长远的发展趋势来看，班主任很可能在一个较长的时期内会成为发展性班级团体辅导的主力军，所以，对大多数教师而言，在设计辅导活动时首先碰到的难关就是如何把握辅导理念(counselling ideas)的问题。

辅导理念是辅导教师设计心理辅导活动课的指导思想和设计指南，它反映了辅导教师对组织某一次辅导活动的理性思考，它侧重于表述辅导教师对辅导主题的理解和把握。可以说，理念是心理辅导活动课的灵魂，心理辅导活动课的价值及其深刻性主要就是体现在辅导理念上，心理辅导活动课与一般的主题班会的根本分界线主要也是体现在辅导理念上。从这个意义上说，辅导首先是一种理念，而不是技巧。丰富多彩的活动、训练有素的技巧、制作精致的课件，都只是辅导过程的保障和辅导理念的载体，它们当然是不可缺少的；但如果理念发生了偏误，那么再生动的活动形式、再老到的辅导技巧、再炫目的多媒体软件，就都失去了它原有的迷人光彩。一些形式极为活跃、甚至看得人眼花缭乱的心理辅导活动课之所以在辅导结束之后给人留下的只是"迷惑茫然"或"一头雾水"，其根源就在于它们只注重了活动的形式而忽略甚至是失却了能起到引领作用的辅导理念。所以，心理辅导活动课的生命在于理念，成败在于理念，是否能促进学生成长也在于理念。一句话，辅导理念第一，辅导技巧第二。

心理辅导活动课的辅导理念主要包含了三个层面的思考。

一、对辅导主题的理论辨析

这是指辅导教师对自己设计的心理辅导活动课的主题有没有比较深入的理

解。辅导主题往往会涉及一些概念性的问题,例如:"气质"与"性格"、"我的理想"与"我的未来"、"兴趣"与"志趣"、"好感"与"喜欢"、"幸福"与"快乐"、"自尊"与"自负"、"信仰"与"信念"、"鼓励"与"赞扬"等等。如果教师自己对辅导主题的核心概念理解有偏差,那么在面对学生讨论中出现的各种看法时,就会前后矛盾、含混不清,就会把握不准引导的方向,在辅导现场回应学生时也就难以做到恰到好处。

例如:小学二年级开设的《学会赞扬》与小学五年级开设的《善用鼓励》这两节心理辅导活动课,粗粗一看,似乎没有区别,都是处理人际关系中的一种交往技巧,而且在"以正面的评价肯定他人"这一点上,两者确实有一些交叉。但仔细一分析,"赞扬"主要是针对交往对象身上具有的优点、长处或取得的成绩、成功所作出的一种积极的评价和肯定,它能使对方产生一种成功的愉悦感和自尊的满足感,得到一种积极的情绪体验;而"鼓励"则恰恰相反,并不是交往对象有优点、有成绩、有长处,而是对方缺点较多、成功较少,或是遇到暂时的困难挫折而丧失了前进的信心,特别是对方对自我价值的评价出现"低谷"时,所作出的一种激励性的评价和心理上的支持。正是来自同伴的鼓励,使得对方获得了一种对自我的正向肯定,增强了他继续努力的自信心和克服困难、战胜挫折的内在动力。由此可见,两者若不加以仔细辨析,在设计和实施辅导活动时,就会出现目标偏移或重复雷同的情况,不容易把握辅导的主题和方向。

二、对学生年龄特征的把握

心理辅导活动课是中小学生心理发展工程中的一个重要组成部分,设计心理辅导活动课,必须充分注意到中小学生的具体年龄特征,突出其不同年龄阶段要达到的不同要求,使各阶段辅导内容的设计理念能够与中小学生变化中的年龄特征相符。

1. 小学生的主要年龄特征(钟志农,2003)

年龄特征主要包括生理特征和心理特征两大方面,我们这里侧重谈心理发展特征。我们知道,小学生心理发展的内部矛盾是指在个体心理发展的过程中,为更好地适应外部环境而产生的新的发展需要与他原有的心理水平之间的矛盾。所谓"新的发展需要",是指学生成长的家庭、学校、社会等客观环境对个体提出的各种要求、期望等等在个体内部的反映;所谓"原有的心理水平",则是指小学生已经形成的各种知识、能力、情感、行为习惯、个性品质等的水平。新的心理发展需要与旧有的心理水平互相依存、互相矛盾,并通过对立统一的矛盾运动达到新的平衡,从而推动小学生的心理不断地向更高的水平发展。

在整个小学阶段，这种心理发展的矛盾运动是连续不断的，但同时又呈现出一定的阶段性。

例如在小学低年级，入学对个体而言是生活中的一大转折。从过去以游戏为主导性活动的幼儿变成以学习为主导性活动的小学生，这对一个六七岁的孩子来说是一个很大的改变、很大的难题，而尽快适应入学后的各种新的要求，就成了低年级小学生最大的发展性需要。他们在短短的一两年时间里，必须养成各种良好的学习习惯、生活习惯、行为习惯；必须适应新环境、新规范、新老师、新同伴、新集体；必须掌握突然增加了难度和数量的各学科的知识、技能并且接受比较严格的考核和评价；必须承担一种前所未有的社会义务，学习那些自己可能还不甚感兴趣的内容，并由此带来一系列情感、情绪上的或积极、或消极、或痛苦的体验；等等。这对他们来说既是一种新的挑战，又是一种发展的契机、一种巨大的推动和促进。

到了中年级，小学生入学适应的发展性需要已经基本满足，但随之而来的问题是他们的智力发展进入了一个新的阶段，或者说进入了一个关键期。这个阶段是以具体形象思维为主要形式向抽象逻辑思维为主要形式加速过渡为其突出标志的。这里说的“加速过渡”，就是指的“飞跃”和“质变”。与之相应的外部变化，则是小学三四年级学业难度的提升。而对于学生个体来说，尽管他们每个人入学之初都对自己的学习前景充满美好的愿望，尽管他们的家长和老师也在给他们以种种要求和激励，但不可否认的事实是，确实有一部分学生在这个“思维列车提速”的关键时刻落伍了。由此带来的后果便是学习上的挫败感，一些学生对学习出现消极态度，甚至出现厌学情绪。而这种学习上的消极退缩表现，又会成为这些学生面临新的学习困难的成因。更值得注意的是，学业上的一再挫败，还可能给这些学生造成人格发展上的障碍，于是，一个本来充满希望的生命个体的成长道路可能就此令人痛心地被改变了！由此可见，小学中年级学生面对的心理发展需要主要是学业成功问题。在这个关键年龄段上，学生的学习能力(主要是思维能力)的发展会有快有慢，学习态度、学习成绩也开始出现分化，这使中年级小学生的心理发展走势潜伏着种种危机，只有克服这些危机，他们今后才可能健康成长。

小学生升入高年级后，一种值得注意的倾向是在自我意识的发展方面进入了第二个上升期，而个性的发展则进入了骤变期。他们在意识的独立性、情感的丰富性、行为的自觉性、志趣的稳定性等方面，都达到了新的发展水平；同时，一些令成年人感到头痛的问题也可能在这个时期表现出来，例如因性发育提前可能造成的异性同学交往过密、亲子关系中的代沟形成、厌学和逃学、对教师的抗拒和逆反，等等。这说明小学高年级学生在心理发展方面的突出需要主要是形成良好个性的问题。

综上所述，整个小学时期学生心理的发展是一个既有连续性、又有阶段性的过程。在这个过程中，基本上可以分为低段、中段、高段三个时期，每个时期内那些相对平稳的、细微的变化属于量的积累，体现了心理发展的连续性；而当某些新的质素的量积累到一定程度时，就会形成一种处于优势的主导地位，出现某种突变、转折或飞跃，这又体现了心理发展的阶段性。

贯穿小学时期学生整个心理发展过程的主要矛盾则是"进取或不进取、有能力或失败无能"的发展态势问题，这一点在第二章中将会论及。我们在构建小学班级团体辅导阶段目标时，必须要考虑到基本符合小学生成长发展的上述年龄特征。

2. 中学生的主要年龄特征(钟志农，1994)

中学生的年龄特征实际就是非常特殊的青春期的身心特征。"进入青春期以后，会有一些特殊的问题发生。如果能够顺利地解决这些问题，就能情绪稳定、性格健全、发挥潜力、生活愉快。否则，就可能产生很多内在的焦虑冲突，心理不健康，甚至精神崩溃。对外界而言，可能产生人际关系欠佳、对社会不信赖，甚至演变成反抗权威、反抗社会。所以这个阶段是关系一生发展非常重大的时期，也是很多重要行为的关键期，包括智能的发展、学业的进行、人际关系的建立、异性的交往、价值观的确立及习惯的养成等。"①这些值得注意的特征可以概括为以下几个主要方面：

(1)生理上的剧变和性意识的觉醒

在生理上，中学生开始进入发育的第二个高峰期，这个阶段的身体成长变化可以说是日新月异的，因而使得他们对自身和异性产生了强烈的好奇心，并开始对异性表现出不同程度的好感，有的表现比较含蓄隐蔽，有的表现则相当躁动外露。"在生理变化方面还包括外表的变化。他们对于外表特别关心，而且很在意别人的看法，患得患失。若别人称赞他(她)很英俊或很漂亮，就觉得很高兴、很骄傲、很愿意和别人交往、参加社会活动；若被批评为不好看，就感到自卑，心情郁闷。

①吴武典.社会变迁与辅导.台北：心理出版社，1999.222

……这些可说都是由于生理变化所衍生的需要和问题——需要了解自己的性冲动、了解自己身高体重的变化、认识和接纳自己的外表。”①

(2)自我意识的迅速增强

其突出表现,首先是有了明显的成人感,这是中学生最显著的年龄特征之一。由于性驱力的冲击,他们感觉到了新的“自我”,认为自己已经不是小孩子了,因此他们在内心极力想摆脱对家长和教师的依赖,希望能独立自主地处理一切问题。同时,这种自我意识还突出反映在他们有了很强的自尊心,不能容忍对自己的任何轻视、斥责、压制和嘲讽,特别是在同龄人面前。但是,中学生的这种强烈的自我意识往往表现为很不协调的冲动和众多的矛盾。他们想独立,却又离不开成人的帮助;想自尊,却又很容易走向反面。这是因为他们实际上还处在半成熟、半幼稚的时期,具有半成人、半孩子的特点,所以这个阶段又被人称为“心理断乳期”。这一时期,他们的自我是多方面的、相互矛盾的,有时候甚至是混乱的。“我健康吗?”这是生理的自我。“我行不行?”“我能不能?”这是智能的自我。“我喜欢什么?讨厌什么?”这是兴趣的自我。“我很稳定还是很神经质?”这是情绪的自我。“我该跟哪些人做朋友?”“我的人缘怎样?”这是社会的自我。“我的人生目标是什么?”“我心目中最重要的东西是什么?”这是价值的自我。青少年时期个人是处在一个动荡不安的主观世界里,很需要寻找一个积极而稳定的自我影像,才不会迷失。②其主要方法五花八门:一是强调自己的“长大”和“独立”,用唱反调、顶嘴、不理睬人等来做自我的追寻,显扬自己的个性;二是模仿偶像、追星,学他们的穿着、发型、举止动作,借此来肯定自己,仿佛自己也像他们一样风光和有个性;三是离家出走,想到外面打工挣钱、以为有了钱就有了自由,就可以脱离父母的管束;四是学嬉皮士的作风,逃学、抽烟、飙车、吸毒、沉迷网络,放浪形骸、自我麻醉。

(3)认知水平的发展不均衡

这种不均衡性,一是反映在他们的观察能力、意义识记能力、空间想象能力和抽象思维能力虽然都有了较快的发展,但由于性别成熟差异和潜能外现迟早的不同,他们在认知水平的发展上表现得很不一致,因而在急剧增加的中学课业负担面前也很容易出现两极分化;二是反映在他们的道德判断往往不明确、不稳定、不成熟,常常把一些对立的是非概念混同起来,譬如将固执当作“顽强”,将逞能视为

---

①吴武典.社会变迁与辅导.台北:心理出版社,1999.226

②吴武典.社会变迁与辅导.台北:心理出版社,1999.228

"勇敢",将自傲错当"自尊",将思维的极端性、片面性误认为是"深沉"等等。

(4)情感意志的不稳定性

中学生的情感表现得越来越丰富,并常常具有爆发性和极端性。但他们意志的形成却相对薄弱、滞后。因此,外现的情绪就很不稳定,容易大起大落,心理承受能力和自控能力都比较差,头脑发热常常多于理性的冷静思考。在这个时期,中学生的问题行为也表现得比其他年龄段的孩子要多些。有的学生会表现出某种攻击性,有的学生容易出现较严重的挫折感和心态不平衡。

(5)社会交往圈子的不断扩大

进入中学后,广交朋友成了学生们生活中的突出需要。他们首先考虑到如何与异性交往,这倒并不等于说他们就一定是在"恋爱"了,而是因为如果没有几个异性做朋友,他们会觉得"很没有面子"。但是,这个时期的异性交往是一个非常复杂的问题,异性之间的好奇、好感、吸引、神秘、暗恋、友谊、单相思与快乐、嫉妒、痛苦、担忧、惶恐、自责、自卑等复杂的情感体验纠缠在一起,往往使他们难以自己把持好自己。面对着日益繁重的学习任务,面对着家长警惕的目光与无休止的唠叨,面对着学校严厉的规章制度和老师的批评教导,他们整天处在矛盾的心态中,在理智与情感的十字路口徘徊彷徨。除了异性交往之外,中学生也非常看重同性别朋友的友情。他们经常为自己朋友太少而苦恼,或者为老朋友的离去甚至是"背叛"而痛心,更会为父母的误解和粗暴干预而愤怒。他们"有的因为不敢交朋友,把自己封闭起来,所以变得很孤僻、孤独;有的有很多朋友,可是想摆脱却摆脱不了;有的不知道如何表现被人喜欢的特质,也不知道如何跟他人沟通。在大众传播方面他们的价值观往往在'接近就接受'的情况下形成——最常见的情况是:新奇的就是好的,并且不加以选择。在这种情况下,社会关系的扩大就隐藏了重大的危机,如果再加上一些不良的力量(如各种物质诱惑),就很容易走入歧途"。[①]

总而言之,这个时期的学生在心理上变化之大、速度之快、矛盾之多、影响之深,是人生其他时期所不能比拟的。这个年龄段是中学生可塑性最大的时期,是通过心理辅导促进人的发展成长的黄金时期,同时也是他们最容易形成不良品质、甚至误入歧途的"危险时期"。

上述五个方面是我们设计中学阶段心理辅导活动在理念上的客观依据。我们必须充分考虑到青少年的这些身心特质,在安排辅导主题时扬其所长,补其所短,

①吴武典.社会变迁与辅导.台北:心理出版社,1999.231

充分地促进其潜能的发展，谨慎地引导他们绕过人生道路上的各种误区，朝着完美人格的终极目标前进。

三、对辅导主题针对性的斟酌

在把握辅导理念时，我们不仅要考虑学生在某一问题上的年龄特点和心理倾向是什么，而且还要特别注意分析在他们的学习和生活中遇到了何种共同的现实问题。

例如，前面提到的“学会赞扬”这一辅导主题，它针对的是：小学二年级的学生的自我认识和人际交往的需求都开始增强，这个阶段的学生主要是通过他人的评价来认识自己的，他们格外注重他人对自己的正面评价。但是，当他们自己对别人进行评价时，却往往只看到缺点而看不到别人的长处，一有小事就向老师告状，因此也就影响了自己的人际关系。设计这样一堂辅导活动课，目的就是针对小学一二年级学生人际交往中普遍存在的“告状”现象，引导学生感受到赞扬别人和被人赞扬都是令人开心的，从而学会经常去发现别人的优点，恰当地赞扬他人，由此改善自己的人际关系，健全自我意识。而“善用鼓励”这一辅导主题针对的则是小学六年级学生的心理需求：人际知觉已经趋向复杂化，他们之间的交往已逐步摆脱了中低年级时的游戏色彩，更多地注重同伴在心理上给予自己的认同和支持。特别是随着年龄的增长，有部分学生的自我接受程度反而有所降低，对自我的评价常常随着学习、人际交往等社会活动的成败以及外界反馈意见而起伏波动。此时他们特别需要来自同伴的心理支持，他们会格外看重同伴对自己行为的价值判断，并以此作为自己择友、交友的重要依据。因此，引导六年级学生学会在同伴遭遇挫折、失败、痛苦之时，主动去发现同伴的长处、成绩和闪光点，及时地给予同伴以正面的肯定和鼓励，帮助他们振奋精神、走出阴影，这无论对于被鼓励的一方还是鼓励的一方，都是他们在完成社会化发展过程中的重要一步。

可惜，现在有些教师在开设心理辅导活动课时，往往在形式上想得多，在理念上想得少，在辅导的针对性上想得更少。一节班级团体辅导课到底是要解决什么问题？这个切入点要找准，口子不能开得太大。例如：有一位教师设计了一次题为“不用烦”的小学心理辅导活动，这个“烦”就是一个很宽泛的概念。引起“烦”的原因有许许多多，解决的方法则各不相同。笼统地让学生来研究“不用烦”，就会变成“小和尚念经，有口无心”。其实，“烦”只是情绪的外在表现形式，根源还在具体的情境和事件上。如果是人际关系引起的，那么重点是要解决人际关系问题，而不是解决情绪表现形式的问题；另外，同样是人际关系有障碍，情绪的表现形式也不一定都是“烦”。所以，要看教师开这节课的重点是放在人际关系辅导上，还是放在情绪辅导上。当然，这一点也不是可以由教师自己一厢情愿决定的，而是要根据班级的实际情况来最后确定开课主题的针对性。

再比如有的教师外出参加了一次培训，学到了一些团体游戏活动，感到很新鲜、动感很强、很有操作性，于是回到学校里就想“照猫画虎”地开设一节游戏辅导活动。这种时候，他们首先想到的就是辅导的活动形式，而不是辅导的理念及主题的针对性。尽管他们热情可嘉，而且也确实是想“学以致用”，但是没想到大家都是一个师傅教出来的，结果就会出现到处“撞车”的现象。近两年来，各地开的一些心理辅导活动课有很多用的就是一些雷同的游戏，而且往往集中在人际交往和团体凝聚力等方面，例如“瞎子走路”、“背摔”、“信任跌倒”、“踩报纸”、“叠罗汉”、“大风吹”、“解开千千结”、“回旋沟通”等等。这些游戏大多借鉴于小组团体辅导，偶一用之是可以的，但如果大家都照搬这些舶来的团体游戏，小学用、初中用、高中也用，那么，总有一天，我们的学生会说：“老师，这些游戏我们都做了无数遍了，怎么还要我们做呀？”这种不分年级、不看对象、千人一面、千篇一律的“辅导”，又会得到哪个学生的认同和欢迎呢？

还有一种情况，就是辅导主题盲目地跟着潮流和德育大气候走，而在操作上不考虑学生的实际情况与年龄差异。例如，“珍爱生命”和“学会感恩”是近年来媒体上的热门话题，也写进了许多地方教育行政部门的年度德育计划与正式文件中。于是，一些学校闻风而动，纷纷开设以“珍爱生命”和“感恩父母”为主题的心理辅导活动课。这倒并无大错，但是问题在于：有没有考虑所在年级学生的年龄特征？有没有考虑他们这个年龄段对于“生命”和“感恩”是怎样理解的？

比如说主题为“感恩父母”的心理辅导活动课，小学在开，初中也在开，高中同样在开。那么要考虑的问题是：小学、初中、高中在这一主题上的区别是什么？它们针对的具体情况有何不同？“感恩”可以是一个宗教概念，也可以是一个道德概念，我们开设心理辅导活动课当然是从道德的角度来确定主题的，但是儿童、青少年的“道德判断系统与特定年龄和发展阶段相联系”(Kohlberg,1981)，不同年龄的学生在道德认知上会有明显的差异，对“感恩”的理解也自然有天壤之别。就小学生而言，他们的“感恩”只是停留在“爸爸妈妈这么辛苦，我要听他们的话，长大了要报答他们”的层面上，这实际上是中国传统文化中的“孝”的概念，即“善事父母曰孝”。“孝”是一种道德规范，是可以靠教育和灌输来加以养成的；而“感恩”则是一种情感的体验,是一种心灵的震撼,是“灵魂最深处的一种感动”,它要靠生活的积淀以及精神的升华才能逐渐领悟并达到心灵中的某一种境界。俗话说,“不养孩子不知父母恩”,从这个意义上讲,绝大多数的高中生恐怕也难以从心灵深处真正感悟和理解父母对自己的恩德,何况是小学生和初中生?而只有从内心深处深刻体验到并时时涌动不忘父母的养育之恩,才能使青少年将“孝敬父母”从“亲情”、“义务”和“责任”的层面提升至一种“人性”和“良知”的高度。因此,以“感恩”为主题的心理辅导活动课究竟开在什么年龄段比较合适,是要认真斟酌的。

另外,在“感恩父母”主题活动的操作形式上,《天亮了》和手语歌曲《感恩的心》这两首歌,小学、初中、高中都在用;“在父母和自己之间做一个残忍的选择”,小学、初中、高中都在用;让学生“说出父母的生日和他们最喜欢的……是什么”,小学、初中、高中都在用;至于“给爸爸妈妈洗一次脚”,则是从央视广告上模仿来的,更加熟悉得不能再熟悉了,可小学、初中、高中还是都在用……像这样没有什么区分度的辅导理念和辅导目标,以及没有什么区分度的问题设置和没有什么区分度的活动形式,在小学、初中、高中重复出现,学生能真正感兴趣吗?假如一节课的活动设计是从小学到高三都可以适用的话,那就很可能是针对性不强的设计。而心理辅导活动课最忌讳的就是仅凭老师自己的主观想象,而不是根据学生的年龄特点和实际需要来选择话题和进行设计。

由此可见,在我们设计一节心理辅导活动课时,首先要考虑的是:我要解决什么问题?班里学生存在的倾向性问题是什么?他们的年龄特点又是什么?这样,我们的选题才会有的放矢,才会受到学生的欢迎。如果单纯为了完成任务,或者为了上心理辅导公开课,才去想该上什么内容,那就说明选题和设计的针对性是不强的。而如果选题不符合学生实际情况或者是选题超越了学生认知、情感的发展速度,只是单纯注重活动形式或者技巧,那肯定是不会有好的效果的。

再有一个重要的问题是:刚刚从师范院校心理系毕业一两年的专职老师,对中小学生的具体情况了解得并不一定很清楚,过去又没有带班的经验,所以这些辅导教师的选题设计往往是根据自己过去接触的资料以及实习、听课的印象来加以模仿的,其最大的弊端同样是针对性不强。许多青年教师喜欢上一些类似“游戏+即兴感悟”的非结构式的心理辅导活动课,并由此生发开去,引导学生谈一些人生的感悟和体验,或者讨论“人生观、价值观”等问题。这种开放性结构的课不是不好,也确有一些课上得比较有深度;但是这一类课上多了之后,就难免会变成“空对空”,很容易流于泛泛而谈的德育模式,而学生中最急需解决的发展性问题

(例如人际矛盾、文理分班、青春期恋情、厌学情绪等等)反而容易被我们所忽视。所以,我们认为非结构化的、以游戏为主要设计内容的心理辅导活动课偶尔为之是可以的,但做多了就会显得浮躁。尤其是在高中,心理辅导活动课要特别注意上出一定的"深度",要想真正震撼学生的心灵,选题和设计就必须"从学生中来、到学生中去"。包括人生观和价值观这一类话题,也必须结合实际问题来讨论,才可能会有实质意义上的价值澄清。

总之,辅导理念涉及对人的理解、对学生的理解、对学生发展的理解、对学生发展中出现的问题的理解。因此,无论是在设计辅导主题的内容还是各个环节的具体活动时,我们都应该时时想着这样一条原则:以学生为本,以学生的发展为本。我们时时不要忘记:心理辅导活动课的设计需要很强的针对性,需要很强的创造精神,需要有很鲜明的层次感和连续性;心理辅导活动课不能无病呻吟,不能邯郸学步,不能没有个性。

第二节　恰当设定辅导目标

在日常生活中,我们每做一件事,首先考虑的是要往哪个方向去努力,要达到的目标是什么,然后才好考虑如何去做,这样便可以避免费时费力,少走些冤枉路。再则,只有目标清晰明确,才可能有板有眼地制订计划并付诸实施。但是,从我们接触到的内地各地出版的心理辅导教材或教师参考资料来看,能比较系统地列出发展性心理辅导目标体系的确实不多。其原因大概都是因为翘首以盼,期待上级有关部门能够出台一个权威而系统的"大纲"。或许是因为各地发展极不平衡,从1999年国家下发的《关于加强中小学心理健康教育的若干意见》,到2002年颁布的《中小学心理健康教育指导纲要》,都只是给出了原则性和方向性的指示。由此也就不难理解各地在开展班级团体辅导时,大多缺少了一个总体的安排和考虑,因为这件事情总是要由权威部门来进行论证决策,才显得慎重与可靠。

林孟平博士(1986)在论及香港中小学心理辅导之优劣得失时指出:"在学校推动辅导,是香港教育的一大进步。但可惜的是,……根本缺乏长远和通盘的计划,同时,一直以来,亦较忽略辅导目标的阐明,……服务的重点都是在如何处理在行为上出现偏差的学生,而非照顾每一学生的发展与成长。……部分教育工作者对辅导观念的混淆,以致工作者通常只是提供补救性的工作,缺乏系统、全面的教育性和预防性服务。结果,学校辅导的目标,往往被认为是解决问题和处理学生的偏差行为,很少有人认识到辅导乃促进学生个人潜能的发挥,和促进美好发展的正确目标。"①

由此看来,要使学校心理辅导真正成为一种以学生成长需要为中心的有效服务,就必须突出其发展性、预防性功能;而要使发展性、预防性心理辅导真正体现其促进学生个性完美发展的积极功能,就必须有明确的目标指向和"通盘的计划"。因此,构建一个符合学生年龄特征的、系统的、发展性的辅导目标体系,就成了中小学发展性心理辅导工作的当务之急。本章节论及这一根本性的问题,并非有"越俎代庖"之意,而只是从学术探讨的角度,提出一些拙见,以供同道争鸣及当局决策时参考。

一、辅导目标必须分层级

1. 要符合心理辅导的终极目的

要构建一个目标体系,必须首先明确终极目的,即总目标;要构建心理辅导活动课的目标体系也必须首先明确心理辅导的终极目的,即我们的心理辅导最终要把学生引导到哪一个方向上去?心理辅导活动课是一个伴随和协助学生成长、适应和发展的过程,这个过程的最终目标应该是使学生获得"全人发展"和"自我实现"。马斯洛(Maslow)曾说:"辅导的终极目标是在协助当事人发展成为一个健康、成熟而能自我实现的人。"而帕德森(Patterson)也说过:"协助当事人成为一个负责任、独立、且能自我实现的人,好叫他有能力为自己的行为作决定。"那么,什么样的人才算是"健康、成熟而能自我实现"的人?马斯洛为此曾列举了十五项特质:(1)对现实的更有效的洞察力和更适意的关系;(2)更能接受自我、他人与自然;(3)自发性,坦率,自然;(4)以问题为中心;(5)超然独立的特性,离群独处的需要,对于文化与环境的独立性;(6)自主性,自由意志,积极的行动者;(7)更新颖的鉴赏,情绪反应的丰富性;(8)高峰体验;(9)社会情感;(10)改善了的人际关系;(11)更民主的性格结构;(12)区分手段与目的、善与恶;(13)富于哲理的、善意的幽默感;(14)创造力;(15)对文化适应的抵抗;(16)自我实现者也有缺陷。但马斯洛又认为,自我实现"只能出现在年龄大一些的人身上。它往往被视为事物的终极状态,被视为远大的目标,而不是一个活跃于一生的动态过程,它是一种存在,而不

①林孟平.辅导与心理治疗.香港:商务印书馆,1986.346~347

是演变”。对于大多数人，特别是儿童及青少年来说，他们都尚未达到这个境界，但他们正在走向成熟，他们的“自我实现”的过程意味着发展或者发现真实的自我，发展现有的或潜在的能力。[①]再则，“心理健康”是一个内涵比较模糊、外延比较宽泛的概念，它的界定往往受社会制度、民族文化背景以及意识形态的一些影响，至今国内外心理学界、卫生界和教育界还没有一个比较一致的说法。在这种情况下，我们认为，采用世界卫生组织提出的心理健康七条标准比较符合中小学生的具体情况，可以看作是比较容易被大家认同的“健康、成熟、能自我实现”的理论概括。这七条标准是：(1)智力正常；(2)善于协调与控制情绪，心境良好；(3)有较强的意志品质；(4)人际关系和谐；(5)能够能动地适应和改善现实环境；(6)保持人格的完整和健康；(7)心理行为符合年龄特征。

这七条标准实际上主要涉及四个方面的心理素质发展问题。一是智力发展正常，即注意力、观察力、记忆力、想象力、思维能力等各种智力要素都应该在正常范围内。如果人的智力低下，那就很容易引发当事人的人格偏差，并会导致其他心理疾患，对于青少年学生来讲，尤其如此。二是人格发展健全。这里的“人格”(personality)指一个人所具有的独特的、稳定的心理特性的综合，是一个人更本质、更持久地有别于他人的特征。它是人的素质中最为核心、最为复杂的部分，并常常以个性心理品质为其外部观照。三是能主动适应环境，包括适应人际环境和社会、自然环境。具体表现为人自身的稳定的行为倾向，以及与社会的关系处于一种协调状态，心理学上称之为“人格适应”(adjustment of personality)。人格适应不良的人往往会产生情绪困扰或人格变异，引起各种焦虑、挫折或冲突；人格适应良好的人则一定是情绪稳定、意志坚强、人际关系和谐的。四是心理成熟度符合年龄特点，这一条特别耐人寻味，它表明，人的心理健康是一个发展性的“成长”过程，它时刻处于动态之中，伴随着生命的整个历程。个体生命的每一阶段都会有各自不同的心理困惑，人必须适时地、不断地发展自己、完善自己、调整自己，才有可能保持心态的持续健康与稳定。

不管将来对中小学心理辅导活动课的总目标有无一个比较权威、比较一致的表述，专业心理辅导工作的这一终极目标都应该存在于我们每一个辅导者的心中。因为那是我们对学生人格发展美好未来的一种理解，也是我们对人类灵魂理想归宿的一种追求。

---

①弗兰克·G·戈布尔著，吕明等译.第三思潮——马斯洛心理学.上海：上海译文出版社，2001.26

2. 要符合学校教育的总目标

必须强调指出，学校心理辅导工作不同于其他类型的社会性辅导服务，学校的心理辅导乃是学校教育实践活动的一个组成部分，它必然要受学校教育目的即培养人的总目标的制约和影响。学校教育目的总是把个体发展放在一定的社会历史范围内去考察，从社会的需要和人的发展两个方面来加以综合确定的。因此，1982年我国宪法规定："国家培养青年、少年、儿童在品德、智力、体质等方面全面发展。"这里讲的"全面发展"，当然包括人的个性心理的完美发展，只不过按照我国对"教育目的"这一概念的表述惯例，将其隐含在品德的全面发展之中，没有单独指明而已。1995年3月，国家教委正式颁布的《中学德育大纲》，第一次以教育法规的形式明确地把培养中学生个性心理品质列入了德育目标。例如，对初中阶段学生良好个性心理品质的有关要求是："具有自尊自爱、诚实正直、积极进取、不怕困难等心理品质和一定的分辨是非、抵制不良影响的能力。"对高中生个性心理品质的要求则是："具有自尊自爱、自立自强、开拓进取、坚毅勇敢等心理品质和一定的道德评价能力、自我教育能力。"显然，这些目标是从培养什么人的高度来加以考虑的，它包含着深刻的育人内涵，代表着国家的教育意志，因此是我们构建中学发展性辅导目标体系必须遵循的法规依据。

2002年8月教育部颁发的《中小学心理健康教育指导纲要》，对学校心理健康教育目标与任务的表述就更为明确了："心理健康教育的主要任务是全面推进素质教育，增强学校德育工作的针对性、实效性和主动性，帮助学生树立在出现心理行为问题时的求助意识，促进学生形成健康的心理素质，维护学生的心理健康，减少和避免对他们心理健康的各种不利影响；培养身心健康，具有创新精神和实践能力，有理想、有道德、有文化、有纪律的一代新人。"这对我们构建心理辅导活动课目标体系更是具有重要的指导意义。

1. 心理辅导活动课的总目标

中小学心理辅导活动课的总目标大致可以表述为：提高全体学生的心理素质，充分开发他们的潜能，培养学生乐观、向上的心理品质，促进学生人格的健全发展。

这样一个辅导总目标在具体的操作定义上不必强求一律，可以根据各地的不同情况有所区别。例如广东的江耀强(1997)曾提出所谓的"八自真言"，即：(1)"自觉"——努力学习，不把学习看成是负担，自觉完成任务，能从自己的实际情况出发，不断地追求新的学习目标；(2)"自知"——自我意识观念明确，对自己的相貌、体型、体质、生理特点、体能、健康状况和动机、兴趣、态度、情绪情感、能力、气质、性格、品德、智力等方面都有比较全面的了解，而且清楚地知道自己的优点和缺点；(3)“自爱”——正视现实，悦纳自己，不论自己长得美丑，有没有生理缺陷，有无疾病或疾病轻重，智力、能力的水平高低，都能喜欢和接纳自己；不论周围环境优劣、条件好坏，都能从实际出发，努力适应；(4)“自持”——情绪稳定，乐观豁达，情绪表现适度，自控能力强，心境始终活泼、开朗、豁达，充满朝气；(5)“自尊”——善于与人友好相处，尊重自己，也尊重别人，乐于与人交往，能与周围人保持良好的人际关系，具体反映在“五感”上，即安全感、联系感、独特感、方向感、能力感强；(6)“自强”——有理想，有生活目标，自信自己的存在会对社会、对人民有价值、有意义，能确立远大理想，为了实现自己的理想，能从自己的实际情况出发，制订切实可行的生活目标；(7)“自制”——遵守社会道德和行为规范，有道德和法制观念，遵守社会公德、行为规范及法令，遵守学校纪律；(8)“自信”——相信自己的能力，无论在什么情况下都能正确地认识自己，客观地分析自己的优势与不足，并相信自己能够以积极的心态，通过主、客观的努力达到既定的目标。

我们综合各种学派的观点，将中小学心理辅导活动课总目标的操作性要求概括为四个方面：

(1)学会认识自己——人最难的是“认识你自己”。要使学生能正确认识自我、接纳自我，促成更深入的自我了解，澄清与调整自己的价值观，改变不合理的认知或信念，增进自信、自尊与自重，增强监控自我、调节情绪、承受挫折、自立自强的能力。

(2)学会有效学习——通过团体的交流促进学生智力的健康发展，帮助学生掌握科学的学习方法、学习策略，养成良好的学习习惯，不断开发自己的潜能，使自己的潜质得到最大限度的发挥。

(3)学会社会交往——在团体内学习与展现自己热情、真诚、率直、亲和、关爱、诚信的待人态度，懂得善解人意，提高对他人需求与情感的敏感度，增进彼此了解；学习与他人合作共处，强化对自我和他人负责的意识，提高团体内的认同感；能用在团体内学到的技巧来处理好亲子关系、师生关系和同伴关系，遇到矛盾冲突时能尽力在个人需求与他人期望之间保持平衡；学会与异性同学建立正常的友谊，把握好异性交往的分寸。

(4)学会适应环境——在团体内增进与所处环境健康互动的意识，了解简单的心理调节方法，认识在环境压力下的心理异常现象，初步掌握心理保健常识；懂得求助，与自己信任的人共同探索发展的危机，寻求处理矛盾、化解冲突的策略；懂得改变自己以适应变化的环境，能拟定改变行为的计划，并在团体内公开承诺切实执行。

2. 心理辅导活动课的阶段目标

(1)小学低年级阶段

①帮助学生适应新的环境、新的集体、新的学习生活，感受学习知识的乐趣；

②乐于与老师、同学交往，在谦让、友善的交往中体验友情；

③培养学生良好的学习习惯和行为习惯；

④发展学生的注意力、观察力、感觉统整能力、言语能力等智力因素。

(2)小学中、高年级阶段

①帮助学生在学习生活中品尝解决困难的快乐，调整学习心态，提高学习兴趣与自信心；

②正确对待学习成绩，克服厌学心理，体验学习成功的乐趣，培养面临毕业升学的进取态度；

③培养团队意识，善于与更多的同学交往，培养自主、自动参与活动的能力；

④培养健全、开朗、合群、乐学、自立的健康人格；

⑤发展孩子的想象力、记忆力、思维能力、动作能力等智力因素。

(3)初中阶段

①帮助学生适应中学的学习环境和学习要求；

②培养正确的学习观念，发展其学习能力，改善学习方法；

③了解和悦纳自己，学会克服青春期的烦恼，逐步学会调节和控制自己的情绪，抑制自己的冲动行为；

④加强自我认识，客观地评价自己，积极与同学、老师和家长进行有效的沟通；

⑤逐步适应生活和社会的各种变化，培养对挫折的耐受能力；

⑥克服考试焦虑，以良好的心态面对各种考试，并能根据自己的实际情况把握好升学的方向。

(4)高中阶段

①帮助学生具有适应学习环境的能力，尽快调整心态，找到自己的合理定位；

②发展创造性思维，充分开发学习潜能，在战胜困难、取得成绩的学习生活中获得积极的情感体验；

③正确认识自己的人际关系状况，在合作与竞争中建立对他人的积极的情感反应和交往方式；

④帮助学生建立正确的恋爱观、择偶观、婚姻观、幸福观，树立责任意识，正确对待和异性伙伴的交往，处理好学习与情感的关系；

⑤提高承受挫折和应对挫折的能力，形成良好的意志品质；

⑥帮助学生提高学习监控能力，改善学习策略，管理学习时间，调整学习心态，提高学习效率；

⑦在了解自己的能力、特长、兴趣和社会就业条件的基础上，确立自己的职业志向，进行升学与就业的选择和准备。

3. 心理辅导活动课的单元目标

以青春期辅导单元为例：

(1)初中青春期辅导单元目标

①认识生命的奥秘，了解青春期生理变化及自我保健；

②了解青春期性心理的发展及性心理的自我维护；

③了解两性交往中的心理表现与调适，学会与异性进行正常交往的方法；

④引导女生懂得自爱、自重，面临性骚扰时能够进行自我保护。

(2)高中青春期辅导单元目标

①建立正确的恋爱观、择偶观、婚姻观、幸福观，妥善处理好学业与爱情之间的关系；

②了解避孕及其补救措施；

③了解性失误的种类与预防；

④了解艾滋病与其他种类性疾病的预防；

⑤了解性道德的基本规范，树立性道德价值观，培养性道德行为；

⑥树立责任意识，以高度负责的态度对待婚姻与家庭。

4. 活动目标

详见第五章“心理辅导活动课设计示例”。

二、辅导目标必须清晰

所有的团体都有其特定的目标。有的目标是长期性的，有的目标是短期的，有的目标是即时性的。一般说来，团体辅导的目标应该被界定得很清楚、很具体、很大众化。当然，有些时候，目标也可能是笼统的、一般化的；但对于心理辅导活动课而言,目标的明确和清晰对于在规定的课时内完成辅导任务有着至关重要的意义。辅导教师可以通过反思以下问题来检视自己辅导目标的确定性和清晰度:(1)团体辅导目标的表述是否清晰?(2)学生是否都可以理解这些辅导目标?(3)团体辅导目标能否激发学生参与活动的活力?(4)我将如何带领团体达成这些目标?

要做到目标设计清晰明确,必须注意以下几个方面的问题:(1)不使用晦涩、深奥、含混不清的语言,例如让学生了解自己的学习价值观即学习是为了什么,协助学生理解什么是学习,即学习学什么,引导学生认识自己的学习风格,进而将自己的强势学习风格应用到学习以及日常生活上;(2)不使用模棱两可的、容易产生歧义或者争议的表述,例如"避免出现早恋现象",这"早恋"二字就容易出现争议;(3)不使用太长、太复杂的句式,例如下面这句:"让学生客观、全面而深刻地了解和探索自我的重要意义,并且帮助学生从多个角度和途径探索自我,使学生明确深刻而全面地探索自我成为可能";(4)不使用大而空的、标语口号式的语句,例如:"呼吁以每个人的实际行动,为创造美好、和谐的班集体而努力。"

关于辅导目标的表述举例请参见第5章。

三、辅导目标必须集中

由于课时的限制,一节心理辅导活动课要达成的辅导目标不可能太多,更不可能面面俱到。因此,必须集中有限的辅导资源,重点突破必须达成的某一两个辅导目标,而不可考虑过多过细,泛泛而求。

我们以解决校园冲突事件为例:无论在中学还是小学,学生与学生之间在校园里发生口角、争吵甚至打架斗殴事件是比较常见的事情,许多教师往往为此充当"救火队员",或者"说是论非",或者"对簿公堂",或者"各打五十大板",或者"大动干戈"、处以重罚,搞得教师自己肝火上升、怒气冲天,学生却还怒目圆睁、心口不服、愤愤不平。其实,校园中的冲突除了有意识的侵犯事件之外,常常反映了一个学生交往能力特别是处理人际矛盾的水平问题,这些问题最适合运用心理辅导活动课来对学生进行人际交往技巧的发展性、预防性辅导,以求防患于未然。而就这一内容的心理辅导活动课而言,要达成的辅导目标会有很多,至少可以按照四个梯度来展开。

1. 了解人际冲突成因

在这个梯度上,辅导的目标是要让学生通过对曾经经历或者目睹过的同学之间发生冲突事件的回顾,在交流、探讨、反思、分享体验的过程中,领悟到冲突的发生都是有原因和规律的。例如,或者起于“话不投机半句多”,或者起于“说者无意、听者有心”,或者起于“两利相争、各不相让”,或者起于“一怒之下、拳脚相加”,或者起于“为保颜面、决不受辱”,等等。总结这些引发人际矛盾冲突的规律,就可以了解冲突产生的基本原因,那就为减少和消除校园冲突事件奠定了认知基础。

2. 了解人际冲突反应

在这个梯度上,辅导的目标是要让学生通过回顾和交流自己在遭遇冲突时的切身感受,了解人际冲突在自己生理上、情绪上、行为上引发的各种具体的反应。例如,怒不可遏、满脸通红、心脏狂跳、青筋暴起、手脚冰凉、咬牙切齿、浑身发抖、出言不逊、举止失控、失去理智等等。了解这些冲突引起的身心和行为反应,有助于学生即时性地进行自我监控,以便尽可能地克制自己的冲动情绪和非理智举动,那就可以为防止冲突升级起到预警作用。

3. 学会化解人际冲突

在这个梯度上,辅导的目标是要让学生通过团体的互动,分享彼此以往处理人际矛盾冲突的经验、体会、方法、技巧,从而在操作层面上提升学生化解冲突的技能和策略,那就可以依靠他们自己的力量来及时地将人际之间的矛盾冲突“大事化小,小事化无”,校园内便自然更加和谐温馨、其乐融融了。

4. 学会防范人际冲突

在这个梯度上,辅导的目标是要让学生通过对人际交往技巧的有关训练,增进学生的人际知觉能力、合作能力和利他行为,从而有效地提升自己的人际吸引力,并学会处理好与同学交往过程中的各种具体矛盾,以防范人际冲突的升级。

从以上举例分析中可以看出,在以处理和预防校园冲突事件为目的的发展性心理辅导活动的设计中,教师可以列出许多不同层级的辅导目标,这些目标必须加以分解,并合理地分布到不同的学年辅导计划之中,随着学生年龄的增长而逐渐提升其操作要求。而且,每次活动只能集中指向其中的一两个目标,不可以“杂七杂八一勺烩”地加以设置。例如,在一节人际交往的心理辅导活动课中,教师设置了以下六个辅导目标:(1)了解人际交往的一般心理效应;(2)懂得人际交往的四种心态;(3)学会人际交往的秘诀;(4)注意克服不良的交往方式;(5)促进学生的自我认识与同学之间的认识,在交往中树立正确的认识态度,特别是对真正的朋友与酒肉朋友有一个明显的区别;(6)从具体的事例中总结出交往的真正艺术,升华为理论层次,用来指导自己的人际关系。辅导目标如此庞杂而分散,在40分钟的时间内如何可以达成?恐怕除了“蜻蜓点水”、“隔靴搔痒”之外,别无他用了。

四、辅导目标必须可操作

辅导活动目标的可操作性，是指在目标明确、清晰的基础上，将目标细化为可以观察、评定并可以训练、培养的行为特征(夏海鹰，2004)。我们不能泛泛地将“完善自我”、“健全人格”、“调控情绪”等等作为心理辅导活动课的课时目标，而应该将这些抽象的、笼统的概念加以具体化。按照布卢姆(B.S.Bloom)的教育目标分类学理论，可以把行为目标作为单元目标的细化，即把学生的行为改变或教师所期望的学生学习成果作为单元目标的细目。行为目标的编写，均应该以行为动词为开端，如“理解……”“认识……”“描述……”“使用……”“改变……”等，都是以行为动词为开端的。这样描写的行为目标可以观察，也可以通过一定的测验和评定方法来评估，并通过一定的辅导活动来加以训练和塑造。

吴增强等(2001)也认为，活动目标切忌笼统抽象。如，“调适不良情绪”，这一目标的表述太含糊，不如改为“认识不良情绪给自己的生活、学习带来的危害，寻找缓解和消除不良情绪的几种方法，增强对情绪的调控能力”。目标越具体，就越容易实践。

总之，辅导目标的设计是为了便于给辅导活动的实施过程指出一条具体的路径，明确的辅导活动目标具有导向和调控的作用，表达了辅导活动对于全班学生的预期影响，因此目标的设计应该相当具体，以便于操作。这里的“可操作”首先指的就是，在认知上应该“了解”什么、“懂得”什么或“转变”什么，在行为上要“学会”什么、“养成”什么或“改变”什么，在情感上要“体验”什么、“感悟”什么等等，而不能停留在一般的、宏观的、上位目标的描述上；其次，“可操作”还体现在目标的适度性上，即既不超越、也不低估学生的年龄特征，目标的针对性应该非常鲜明。

五、必须顾及团体共性目标

所有的团体在运行过程中都会经历不同的发展阶段，不同的阶段就有不同的团体目标。不论某一次心理辅导活动课的具体辅导目标是什么，作为一个团体的历程，它们在各个发展阶段都会有一些带有规律性的共性目标。例如团体一开始的“定向探索阶段”，需要达成的团体共性目标就是：发展团体信任，建立成员的“安全感”和“信任感”，使团体的凝聚力能尽快提升；而到了团体最后的“结束跟进阶段”，团体的共性目标一般就是用迁移、转化等方法，促使学生把分享体验转化为新的行动，在团体外的新环境里能直接面对自己。这些共性目标在心理辅导活动课的目标设计中应该有重点地加以顾及。

团体的共性目标(或称为“一般性目标”)大体上包括团体成员在具体的问题情境下的四种应对技巧,即:人际技巧、问题解决技巧、认知应对技巧及自我管理技巧。①

1. 帮助学生学习在具体情境下的人际技巧

人际技巧是“在既定的状况下,被证明是有效的,或者说,最有可能在互动者身上引发、保持或增进正向效果的反应”(Foster & Ritchey,1979),而同伴团体是教导与学习人际技巧的最佳环境。每一次班级团体辅导活动中教师都应该有意识地让学生在团体情境中学习以下人际技巧中的一两种。

(1)引导学生学会专心而有礼貌地倾听;

(2)引导学生学会思考、比较和分析各方面的意见;

(3)引导学生学会善解人意,并充分尊重他人的想法和体验;

(4)引导学生学会清晰明白地与他人交流思想和看法;

(5)引导学生养成与他人商讨、求助、助人、合作、让步的习惯;

(6)引导学生树立“规则”意识,自觉维护团体互动的秩序;

(7)引导学生学会自我接纳;

(8)引导学生学会容忍别人;

(9)引导学生学会关怀别人;等等。

2. 帮助学生学习在具体情境下的问题解决技巧

问题解决技巧是一整套拓展学生适应力与人际效能的有效方法。Spivack和Shure(1974)认为最基本的有关技巧包括:

(1)弹性的思考,或者说是想出多种办法来解决人际问题的能力;

(2)推论结果的思考,亦即预测某个特定选项会有的短期和长期后果,并以此做出决定的能力;

(3)方法与结果的思考,亦即规划解决问题的方法或行动步骤的能力。

3. 帮助学生学习在具体情境下的认知应对技巧

认知应对技巧指的是能够运用思考来处理内在的或社交的事件,比如:

(1)分析自己想法的能力;

---

①Sheldon D. Rose著,翟宗悌译.青少年团体治疗——认知行为互动取向.上海:华东理工大学出版社,2003.10~18

(2)澄清自己的价值观的能力；

(3)适当的自我对话，在心里鼓励自己的能力；

(4)在压力情境下放松的能力；

(5)适度地宣泄自己情绪的能力；等等。

4. 帮助学生学习在具体情境下的自我管理技巧

这是指借着控制自己的内在环境来控制自己行为的过程，比如：

(1)在其他社会环境中自我监控的能力；

(2)在遇到心理困惑或实际问题时向别人求助的能力；

(3)尝试改变自己的行为的能力；

(4)学习做出正确的自我评价的能力；等等。

以上这些团体共性目标有时会与心理辅导活动课主题本身的辅导目标相重叠，这是不奇怪的。但将团体共性目标单独列出，有助于辅导教师增强对团体运作规律性的认识，自觉地利用团体本身具有的功能去促进学生的成长发展。

第三节　精心设计辅导活动

心理辅导活动课的基本构成要素是团体活动。团体活动(group activity)，在团体咨询理论中又被称作“团体练习”(group practice)，它是指团体领导者指导下的一种活动方式。换句话说，当团体领导者用一种活动指导成员的行为、讨论或引导他们的注意方向时，就是一种练习。团体练习在使团体咨询富有意义和充满兴趣这方面起到了重要的作用，那些构思巧妙、运用得当的练习对于几乎所有的团体都有非常多的益处(Ed E.Jacobs & Robert L.Masson & Riley L.Harvill，2000)。在国外，“团体练习”也称为习作、活动、技术、游戏、经验、实验、结构式团体练习等等(樊富珉，2005)。由于我国中小学的班级团体辅导属于活动课程范畴，因此我们在论及团体过程基本要素的设计时，均采用了“团体活动”或“活动”这一概念。

在心理辅导活动课中，为了有效地利用团体动力，引发学生在团体中互动和成长，必须要精心地设计一个又一个团体活动。一个好的活动设计往往可以激活整个团体，使学生中各种潜在的成长困惑浮出水面，而各种解决问题的方案、策略、观点也会从团体中雨后春笋般地生发出来。同时，恰到好处地使用团体活动，还可以增进团体的活力与趣味性，起到引发团体成员情感及参与讨论的积极性、降低心理防卫、采集辅导资源、改变团体成员行为方式等作用。约伯斯等人(Jacobs et al,1988)认为团体练习(即团体活动)至少可以达到七个目标:(1)促进团体讨论和成员参与;(2)使团体聚焦,注意力集中;(3)使团体的焦点改变、转移;(4)提供一个经验性学习的机会;(5)为团体成员提供有用的资料;(6)增加团体的舒适度;(7)为团体成员提供乐趣,使之精神轻松。

心理辅导活动课是一个动态的发展过程。在不同的发展阶段,团体的任务不同,学生和辅导教师的角色、地位不同,团体的氛围和动力也就不同,因此需要设计不同的活动来与团体发展阶段的动力特征及阶段目标相适应。

一、心理辅导活动课的团体发展进程

团体的发展是个动态的过程,大多数的团体都处于一种持续改变的状态。从团体动力的观点来看,团体可能永远无法达到完全静止不动的状态。既然如此,团体的发展应该循着某种轨迹,一个阶段接着一个阶段地发展下去。由于学者们在研究这一发展过程时,可能各自着重在某一层面的现象描述和特征说明,导致对团体发展有不同的观点(潘正德,1995),对心理辅导活动课发展进程的研究同样如此。关于心理辅导活动课的发展进程或发展阶段问题,学术界的说法也很不一致,主要的有以下几种观点:

王淑敏(1993)认为:"班级团体发展有其阶段性,可按其发生的时间顺序分为定向阶段(orientation stage)、规范建立阶段(norm establishment stage)、冲突阶段(conflict stage)、生产阶段(productivity stage)及结束阶段(termination stage)等五个阶段。每个阶段所需的时间并不固定,……随着阶段发展,团体的效能已能逐渐增高,直至结束阶段才下降。而且,在每个阶段中团体的效能并不是直线上升的,而是有起有落。"①

廖凤池等(2002)认为:班级团体辅导(即心理辅导活动课)"设计的焦点集中在儿童生活中的一些主题,如人际关系或团体决策过程等。其实施步骤,包括场面构建(structure)、引导投入(involvement)、经历过程(processing)及分享觉察(awareness)四个阶段,通常在10分钟的暖身活动后,导入计划的活动,完成后进行5~10分钟的心得感想分享。台湾省中小学的班级辅导活动课程即属此类团体"。②

①吴武典,金树人.班级辅导活动设计指引.台北:张老师文化事业股份有限公司,1993.17

②廖凤池.儿童咨询团体理念与方案.台北:世界图书出版公司,2003.10

李坤崇(1998)也认为:“班级团体发展与团体咨商具有阶段性,虽然名称互异,但实质的发展历程均同。”考虑到台湾学校教师实施班级团体辅导的一些实际情况,他主张可以从“准备阶段、形成阶段、转换阶段、工作阶段、结束阶段、追踪阶段等六部分来说明班级团体辅导之历程”。①

内地的一些学者,根据上世纪90年代以来的实践经验总结出的规律则是:班级团体的形成与发展“大概分成四个阶段:热身——凝聚——探索——结束评价,不同的阶段有着不同的任务和内容”(李东红、熊少严,2004);“班级心理辅导的发展历程可以分为:定向探索阶段——规范建立阶段——磨合转换阶段——凝聚信任阶段——成长建设阶段——结束跟进阶段。每个阶段所需的时间并不固定,在每一个阶段中效能也有起落”(梁东标、汤礼深,2003)②。

以上两岸各家的观点,大多是从一个班级成长全过程的层面(即宏观的层面)来研究团体发展进程的,这样一种进程可以长达几天、几个月、半年或者一年(王淑敏,1993);而我们这里则是从微观和操作的层面来进行探讨,看一看作为一节心理辅导活动课,在40~45分钟的时间里,大致经历了一个怎样的发展历程。根据对大量的心理辅导活动课现场的观察和研究,我们认为,将一节心理辅导活动课的发展进程划分得过细是不便于操作的,因为“团体是一个连续性的发展过程”(Trotzer,1977),“由于团体方式与性质的不同,演化的程序可能有先后的出入,而且心理的演变难以划分明晰的界限”(朱秉欣,1975);但将发展进程描述得过于笼统模糊,又不利于辅导教师把握团体成长的阶段性动力特征。所以,根据学术界对于团体辅导进程的一般共识,我们对一节有具体课时限制的心理辅导活动课的微观发展进程做如下的划分,即:团体暖身阶段——团体转换阶段——团体工作阶段——团体结束阶段。下面分别加以说明:

1. 团体暖身阶段

心理辅导活动课的团体暖身阶段与一般团体的初始阶段有明显的不同。因为心理辅导活动课的对象是原先的建制班级,教师无法选择团体成员,学生也无法选择辅导教师。除了新入学的之外,大多数班级的成员彼此早已熟识,而且也早已存在次级团体(secondary group),并形成了次级文化(secondary culture)。这些次级团体与次级文化,对于某一次心理辅导活动课而言,可以成为其助力,也可以成

①李坤崇.班级团体辅导.台北:五南图书出版公司,1998.36

②梁东标,汤礼深.班级心理辅导手册.广州:广东教育出版社,2003.19

为其阻力。辅导教师要关注的，只是如何尽可能地“善用次级团体或文化，化阻力为动力，化危机为转机来带领团体”(李坤崇,1998)。但这一项工作，主要靠辅导教师在心理辅导活动课之前，做好必要的调查、研究、分析和铺垫，以了解班级的具体特质，并由此决定自己的辅导主题及其他应对策略。真正到了上课铃声一响、心理辅导活动课的序幕正式拉开之时，这一时期的主要矛盾，便突出地表现为：学生尚未有足够的情绪、精神准备，对本节课要探索的主题和达成的目标茫然无知，团体内开展互动、交流、分享的氛围也尚未形成。因此，这一阶段工作的重点是“情绪接纳”(emotion acceptance)，具体说来包括：

(1)通过热身游戏或其他媒体手段，促成团体成员初步的互动。

教师要充分运用各种热身游戏、音乐、影视等手段，营造一种轻松和温暖的氛围，帮助团体在当下形成一个具有凝聚力的实体，这一过程就是通常所说的“暖身”或“破冰”。它的目的就是让全体学生既没有心理压力，感到轻松愉快，又能够集中学生注意力，调动起学生积极参与辅导活动的情绪，增进学生之间、师生之间的信任感和凝聚力。

(2)充分展现教师的“尊重、接纳、关爱”的辅导态度。

在团体暖身期，辅导教师或许不必过于在意辅导技术，但却必须以笑容、点头等恰到好处的体态语言，来传递自己对学生的关怀、倾听、真诚、鼓励的辅导态度。如果教师在班级团体辅导活动的起始阶段，就给学生留下一种冷漠、忧郁、疲倦、焦躁的印象，那就等于自己亲手关闭了学生心灵的大门。

(3)必要时，明确告知团体基本规范及辅导活动的注意事项。

由于有些辅导主题可能涉及比较敏感的话题，教师应预计到辅导进程中可能出现的某些消极因素，例如封闭态度、防卫心理、调侃、攻击、起哄等等，这就需要在团体初期就与学生商定必要的团体规范，以求全体师生共同遵守，做到“防患于未然”。例如，制定“说好话、守秩序、存好心、做好友”的共同公约，告知学生必须倾听他人讲话，积极参与讨论，对事不对人，必须保守团体或个人的秘密等等。

2. 团体转换阶段

与一般的团体辅导转换期重在处理成员的焦虑、抗拒心理和团体的内部冲突有所不同，心理辅导活动课的团体转换阶段肩负着由“团体凝聚力初步形成”向“运用团体动力解决团体共同关心的某一发展问题”转移的重要任务，这是一个创设情境、提出问题、激发成员探索成长困惑的欲求、逐步催化团体动力的过渡时期。这一阶段的工作重点是“展开主题”，具体说来包括：

(1)以形象具体的方式,提出某一个被团体成员共同关心的问题,引出团体成员中不同观点和不同的认知方式、行为方式的碰撞和冲突,催化团体动力。

当学生的参与热情,通过热身活动被调动起来之后,辅导教师就须围绕辅导活动的主题,选择某一种形式(例如案例、游戏、歌曲、影视片断、小品表演等),将问题情境呈现在学生面前,借助学生的情绪和团体的气氛,切入辅导主题,而同时本次活动的辅导目标,也以直接或间接的方式被学生所感知。在这样一种富有感染力的具体情境中,团体动力会很快被催化出来,辅导现场能够生成十分活跃的参与氛围,学生往往就是在这种真切而熟悉的生活情境中去体察、去联想、去分析、去反思的,这当然有利于他们在具体的角色关系中辨别是非曲直,并产生深刻的心理体验。

(2)鼓励全体学生参与互动讨论,积极对他人的意见予以回馈。

这一阶段应将全体成员主动介入团体活动作为工作重点之一。因此,提出的问题,应该是学生比较熟悉和共同关心的;同时,要鼓励学生对其他同学的意见积极做出回馈,其基本方式是缩小团体规模,让学生在小组内充分发表意见。团体转换期,应尽可能少用全班分享的发言形式。因为它不利于让更多的学生参与到主题活动中来,也就不利于团体动力的进一步催化。而如果这一阶段的团体互动氛围不能有效地激活,后一阶段的团体动力就有可能受阻。

3. 团体工作阶段

团体工作阶段是团体基本成熟后进入解决实质性问题的关键时期。这一时期在一节心理辅导活动课中所占的比例最大,大约需占用20分钟左右的时间。一般来说,经过5分钟左右的初期热身和10分钟左右的转换期活动阶段之后,各小组成员之间的关系已经从“共处一组”的“虚体”变成了相对稳定、持续互动的“实体”关系,现场中彼此信任、接纳的氛围已经基本出现,这时的团体动力才真正开始有效运作,此时即可进入以“自我开放、面质、回馈”为基本要素的团体工作期阶段。这一阶段的工作重点是“问题探索”,具体说来包括:

(1)设置更为贴近学生生活实际、更能反映学生成长困惑的活动或情境,引导学生在参与活动的过程中,进一步感受、体验、思考。

辅导教师要针对团体目标,继续设置为达到目标、满足学生成长和行为改变的较为深层的活动,以帮助学生发现内心的矛盾与冲突。当学生进入了师生共同创设的具体情境时,会通过心理换位等方式体验到具体角色的情感,或者引发了他们对自身经历的回忆,由此对自己在成长中遇到的困惑有了新的体验和感悟,并理清了自己的问题及其相关心态的来龙去脉，或者引起了他们改变自己的动机与愿望。所有这些不同的想法、感受、矛盾，在他们的脑子里会产生一系列碰撞与冲突，而这就是他们自我认识、自我反思、自我成长的开始。

(2)继续催化正向的团体动力，促进学生的自我开放。

这个时期，团体中已经呈现出一种让学生感到心理上比较安全、比较温暖的氛围；小组成员间的信任感逐渐加强，每个人都可以自由地表达自己的意见；小组成员之间觉得彼此已经有紧密的情感联系；班级团体的活动目标对每个学生来说，也是有吸引力的和被认同的。因此，辅导教师可以设置一些比较深入的、密切联系学生实际生活和学习情况的讨论话题，以促进团体成员的进一步自我开放，使学生更倾向于实质性意义上的讨论，更能表达自己内心想披露的经验或感想，更为接近内在的自我，更能自由地给予他人回馈，并且可以没有防卫地接受回馈。

在学生深入自我开放的过程中，往往会引发某些团体成员的情绪宣泄。他们在释放自己持续压抑的痛苦或不如意的经验时，可能会出现爆发性的宣泄方式，如泪流满面，甚至痛哭失声等。此时，教师只需予以倾听、接纳，学生情绪则自然会逐渐舒缓。一般而言，学生情绪宣泄会将压抑或掩饰的痛苦、愤怒、沮丧、憎恨与恐惧加以解除，让身心更为舒坦。“情绪宣泄是常见的蜕变历程，虽然会让团体带来短暂的沉默与压力，但雨过天晴后学生将更舒服”(李坤崇，1998)。

(3)鼓励团体成员之间不同观点的交换，在支持与面质之间取得平衡。

班级团体的重要特点之一，就是拥有众多的资源。到了团体工作期，在班级成员彼此建立信任的前提下，每个人的经验、体会及生活应对策略开始互为资源，从而为真诚、坦率的资源交换或给予提供了机会。通过持续不断的回馈、相互的协助和真诚的面质，每个人都在帮助别人，每个人也在被别人所帮助，共同分享彼此的经验、知识与技能。此时，即使团体成员之间出现意见的冲突，也会被团体内部所了解、讨论和解决。而辅导教师则应充分运用倾听、接纳与支持等手段，来协助学生探讨自己未曾觉察的意识或潜能，在学生回避问题时予以建设性的面质。如果团体仅仅停留在“支持”的层面，仅仅注意积极的回馈，而不愿相互鞭策成长，则团体的动力将会趋缓。

(4)注重团体的组织调控，引导学生关注团体目标，鼓励学生相互倾听，共同研讨有效策略。

团体工作期是团体成员相互激荡最为频繁、各种不同意见争鸣最多的时期，如果学生不能专注倾听，团体将无法深入讨论。所以辅导教师在这一阶段要特别注意调控局面,引导学生关注团体目标,时时提醒学生把握讨论的方向,专注于探讨"此时此地"的事情与感受,不要旁生枝节;同时要鼓励学生认真倾听他人意见,共同研究解决问题的思路与策略。这一阶段中,辅导教师的角色要从团体中心位置向外退移,而学生的角色则逐渐向团体中心位置靠拢,"团体成员的独立性越来越清晰地表现出来,他们依靠自己来寻找解决问题的方法与策略,团体因此形成自己的动力,并且依赖自己的动力向前推进。"①

4. 团体结束阶段

团体结束阶段是心理辅导活动课历程的最后阶段,它并非是可有可无的,恰恰相反,结束阶段的团体经验对团体的成效有决定性的影响。如果团体结束阶段是成功的,那么学生就比较愿意将自己在团体中的所学,带入现实生活中;当他们结束这一次班级团体辅导时,记忆中留下的都是对团体的欣喜、激动、感慨等正向情绪,而不是对团体的不屑和愤怒,这些对学生今后的成长将起到重要的作用。这一时期的工作重点是"问题解决",具体说来包括:

(1)引导学生总结本次活动的收获,澄清团体经验的意义

心理辅导活动课结束之前,应留出一定的时间,由师生共同进行总结整合。一次好的总结整合,能起到画龙点睛的作用,它不仅可以再次明确团体活动的主题、目标和意义,帮助学生达成共识,而且可以提升学生的认识层次,使学生从中得到新的感悟。

(2)鼓励学生将认知、经验加以生活化与行动化,使自己的收获向课外延伸

团体活动的终点,应该是新生活的起点。教师要引导学生将自己在团体中获得的经验、体会、感悟、决心运用于课外的实际生活,作为再度出发的动力。在团体气氛十分融洽的情况下,教师还可以启发学生,在团体内做出"承诺"或者订立某种"契约",这对于他们履行诺言、身体力行、将团体经验实践于个人生活,会具有正向的效果。

(3)设置富有新意、余音袅袅的团体结束活动,为本次主题探索画上一个圆满的句号

团体结束期应力求有一个富有韵味的尾声。例如,具体化的优点轰炸、正向具体的终结赠言、寓意深刻的名人名言、感人肺腑的歌曲音乐,以便给每一个团体成员留下深刻的、美好的记忆,激励他们将课堂上的活动体验与课后的生活实践更

①赵芳.团体社会工作——理论·实务.北京:知识产权出版社/北京:中国水利水电出版社,2005

好地衔接起来。

总而言之,“团体的形成与转换是迷人的,其起承转合的历程,有如‘山重水复疑无路,柳暗花明又一村’的境界,令人有耳目一新的感觉”(Rose Lin)。我们只有身临其境,上下求索,方能体味个中的奥秘。

二、团体暖身阶段活动的设计形式

如前所说,心理辅导活动课初期,学生尚未有足够的情绪、精神准备,对本节课要探索的主题和达成的目标茫然无知,团体内开展互动、交流、分享的氛围尚未形成。这一阶段活动设计的重点是促成团体成员初步的互动,营造一种轻松和温暖的氛围,帮助团体形成一个实体,这一过程通常被称为“暖身”或“破冰”。适合这一阶段的暖身活动有很多形式,下面举例加以说明。

1. 游戏暖身

【示例】 小人、老虎、枪

活动目的:

经由这个活动,带动学生参与活动的气氛,激发他们参与活动的兴趣。

活动流程:

(1)教师示范猜拳的手势:小人(竖大拇指)、老虎(蜷曲五指成爪形)、枪(伸出大拇指和食指),说明游戏方法与“石头、剪子、布”相同,“小人”胜“枪”,“枪”胜“老虎”,“老虎”胜“小人”。

(2)给学生1分钟时间两两练习。

(3)提高难度:请学生同时并用两只手与对方猜拳,而且两只手必须出不同的手势,以右手为主,右手赢的人是胜利者。

(4)输的人必须跟在赢的人后面,而赢的人则继续去找其他的胜利者挑战,若是输了不但自己必须变成赢的人的尾巴,原先的部下也要改跟新的胜利者。

(6)两次猜拳组合成4人,三次猜拳成6~8人,即可结束活动,小组自然分成。

注意事项:

老师需随时观察活动进行的状况并维持秩序,并给分组人数不均的小组作出调整。

2. 肢体活动暖身

【示例】 反向运动

活动目的：

活跃气氛，集中学生注意力。

活动流程：

(1)人数队形：12人一组(两个6人小组或三个4人小组合并为一大组)为宜，每组围成一个圆圈，辅导教师站中间，选若干名观察员做助手。

(2)辅导教师说"右"，全部人就将头转左；辅导教师说"左"，所有人就将头转向"右"；辅导教师说"前"，则所有人就将头转向"后"，也就是要做和口令相反方向的动作。

(3)辅导教师和观察员要仔细观察参加者，发现有人犯错，就要宣判出局。

(4)最后剩下人数多的小组即获胜。

注意事项：

不一定要转头，也可用手上下左右动。

3. 音乐暖身

播放学生喜爱的MTV，选用与辅导主题密切相关的流行歌曲来引发学生的情感，对将要讨论的话题有所准备，也是一种常用的热身方式。例如某个高三班级在临近高考时开设的一堂班级团体辅导活动课，从一开始就播放了张雨生演唱的《我的未来不是梦》，立即打动了全体学生的心。在这样一个特定的时间和情境里听到这首歌，仔细品味歌词的隽永含义，学生们内心真是激情涌动、感慨万千，因而这首歌为整个团体辅导过程创设了良好的情感氛围。

三、团体转换阶段活动的设计形式

心理辅导活动课的转换阶段肩负着重要的任务，这是一个创设情境、提出问题、激发成员探索成长困惑的欲求、逐步催化团体动力的过渡时期。这一阶段活动设计的重点是：以形象具体的方式提出某个被团体成员共同关心的问题，引出团体成员中不同观点和不同的认知方式、行为方式的碰撞和冲突，催化团体动力。这一阶段常用的活动方式有：

1. 小品表演

小品表演(role play)是极具本土特色的、大众化的文艺形式，将它引进心理辅导活动课在全国各地中小学里已经相当普遍，也有地方把它称之为"校园心理剧"。

人的心理问题离不开特定的生活场景，采用小品表演或角色扮演可以比较生动地重现生活场景，以利于创设情境和引发学生思考。心理辅导活动课中的小品表演是在团体情境下的即兴表演，它从最初开始时就不是结构式的，因此它往往没有明确的结局，而是把问题和解决问题的方法留给了台下的观众。只有通过全班学生的讨论，才能使认识深化，找到症结所在，理清解决问题的思路。

【示例】　铅笔盒的风波

下课铃响了，孙晓波有事快步走出教室，感觉手臂无意中碰了一下别人的桌子，因为教室过道里人流拥挤、人声嘈杂，他未察觉自己已经不小心碰掉了张明放在桌子上的铅笔盒。张明嘟囔着捡起铅笔盒一看，发现已经有些变形了，他心里很不高兴。过了一会儿，孙晓波又回到教室。

张：嘿！孙晓波，你这个人怎么搞的，没长眼睛呀！把我的铅笔盒摔到地上了！

孙：你才没长眼睛呢！我又不是有意的，再说，是我碰掉的吗？可别诬陷好人哪！一个小小的铅笔盒，有什么大不了的！

张：怎么，摔了人家的东西，你还嘴硬，你这个……

孙：你这个……

表演完毕，学生分组讨论下列问题：

(1)假如你是张明，你会怎么想、怎么说、怎么做呢？

(2)假如你是孙晓波，你又会怎么想、怎么说、怎么做呢？

(3)在我们的生活中，类似这样的矛盾冲突一定很多，请在小组里和大家分享几个事例。

需要说明的是，尽管有的地方将心理辅导活动课中的小品表演称为“校园心理剧”，但它并非是具有治疗功能的真正的“心理剧”。学术界认为，心理剧的诞生(莫里诺，1920)在心理辅导与心理治疗的发展史上是一个重要的转折点，它标志着团体辅导的重要开端，现在已成为各种团体辅导和治疗中最常用的技术。心理剧是一种以现实生活为模式的心理集体治疗法，它通过特殊的戏剧化的形式，使参加表演的成员的人格结构、人际关系、心理冲突和情绪问题在戏剧活动过程中逐渐呈现出来，以达到精神宣泄、减轻压力和自卑感的目的。同时，它还能激发团体成员的创造性，增强他们适应环境和克服危机的能力。

2. 录像或电影剪辑等媒体应用

有时候，选用录像或电影剪辑来呈现问题情境，也是一个很好的办法。例如上面的校园生活场景可以事先拍摄成录像,再拿到班级团体辅导现场播放,这样会显得更加真实,还可以节省许多时间。有时,某些电影片断或电视台演播的录像片断,经过加工后也可以作为班级团体辅导转换期使用的活动方式。

运用电影、录像等作为引发和激励学生思考问题的媒介应注意几个问题:(1)内容以故事性的方式呈现并有可观赏性,能引起学生观看的兴趣;(2)内容中最好呈现一个冲突的情景,以便作为讨论的焦点;(3)内容贴近学生的现实生活经验;(4)时间以5~10分钟为宜,太短了,故事的情节会显得简单,矛盾冲突也不能充分展开,太长了就会影响第三阶段团体动力的充分运作。

3. 游戏情境

这是指直接运用团体游戏提出一个发展性的问题情境,例如非常经典的"信任之旅"游戏,就可以引发出一个如何增进人际间相互理解与接纳的活动主题。

【示例】 信任之旅

活动目的:通过助人与受助的体验,增强对他人的信任与接纳。

活动准备:扑克牌、蒙眼布、《泰坦尼克号》音乐。辅导教师事先选好"盲行"路线,最好有比较多的阻碍,如上楼、下楼、拐弯、下坡、其他障碍物等。

活动流程:

(1)将学生用扑克牌分为A、B两组,A组为"盲人",B组为"拐棍"。

(2)"盲人"先蒙上眼睛,原地转三圈,使其失去方向感;之后"拐棍"任选一位"盲人"相助,在辅导教师的带领下,按选定的路线,绕到室外,穿越障碍,回到原地。

(3)活动期间不能讲话,不能出声音,助人者想办法帮助"盲人"。活动结束后,成员坐下交流,谈受助和助人的感受。

(4)之后,互换角色,按先前的程序再来一遍。

(5)可供参考的讨论题:作为"盲人",你看不见后是什么感觉?使你想起什么?对伙伴的帮助你是否满意,为什么?你对自己和别人有什么新发现?作为助人者,你怎样理解你的伙伴?你是怎样想方设法帮助他的?这使你领悟到了什么?

注意事项:

教师要注意场地内不应使用尖锐物体做道具,以确保安全。

创设游戏情境时需要注意:(1)游戏的选择要有针对性,不能只考虑好玩,使活动变成了纯粹的玩乐和游戏;(2)游戏中应包含问题情境,以利于学生在游戏中得到感悟和成长;(3)游戏延续的时间不能太长,以免影响中期活动的进程。

四、团体工作阶段活动的设计形式

在正常情况下,经过15分钟左右对团体动力的启动与催化之后,各小组成员之间已经形成了比较稳定的互动关系,现场中彼此信任、接纳的氛围已经基本出现,团体动力开始有效运作,此时即可进入团体工作阶段。这一阶段活动设计的重点是:设置中层强度以上的互动活动,以继续催化正向的团体动力;针对团体目标,有次序地设计为达到目标、满足学生成长和行为改变的活动。这一阶段是心理辅导活动课具有实质性意义的工作阶段,活动设计也显得尤为重要,教师可综合运用团体讨论、创意思考、联想活动、辩论活动、机智问答、角色扮演、身体活动、回馈活动、比拟活动等多种形式进行。

1. 团体讨论

团体讨论应该是心理辅导活动课达到目标的一种主要形式。不管辅导教师采用何种新奇刺激的活动,到最后若要让学生真正有所体验感悟,还必须通过讨论分享的手段方可奏效。团体讨论的方式具体有以下几种(吴武典等,1993):

(1)六六讨论法

又称"嗡嗡法"。将全班分成6人小组,选出一名组长主持讨论,每人发言1分钟,共6分钟,最后由组长归纳出最好的意见或建议。当然,6人和6分钟都是相对的,辅导教师可根据具体情况灵活掌握。

(2)配对讨论法

又称"二四八法"。先由两人配对讨论,取得共识后,再和别的小组合并为4人小组进行讨论;取得共识后,再和另一个小组合并为8人小组进行讨论。这样经过三轮的讨论,便往往可以从三种不同的意见中得出一个经过"深思熟虑"的结论。

(3)鱼缸讨论法

鱼缸法的第一种运用方式,是将全班分为若干个6~8人小组,每两个小组围成一个"鱼缸",即内一圈、外一圈,由内圈先进行讨论,外圈则仔细聆听;经过一段时间后,由外圈学生提出讨论的建设性意见以供内圈参考。也可以内外圈交换座位,继续进行讨论和聆听。鱼缸法的第二种运用方式,是与回旋沟通结合起来,将全班学生分成两大组,围成一个大"鱼缸",内外圈学生相向而坐,面对面进行讨论;然后每隔1~2分钟,根据辅导教师的信号(例如摇铃),内外圈学生各自向右移动一个座位,继续和新面对的同学进行讨论;如此重复3~4次,即可大大开阔学生对某个问题的思路。后一种方式甚至可以贯穿整个辅导活动课，由于讨论对象总是在不断变更，因此学生也总是有一种新鲜感。

(4)代议法

先由各小组进行讨论，然后各组推举“参议员”(小组代表)，组成“参议会”进行讨论，并选出一名主席来主持。“参议会”可在教室的前方或中央举行，使全体成员都能目睹。会议过程中只有“参议员”有发言权，其他人若有补充意见，可写纸条传递给本组“参议员”，由他代言。

(5)班级论坛

确定一个主题，大家共同贡献意见。第一阶段有代表性人物分别就不同的观点作“引言”，第二阶段由大家提出意见或问题。主持人除介绍主题及各种不同观点之外，主要是“穿针引线”，鼓励发言，最后再作归纳。这种讨论方式比较适合于高中生班级团体辅导。

(6)综合法

将以上两种或两种以上方法混合应用。例如，先使用“六六讨论法”，再运用“代议法”，以便有进一步的讨论；或者先用“鱼缸讨论法”，再用“班级论坛”来集思广益。

在运用团体讨论时，辅导教师要注意以下问题：(1)讨论主题必须是成员感兴趣且有能力处理的问题；(2)鼓励自由表达，而非限制不同的观念；(3)赋予所有成员满足自我需求的机会，而非少数人的个别需求；(4)提供安全的心理环境，鼓励合作，而非增加猜疑、不安和恐惧；(5)建设性地运用冲突，而非由冲突导致团体分裂。

2. 创意思考

创意思考是指辅导教师营造温暖接纳、鼓励尝试和创新的班级气氛，使学生通过各种辅导活动，发挥其创造潜能，因而在认知方面，能表现出更为流畅、变通、独创与周密的思考方式；而在情意方面则表现出更富有好奇心和想象力、能勇于接受挑战等特质。因此，在中小学心理辅导活动课中，可以较多地使用下面几种激发创造性思维的活动方式。

(1)脑力激荡法

这是一种集思广益的思考方法，先有一个开放式的问题，由个人自由地提出想法，然后拟定标准，审核答案，不合标准者淘汰。这个方法的基本精神是“延宕的评判”。实施时应注意：不立刻评判；量重于质(多多益善)；愈奇愈好(自由思考发言)；联合与改进(在别人的建议基础上加以改进)。(吴武典，2006)

(2)六W法

这是指从六个角度思考问题,以期在消极方面发现现有办法的缺点,在积极方面拓展现有办法的效用。实施时利用六个性质不同的问题对现有办法加以审视,包括:为什么(Why)、做什么(What)、何人(Who)、何时(When)、何地(Where)、如何(How)。

(3)分合法

这是指运用两种心理运作历程,以团体思考的方式解决问题:其一为"使熟悉的事物变新奇",即是"由合而分",使熟悉的事物陌生化,从新颖而富创意的观点出发,重新了解旧问题或旧观念,以产生新的学习;其二为"使新奇的事物变熟悉",即为"由分而合",这是运用已有的概念了解新事物,使陌生的事物熟悉化,以增进对新事物的理解。前者重在激发学生新的想法,后者则重在将熟悉的概念串联到新事物。(陈龙安,1988)

在组织"创意思考"活动时,辅导教师要注意:(1)创设民主的辅导氛围,悦纳学生不同的意见;(2)设置开放性(无单一答案)的问题;(3)允许学生有经历错误的权利;(4)多用鼓励的方法以增强创造动机及表现等。

3. 联想活动

联想活动所依据的是心理测验中透射测验的方法,它是指通过团体互动,在自由联想的过程中,降低学生的自我防卫心理,让他们自由表达内心实际的想法,表现自己面临的困惑问题,以便进一步加以探究。

(1)自由联想

由教师事先准备与辅导主题有关的图片、歌曲、故事或新闻,在辅导过程中加以呈现,然后由各组同学轮流叙述他所联想到的事情或想法,再由组长将本组联想的内容在全班作分享,教师做综合点评。

(2)故事接龙

教师选择某一个或几个与辅导主题有关的题目,并给出故事接龙的一句开场白,以供各组代表抽签。各组学生抽到题目后,可以有1分钟的时间协调准备,时间一到则从小组代表开始按照组内成员的顺序进行接龙。每人讲半分钟,时间一到就由下一位学生复述前一位同学的最后一句话,然后继续说故事,以此类推。故事情节要求有连贯性,但可以合理想象以增进效果。最后由教师综合学生讲的与书中的故事,从中提出值得进一步探讨的问题。

(3)语句完成

这是一种可以促进学生对自我进行积极探索的有效活动，它借由学生填写的词句来投射出团体成员对自我的信念与想法。教师事先可以设计一些未完成的句子，打印出来发给每个学生来填写；然后视情况在小组内进行分享，通过团体内的互动，帮助自己找出不恰当的观念或态度，以便改进。

【示例】 我是一个怎样的人

"我是一个__________________的人。"(视学生年龄大小写3~5句或者10~20句均可)

"我需要____________，我想要____________，我很需要知道____________。"

"父母眼中的我是________________，老师眼中的我是____________，朋友眼中的我是____________，自己眼中的我是________________。"等等。

在组织学生进行"联想活动"时，辅导教师要注意以下事项：

(1)所提供用于刺激联想的材料应该与辅导主题有直接关联，并能够引起学生的广泛联想；(2)在学生进行联想活动过程中，辅导教师要鼓励学生尽情自由发表看法，不作价值批判，以免阻碍学生参与活动的积极性；(3)辅导教师要通过联想材料的组合(如语句完成练习)来引导学生的思考方向；(4)活动后应要求学生对联想活动的内容加以归纳整理，或由教师提供回馈与补充意见，以帮助学生澄清自己的观念。(吴武典等，1993)

4. 辩论活动

辩论活动可以协助学生从不同的理论观点来看待同一件事情，辩论的过程可以培养学生缜密思考及明晰表达的能力，并获得对问题的更为深入的看法。在心理辅导活动课中运用辩论的方式，不但可以激发学生热烈参与的积极性，而且能对辅导主题作较深入的探讨，因此是一种值得推广的方式。

(1)舌战群雄式辩论

①教师根据活动主题，提出若干立论观点邀请学生向其中某一论点挑战。例如在学习心理辅导活动中，教师提出"高中各门学科都是非常重要的"这一观点鼓励学生对此论点加以挑战。

②如若学生提出不同观点，教师就应给予充分的时间让其发表看法，并以重述、摘述等技巧，协助学生将其论点明确化。

③教师采用“苏格拉底式对话”方式，针对学生论点的关键词要求其做明确的定义，以“为什么”的问句询问学生的推论过程，并要求其提出证据来证明自己的推论（苏格拉底是一个提问者，他不直接发表他的意见、结论或信条，而只是向他的学生提出问题，并激励学生去深思熟虑、改变观点，甚至取得惊人的发现）。

④在辩论过程中，如果学生改变立论点，教师应该准许。如果有其他同学支持该学生观点，教师应该持欢迎态度，直至通过辩论使学生的观点总体上趋于明确和合理为止。

(2)分组对抗式辩论

①教师先根据辅导主题规划辩论题目（也可根据辅导现场学生讨论的结果概括出不同的立论题目），例如学习辅导中讨论偏科问题时，可设置“英语学科最重要”、“数学学科最重要”、“语文学科最重要”、“科学学科最重要”、“社会学科最重要”、“思想品德学科最重要”等论题，依据论题数目将全班学生分组（可用抽签的办法）。

②指导各组进行辩论准备。

③按抽签顺序开始辩论，各组均可申明论点3分钟，接受质询2~3次，每次答询1分钟。上述程序在各组均进行完之后，每组依次派代表做1分钟的结论。

④辩论结果以学生举手表决的方式决定各组名次，每人只能举两次手，且不得投票给自己这一组。

⑤教师针对辅导主题及各组辩论的观点予以综合讲评。（吴武典等，1993）

(3)同题分组小辩论

①根据同一主题，由教师依据学生讨论意见归纳出两种不同的论点，例如关于高中生如何处理男女恋情与学业的关系问题，可以有两种观点：正方观点为“高中生谈恋爱有利于学习成绩的提高”，反方观点为“高中生谈恋爱不利于学习成绩的提高”。

②将全班分为若干个7人小组（剩余不足7人的学生为观察员），每个小组自行分工：3人为正方辩手，3人为反方辩手，1人为主持人。各组同时开始辩论，时间约为10分钟。

③辅导教师与观察员到各组了解各方观点和优秀辩手，然后商议决定选拔3名正方优秀辩手、3名反方优秀辩手和1名优秀主持人。

④被观察组选拔出来的优秀辩手和主持人到教室中心位置进行第二轮辩论，全班同学为观察员，并对他们的观点和表现做出评判。

⑤最后由教师概括归纳辩论的各派观点并加以适当引导。(钟志农,2004)

同题分组小辩论的好处是全班同学全员参与,可以大大激发全班同学的积极性和他们的深入思考;所有观点均为现场生成,因此非常真实,没有"表演"的感觉。

还有一种正式的辩论赛,因为参与的辩手人数相对来说比较少,其余学生往往只是倾听、思考与受教育,与班级团体辅导的特点有些区别,因此更加适用于主题班会场合。

运用辩论活动要注意的事项有:(1)辩论题目必须有可辩性,且双方论点的分配应力求均匀,避免一边倒;(2)汇集资料与合作拟定论点是学生对主题深入研讨的必经过程,教师应加以指导,使辩论过程能够深入主题,达到辅导与教育的效果;(3)对于辩手在辩论过程中的风度礼仪应加以注意,可列入评分项目,以引导学生培养讲理而不堕入意气之争、辩论而不进行人身攻击之辩手风范;(4)辩论的输赢不代表观点正确或错误,只是说明其立论、技巧及风度的差别,这一点辅导教师在讲评时应加以说明。

5. 机智问答

机智问答是辅导教师用以鼓励学生参与、协助学生在课堂上思考与主题有关的问题,并学习在公众场合下表达意见的一种辅导方式。一般是由教师先根据辅导主题的需要编拟10~20个抢答题目,写在卡片上或做成题签备用,在活动时由学生抽签或教师出示卡片(投影片)的方式呈现问题,由学生或小组代表竞争抢答。这种抢答可以分为全班抢答或分组抢答两种形式。

使用机智问答这一形式时要注意的事项有:(1)题目应该难度适中、难易搭配,并将答问与说明结合起来,以免学生一味注意抢答而忽略了深入思考;(2)抢答规则要事先说明,以免出现争议。

6. 角色扮演

角色扮演自1920年由J.L.Moreno所创用,之后即在团体辅导中占有重要的地位。它是将人际间的冲突问题,借着其他成员的重新扮演和旁观者的帮助,来分析他们的行为和反应,以获得对该问题的澄清、情绪的疏解、行为的模拟塑造或心智的成长。角色扮演技术来源于心理剧, 但是心理剧比角色扮演更加深奥(Gerald Corey,2004),这一点是我们应该注意的;角色扮演也不同于第二阶段转换期所使用的小品表演,小品表演重在呈现生活情境,以提出团体要探讨的主题,而角色扮演却还有以下几个方面的主要功能:

(1)澄清问题:当人际间的冲突问题以角色扮演的方式演出时,便可以引导主角深入探索自己的行为及其对他人的影响。

(2)纾解情绪:团体成员内心的不满和积压的情绪,通过角色扮演这一不算真实却很安全的情境表露出来,当然可以获得情绪的纾解。

(3)模塑行为:角色扮演也常用作行为的练习,通过由辅导教师或其他学生先行示范的期待行为,再由学生进行情境练习;或是让学生观察数种不同的角色扮演,从中选择最满意的行为当作模仿练习的标准。

(4)成长心智:角色扮演可以超越现实,充分运用想象力以超脱现实的束缚,来引导学生深入探索自我的内在层面,以促进个体心智的成长。

角色扮演的主要方式有以下三种:

(1)独角戏

这是只有一个演员扮演的角色,用于刻画主角内心情绪感受的独白,或是面对不存在现场的人物作空椅子表白。

(2)人生AB剧

可以由团体成员(一般是小组成员)共创简单的剧本,剧本内容可以反映学生在学校、家庭、社会等生活场景遭遇的各种问题及各自主张的不同的应对方式,然后在小组内选出各个角色的扮演者进行演出。小组成员可以分工担任同一角色却做不同的表演。

(3)多种角色扮演

在多种角色扮演中,全班同学可以根据同一特定的情境,分小组进行角色演习,再将各组演习的结果向全班汇报演出,即同一剧情中的主角由多人来扮演,以使学生进行比较和选择。

角色扮演的注意事项有:(1)不要限制角色扮演者对其行为的解释范围,以免阻碍深层的探索;(2)引导观众评估角色扮演者表演的行为并揣摩其意图,而非评估扮演者个人,以免造成人身攻击;(3)鼓励扮演者现场发挥,作真实自然的演出,而不是事先编好剧本照本宣科;(4)尽可能让更多的学生参与演出,即使是重复的演出也有利于团体的相互了解;(5)演出要达到主角能体验到被压抑的行为已经被象征性地演示出来为止,才有效果;(6)关键问题呈现之后便可叫停,问题分析和演员、观众之间的交流才是角色扮演的主要目的;(7)辅导教师要注意对扮演的行为和问题作一总结,以激发学生进行自我改变的信心。

7. *身体活动*

身体活动基本上表现为游戏形式，它是让学生在活动练习中彼此有身体的接触，体验新鲜丰富的人际互动经验，增加对人际关系及内在感受的觉察。身体活动之后进行团体成员的回馈分享，可以深化活动经验，使活动不至于流于游戏层面而能进一步促进学生的自我觉察。辅导教师若能偶尔在班级团体辅导活动中偶尔应用身体活动，可以使课程更为生动丰富。(吴武典等，1993)

身体活动可以分为以下两大类：增进团体凝聚力的身体活动和促进人际沟通的身体活动。下面分别举例说明：

(1)增进团体凝聚力的身体活动

这一类的身体活动所希望达到的目的有：凝聚团体的共识，强化团体的向心力；增进团体成员之间的默契和互信基础；强化团体成员在团体中的自我价值感；促进团体成员的互动；强调团体成员之间互助合作的精神；激发团体成员的思考和创造力。(樊富珉，2005)

【示例】 翻叶子

活动目的：

从具有挑战性的活动中，学习问题决策与团队互动，增强团体的凝聚力。

活动准备：

需要较大的场地；将全班分为12~16人一组，每组一块布(约可让整组人站上或稍大一点点)。

活动流程：

①整组人员站上“叶子”后，由辅导教师开始宣布活动规则：a.所有同学现在是一群雨后受困的蚂蚁，在水面好不容易找到一片“叶子”站上，却又发现“叶面”充满了毒液，除非大家可以将“叶子”翻面，否则又将遭受另一次死亡的威胁。b.在“叶子”成功翻面以前，每隔3分钟，就有一人中毒失明(或无法说话)，中毒者由团队自行决定，并将其戴上眼罩，中毒者的安危由团队共同负责。c.整个过程都站在“叶子”上，包含活动中的讨论。d.所有人身体的各部位均不可碰触到“叶子”以外的部分，否则重来。

②各组群策群力开始“翻叶子”。

③任务结束后的分享重点(辅导教师可根据学生年龄特点自行修改)：a.你觉得任务完成的关键是什么？b.决策是如何形成的？活动中的关键人物是谁？他扮演什么角色？平时生活中团队里是否有这样的角色存在？有什么异同？c.在活动中，

当人我之间失去了适当的距离时，对人际关系有帮助或影响吗?d.在参与团队决策过程中，你所处的位置与参与程度有什么关联性？和现实生活中的你相似吗？e.团队是如何决定出中毒者的？依据什么判断？被选中者的心情怎样？团队是如何对待中毒者的？f.在活动中，当某些人出现特殊状况时，团队是否适时照顾到当事人的感受？曾提供过哪些协助？

注意事项：

教师要注意做好准备工作，并加强对具体细节的组织与指导。

增进团体凝聚力的身体活动形式还有：信任跌倒、信任圈、突围闯关、同舟共济(汪洋中的一条船)、松鼠与大树、无家可归、穿越电网，等等。

(2)促进人际沟通的身体活动

这一类的身体活动希望达到的目的是促进团体成员之间的相互接触和了解，促进相互接纳和信任，减少防卫心理。

【示例】 口耳相传小秘密

活动目的：

用于人际沟通团体训练，使学生领悟：听到的并不代表是正确的，要仔细听，正确及谨慎解读，明白表达，才不致产生误会。

活动流程：

①设计一句字字发音非常类似、又富有意义的话，即是活动中要“口耳相传”的“小秘密”。

②请学生以直排式分组，由最前或最后一人开始传话，并且有时间限制；传话过程中可以有肢体接触，但不可以让其他人听到传话内容。

③时间一到，请最后的那一位说出他听到了什么。

④小秘密举例：“姑姑带着锅子、钩子和鸽子，到铺子里去卖锅子兼卖鸽子。”

注意事项：

①在计时的时候，如果每排人数不等，可以以分别计时的方式为之，以求公平。

②如果不分别计时，可以在时间到时，由传到的那一位同学起来表述所听到的话。

③在时间到时，也可以请同学先将所听到的写下来，再由辅导教师说出来。

促进人际沟通的身体活动还有：镜中人、信任之旅、化装舞会、解开千千结、呼啦圈绕大圈、回旋沟通等等。

进行身体活动时，辅导教师要注意以下几个问题：(1)活动过程中应适度维持秩序，使学生可以静下心来体验及感受，而不至于流于嬉闹；(2)应注意活动的安全性，避开危险场所，也不要影响其他班级上课；(3)活动后的经验分享颇为重要，有充分的分享才能深化活动的体验。教师可先让学生就活动的体验进行自由分享，然后再指定活动特别成功的以及明显不顺利的组别进行分享，最后再引导学生探讨活动与辅导主题的关系，以拓展和统整学生的活动体验。(吴武典等，1993)

8. 回馈活动

回馈活动指的是团体成员通过相互提出看法，使每个成员都有机会了解其他成员是如何观察他并与他进行互动的。经过这样的活动，学生对于自我领域的认知、消除人际间的猜疑、澄清相互间的误解、增进对自我的探索等，皆有莫大的帮助。

回馈活动形式各异，但基本程序大致有三步：(1)决定回馈的主题；(2)引导回馈的进行，包括要在有建设性的气氛中进行，要使回馈的给予者和接受者双方均感到安全和自在；(3)对回馈的评鉴，包括了解回馈是否达到目标，有无造成伤害，以及必要的补救等。(吴武典等，1993)

下面举例说明：

(1)个性发现

【示例】 请帮我认识我自己

活动目的：

认识他人，坦诚回馈，了解自我。

活动流程：

①将全班学生分为若干个4人小组，辅导教师给每个学生发1张“个性特征表”(表3-1)，请大家仔细阅读，然后认真研究一下自己和组内每一位同学的个性，并把自己的认识记下来。

②在小组内依次开展回馈，先由大家对受馈者谈各自的分析，再由他本人发表对别人评价的感受以及自我的分析。大家会发现，两者也许非常一致，也许差别很大。

③深入探讨为何受馈者与回馈者之间的看法会出现差别，这一探讨对进一步

认识自我会有诸多收益。

注意事项：

此活动适合在高中(特别是职业高中)班级团体中进行。

表3–1 个性特征表

类型	长 处	短 处	相对应的职业取向
乐天型	热切、诚恳、乐观、抱希望、富感情、优越感、感性强	冲动、浮躁、不坚定、意志弱、易怒、易懊悔	讲解员、商人、演员
易躁型	意志坚定、坚强、敢冒险、独立敏锐	急躁、激烈、缺乏同情心、易谋私利、骄傲、报复、不太会深思	军官、老板、政治家
忧郁型	思想深远、透彻、自治、信实、可靠、有天分、富有理想、求完美、忠心	抑郁、沉闷、忧愁、痛苦、多疑、情绪化、自责、过分求完美、易怒、悲观	艺术家、哲学家、教授
冷静型	平静、稳定、随遇而安、温和、自足、实事求是、善分析、有效率	冷淡、缺感情、迟钝、懒惰、无动于衷、不易悔悟、自满	教师、科学家、作家

(2)优点轰炸

【示例】 戴高帽

活动目的：

让每个学生在小组内轮流接受其他同学对其优点的具体描述，并学习以一种开放的心胸和感激的心情来面对同学的建议。

活动流程：

①8人小组围坐，依次请一位同学坐在中间，头上可戴一顶预先制作的纸高帽。

②大家轮流说出他的优点及欣赏他的特别之处(如性格、相貌、为人处世)，基本规则是只能说优点，而且态度要真诚，不能毫无根据地吹捧。

③被称赞的学生说说哪些优点是自己已经察觉的，哪一些是以前不知道的。

④每一个参与者都要注意体验被人称赞时的感受，以及怎样用心去发现他人

的长处,并在活动结束前与大家分享自己的体验。(樊富珉,2005)

(3)焦点人物访谈

【示例】 生命的思考

活动目的:引导学生回顾自己成长历程中发生过的重要事件,引导学生摆脱对过去或未来的幻想,关注当前真正要做好的事情。

活动流程:

①将学生分为若干个4人小组,给每个学生发一份"生命调查表",要求每个人认真思考准备。

表3-2 生命调查表

从小学到现在,你最快乐的是哪一年(或哪一段时间)?
你最喜欢做什么?
从小学到现在,你生命中的转折点是什么?
从小学到现在,你最不顺利的事情发生在什么时候?
你有没有对某一件事情表现出极大的勇气?
你有没有在某一段时间内感到非常悲伤?这种情况是不是不止一次?
说出你做得并不好、但是仍然必须做下去的事?
哪些是你很想停止不做的事情?
哪些是你很想好好再做下去的事情?
说说你曾经有过的最快乐的经历和体验。
说说你最希望拥有的快乐体验。
你觉得自己生命中最重要的事情是什么?其次呢?再次呢?
说出你曾经丧失的一个一生中很重要的机遇。
哪些事情是你想从现在开始要好好做的?

②在小组内分工,4个人轮流担任不同的角色:焦点人物1人、记者1人、嘉宾2人。每一个学生在轮到做"焦点人物"时,必须回答记者提出的问题,由记者作简要记录;两位嘉宾则可以追问某些问题或回馈某些看法。访谈结束后,由记者将访谈记录交给"焦点人物"本人。

③每人担任"焦点人物"的时间为5~8分钟。

④最后在全班分享5~10分钟,教师作简要点评。

回馈活动的注意事项有:(1)回馈应该是即时的,而非拖延的;(2)回馈应该是具体的,而非笼统的;(3)回馈可以表达个人的情绪反应,但不应作价值判断或评判个人;(4)来自团体多数人的回馈往往更有价值;(5)接受回馈者的态度应该是认真倾听,而非准备反驳;(6)接受回馈者应做简述语义的反应,而非假装已经听懂;(7)接受回馈者不一定要依照回馈的方向去改变其行为,不必屈从团体的压力;(8)接受者应改用行动证明自己不仅希望得到回馈,而且愿意给他人以回馈。(吴武典等,1993)

9. 比拟活动

比拟活动是指让学生以一种动物、植物、微生物、器具或者自然界的现象来比喻自己、他人或生活中的某些事件,其活动方式可分为自我比拟、为团体命名及事件比拟三类,现分别介绍于后:

(1)自我比拟

【示例】 我好比是……

①教师要求学生在一张纸上写下一种与自己个性最相近的动物或物品,并写出用此物自我比拟的原因。例如,"我"像一只蚕宝宝,整天拼命吃桑叶,努力把自己的肚子变大,结果无非是要我吐丝、作茧自缚,使自己变得越来越闭锁。我不知道自己何时能够钻出去,变成一只自由飞翔的蚕蛾。

②写毕,自行找一位同学配对坐下,先由其中一人说出自己觉得对方像哪一种动物或物品,是何原因;再由那位同学披露其自我比拟的动物(物品)及其理由,彼此讨论哪一种比拟更为合适。然后角色互换,继续进行比拟和讨论。

③时间允许的话,可让每一位同学找3~4位同学进行比拟、分享和讨论。

④全班分享活动经验,可着重在何种比拟自己最喜欢,别人对自己的何种比拟令自己最感到意外,以及整个活动带给自己最大的收获或者感受是什么,等等。

(2)为团体命名

【示例】 为我们的团队命名

①全班分为若干个6~8人小组,要求各组针对自己所在小组或班级的特性,以一种动物(或自然现象)来进行比拟,并说明原因。

②各组讨论完毕,可派代表向全班报告讨论结果。

③如果是为小组命名,可配合要求各组设计"组呼"(代表本组的精神与特色)

及编写组歌,并进行组呼、组歌的练习和比赛。

④如果是为班级命名,可于各组报告之后进行讨论或投票,选定一个名称代表本班,并设计班旗、班徽、班歌、班训等,以增强小组或班级的凝聚力。

(3)事件比拟

【示例】 父母的责备像……

①根据活动主题或班级现状设计比拟活动的主题,例如,在探讨亲子关系问题时,可以进行"父母的责备像……"或者"父母的叮咛像……"的比拟活动,让学生通过比拟来表达自己的情绪或感受。

②在确定主题后让学生先在纸上写下个人的比拟及理由,然后在小组或班上进行交流分享。

③教师协助学生归纳他们的比拟方式,并逐类进行讨论。

④教师综合讲评,引导学生将各种比拟的结论导向正面的看法。

比拟活动的注意事项有:

①引导学生懂得比拟必须是善意的,比拟的各种名称应该取其正面的、积极的涵义。互相比拟时应具有正向反馈及反映事实的功能,不能借比拟活动进行人身的攻击、羞辱或调侃。

②自我比拟必须贴切,符合个人某一方面的特质,以帮助学生确认自己的个性;团体命名活动的比拟应力求富有深刻的寓意,协助学生增进对团体特质的认识,以加强团体的凝聚力;而事件比拟活动则协助学生探讨事件的正负向意义,结果应该促使学生更能面对现实,采取积极的回应。总之,活动不同,目标各异,辅导教师应善加把握。(吴武典等,1993)

③比拟活动前,教师应该先做示范,这样既有启发思路的作用,又可以防止学生随意嬉闹。

10. 纸笔练习

纸笔练习是心理辅导活动课中较便捷的一种活动方式,它可以通过书面方式来表达团体成员的观念和想法,并在团体内讨论各自的观点,这不仅可以深化自己对主题的认识和思考,也可以通过分享进一步作自我认识和了解他人。此类活动有助于将注意力及讨论重点加以聚焦,如果材料选得比较好的话,也容易引发学生的兴趣。

(1)促进人际互动和家庭关系探索的纸笔练习

【示例】　我说你画

活动目的：让学生感受到口语表达在人际互动中的重要性，并了解口语讯息在输送与接收间可能发生的误差。

活动流程：

①教师让学生2人一组，一人担任说者，另一人为画者。

②教师发给说者一张印有图案的纸，给画者一张白纸，不能让画者看到图案。

③给5分钟的时间，说者仅以口语表达的方式，将手中的图案尽可能详细清楚地描述出来，让画者根据说者的语言信息在白纸上画出图案。

④时间一到，说者将图案呈现给画者看，比较所画的和真实图案的差异。

⑤小组分享各自的体会。

这一类的纸笔练习还有：家庭树、原生家庭、命题绘画——当我小时候、家中的我、做自己的主人等。

(2)催化学生自我探索的纸笔练习

【示例】　假日的生活馅饼

活动目的：帮助学生对自己的假日生活安排进行具体、客观、系统的分析与检查。

活动流程：

①发给每个学生一张带有一个大圆圈的白纸，说明这个圆圈代表一个假日中的24小时，我们将它叫做“假日的生活馅饼”。

②请学生估算自己在下列各项中所用的时间，然后把你自己的“生活馅饼”按各项比例加以分割，画在你的纸上：a.睡眠；b.家庭作业；c.课外补习；d.复习；e.预习；f.休闲（聊天、下棋、听音乐、看电视）；g.上网；h.运动（打球、游泳）；i.学艺（书法、练琴、画画）；j.独处（发呆）；k.家务；l.与家人共处（包括吃饭）；m.其他。

③画好“生活馅饼”之后，教师提出问题并进行讨论：

a. 你对你目前利用假日时间的总体状况满意吗？

b. 你认为怎样利用假日时间才是比较理想的？请再另画一个“生活馅饼”来表示。

c. 你能否采取行动，改变你目前的“生活馅饼”，使它更接近你理想中的“生活馅饼”?

说明:这种方法不但可以应用于实践的管理,也可以应用在金钱、精力的分配使用上。

这一类的纸笔练习活动还有:盾形绘图、我的自画像、五指图、生命线、我了解自己吗、走出圈外、人生曲线、过去现在未来、天生我材、我的三个压力、我是一个独特的人、突破困境等。

(3)促进团体信任感、凝聚力和合作态度的纸笔练习

【示例】 画图接力赛

活动目的:培养学生在团体中的合作精神,加强团体成员的凝聚力。

活动流程:

①将学生分成若干个8人小组。

②在一个规定的主题下(例如:大年三十的家宴、未来的一次旅行),各组在限定的时间内,运用各人的想象力(愈新愈奇愈好),轮流接力将图画完成,每位学生限时1分钟,时间一到则换另一人上场,直至轮完为止。

③各圆其说:各组成员对所完成的图画做出解说。

④评分:以各组表现的合作态度、图画新颖程度及成员自圆其说的表现等等作为评分依据,拟定评分标准,各组推举一人作为评委(不评本组),以得票多者为胜。

注意事项:①教师事先应先说明游戏规则;②同组成员可以相互提示或共同构思,但不可代笔;③成员轮流作画时只能增添新的画面内容,不得修改前面同学所画的内容;④画画工具、材料应统一。

这一类的纸笔练习还有:三个秘密、设计我的T恤衫、秘密大会串等。

(4)澄清价值观的纸笔练习

【示例】 拥有与丧失

活动目的:澄清个人的价值观。

活动流程:

将全班分成若干个4人小组,每人发一张练习用纸。

“拥有”练习:教师引导学生想一想个人生活中最重要的事情,依次写下5件,

并思考为什么这样写，然后在组内进行交流分享。

“丧失”练习：请学生对生活中最重要的5件事情进行逐一删除，每删除一项，就在组内交流一次，以帮助学生澄清自己的价值观，在“丧失”中更懂得珍惜拥有。

表3-3　拥有与丧失

“拥有”练习：写出你生活中最重要的5件事情以及你的选择理由 (1) (2) (3) (4) (5) “丧失”练习（请认真体验删除过程及内心的体验）： (1) (2) (3) (4) (5) 练习中得到的启发：

资料来源：樊富珉.《团体心理咨询》.2005

这一类的纸笔练习还有：我的墓志铭、生存选择、火光熊熊、姑娘与水手、泰坦尼克号、人生的最后时刻等。

纸笔练习要注意的事项有：(1)纸笔练习比较耽误时间，因此在心理辅导活动课中使用时，应尽可能将问题简化，要求也应适当降低；(2)纸笔练习要与讨论分享结合起来，避免单纯的书面练习和“静思默想”。

五、团体结束阶段活动的设计形式

心理辅导活动课的结束阶段同样需要精心设计活动，它可以为本次主题探索画上一个圆满的句号，并给每一个团体成员留下深刻的记忆，激励他们将课堂上的活动体验与课后的生活实践更好地衔接起来。

【示例】　请在我背上留言

活动目的：总结收获，互道祝福。

活动流程：

1. 每人在背上别上一张白纸，请小组内其他成员每人为自己写一句祝福的话或者建议，不必留名。

2. 如果时间允许，也可以请其他自己认为是重要的组外团体成员为自己写祝福或建议。

3. 写完之后，在小组里坐下来，想一想这次活动中的收获，猜猜别人会给自己留一些怎样的建议和祝福，自己又期待他们写些什么，然后再相互帮助取下背后的白纸，认真阅读。

4. 分享读后的感想，感谢组内其他成员的真诚。

常用的团体结束活动还有：我的收获、我们大家都来说、化装舞会、把心留住、笑迎未来、礼物大派送、大团圆、与活动主题相关的歌曲等。

六、辅导活动设计中可能出现的问题

上面我们列举了一些常用的心理辅导活动课活动形式，更多的例子可参见本书第五章所列的111个活动示例。但所有这些示例既不能囊括，也不能穷尽这一领域里的林林总总，因此，仍须辅导教师们在实践中继续探索。除此以外，在活动设计过程中我们还需要注意防止出现以下几个问题：

1. 活动设计未顾及学校教学规律，缺乏可行性

中小学的心理辅导活动课在大多数情况下要受学校教学计划的宏观节制，不可能像高校那样有比较宽松、灵活的时间安排；尤其在中学，在激烈的升学竞争压力下，不少学校做不到像小学那样稳定地保留一定的活动课程时间。因此，除了利用节假日专门组织的青少年成长活动营之外，心理辅导活动课的活动设计必须考虑时间上的可行性。许多在大学团体咨询中流行的活动或游戏，做完一个就常常需要40~80分钟的时间，如果照搬到心理辅导活动课中来，显然脱离了中小学的实际情况。因此，选择或设计活动首先应该考虑的是，总时间不突破中小学每节课课时的时限。

2. 活动设计的流程与架构照搬教材，缺乏独立性

心理辅导活动课的设计与实施最好有比较系统的“学生活动手册”与“教师参考用书”，以便作为单元规划、活动选题的依据；这种学生用书与教师用书所起的作用主要是提供辅导理念与参考资料，真正要转化成操作性的心理辅导活动课，

还要靠教师创造性的劳动。但有些心理辅导活动课的设计却常常因循学生用书或教师参考用书的套路，在设计的流程和架构上缺少一种独立性。其实，各地编写的心理辅导活动课的学生用书，只是一种阅读文本，而并非活动方案。为了体例的统一和形式上的新颖，编写者往往把一节课分为固定的几个栏目，冠之以诸如“明镜台”、“智慧泉”、“回音壁”、“启思录”一类的栏目标题，作为书面材料，这是无可厚非的。但如果在活动设计中也都照葫芦画瓢地分成这样几部分，就会导致“形式禁锢内容”，使操作流程变得非常呆板。更有甚者，有些教师在设计活动之前，还没有一个总体的考虑，就先把这一类模式套用起来，结果不少活动方案在设计阶段就似乎已经失去了生命活力。

3. 活动设计的形式偏爱“花拳绣腿”，缺乏平实性

心理辅导活动课的设计不要过分讲究“花哨”和“包装”，一切要从学校和学生的实际出发，从“实战”的需要出发。例如，辅导理念的陈述不必像论证一个科研课题一样洋洋洒洒，动辄几千字，因为在实际的教育工作环境中，教师不可能有那么多的时间去旁征博引；活动的话题不必刻意迎合学生的兴趣，许多发展性的话题也许并不“有趣”，甚至会有些“沉重”，但却十分必要，因为青少年也需要在一定的痛苦和磨砺中成长；活动形式也不一定非得要讲究“新鲜”、“轻松”，无意义的“噱头”和炫目的“包装”只会使团体活动变得“飘浮”。

4. 活动设计的素材“千人一面”，缺乏创造性

有一位中学辅导教师在“心海扬帆”论坛上发帖说：“刚开始的时候，我也是按照游戏——体验——讨论等等方式来给学生上课，上的内容也大致是那些，如情绪管理、认识自我、人际关系等方面，但是我发现学生好像对这些内容嗤之以鼻，因为老师讲的和他们的生活理念是不相符合的，反正有些内容连我自己上起来都感到很幼稚。做一些游戏也是这样子，感觉同一个内容框架里的游戏也就是那些，学生并不感兴趣；而且一个大课堂，学生五六十人，坐得挤挤的，怎么做得开游戏？南方的学生比较难管，他们的学习动机很弱，让他们讨论，要么什么也不说，要么就扯些别的。所以我感觉我们把别人的教案、游戏拿过来就用是不行的，每个地方的学生的特点不一样，每个学校、每个班级的特点也不一样，必须按照不同地区学生的特点来设计我们的心理辅导活动课。”这位辅导教师谈到的现象有一些是由于在具体操作上缺少经验，但他提出了一个很重要的问题，就是现在有些辅导教师上心理辅导活动课，喜欢套用小组团体辅导中的一些游戏，连提的问题也和小组团体辅导游戏之后的分享内容一样。所以，我们看到一些辅导教师送上去参评

的心理辅导活动课教案，总有一种似曾相识的感觉，因为大家都是套用某高校某教授编写的某个团体辅导本子里的游戏，有些教案甚至就是几个游戏的简单叠加。不要说让学生年复一年地去做这些游戏，就是自己看看这些千篇一律的东西，也会失却一种创造的激情。须知所有的游戏一开始都是新鲜的，但所有的游戏用滥了之后就都是令人生厌的。学校心理辅导课活动素材的不竭源泉蕴藏于学生鲜活的生命活动之中，作为一个辅导教师，仅仅接触学生个案还是不够的，我们还必须深入到学生所在的班级中，去感受班级团体日常运作规律的原生态，去了解学生班级生活、宿舍生活、课外生活中的生动故事，方可挖掘和提炼出有声有色有创意的心理辅导课的活动素材。

第四节　认真理清辅导思路

这里说的辅导思路指的是对心理辅导活动课总体实施过程的理性思考，它基于我们对辅导主题及活动目标的深刻理解和反复斟酌。通过这种理解与斟酌，我们总是力求对某一主题的心理辅导活动方式做出明智的选择，期待自己能够清楚地把握实施辅导活动应该遵循的线索、路径及步骤，并把这些线索、路径和步骤以一种简洁的思维形式来加以体现。

一、辅导思路决定辅导活动的成败

辅导教师在团体进程中感受到的所有的成功、失败、挫折、遗憾，其实都是他利用或者忽视了自己辅导思路的直接结果。因此，从某种意义上说，辅导思路决定了一节心理辅导活动课的发展趋势，甚至从一开始就决定了这节课的成败。

辅导思路是教师控制自己实现辅导目标的重要路径，是整个辅导进程的“作战地图”。一堂心理辅导活动课的设计，其关键在于理清思路，而不是在纸面上形式地写一个方案就可以万事大吉的。这是因为心理辅导活动课是学生主体参与率很高、操作过程动感很强的活动形式。辅导活动的现场是瞬息万变、很难预测的，很多原先在纸面上形成的方案设计拿到课堂上往往实施不通。因此教师应把主要精力放在理清辅导思路上，把辅导理念和基本步骤仔细想清楚，并且多考虑几种可能出现的学生反馈的角度以及自己应对的预案，而不应拘泥于一些具体细节，更不要光把气力下在如何准备课件或自己的“台词”上。学校里的学科教学其实同样如此，只不过学科教学的方案如果设计得不很理想的时候，我们教师可以凭经验临场作些调整，只要不脱离教材的基本要求，局面也就“支撑”下来了。但在心理辅导课上，如果设计思路没有理清，教师的辅导灵感就会窒息和被湮没，团体的进程就会严重受阻，学生就会如坠重重迷雾之中，那么，即使活动形式再“花哨”，活动场面再热闹，也不能体现辅导的本质。

如果一堂心理辅导活动课在实施过程中不够流畅、效果不佳，除了教师个体因素外，问题往往就出在辅导思路的迷失上。

例如，有一位初中心理辅导教师在尝试组织一次初二年级的心理辅导活动《穿越情感的风暴》①时，几次试教都觉得进程迟滞、不能真正激活学生参与活动的热情。自我反思的结果，发现是没有选好突破口，主攻方向不明。于是前后数次更改思路，先后选择了这样一些探讨的切入点：(1)中学生该不该谈恋爱；(2)异性同学交往的技巧问题；(3)异性同学交往的分寸问题；(4)异性同学交往的伦理道德问题；(5)异性同学交往的行为方式问题；(6)对异性同学情感的调控问题；(7)少女自珍自爱问题……经过一段时间的苦苦思索，最后理出了以下这样一条设计思路：

男女同学有好感是正常的——好感如果不加控制，任其发展，异性之间关系就可能会升级，导致交往过密——交往过密的表现是什么？——交往过密的后果是什么？——如何防止交往过密？

按照上述思路，这一节初中团体辅导活动课的重点是放在预防异性同学“交往过密”上。据此，教师设计了以下活动的流程：

独角戏：“抽屉里的约会信”(异性间产生好感是正常的)——小品表演：“打电话”(好感未加控制，异性同学关系升级)——脑力激荡：“异性交往过密的表现”——游戏：“扑克牌故事接龙”(异性交往过密的后果)——班级论坛：“你说我说”(如何预防异性交往过密)——小结

思路理清之后，整个辅导活动就如行云流水一般顺畅，取得了良好的辅导效果。

二、辅导思路设计中可能出现的问题

1. 思路混乱

设计活动方案的第一大忌是思路混乱。表现为“以其昏昏，使人昭昭”，到底要解决什么问题，用什么活动形式去解决问题，如何确定具体路径以指向问题的解

①参见本书第五章第二节课例原文及点评

决，连自己也稀里糊涂。所以我们在考虑方案的思路时，首要的事情是要深入思考，因为想得清楚才能说得清楚，说得清楚才能写得清楚。一定要从逻辑层次上注意先后次序，注意由浅入深、由部分到全体、由人际表层互动到深层分享互动、由行为层次到情感层次再到认知层次，逐步深化活动主题；特别是一定要围绕一个明确的核心理念，方可做到前后连贯一致，环节过渡自然，整个设计脉络清晰。

2. 思路繁杂

设计活动方案的第二大忌是思路繁杂。表现为“贪大求全，面面俱到”，想在一堂课解决许许多多问题。而考虑得太细太多则往往滞留于肤浅，失之于繁琐。因此设计思路应力求简洁，贵在深刻，既能想学生所想，又能想学生所未想，方可引领学生步入胜境，攀升情感与认知的新高度。

3. 思路狭窄

设计活动方案的第三大忌是思路狭窄。表现为“照猫画虎，形式单一”，教材怎么规定就怎么设计方案，思路跳不出书面材料的框架，跟在文本后面亦步亦趋，毫无创新。思路狭窄的主要原因是理论的苍白与资料的匮缺，因而不能拓宽设计者的视野。解决的办法也须从查找文献、寻找理论支持和已有经验入手，再结合现有的资源和活动目标进行量体裁衣，并力求多考虑几种备用方案，比较其优劣，方可逐步突破设计思路的“围城”。

本章小结

团体的发展是个动态的过程，大多数的团体都处于一种持续改变的状态中。从团体动力的观点来看，团体可能永远无法达到完全静止不动的状态，心理辅导活动课的发展进程同样如此。

心理辅导活动课的暖身期有一个重要的目的，就是让全体学生既没有心理压力，感到轻松愉快，又能够集中学生注意力，调动起学生积极参与辅导活动的情绪，增进学生之间、师生之间的信任感和凝聚力。

心理辅导活动课的转换期肩负着由“团体凝聚力初步形成”向“运用团体动力解决团体共同关心的某一发展问题”转移的重要任务，这是一个创设情境、提出问题、激发成员探索成长困惑的欲求、逐步催化团体动力的过渡时期。

心理辅导活动课的工作期是团体基本成熟后进入解决实质性问题的关键时期，这一时期在一节心理辅导活动课中所占的比例最大，“自我开放、面质、回馈”是这一阶段的三大基本要素。

心理辅导活动课的结束期是班级团体辅导历程的最后阶段，它并非是可有可无的，团体活动的终点应该是新生活的起点。教师要引导学生将自己在团体中获得的经验、体会、感悟、决心运用于课外的实际生活，作为再度出发的动力。

问题讨论

1. 请结合麦克阿瑟将军关于爱子亚瑟的一段祈祷词，谈谈你对中小学班级团体辅导终极目标的理解。

> 主啊，教导我儿子在软弱时能够坚强不屈，在恐惧时能够勇敢自持，在诚实的失败中毫不气馁，在光明的胜利中仍能保持谦逊温和。
>
> 教导我的儿子笃实力行而不从事空想；使他认识你——同时也认识他自己，这才是一切知识的开端。
>
> 我祈求你，不要将他引上逸乐之途，而将他置于困难及挑战的磨炼与刺激之下，使他学着在风暴中站立起来，而又由此学着同情那些跌倒的人。
>
> 求你让他有一颗纯洁的心，有一个高尚的目标。在学习指挥别人之前，先学会自制；在迈向未来之时，而不遗忘过去。
>
> 主啊，在他有了这些美德之后，我还要祈求你赐给他充分的幽默感，以免他过分严肃；赐给他谦虚，才能使他永远记着真正的伟大是单纯，真正的智慧是坦率，真正的力量是温和。
>
> 然后，作为父亲的我，才敢轻声地说：我总算这辈子没有白活。阿门！

2. 说说制订中小学班级团体辅导目标体系的主要依据。

3. 你认为团体热身阶段的热身活动一定要与辅导主题有密切关系吗？为什么？

4. 心理辅导活动课的团体转换阶段、团体工作阶段和团体结束阶段各自承担的任务和重点是什么？请结合你自己上过（或者设计）的一节心理辅导活动课加以具体说明。

第四章　心理辅导活动课的设计素材

在本章中，我们将为读者提供一些符合中小学生年龄特点的、操作性比较强的心理辅导活动课的活动素材，以供辅导教师在设计教案时参考。这些活动素材不仅可以通过不同的组合，形成千姿百态的心理辅导活动课设计方案，更重要的是可以触动我们的灵感，激活我们的创造性思维，以启发我们创造出更多更为贴近学生实际生活而不是“照猫画虎”、“千人一面”、完全脱离学校教学规律和实际条件的、甚至是“成人化”的活动形式。

第一节　团体暖身期设计素材示例

心理辅导活动课成败的关键在于班级气氛是否和谐，学生之间是否互相信任，学生在团体中能否打消自己的防卫心理。而这一切，与团体暖身期的活动设计与实施有着直接的联系。

一、动作类热身游戏示例

♠活动1　进化论

活动目的

用于随机分组，以打破原有的人际圈子，更广泛地与他人进行交流。

活动准备

如果在小学实施此活动，可准备适量的动物头饰，以活跃气氛，并给最后形成的各小组一个形象的标志。

活动流程

1. 先和学生讨论进化论中出现的进化种类，例如：鱼类——两栖类——爬虫类——鸟类——哺乳类——人类，依次分成组，决定增减种类的数目。

2. 向学生征求各类动物的代表动作。

3. 请学生们就近找人猜拳，皆以鱼的身份为始，赢者进化，输者退化。

4. 再以猜拳后的新身份，表演代表动作，继续寻找同类猜拳。

5. 约进行两分钟后，停止活动，同类为一组。

6. 若每组人数有差距，再征求自愿者进化或是退化，直到每组人数达到约略相同为止。

注意事项

整个活动控制在10分钟以内。

♠活动2　拼图大考验

活动目的

找一些学生感兴趣的图片（如灌篮高手、NBA或卡通图片等）实施拼图活动，进而达到分组目的。

活动准备

1. 与图片相同大小的空白纸、胶水（欲分几组就准备几份）。

2. 把每张图片剪成若干小张（假如学生共有48人，分成8组，则要有8张图片，每张图片剪成6小张）。

活动流程

1. 出示8张原图（投影或贴图），让学生对图片有一定的印象。

2. 把事先剪好的小张图片放在袋子里让学生抽取。

3. 播放欢快的音乐，请学生们举起手中的小块图片，不许说话，只凭眼神、表情和动作去寻找自己的“伙伴”。

4. 拼好图片的6人立即将图片用胶水粘贴在空白纸上，高高举起，以示胜利，并自然成为活动小组。

注意事项

图片既要有区分度,又不能太复杂,以免拖延活动时间。

♠活动3　大风吹

活动目的

突破旧有的人际圈子,促使学生改变原有的习惯性人际组合。

活动流程

1. 学生进教室后可自由组成若干个4人小组(或6人、8人小组),每组围成一个小圆圈,多余的1~2位学生担任主持人(如果分组没有余数,则由辅导教师担任),立于中央。

2. 主持人一开始说:“西伯利亚过来的大风吹呀吹!”大家问:“吹什么?”主持人说:“吹穿白色球鞋的人。”则凡是穿白球鞋者,均要移动,换到其他小组里去。主持人要尽快抢到某小组一个位置,于是使得另外的1~2人没有了位置,由他们担任新主持人,再接着“吹”,直至小组新的组合基本形成为止。

注意事项

1. 可“吹”之对象应随机确定:扎辫子的人、戴眼镜的人、剃平头的人、双眼皮的人、穿某颜色衣服的人、戴团徽的人、剪短发的人、圆圆脸蛋的人……

2. 只要达到分组目的(例如,打破了分组时的男生女生界限),即可停止。

♠活动4　抓手指[①]

活动目的

活跃团体气氛,打消防卫心理。

活动流程

1. 全班学生围成一个圆圈,如果场地较小,也可以围成两圈,里外各一圈,内外圈学生相向而立。

2. 伸出每个人的右手,将掌心向下;再伸出左手,食指向上。将左手食指顶住你左边同学的右掌心,而你的右手掌心则与你右边同学的左手食指尖相接触。

①本活动素材由浙江省富阳市实验小学张萍老师提供

3. 辅导老师可以设计一段引导语，话里面会间隔出现“××”两个字，当教师一说到“××”这两个字的时候，学生便用自己的右手掌去抓旁边同学的左手食指，而自己左手的食指则争取快速逃脱，不让别人的右掌抓住。

例如以“情绪”二字为“抓手指”动作信号的一段引导语：

> 说起“情绪”，我就想起了许多有关的词语：像“怒发冲冠”、“勃然大怒”，那是形容一个人愤怒情绪的；“眉开眼笑”、“喜笑颜开”、“喜上眉梢”，那是表现一个人的情绪如何快乐的；像“惊慌失措”、“惶恐不安”，则反映了一个人的情绪一定非常紧张；如果书中出现了“悲痛欲绝”这个词，说明那个人正在极度伤心之中；“热泪盈眶”这个词，看似写悲，其实写喜；而像“破涕为笑”这个词，那描写的就是我们小孩子情绪的变化了！

注意事项

教师的引导语要混杂设置一些接近动作口令的近义词或读音相近的词语，以便刺激学生的听觉器官，有意造成学生在活动过程中的失误。

♠活动5 一边倒

活动目的

活跃气氛，集中学生注意力。

活动流程

1. 让每个同学伸出双手，握拳，使拳心朝向自己的胸前，当教师喊口令“一边倒”的时候，左手伸出大拇指，右手伸出小指头。

2. 教师再喊“一边倒”的时候，收回左手大拇指和右手小指头，同时伸出右手大拇指和左手小指头。

3. 如此反复，喊口令的速度不断加快，直至学生乱了阵脚为止。

注意事项

1. 可选一位同学在前面带领大家一起做，动作与全体学生相反。

2. 口令应先慢后快。

♠活动6　万花筒

活动目的

1. 本游戏适合于新组建班级成员之间的相互熟悉、打破尴尬时使用，可以帮助学生消除拘谨情绪，增进沟通。

2. 也可以用于随机分组。

活动准备

小鼓一面。

活动流程

1. 让所有的学生务必记住以下的7条口诀：

牵牛花1瓣围成圈；杜鹃花2瓣好作伴；

山茶花3瓣结兄弟；马兰花4瓣手拉手；

野梅花5瓣力气大；茉莉花6瓣好亲热；

水仙花7瓣是一家。

2. 让所有的学生随意站立在指定的圈内，游戏开始，主持人随机击鼓念口诀，主持人的口诀随时会停止，当主持人喊到“山茶花”时，场内的参赛者，必须迅速包成3个人的圈，当喊到“水仙花”时，要结成7个人的圈，“牵牛花”只要1个人站好就可以。

注意事项

1. 主持人的口诀不要按原文顺序来喊，而应该是随机的。

2. 语速要适中。

♠活动7　大西瓜 小西瓜[①]

活动目的

激活团体气氛，打消成员的防卫心理。

活动流程

1. 首先说明游戏规则，即：教师说“大西瓜”，学生要用双手比划出“小西瓜”的样子；教师说“小西瓜”，学生则要用双手比划出“大西瓜”的样子。

①本活动素材由浙江省富阳市富春三中缪群老师提供

2. 教师随机(无规律地)说出“大西瓜”或“小西瓜”这两个词,学生跟着教师的口令做动作。

3. 语速可以先慢一些,等学生的双手动作基本熟悉之后,教师就可以适当加快语速,直至学生屡屡出错、哄堂大笑为止。

注意事项

1. 做“大西瓜”的手势时,动作幅度要稍大一些,以便与“小西瓜”的动作形成较大的反差,并增加游戏的难度。

2. 活动时间为2分钟左右。

♠活动8 飞飞跑跑

活动目的

激活团体氛围,集中学生的注意力。

活动流程

1. 首先宣布游戏规则(出示投影):

(1)老师有四个口令,喊“1”,做“飞飞”的动作;喊“2”,做“跑跑”的动作;喊“3”,做“跳跳”的动作;喊“4”,原地不动。除“4”之外每个动作只做三次。

(2)在听到口令后,学生如没有反应或者做错了,高举右手大声喊道:“对不起,我错了!”然后坐到座位上。

(3)游戏做到最后始终没有错的同学获胜为止。

2. 做游戏。

注意事项

1. 老师喊口令不能喊得太快。

2. 在喊出口令7、8次后,宣布暂停。

3. 老师可以参与到学生的活动中去。

4. 本活动适合在小学使用。

♠活动9 红黄牌

活动目的

集中学生注意力,迅速领会意思并执行动作,活跃团体气氛。

活动准备

道具:红牌、黄牌

活动流程

1. 两人一组,一人举红牌,一人举黄牌,并排站立。
2. 学生听口令举牌。
3. 口令及动作要求示例:

老　师　口　令	学　生　动　作
举起红牌	举起红牌
放下黄牌	放下黄牌
不要放下黄牌	举起黄牌
放下红牌	放下红牌
不要放下红牌	放下红牌
举起黄牌	举起黄牌
千万不要不举起黄牌	举起黄牌
不要放下红牌	举起红牌
不要不放下黄牌	放下黄牌
千万不要不举起红牌	举起红牌
举起双手,原地跳一下,放下黄牌	放下黄牌,举起红牌
我喊一声就放下红牌	举起红牌
不要不放下黄牌	放下黄牌
千万不要不举起黄牌	举起黄牌
不要不举起黄牌	举起黄牌

注意事项

1. 本活动适合在小学中段或高段学生中进行。
2. 口令速度要适中,太快学生反应不过来;太慢就失去了活动的挑战性。
3. 红牌与黄牌的道具设计最好与本节心理辅导课的其他活动结合起来,以提高道具的使用效率。

♠活动10　扑克分组

活动目的

随机分组，以促进团体成员的广泛交往。

活动准备

1. 根据分组的人数需要准备扑克牌1~2副。若是分为4人小组，1副扑克正好；若是分成6~8人小组，则需要2副扑克。

2. 将课桌按小组数拼好，每一组可放一块名牌卡，上面按扑克牌的点数写出小组的代号，以作为小组所在地标志。

活动流程

1. 将扑克牌洗好，发给每人1张。

2. 持同一种点或花的同学立即根据自己的扑克点数或花色，尽快聚集到相对应的小组所在地桌号。

3. 如果教师需要额外指定几个人来参加某项活动，那就指定拿“大王”的人走到前排。

注意事项

可适当播放音乐以活跃气氛。

♠活动11　春夏秋冬

活动目的

1. 让学生熟悉使用肢体语言进行沟通。

2. 活跃课堂气氛。

活动流程

1. 辅导教师给学生指令：全体同学以自己出生月份来进行同类组合。

2. 每个学生只能以自己的手势表示自己的出生月份，不能出声。

3. 当学生以月份同类组合后，辅导教师可以让学生根据所指示的春夏秋冬四季进行小组合并。

4. “春”、“夏”、“秋”、“冬”四大组形成后，再快速按男女性别各分为两个小组，可称为“春X组”、“春Y组”等等(用手势表示)。

5. 然后在各自组内讨论“出生在春季的男孩(或女孩)有什么共同的特点？”

注意事项

此活动可与青春期辅导内容结合起来。

♠活动12　白菜与兔子

活动目的

训练个人的集中注意的能力和反应能力,活跃气氛。

活动流程

1. 每小组6人,分成甲、乙两排面对面坐下,每排3人,并各选出一个领袖。

2. 每个学生都将双手平放在桌上,掌心向上。

3. 由双方的领袖轮流叫出植物(如白菜)或动物(如兔子)的名称,叫到植物时,对方的人要将双手上举,叫到动物时则放下,例如:芹菜(上举),兔子(放下),狐狸(放下),菊花(上举)……

4. 两排领袖轮流叫名,节奏要快。当一方动作出现错误时,另一方就要大声说"错!"

注意事项

时间控制在5分钟左右,一旦气氛激活,即可适时叫停。

♠活动13　兔子舞

活动目的

营造欢乐气氛,打消防卫心理。

活动准备

快节奏乐曲和音响器材。

活动流程

1. 将全班分为几个6人小组,每个小组排成一队。

2. 小组后面一位学员双手搭在前一位学员的双肩上。

3. 辅导教师随着音乐的节拍喊出动作指令:左二(左脚跳两下),右二(右脚跳两下),并前(双脚合并,向前跳一下),并后(双脚合并,向后跳一下),开前(两脚开立,向前跳一下),开后(两脚开立,向后跳一下),等等。

注意事项

1. 辅导教师事先应将口令与动作练习几次，以体会学生完成动作的节奏感与协调性。

2. 音乐的选择要注意节奏强烈，但其节拍的速度要控制在学生能够“合拍”的范围之内。

♠活动14　志趣相投

活动目的

帮助新班级成员在一种轻松的氛围中积极地去认识新朋友。

活动准备

印制一张“志趣相投”卡片，每人一份，样式如下，内容可根据实际情况调整：

“志趣相投”卡片

喜欢红色	喜欢踢足球	心直口快	爱广交朋友	喜欢旅游
会一种乐器	性格开朗	不喜欢说话	我从不传闲话	爱看军事杂志
不喜欢吃肉	喜欢打篮球	爱看名著	喜欢独处	喜欢制作网页
喜欢小制作	喜欢画画	喜欢唱歌	爱看连续剧	爱看 NBA 赛
骑自行车上学	喜欢外语	爱写作	喜欢跳舞	坚持长跑

活动流程

1. 发给每一个人一张"志趣相投"卡片,先圈出最符合自己主要特征的那一项。

2. 让学生拿着卡片在教室里随便走动,去寻找符合自己志趣的同学,请那个同学在符合要求的格子里面签字(每个人可能有数项符合,但只需在最符合自己的那个格子里签名)。

3. 根据教师发出的信号,请相同志趣的同学聚在一起聊几句,相互熟悉一下。

注意事项

整个活动时间控制在10分钟左右。

♠活动15　一元五角①

活动目的

用于分组,并激活团体气氛。

活动准备

1. 制作代币卡片,每张代币上写着"一元"或"五角",数量上应该是"五角"居多。

2. 音乐磁带。

3. 教室里撤去课桌,只留椅子。

活动流程

1. 教师播放音乐,学生在教室里随便走动。

2. 教师下达口令:"两元!""三元五角!""一元五角!""三元!"等等。学生立即按照规定的钱款数额,手持代币寻找伙伴,凑齐数额,不能多也不能少。凑齐后立即围成一圈,并且手拉手。而"落单者"则只好等待下一轮口令时再抓机会组合。

3. 如此活动几轮后,辅导教师可视各小组人数较为合理时,结束活动。

注意事项

1. 此活动的变式是:男生为"一元",女生为"五角";也可以再反过来,做二次变式,即女生为"一元",男生为"五角"。

2. 此活动也可以用在团体转换阶段,作为提出问题的游戏。若是转换阶段的

①吴增强,蒋薇美.心理健康教育课程设计.北京:中国轻工业出版社,2007(有改动)

活动，则可以提出以下问题分组讨论：

(1)当你能找到伙伴并拉起他们的手时，你的感受是什么？

(2)当你找不到伙伴或者被别人拒绝时，你的感受是什么？

(3)当你看到有人“落单”时，你的感受是什么？

(4)日常生活中你有没有遇到类似的境遇呢？你是怎样对待的？

♠活动16　面对面的自我介绍

活动目的

促进人际沟通，营造团体气氛。

活动准备

所有人围成两大圆圈，里圈的学生面朝外，外圈的学生面朝里，呈“鱼缸式”排列。

活动流程

1. 当所有人围成两个同心圆时，开始播放音乐。随着音乐声同心圆转动，也可以边唱边转，内外圈的旋转方向相反。
2. 音乐一停，面对面的两个人要彼此握手寒暄并相互自我介绍。
3. 音乐声再起时游戏继续进行。

注意事项

1. 学生可以击掌而歌，以营造气氛。
2. 每次相互自我介绍的总时间为1分钟左右，整个活动控制在5分钟左右。

♠活动17　雨点变奏曲

活动目的

感受团体气氛，激活团体动力。

活动流程

1. 让学生利用身体的任何部分碰撞发出两种以上的声音(会发现学生发出各种各样的声音出来，场面一片混乱)。
2. 让所有学生用最擅长的方式(不许用口)发出声音(这时，会发现学生已经形成几个主流的声音，如鼓掌)。

2. 辅导教师引导大家渐渐形成四种声音发出的方式：

手指互相敲击——两手轮拍大腿——大力鼓掌——跺脚

3. 问学生如何将我们发出的声音变成有节奏的声音呢?是不是可以利用一种自然界的现象来使我们发出的声音变得美妙动听?

想象一下,我们发出的声音和下雨会不会有许多相似的地方:

(1)“小雨”——手指互相敲击

(2)“中雨”——两手轮拍大腿

(3)“大雨”——大力鼓掌

(4)“暴雨”——跺脚

4. 辅导教师说:“让我们用声音来描绘一曲《雨点变奏曲》。现在开始下小雨,小雨变成中雨,中雨变成大雨,大雨变成暴雨,暴雨变成大雨,大雨变成中雨,又渐渐变成小雨……”

注意事项

辅导教师应注意引导并控制场面,使其热烈而不混乱。

♠活动18　爱的鼓励

活动目的

营造活跃的团体气氛。

活动流程

1. 请每个学生站起来并张开双臂,保持水平(人与人之间空出大约一臂的距离)。

2. 请全体学生迅速拍手,然后再张开双臂。

3. 把这两个动作连续做十次,动作要快。

4. 做出结论,告诉全体学生,相信大家确实感觉良好,因为在这热烈的掌声中我们感受到了每一个人快乐的心声,感受到一种爱的鼓励。

5. 教师可以和学生约定:以后我们每一次心理辅导课的开始和结束时,都让我们大家给自己一次爱的鼓励吧!

注意事项

教师的语气、语调和表情都应充满快乐的激情。

二、语言类热身游戏示例

♠活动19　可怜的小猫

活动目的

活跃团体气氛，降低防卫心理。

活动流程

1. 各小组(6~8人为宜)围坐成圈，一人当"小猫"站在中间。

2. "小猫"走到任何一人面前，蹲下学猫叫；面对者要用手抚摸"小猫"的头，并说："哦！可怜的小猫。"但是绝不能笑，一笑就算输，要换当"小猫"。

3. 若抚摸者不笑，则"小猫"要叫第二次；仍不笑，再叫第三次；再不笑，就得离开找别人。

注意事项

1. 扮"小猫"者可以装模作样，以逗对方笑。

2. 此活动很容易引起欢笑，使气氛立即活跃起来，此时，辅导教师应及时叫停。

♠活动20　青蛙跳水

活动目的

活跃团体气氛，降低防卫心理。

活动流程

1. 8~10人一组，各组围坐成圈。

2. 每小组由一名主持人开始说："一只青蛙——"第二人："一张嘴！"第三人："两只眼睛——"第四人："四条腿！"第五人："扑通一声——"第六人："跳下水！"

3. 继续下个人紧接："两只青蛙——"再下一个人："两张嘴！"再下一个人："四只眼睛——"再下一个人："八条腿！"再下一个人："扑通扑通——"再下一个人："跳下水！"……如此层层将数字叠加上去，直至某一成员出错，再从头开始。

注意事项

1. 这本是喝酒时候，用筷子击碗的游戏。看似简单，但玩的时候，要越说越快，结果往往是说成"二条嘴"、"四张腿"的笑话。

2. 分组人数不能是6或12，否则容易重复同一句式，以致"熟能生巧"，不易出错。

♠活动21　开火车

活动目的

激活团体动力，打消拘谨气氛。

活动流程

1. 将全班分为6~8人小组，以小组为单位进行游戏。

2. 在开始之前，小组内每个人说出一个地名，代表自己，但是地名不能重复。

3. 游戏开始后，假设甲来自北京，而另一个人乙来自上海，甲就要说："开呀开呀开火车，北京的火车就要开。"全组同学一起问："往哪开？"甲说："往上海开。"那代表上海的乙就要马上快速反应，接着说："上海的火车就要开。"然后大家一起问："往哪开？"再由乙选择另外的游戏对象，说："往某某地方开。"如果对方稍有迟疑，没有反应过来就算输了。输者应受罚，例如可以学猫叫。

4. 上述程序结束后，可进行游戏的变式：以小组为单位，每一个小组代表一个地名，以小组为单位集体应答，输的小组集体受罚，则气氛会更加活跃。

注意事项

1. 各小组应关注本组游戏，不要相互干扰。

2. 输者受罚，应以活跃气氛为目的，不能伤害受罚者的自尊。

♠活动22　绕口令

活动目的

激活气氛，集中学生注意力。

活动流程

1. 教师以投影片示范口令内容。

2. 先慢后快进行练习。

3. 正式操作时可按小组循环"绕口令"，哪一组出错，哪一组受罚。

4. 口令参考：

(1)车上有个盆，盆里有个瓶，乓乓乓，乒乒乒，不知是瓶碰盆，还是盆碰瓶。

(2)金瓜瓜，银瓜瓜，地里瓜棚结南瓜。瓜瓜落下来，打着小娃娃。娃娃叫妈妈，妈妈抱娃娃，娃娃怪瓜瓜，瓜瓜小娃娃。

(3)肩扛一匹布，手提一瓶醋，看见一只兔。放下布，摆好醋，去捉兔，跑了兔，丢了布，泼了醋。

(4)高高山上一条藤，藤条头上挂铜铃。风吹藤动铜铃动，风停藤停铜铃停。

(5)西关村种冬瓜，东关村种西瓜，西关村夸东关村的西瓜大，东关村夸西关村的冬瓜大，西关村教东关村的人种冬瓜，东关村教西关村的人种西瓜。冬瓜大，西瓜大，两个村的瓜果个个大。

(6)毛毛和涛涛，跳高又赛跑。毛毛跳不过涛涛，涛涛跑不过毛毛。毛毛教涛涛练跑，涛涛教毛毛跳高，毛毛学会了跳高，涛涛学会了赛跑。

(7)四是四，十是十，要想说对四，舌头碰牙齿；要想说对十，舌头别伸直。

(8)灰化肥发灰，黑化肥发黑。

注意事项

先慢后快，一定要做到口齿清楚。

♠活动23 星座物语

活动目的

用于新的班集体成员之间的相互熟悉。一个学生属于什么星座，星座相同的人是否会有相同的性格，这些虽然不是什么科学的东西，却可以让初次见面的学生拉近距离。

活动准备

印有星座的挂图和一些相关内容的资料。

活动流程

1. 将12星相图挂在教室的四面墙上，让该星座的人全部围坐到该图的下面，给大家10分钟时间，让每一个星座的人在其内部进行讨论。

讨论内容：自我介绍，他们各自与星座相关的特点。

2. 挑选几个小组，让其报告一下他们的发现。

注意事项

为了让全体学生都能参与活动，教师事先应简单介绍星座的有关常识。

♠活动24 言不由衷

活动目的

通过活动活跃现场气氛，同时考验学生的反应能力。

活动流程

1. 此游戏是用“是”、“不是”回答的游戏。但回答必须要言不由衷、颠倒事实。

2. 如：对一位男生说：“你常穿裙子？”男生必须回答：“是”。

3. 指定一个人当“鬼”，由“鬼”依次对小组成员发问，答错的人就换当“鬼”。

4. 如果对每个人各问两个问题，则会相当有趣。

注意事项

1. 当“鬼”的学生必须反应快，机智而有分寸，用词得当。

2. 不能提出有伤于对方自尊的问题。

3. 男女混合编组可以防止过度的调侃。

♠活动25 初次见面

活动目的

消除新班级成员之间的陌生感。

活动准备

活动前将每个学生的姓名牌收上来，如果学校还未将姓名牌发到学生手里，则可以让每位学生自己做一个规格一致的姓名牌，活动前也收上来。

活动流程

1. 将全班姓名牌随机发到每一个学生手里，如果有人领到了自己的姓名牌，就立即与别人交换一下。

2. 要求所有学生在1分钟之内找到姓名牌上的同学，相互说一句“初次见面，请多关照！”然后相互做自我介绍。

注意事项

整个活动控制在5分钟左右。

♠活动26　模拟采访

活动目的

帮助学生更好地了解彼此的背景，学会在最短的时间内将对方的闪光点抓住，这有助于新生之间的沟通和交流。

活动流程

1. 将学生分成4人一组，再两两自由组合。但是每小组的2个人必须是来自不同的背景，相互之间互不相识的。

2. 每小组中一人充当记者，另一个人充当被采访者，采访的内容和形式自由决定。时间为2分钟，但是注意不要涉及隐私问题等。

3. 小记者在2分钟内尽量地获取被采访者的信息。然后互相调换角色，再进行一次采访。

4. 在所有的采访进行完毕之后，要求每位学生将采访的信息在4人小组内做一次1分钟的演讲，将你的搭档的信息介绍给大家，可以让大家在最后评判出最好的陈述。

注意事项

辅导教师要注意控制时间。

♠活动27　粉丝大盘点①

活动目的

激发兴趣，为活动主题"偶像崇拜"引出话题。

活动流程

1. 辅导教师说明游戏要求：请快速说出下列青春偶像"粉丝团"的名称。

2. 宣布游戏规则：以小组为单位进行抢答，答对1题加10分，答错1题倒扣10分，最终分值最高的小组获胜。

3. 投影逐题出示抢答题目：

①吴增强，蒋薇美.心理健康教育课程设计.北京：中国轻工业出版社，2007(有改动)

	题目	答案
(1)超女	谭维维 REBORN 唐　笑 厉　娜 许　飞	维生素 冰　棒 蜜　糖 雪　梨 飞　碟
(2)好男儿	蒲巴甲 宋晓波 吴建飞 巫迪文 马天宇	甲壳虫 菠　菜 鼠　迷 笛　子 羽　毛

注意事项

教师可以根据本地学生中流行的青春偶像人物对题目加以适当调整。

第二节　团体转换期设计素材示例

在心理辅导活动课进入团体转换期之后，辅导教师的主要工作是协助学生了解本次活动的辅导目标，指明本节心理辅导课将要解决的主要问题，启动团体动力，激活学生思维，进一步营造信任、安全与开放的氛围，使学生有足够的心理准备来面对后面的团体工作阶段将要直面的问题，为他们将要做出的观念与行为上的改变或抉择做好必要的铺垫。因此，这一阶段活动素材的选择必须是紧紧围绕辅导主题和辅导目标的。

一、案例类活动素材示例

♠活动28　甩不掉的影子

活动目的

通过案例的讨论分析，引出高中生男女交往中“众多不确定因素”的话题，引发学生的思考，引起不同观点的碰撞，以催化团体动力。

活动流程

1. 教师引言:高二女生小灵最近特别烦恼,她遇到了什么麻烦事了呢?请看案例《甩不掉的影子》。

2. 投影出示案例《甩不掉的影子》:

女生小灵进入高中后,发现周围同学成双成对的不少,她不禁有种失落感,此时同班同学小刚向她表达爱慕之情。小灵对小刚没什么感觉,但是她在微妙的心情支配下答应和小刚交往。进入高二后,小灵觉得和小刚的交往影响了自己的学习,她想放下这段感情专心读书。但是小刚对小灵一往情深,他表示:每天来学校只是为了能和小灵在一起。小灵觉得自己好像被小刚粘住了一样,走到哪里都甩不掉小刚的影子,她感到苦恼极了。

3. 分组讨论:

(1)从高一到高二,小灵的想法有了什么改变?她为什么有这样的变化?

(2)你对小刚的处境和做法如何理解?

(3)如果你处在小灵或小刚的位置上,你会如何想、如何做?

注意事项

团体转换期的活动的案例讨论是为了提出问题,真正解决问题是随着团体进程的发展步步深入才能办到的。因此,对本案例的讨论重在引发不同的看法,并且营造一种信任、安全、真正的氛围;教师应认真倾听,表达同感与接纳,适当回应学生的意见,但切勿匆忙做出价值评判。如果学生在此阶段对教师缺乏信任感,害怕自我开放,甚至存在抗拒心理,那么就不可能达到催化团体动力的目的。

♠活动29 星星和泥土

活动目的

为帮助学生理解认知调整的重要性提供铺垫。

活动流程

1. 出示投影片《星星和泥土》:

塞尔玛陪伴丈夫驻扎在一个沙漠的陆军基地里。丈夫奉命到沙漠里去演习,她一个人留在部队的小铁皮房子里,天气热得受不了,在仙人掌的阴影下也有华氏125度。她没有人可谈天,身边只有墨西哥人和印第安人,而他们不会说英语。她非常难过,于是就写信给父母,说要丢开一切回家去。她父亲的回信只有两行,这

两行话却永远留在她心中,完全改变了她的生活:

两个人从牢中的铁窗望出去。

一个看到泥土,另一个却看到了星星。

塞尔玛一再读这封信,觉得非常惭愧。她决定要在沙漠中找到星星。

塞尔玛开始和当地人交朋友,他们的反应使她非常惊奇:她对他们的纺织、陶器表示兴趣,他们就把最喜欢但舍不得卖给观光客人的纺织品和陶器送给了她。塞尔玛研究那些引人入迷的仙人掌和各种沙漠植物、动物形态,又学习了有关土拨鼠的知识。她观看沙漠日落,还寻找海螺壳,这些海螺壳是几万年前这片沙漠还是海洋时留下来的……

结果,奇迹发生了:原来难以忍受的环境变成了令人兴奋、流连忘返的奇景。

2. 分组讨论:是什么使塞尔玛的内心发生了这么大的转变呢?

3. 辅导教师小结:沙漠没有改变,印第安人也没有改变,但是这位女士的念头改变了,心态改变了。一念之差,使她把原先认为恶劣的情况变为一生中最有意义的冒险。她为发现新世界而兴奋不已,并为此写了一本书,以《快乐的城堡》为书名出版了。她从自己造的牢房里看出去,终于看到了星星。

注意事项

1. 本案例行文简洁而含义深刻,相信可以对每一个学生的心灵产生震撼力量。对这一案例的讨论是为了引出"一念之差,可以改变生活"这样一个话题,这里的关键就在于案例的选择必须典型。

2. 整个讨论控制在10分钟左右,然后应立即将视野转向学生的实际生活。

♠活动30　天亮了[①]

活动目的

通过典型案例营造浓情氛围,引发学生内心强烈的震撼和思考,为深入探讨"父母之爱"奠定情感基础。

活动流程

1. 介绍歌曲《天亮了》的由来

辅导教师:同学们,不知道你们是否听过这样一个故事——

①本活动素材由"心海扬帆"中小学心理辅导网站网友wyh820109tdj提供

1999年10月3日，在贵州马岭河风景区，正在运行的缆车突然坠毁，有24名游客不幸遇难。而就在悲剧发生的那一刹那，一对年轻的夫妇用双手托起了自己两岁半的儿子，结果儿子得救了，这对父母却失去了年轻的生命。

这个被媒体称为"伟大的父母之爱"的故事传遍了大江南北，也深深地震撼了歌手韩红，她不仅认这个大难不死的小孩为"儿子"，还以此为题材创作了一首催人泪下的歌曲《天亮了》。现在，请同学们闭上眼睛，体会一下歌中所要表达的感情。

2. 模拟情景，播放歌曲FLASH《天亮了》。

3. 分组讨论：假设，现在你和妈妈就坐在这个缆车上，灭顶之灾就要降临在你们的身边，你和妈妈只能有一个人活下来，你和妈妈会有怎样的表现？最后的结局将会怎样？

注意事项

这一活动重在催化情感，倾听学生内心的感受，营造一种凝重的团体气氛，教师不必忙于抒发自己的感想，也不要将自己的价值观一股脑儿灌输给学生。例如，下面这样的说教就显然是不恰当的——

"同学们，你们能听出这首歌所要表达的意思吗？是的，它就是在赞美这世间最博大、最无私的父母之爱。他们不会因为你的一点过失就不再爱你。我们是否也不应该因为他们的一些误会而否认了他们的爱呢？正如太阳也有黑子，但这并不能抹杀它哺育万物的功劳。生活中每个人都会有错，可世界毕竟充满爱。"

二、表演类活动素材示例

♠活动31　穿越时空的一次会面

活动目的

通过再现三个历史人物成就事业的曲折道路，为学生提出如何根据自己的特长和社会的需要，来制定自己生涯规划的重要话题。

活动准备

小品要事先排练好，且要注意适当的服装和造型。比如，鲁迅先生应该穿中国式的长袍，上唇贴一条浓密假胡子，嘴里含一烟斗；阿西莫夫和达尔文可戴上假发，贴上高鼻梁；青年身穿白大褂，戴一深度眼镜。

活动流程

1. 辅导教师引言：人生最重要的是认识自己、发现自己；人生最难的也是正确认识自己、发展自己。只有头脑清醒的人才会抓住机遇，找到真正适合自己的定位，并做出一番不同凡响的大事业来。历史上这样的智者不乏其人，今天，就让我们认识一下其中的三位名人：有请中国伟大的文学家鲁迅先生、享誉全球的美国科幻作家阿西莫夫先生和英国伟大的生物学家达尔文先生！

2. 小品表演：

（身穿长袍、蓄着胡子的鲁迅先生上场）

鲁迅：美国科普作家阿西莫夫先生约我在这儿见面。怎么还不见他来呢？（看表）哦，早到了十分钟。人老了，就糊涂起来了！唉，这时间哪，可也真是过得快，一转眼，又是好几十年过去了。记得小时候，为了医治父亲的病，我经常出入药铺和当铺，于是我决定去学医。可是，当我在日本学医的时候，我发现医治国民的精神才是最重要的，而且，我觉得自己作为医生，并不出类拔萃，因此，我就弃医从文，开始从事文学创作了，结果倒在文坛上取得了一定的成就。

（这时，阿西莫夫从另一边上场）

阿西莫夫：亲爱的鲁迅先生，您好，劳您久等了。对于您创作的阿Q、祥林嫂、孔乙己这些人物形象，连我们一般的美国人也都是十分熟悉的。我非常喜欢您的作品，一直盼着能和您见上一面。今天总算有机会能让我一偿夙愿了。

鲁迅：亲爱的阿西莫夫先生，您过奖了。对于您，我也早已久仰大名，拜读了不少您的大作，对于您丰富而大胆的想象力，我一向佩服得紧。只是有个疑问我一直想要当面请教您，就是据我了解，您原本是位生物化学老师，可是后来怎么也搞文学创作，写起科幻小说来了呢？

阿西莫夫：我改变我的职业倒也不是一时的心血来潮，其实我从小就喜欢写作，18岁就开始发表科幻小说了。我确实曾在生物化学领域努力地工作过，但是有一天，我终于意识到，自己决不会成为一个第一流的科学家，但是却可以成为一个第一流的作家。于是，我根据自己的才能，把主要精力都放在了科普写作上，至今已写了200余本科普读物。结果，我虽然没有成为一个优秀的生物化学老师，但是却成了一个世界上最多产的科普作家。

鲁迅：哦，原来是这样！虽然有些曲折，但您最终还是找到了最适合您的职业。

（达尔文上场）

鲁迅：您看，那不是达尔文先生吗？达尔文先生，您怎么也来了？

（三人握手、寒暄、谈笑。这时，有一个身穿白大褂的青年唉声叹气地走过。三人叫住青年）

阿西莫夫：年轻人，正当青春年少，干吗唉声叹气的呢？

青年：唉，你们不知道，我确实感到非常痛苦。高中毕业的时候，我的高考成绩是全校最好的，选择志愿时，我就填了热门的口腔医学专业，结果以优异的成绩被录取了。但是，由于我平时动手能力就比较差，手指不够灵活，因此我做的假牙总是要比别人做的大，同学们都取笑我做的假牙是“牛牙”，后来就干脆给我取了个绰号，都叫我“牛牙”了。现在，我正在实习，同学们的能力都明显比我强，唉，我实在不知道今后毕业了，我该怎么办？

达尔文：年轻人，我给你讲讲我的亲身经历吧。年轻的时候，我的父亲打算让我去神学院学习，但我知道自己的记忆力和口才都不行，又不擅长人际交往，而这两项都是当牧师必不可少的能力。同时，我知道自己的优势是酷爱生物科学，有较强的发现能力和思维能力，于是毅然决定选择生物科学研究作为自己的职业。经过多年的考察和研究，我终于发现了生物进化的理论。

鲁迅：是啊，年轻人，选择一种适合自己的职业对于人的一生都是非常重要的，而你却很盲目地选择了一份非你所长的职业，难怪你如此痛苦呢！但丁说过：“要是白松的种子掉进英国的石头缝里，它就只会长成一棵很矮的小树，但是要是它被种在南方肥沃的土地里，它就能长成一棵大树。”一个人，只有选择一种适合自己能力的职业，并且努力奋斗，才能在自己所从事的职业领域里有所建树呀！

3. 讨论：看到这次“跨越时空的会面”，对你筹划未来的生涯道路有什么启示？

注意事项

本活动适合在高中阶段使用，活动时间约为10分钟。

♠活动32　晓俊长大了吗？①

活动目的

通过小品，形象地展现初中二年级学生半成熟、半幼稚的年龄特征，引发学生对自我独立性与成人感的反思。

活动准备

1. 选好演员：阿俊、爸爸、妈妈、阿姨（兼旁白者），认真排练小品。

2. 准备道具：玩具电话1部，手机1个，书包1个，报纸1份、杂志1份，书1本，硬币

①吴武典，钟志农.团体辅导.北京：大百科全书出版社，2007

2元，身份证1张。

活动流程

1. 辅导教师引言：今天我们讨论的话题是“我长大了”，让我们先来看一个发生在大家身边的真实故事。

2. 小品表演：

旁白：晓俊已经上初三了。一天下午放学后，他在游戏室里玩了个痛快，直到五点半才急匆匆地赶回家。瞧！他来了。

晓俊：(站在门外听了一下，一边摸钥匙开门，一边自言自语)还好。(听到电话铃响起，忙跑过去接电话)喂！

妈妈：喂，儿子，是我。

晓俊：妈，你看现在几点了？快点回来烧饭给我吃。

妈妈：今天晚上我和你爸加夜班，晚饭不回来吃了，冰箱里有你爱吃的……饭热一下就行了。作业不要忘记，不许看电视，睡觉前把窗户关上……

晓俊：(不耐烦的样子)好了好了，我知道了，真是啰唆！(把电话搁了，又看了看钟)反正肚子还不饿，先做会儿作业。(拿出数学作业便开始做起来，遇到一道难题，皱起眉头来想了一会儿，但想不出，于是把笔狠狠地扔在桌子上，站起来去开冰箱，自言自语)要我自己烧饭太麻烦了，不如到外面去吃吧。(从口袋里仅摸出两块钱)唉，这么点点钱，只够填填肚子角，要是自己会赚钱就好了。(来回走，想办法，突然一拍脑袋)对，到阿姨家去！(打电话)喂，阿姨，我是晓俊。

阿姨：是晓俊啊，好久不见了，有什么事？

晓俊：爸妈今天加夜班，没人做饭……

阿姨：那你到我家来吃吧，我们刚刚开饭。

晓俊：好嘞！

旁白：晓俊高高兴兴地到阿姨家吃饭去了，匆忙中忘了带钥匙……晚上八点，爸爸和妈妈回家了。

妈妈：(爸爸扶着她一瘸一拐地回家来了)今天真是倒霉。

爸爸：当心点，(为妈妈开门，扶她坐好，看到晓俊的书包，便问道)咦，晓俊上哪儿去了？

妈妈：吃晚饭前我还给他打过电话呢。

爸爸：这孩子现在越来越不像话了。

旁白：晚上九点，晓俊终于回家了。

晓俊:妈,开门。

爸爸:你回来得倒挺准时的。干什么去了?

晓俊:到阿姨家吃饭去了。

爸爸:你看看现在几点了,你在吃法国大餐啊。

晓俊:我都长得比你高了,还一天到晚管着我,瞧! 这是我刚领的身份证!

爸爸;这么迟回来还犟嘴,我问你,作业做好了吗?

晓俊:还有两天时间呢! 你们平时不也很迟才回家的吗?

爸爸:我们是为了工作,你为了什么?

妈妈:好了好了,别吵了。

爸爸:我不管,以后别后悔。

晓俊:(看到妈妈站起来时一瘸一拐的模样)妈,你的脚怎么了?

妈妈:唉,今天下班时不小心和别人撞了一下。

晓俊:快坐下,你刚才站起来干吗去?

妈妈:我想到书房去拿本书。

晓俊:我给你去拿。

妈妈:(看到儿子把书递到自己手上)我们晓俊还是挺懂事的嘛!(演员鞠躬下场)

3. 小组讨论:看了上面的小品,请大家结合小品中的有关情节,具体说说晓俊有没有长大。

4. 辅导教师小结:晓俊正处在成长的过程中,大家的意见认为,有些方面他已经长大,在有些方面他还没有真正长大。

注意事项

小品的排练非常重要,要发挥小演员的创造性,让他们真实地表现出这个年龄段的初中生与父母之间的矛盾与冲突。

♠活动33　"我能行"与"我不行"

活动目的

形象地展示一些小学生缺乏自信的具体想法,引起学生的自我反思。

活动流程

1. 辅导教师引言:有一个小朋友觉得自己做什么事都能行,另一个小朋友却觉得自己做什么事都不行，有一天他们碰到了一起，请看角色扮演《“我能行”与“我不行”》。

2. 角色扮演《“我能行”与“我不行”》：

我能行：小朋友们，你们好，我的名字叫“我能行”！

我不行：小朋友们，你们好，我的名字叫“我不行”。

我能行：我是一个能干的小朋友，我朗读课文可棒了，经常得到同学的称赞；我会帮爸爸妈妈做家务，我会照顾邻居的小弟弟；我还是一个很喜欢旅游的人，爬山、游泳，样样都难不倒我。

我不行：可我什么都干不好，做事总是不会成功：写作业时，老是会有错误；帮妈妈洗碗还不小心打破了一只碗，被妈妈批评了一顿，真不高兴；本来唱歌是最拿手的，可一到台上，心里就紧张，连歌词都忘了……唉，我这人，做什么都不行！

我能行：其实我也有遇到困难的时候，但我总是想，我肯定行，我准能做好这件事！有时候，虽然事情并没有做得很成功，但我想，我已经认真去做了，已经是尽了自己最大的努力，所以我仍旧很高兴。(蹦蹦跳跳地下场)

我不行：有时候，我也会得到大家的赞扬，但那又有什么呢？比我做得好的人多的是呢！(垂头丧气地下场)

3. 小组讨论、交流：同学们，这两个小朋友，你遇到过吗？你觉得自己有些像谁呢？

注意事项

角色扮演时要注意学生的年龄特点，尽可能生动有趣。比如可以用卡通画做两个头饰，一个愁眉苦脸，上书“我不行”；另一个充满自信，上书“我能行”。

三、音像类活动素材示例

♠活动34　鳄鱼波鞋走天涯

活动目的

以电影中主人公的感人故事营造团体氛围，并引发学生对友谊内涵的重新思考。

活动准备

制作美国电影《鳄鱼波鞋走天涯》故事情节的剪辑光盘，并配以臧天朔的歌曲《朋友》，电影剪辑总时间为5分钟左右。

活动流程

1. 播放美国电影《鳄鱼波鞋走天涯》剪辑，配以臧天朔演唱的歌曲《朋友》。

2. 辅导教师旁白故事梗概——

这是两个美国男孩生死之交的感人故事，故事的主人公是11岁的戴维和14岁的迈克。戴维5岁时因为发高烧去医院打针，不幸感染了艾滋病毒，从此所有的小朋友都离开了他，他在病痛和孤独之中艰难度日。后来，妈妈带着戴维远走他乡，来到这里，和迈克成了一墙之隔的新邻居。

经过一段时间，迈克终于打消了顾虑，和戴维一起玩耍，成了好朋友。迈克想尽办法为朋友试验各种药方，当他从杂志上看到美国南部新奥尔良州发现了治疗艾滋病毒的草药这样一个报道之后，就在暑假里领着戴维离家出走，一路跋山涉水，历尽千辛万苦，千里迢迢寻找生命的希望。在旅途中，戴维在夜里常常做噩梦，他梦见自己正在向宇宙的最边缘飞去，那里是一片寒冷和黑暗，戴维每次都被噩梦惊醒，浑身冷汗淋漓。有一次，迈克就把自己的球鞋塞到他的怀里，说："下次你再做噩梦吓醒的时候，只要闻到我的鞋臭味，就知道你还在地球上，而且迈克就在你的身旁。"

走到半路，他们被戴维的母亲找到了，回到家后，戴维病情发作，又住进了医院。迈克每天都到医院里来陪伴他，和他做游戏，逗他开心。其中有一个游戏就是"装死吓人"。他们一起吓过好几个医生护士，但在最后一次"装死吓人"的时候，戴维再也没有醒过来，他是在游戏的快乐中离开人世的。

在回家的路上，戴维的妈妈非常伤心。这时，迈克说(读电影对白)……

在葬礼上，迈克来到戴维身边，他的朋友安详地躺在棺木里，好像正在熟睡。迈克默默地注视着自己的朋友，想起了他俩在旅途中的种种往事。然后，把自己的一只球鞋留在了戴维的怀里，又带走了朋友脚上的一只皮鞋。这是两个男孩之间的秘密，其中的涵义只有他俩知道。

迈克来到他俩一起寻找生命希望的出发地，把皮鞋慢慢地放进河里，让河水带着戴维生前的心愿，流向南方，流向新奥尔良……

3. 引发讨论：这是一个关于朋友的故事，故事有些令人伤感，但它一定震撼了你的心灵，并且使你想起了自己和朋友之间的许多往事。那么下面就让我们来说说自己交朋友的故事，你最好的朋友是谁？他虽然普普通通，但一定让你喜欢，那么你们是怎么成为朋友的？你们之间曾发生过哪些故事？哪一件事情使你至今难以忘记？在小组里和大家分享你的感受好吗？

注意事项

1. 辅导教师的旁白对于营造氛围、诱导学生体验内心强烈的情感震撼十分重要,因此要格外注意旁白语气、声调、情感表达的把握。

2. 本活动适合于初一年级学生实施。

♠活动35　青春烦恼有几何?

活动目的

通过几个录像(录音)片断,呈现初中学生面临青春期的到来时普遍出现的种种烦恼心事,以引起学生对本次辅导主题的关注和兴趣。

活动准备

事先拍摄校园生活录像。

活动流程

1. 教师播放录音或录像。内容如下:

(1)小刚这段时间以来发现自己的心情起伏很大,某一段时间心情非常好,干什么事都很有劲,学习起来精力充沛,兴趣盎然;而另一段时间又常常觉得心情不好,烦躁,压抑,干什么事都没劲,也不愿意看书学习,觉得事事不如意。他不知道自己是怎么一回事。

(2)文文是个平凡文静的女孩子。这半年来,她特别希望自己也像班内有些同学一样,长两条弯弯的柳叶眉,那该多漂亮呀。瞧,她正手拿镊子对着镜子拔自己的眉毛呢,可一不小心,镊子夹伤了自己的眼眶。文文丧气极了。

(3)不知为什么,叶青渐渐发现自己变了,变得寡言少语,不爱玩,不爱闹,常常情不自禁地沉浸于对某一个女同学的遐想之中。回到家,便走进自己的房间看书,想心事。他过去很开朗,也乐于与人交往;可现在,他常感到孤独。虽然父母、老师都很关心他,但他总不愿将自己的事讲给他们听。

2. 分组讨论:

(1)他们三人的主要烦恼分别是什么?

(2)你也有这些烦恼吗?在小组里说给大家听听。

注意事项

这项活动的目的是引入话题,引起学生的关注和兴趣,为了消除可能的拘谨和防卫心理,特地使用了音像手段来反映学生生活中的真实心态。因此,在拍摄录像或制作录音时，要选择有典型意义的情节，同时，整个音像制作要保持客观性，防止带有价值评判的倾向。

♠活动36　他像我的好朋友吗？

活动目的

帮助学生感知倾听的正确方式，了解倾听在人际交往中的重要作用。

活动准备

提前制作校园心理剧《他像我的好朋友吗？》的录像片。

活动流程

1. 教师引言：我们先看一个校园心理剧《他像我的好朋友吗？》的录像。请大家在观看短剧时，要仔细观察剧中主人公的两个好朋友在倾听主人公讲述他的遭遇时所表现出的不同的倾听态度和倾听行为，特别要注意他们的眼神、表情、动作、身体姿势以及他们给予的相应的回应。

2. 播放校园心理剧的录像《他像我的好朋友吗？》，短剧内容梗概如下：

一天下午，小石在课外活动中与同学打篮球，扭伤了脚，心里很懊恼。他一瘸一拐地回到班级后，看到了他的好朋友小焦，小石就对他说起关于自己受伤的事情，想让好朋友安慰一下自己。而小焦却一会儿转笔、抖脚，一会儿低头看书，一会儿与别的同学打招呼，总是心不在焉似的。小石对小焦的这种态度很失望。在放学回家的路上，小石遇到了小韩，小韩赶紧走过来扶着他。于是小石就对小韩说起关于自己受伤的话题，说起打球时对方前卫是如何把自己撞倒在地的，自己心里又如何感到窝火等等。小韩始终认真地倾听小石的讲述，并不时地拍拍他的肩膀，说着安慰的话语。

3. 播放录像之后，请学生根据表格内容进行分组讨论：如果你是剧中的主人公，你更喜欢与哪个同学成为好朋友？为什么？

朋友倾听表现	小焦	小韩
态度		
语气		
眼神		
动作		
身体姿势		

4. 教师小结：通过短剧，我们不难看出倾听的重要性。善于倾听，才是成熟的人最基本的素质，也是为你赢得好人缘的重要条件。

四、游戏类活动素材示例

♠活动37　采蘑菇

活动目的

形象地为小学生提出情绪的话题。

活动准备

1. 事先制作彩色蘑菇的图片数十个（情绪类型可以重复），贴在教室的四周。

2. 准备音乐磁带《采蘑菇的小姑娘》。

活动流程

1. 教师说明游戏规则：在每一个蘑菇上，都写着表示我们小朋友情绪的词语，如：高兴、愤怒、伤心、喜悦、苦闷、激动、沮丧等。请同学们采摘符合自己这一周里情绪状态的蘑菇，然后回到自己的小组里。

2. 学生在《采蘑菇的小姑娘》的乐曲声中采摘“情绪蘑菇”。

3. 分组说说：自己为什么要采这几朵蘑菇？最近这一周里发生了什么事情，才使你有了这些情绪？

注意事项

1. 本活动适合小学四、五年级学生实施。

2. 小学生的情绪是经常变化的，因此，在回顾自己的情绪状态时，要限定在最近一周的时间内，避免泛泛而谈。

♠活动38　抢凳子

活动目的

通过游戏使学生体验自己情绪的变化，以便为下一步的情绪辅导奠定基础。

活动流程

1. 教师说明游戏规则：全班选出16人，分为2组，每组8人，一个组为红队，另一个组为蓝队，（各佩戴红蓝记号）交错站立，围成一个圈，圈中为15张凳子。在音乐声中参赛者绕着圈子走动，音乐停时，立即抢凳子坐下，未抢到凳子者被淘汰，同时撤去一把椅子。然后依次重复进行，最后抢到凳子的小队获胜。大家对规则无疑义之后即开始活动。

2. 游戏结束，老师宣布比赛结果，请一位同学扮演“小记者”，采访“做游戏者”：

(1)当你被推选为参赛选手时，你的心情怎样？

(2)在游戏过程中，你的心情怎样？

(3)在游戏结束时，你的心情又怎样？

(4)当你所在的队取得了胜利或遭到失败时，你又有什么感受？

采访“旁观者”：

(1)在观看游戏的整个过程中，你的心情是怎样的？

(2)面对比赛结果，你又有什么感受？

3. 教师小结：刚才，同学们在游戏中表现得很好，从游戏中我们知道了一个人的情绪是多变的，有时失望，有时高兴，有时生气，有时喜悦，它如同天上的彩虹，焕发着七彩的光芒。

♠活动39　情感大抽奖

活动目的

引发异性交往话题。

活动准备

事先制作情感彩条数十条，例如：1. 喜欢武打、动作片；2. 喜欢爱情小说，容易被故事情节感染；3. 羡慕别人的成功；4. 对别人的称赞表面上不在乎；5. 喜欢时装；6. 表达情感较委婉、含蓄，爱掩饰自己；7. 表达情感直截了当；8. 容易产生自卑；9. 喜欢直观超现实的幻想；10. 喜欢几个好朋友一起勾肩搭背；11. 交朋友比较注重心理的相互理解；12. 更具正义感；等等，写在不同颜色的纸上，装入一只纸盒内。将盒子封闭好，顶端开一小洞，可容一只手伸入。

活动流程

1. 教师引言：这个盒子中装有许多反映男生女生不同性别特点，特别是不同情感表现方式的彩条，下面我们让几位同学上来抽奖，每人每次抽一条，并说说这条情感彩条送给男生还是女生合适，你说送给男生，如果大部分男生都鼓掌的话，说明你已中奖。注意：送给男生的，由男生鼓掌；送给女生的，由女生鼓掌。

2. 教师在黑板的两端分别贴上卡通人头：男生——女生，抽奖者每抽一条，把它贴在男女生相应的下面，然后再作说明。如：

男生卡通头像	女生卡通头像

注意事项

彩条的内容设计应该符合男女生性别特点。

♠活动40　自我比拟

活动目的

促进学生自我认识，并帮助学生之间相互了解。

活动准备

1. 准备一面鼓，7朵红绸花。

2. 事先选定一名学生为游戏的击鼓者。

活动流程

1. 每个学生用一样东西(动物、植物、矿物或自然现象)来比拟自己。要求：

(1)用“我好像______________，因为__________”这样的句式，每人至少要想出3个比拟句。

(2)比拟的事物能代表自己个性中的某一方面或几方面。例如：牛——健壮、吃苦耐劳；小草——平凡、自由自在；响雷——声音洪亮、脾气暴躁……)

(3)比拟应该是积极的，防止消极的、庸俗的或不恰当的比拟。

2. 全班分为8人小组，每组围坐成一圈。以击鼓传花的方式决定发言者，如果比拟恰当，全组同学相互击掌，高喊“嗨！”“嗨嗨！”，然后继续击鼓传花。

注意事项

事先应创设良好的团体氛围，防止出现调侃搞笑等行为。

♠活动41　七彩图

活动目的

交流小学生的兴趣爱好，提出培养兴趣的话题。

活动准备

1. 准备七色小花100朵(多则更好)。
2. 准备七彩图：

七彩图样式

活动流程

1. 辅导教师引言：同学们一定都有自己的兴趣爱好，请你来告诉大家好吗？(出示七彩图)要求：全班同学交流，分组上台完成七彩图。每个人用七色小花贴在自己喜爱的项目上。如果图中没有，可以自己补充。

2. 每人用一句话来介绍自己的爱好。如：我喜欢的是集邮，现在已经收集了四百多张了，从这小小的邮票中我了解了世界。

3. 教师小结：从这幅“七彩图”中可看出同学们多才多艺、爱好广泛，老师觉得你们都很棒。

注意事项

完成七彩图时，要注意做好组织工作，同时可以播放快乐的音乐。

第三节　团体工作期活动素材示例

在心理辅导活动课进入到团体工作期时，辅导教师的主要任务是进一步激活团体动力，提高团体内部的凝聚力，以分组讨论或全班讨论为主要策略，针对具体问题为每个学生提供多重回馈。这时，学生会发现团体内每个人的观点有同有异，也会发现各自看问题的角度也各不相同，处理问题的策略自然千差万别。当然，每个学生更会因为受到他人观点的启发而产生自己新的想法，也会从他人的身上看到自己改变认知和行为方式可供借鉴的榜样。可见，这一阶段活动素材的选择应注意问题解决的方向、方式与方法，这些活动大体上可分成“情感体验式活动”、“认知调整式活动”和“行为训练式活动”三大类。

一、体验类活动素材示例

♠活动42　各行其是

活动目的

引导学生亲身体验“单向交流”和“双向交流”两种交流方式的利弊，引发他们思考如何有效地利用这两种人际交流方式。

活动准备

全班学生每人两张8开白纸。

活动流程

1. 发给每位学生一张8开白纸。然后，辅导教师发出单向指令：“请大家闭上眼睛，全过程不许睁开眼睛也不许发问——将纸对折——再对折——再对折——把左上角撕下来——将纸旋转180度——再把右下角撕下来——睁开眼睛——把纸打开。”

2. 小组交流：

(1)你们发现了什么？(学生们会发现，他们撕出来的纸的形状五花八门)

(2)为什么会有这样千差万别的形状?

3. 辅导教师请一位学生上台。

辅导教师重复上述指令,只是这位学生可以提问。

4. 再发给每人一张8开白纸,全班学生重复上述游戏,同样允许学生向老师发问,但是不能睁开眼睛。

5. 为什么允许双向交流后还存在误差?你从中得到什么启示?

注意事项

活动过程中必须强调闭眼,必要时可发给学生每人一个简易眼罩。

♠活动43 穿越雷区

活动目的

使学生在亲身体验中懂得互相信任、互相协作的重要性,以增强团队合作精神。

活动准备

纸杯若干,眼罩若干;教室里的课桌要撤到外面。

活动流程

1. 将全班分成6~8人小组。

2. 用纸杯在游戏区内设置很多障碍,在游戏场地的中间有一个用3个杯子垒成的杯塔(底部的杯子正放,第二个倒放,第三个杯子盛水放在第二个杯子上)。

3. 每个组选出一个指挥员站在雷区的这一面,他的任务就是指导其他被蒙上眼睛的组员跨过雷区。

4. 每次只能有一个人通过雷区,碰到杯塔者为“阵亡”,退出游戏。通过雷区人数最多的小组获胜。

5. 通过雷区的组员可以解下眼罩,在一旁指导,但尚未参加游戏的组员的眼罩不能解下。

6. 讨论:

(1)你们在游戏的过程中,指挥员是如何同蒙眼睛的组员进行交流的呢?有什么办法可以改进你们的沟通呢?

(2)在现实生活中,班干部与普通同学之间在完成某一项任务的过程中,是否也有沟通不畅、协调不佳的现象?请举例说明,并讨论解决的办法。

注意事项

游戏过程中要做好组织工作，防止出现无序现象。

♠活动44　分享时刻

活动目的

引导学生向他人讲出赞美之辞，用语言与他人分享良好品质。

活动流程

1. 辅导教师说明游戏规则，强调每一个人都渴望他人的认同和赞扬。

2. 两人一组，让每位同学都给他的搭档以下几方面的评价：

(1)长相方面特别漂亮的地方。

(2)一个或两个特别令人欣赏的性格特征。

(3)一个或两个特别的才能。

3. 每位被赞扬的同学都要仔细记录下自己的感受、想法和反应。

4. 分享：

(1)为什么对我们大多数人来说，给予他人赞扬是困难的？

(2)为什么人们总是会很快给负面的评价，而正面赞扬却是少之又少？

(3)今天听了你的同学由衷赞美你的话，你的内心有何感受？

注意事项

事先要有良好的团体氛围，赞扬必须是真诚而实事求是的，防止不负责任的调侃。

♠活动45　了解父母

活动目的

加深对自己父母的了解，感受父母的养育之恩。

活动准备

歌曲《感恩的心》，每个同学一份《我所了解的父母》的问卷。

活动流程

1. 给学生5分钟时间，让学生填写下面的空白处；(播放背景音乐《感恩的心》)

爸爸的生日	妈妈的生日
爸爸最喜欢吃的食品	妈妈最喜欢吃的食品
爸爸所穿鞋子的尺码	妈妈所穿鞋子的尺码
爸爸的兴趣爱好	妈妈的兴趣爱好
爸爸年轻时的理想	妈妈年轻时的理想
爸爸最得意的一件事	妈妈最得意的一件事
爸爸最后悔的一件事	妈妈最后悔的一件事
爸爸最大的优点	妈妈最大的优点
爸爸对我的期望	妈妈对我的期望

2. 学生填完后,让一部分同学起来分享他(她)对父母的了解。

注意事项

1. 如果有条件的话,最好找几个学生家长亲临现场,和自己的子女互动,效果可能会更好些。

2. 在游戏分享的时候,一定要向学生说明要本着真诚认真的态度。有的同学不知道自己父母的生日,又害怕同桌或周围的同学看不起自己,就随便填一个生日数字。对于有些问题,个别学生觉得是自己家的隐私问题,不愿意回答,此时辅导教师就不要强求学生回答。

♠活动46　同心协力

活动目的

增进学生互助合作的情操与乐于助人的习性,感受合作的快乐,加深对团体和他人的信任。

活动流程

1. 将全班分成若干小组。

2. 辅导教师可选择下列方式之一来练习和体验彼此的信任与合作:

(1)让某个学生被大家扶持、高举或推转。

(2)瞎子走路、跛子在其背上指挥。

(3)合作性的游戏或竞赛,例如:搭桥、三足赛跑。

3. 讨论刚才的经验与感受。

注意事项

辅导教师要注意调控现场，做好组织工作，时间的安排视各项活动的需要而定。

♠活动47　叠棋子

活动目的

探索个人与团体的成就动机及决定目标的过程，感受失败与成功的体验。

活动准备

将全班分成4人小组，各选一名组长。每小组准备两盒象棋，棋子大小适中，太大或太小均不合适。

活动流程

1. 各小组将所有的棋子放在桌上，让每个成员猜他们自己能叠起几个棋子而不会倒下来。

2. 然后就让每个学生轮流去叠棋子，自己在心里计算实际叠的数目和先前预计的正负差距有多少。

3. 组长接着要组员把棋子推倒，然后宣布要再来一次。不过这一次要组员大声说出他自己预计的数目并且记在纸上，谁预计堆得最高而且成功的话，作为本组的优胜者。如果有相同成绩的还要再比赛一次。

4. 各组优胜者在全班面前进行决赛。

5. 比赛结果揭晓后，颁发奖品。

6. 小组讨论：

(1)你觉得自己刚才制定的目标与你的实际水平相符吗？

(2)你的目标达成或者未达成时，自己的感受是怎样的？

(3)从游戏中你得到什么启示？

注意事项

每组2盒棋子是为了提高难度，增加游戏的挑战性。

♠活动48 不倒翁

活动目的

帮助学生体会:信任的建立,取决于自己对团队成员的信心,相互之间的沟通是树立这种信心的基础,一旦信任完全建立,你会感觉到团队的气氛是那么轻松愉快。

活动流程

1. 让每组学生围成一个向心圆,一位同学站在中央。

2. 站在中间的同学双手绕在胸前,作出以下的沟通对话:

中间的同学:“我叫……(自己的名字),我准备好了,你们准备好了没有?”

全体组员回答:“准备好了!”

中间的同学:“我倒了!”

全体组员回答:“倒吧!”

3. 这时中间的同学整个身体完全倒在团队成员的手中,团队成员把中间的同学顺时针推动两圈。

4. 活动分享:

(1)当你听到同学喊“准备好了! 倒吧!”的时候,内心是一种什么感受?

(2)当中间的同学倒下来的时候,旁边同学的心里是什么感受?

注意事项

注意确保安全。此活动要在小学高年级以上的学生中实施。

♠活动49 传球

活动目的

体会合作精神与创造精神。

活动流程

1. 将全班划分成4~5个小组,全班围成一个大圆圈,一个组的成员必须在一起,不能错开。

2. 然后将一个小球交给第一组第一名队员,要求小球必须传给每一个人,不能落地,并规定在30秒的时间内传完5圈。

3. 当规定时间到了,若没有完成5圈,则小球在哪组队员手中,该组全体就受罚(俯卧撑等)。

4. 游戏进行第二轮、第三轮,直至有人想出办法传完5圈为止。

5. 分享:在这个游戏中你有什么感悟?

注意事项

开始后,第一轮他们发现要在这么短的时间传5圈是不可能的;于是在第二轮中,有的组可能会故意放慢节奏"陷害"其他组。这时候辅导教师要加以引导,让他们发现,"陷害"其他队并不可取,因为这是随机的;唯一能做的,就是共同努力创造纪录。如此,最终会有人想到:大家把手伸出形成平面,让球在上面滚过去。

有的学生可能因受罚而产生情绪,认为不公平。所以每轮应该从不同的起点开始,并在开始前打好预防针。

♠活动50 我错了

活动目的

使学生认识到勇于认错对团队的合作是非常有意义的。

活动流程

1. 将全班分成2组,甲组在撤去课桌的教室中间围成一圈参与游戏,乙组坐在四周观察游戏。

2. 游戏组应注意:辅导教师喊"一"时,全体举起左手;喊"二"时,举起右手;喊"三"时,抬起左脚;喊"四"时,抬起右脚;喊"五"时,全体不动。

3. 当有人出错时,出错的人要走出来站到大家面前先鞠一躬,举起右手高声说:“对不起,我错了！”

4. 游戏重新开始,一段时间后,甲乙两组对换角色。如此循环,适可而止。

5. 分享:

(1)当你站在中间向大家说“我错了”的时候,内心有何感受?

(2)从这个游戏中,你得到什么启发?

注意事项

有的学生可能会拒绝说“我错了”,此时教师不要勉强,只需略加正面引导即可。

♠活动51　夹玻璃弹子

活动目的

体验合作技巧。

活动准备

5人一组,每人一双筷子,每组有玻璃弹子若干,装入一个小盆里;每组再发一只纸杯。如果玻璃弹子数量不多,可分出一部分学生充当观察员,监督有无违规者。

活动流程

1. 教师引言:咱们来做个“夹玻璃弹子”的游戏,看了这里的场面,你肯定猜到了这个游戏是一次比赛。先说明游戏规则:

(1)要求将盆里的玻璃弹子用筷子夹到纸杯里去,哪一组快、夹的弹子多,哪一组取胜。如果动手去拿,就是犯规,取消该组参赛资格。

(2)每组5个人,每人一双筷子,必须人人动手参与,有1个没有参与的小组就取消比赛资格。

2. 在强节奏的音乐声中,游戏开始,教师观察学生合作情况。

3. 时间一到(1分钟),活动结束,教师请观众评价,看哪个组夹的玻璃弹子多。然后请参加者谈感受。(教师肯定他们的评价意见,重在谈体验,强调人人参与不等于争先恐后、互不配合。)

注意事项

此活动适合在小学中高年级实施。

♠活动52　夹气球

活动目的

在夹气球的活动中,体验异性交往应把握的“度”。

活动准备

气球4只。

活动流程

1. 教师宣布游戏规则:

(1)男女生各1名为一组,背对背夹住气球,不准用手;

(2)两人侧身背靠背向前行进,不许一前一后;

(3)手碰一次或落球一次或一前一后为犯规,必须回到起点重新开始;

(4)参赛的各组选手以先到终点、气球不落地、不犯规者取胜。

2. 学生开展游戏。

3. 分享:从这游戏中你感悟到什么?

4. 辅导教师小结:男女生交往的距离应该有一个度,太近了,可能出现“爆炸性事件”;太远了,气球落地,彼此也没有了对异性的“感觉”。

注意事项

如果教室内场地较小,比赛路线可设置为2~3个来回,以增加游戏难度。

♠活动53　解开千千结

活动目的

1. 引导学生感悟到:不管事情多么复杂,总有解决问题的办法。

2. 使学生体会到:当一个环节出现问题时,可以从全局的角度出发去解决它。

活动流程

1. 每组8~16人,让每个小组围成一圈。

2. 请大家按辅导教师的指示做:看清你的左手和右手边上是谁,确认之后松手,在音乐声中自由走动。当辅导教师叫“停”时,原地不动,伸手去拉住你原来左右手两边的伙伴,从而形成许多交互错杂的“手结”。

3. 现在要求不能松手,但可以钻、跨、绕、转。请大家想想办法,如何回复到起始状态。

4. 变式:举起你的左右手交叉放在胸前,握住身边两个人的左右手。在不松手的情况下,把这张人网张开,成为一个只见手拉手的圆。

5. 相关讨论:

(1)在开始时,你们是否觉得思路混乱?

(2)当解开一点后,你们的想法是否改变?

(3)在这个过程中你们学到了什么?

注意事项

要强调:最重要的规则是不允许松开手,否则算犯规。

♠活动54 模特表演队

活动目的

1. 促进成员间的多人合作,感受个人在团队合作中发挥的作用。

2. 发挥学生的创造精神。

活动准备

报纸若干;每组一套剪刀、胶带。活动开始前选出评委3~5人。

活动流程

1. 每组4人,进行分工:3名"设计师"、1名"模特"。

2. "设计师们"在规定的时间内以报纸为材料,为"模特"设计并制作全套的服饰。

3. 各组"模特"参加"时装表演",由评委进行评比。评判标准主要是:新颖性、观赏性、可行性、搞笑性。

评判必须公平、公正,打分要公开。

4. 相关讨论:包括"模特"在内,你们是怎样处理小组内的意见分歧的?

注意事项

由于心理辅导课受课时的限制,活动总时间不能超过20分钟。这一点与小组团体辅导实施同类活动是不一样的。

♠活动55　你追我赶

活动目的

体验合作与团队精神。

活动流程

1. 全班分成6人小组，发给每组7张4开报纸，每人脚下踩一张，每个小组最后的一个人手里再拿一张。

2. 7人排成纵队站好，在口令“开始”发出后，最后一人把手里的报纸马上传给第五个人，第五个马上传给第四个，一直传到第一个人。

3. 第一个人拿到报纸后，立刻放在前方自己的脚能跨到的地方，然后踩上去；第二个人则赶快站到第一个人刚刚空出的纸上；第三、四、五、六个人依次进行。

4. 第六个人站好后，立刻拿起他身后地上的纸传给前面的人……并重复上述活动，看哪个组最先到达终点。

5. 游戏结束后，请分组讨论：几个人怎样才能共同做好一件事？然后全班交流。

注意事项

1. 传纸时不可以跳过任何一个人；脚不可落到纸的外面；不可以跳，只能跨。

2. 如果场地不够，可分出一半学生做“拉拉队”。

♠活动56　人椅

活动目的

感悟团队成员彼此协调的重要性。

活动流程

1. 将全班学生分成男女生两大组，轮流在教室中央参与游戏。

2. 每组学生围成一圈，每位学生将双手放在前面一位学生的双肩上。然后听从辅导教师的指令，缓缓地坐在身后学生的大腿上。

3. 坐下后，辅导教师再给出指令，让学生叫出相应的口号，例如“齐心协力、勇往直前！”

4. 男女生以小组竞赛的形式进行，看看哪个小组可以坚持最长时间不松垮。

5. 讨论分享：你们从这游戏中感受到哪些可贵的东西？

注意事项

1. 坐在别人腿上和被别人所坐都不是好受的，需要彼此的容忍与配合，还要有一个明确坚定的目标——比别的组坚持的时间长。

2. 辅导教师要在旁给学生们以鼓励，比如告诉他们已经坚持了多长时间了，以鼓舞学生的士气。

3. 同组学生之间的沟通是最重要的，如果他们能互相鼓励以及随时让队友知道自己的状况将有利于任务的完成。由此可以让学生们体会同伴的重要性，也能增进他们的互相了解。

♠活动57　逃生游戏

活动目的

感悟在紧急情况下的冷静、智慧、有序与服从指挥的重要性。

活动准备

玻璃颈瓶一个，小于瓶口的瓶塞7个，80厘米塑料绳7根。

活动流程

1. 全班分3~4组进行活动，每一组选7人为实验者，其余为观察和记录者。

2. 游戏开始：

(1)用7根塑料绳分别穿过7个瓶塞的中心处，并将绳固定在瓶塞上。

(2)将7个瓶塞一起置于颈瓶中。

(3)7位实验同学以玻璃颈瓶为中心围在四周，并各自拿一根瓶塞绳。

(4)要求各小组的同学尽快将玻璃颈瓶中的7个瓶塞取出。

(5)记录者发“开始”信号并记录实验小组完成任务的时间。

(6)其余观察者观察完成任务的过程和评判哪一小组完成得最好。

3. 游戏后交流：

(1)如果你是参与者，请说说怎样才能又快又好地完成这项任务？

(2)如果你是观察者，有什么好的意见和建议？

注意事项

辅导教师应注意营造竞赛时的热烈气氛。

♠活动58　众志成城

活动目的

体会团队中合作与思考的重要性。

活动准备

报纸数张。

活动流程

1. 将全班分成几组,每组约十人。

2. 辅导教师分别在不同的角落(依组数而定)地上铺一张全开的报纸,请各组成员均进入报纸上,无论用任何方式都可以,就是不可以脚踏报纸之外。

3. 各组完成后,将报纸对折,再请各组成员进入报纸上。若成功,则再将报纸对折,让全组再尝试站立。某组若有成员被挤出报纸外,则该组被淘汰,不得再参加下一回合。

4. 上述程序进行至淘汰到最后一组结束,注意时间不要过长。

5. 分享:请各位成员围坐成一圈,讨论刚才的过程并分享心得。

注意事项

1. 注意成员活动时的安全,身上的金属及其他尖锐物品均应取下。

2. 考虑异性学生一起参与的可能性,必要时可男女分组进行。

♠活动59　组合滑雪队

活动目的

在相互配合的合作行动中,感受相互支持的团队精神和整体意识。

活动准备

准备脚蹬、木板、绳子或布条若干,在木板上设置一系列放脚的脚蹬;并选择较大的空地(最好是草地或雪地)。

活动流程

1. 每组4人,各自站在两条长木板上,每个人一只脚在一条木板上而另一只脚在另一条木板上;所有队员的脚都绑在木板上(或套在木板上的脚蹬里)。

2. 要求各小组在规定时间内到达某个目的地,在这一过程中,各组成员不能离开木板。在规定时间内最快到达目的地的小组为胜利者。可以用小礼物奖励获胜小组。

3. 如果安排其中2人身体朝向与其他2人相反，可使活动更具趣味性。

4. 分享：

(1)尽快到达目的地需具备什么条件？

(2)由个人单独进行是否速度更快？为何团队参加却会产生困难？其中最大的困难是什么？

注意事项

必须确保安全第一。

♠活动60　时间管理

活动目的

体验时间是可以在科学管理中增加其效度的。

活动准备

两个储物桶(其中一个桶装了半桶豆子)、水果若干。

活动流程

1. 桌子上有一个装了半桶小豆了的储物箱及若干水果。

2. 请一位学生上台，让他把水果尽可能多地放入桶内，并把桶盖儿盖好。

3. 当桌上还有几个水果时，储物桶已经装满，这几个水果无法放进去。

4. 启发学生再选用另外一种方法：先将水果全部放入箱内，再将小豆子放入。这时，全部的水果和小豆子就都被放进了桶内。

5. 小组讨论：这个过程使你感悟到了什么？

注意事项

本活动适合在小学中高年级实施。

♠活动61　双臂交叉与十指交叉

活动目的

体会人们与生俱来的对变化或被改变的抗拒心理。

活动流程

1. 请每个学生快速将双臂在胸前交叉，然后看一看自己到底是哪只手臂在上。

2. 让他们立即放下手臂,重新交叉。但是刚才左手在上的改成右手在上,右手在上的改成左手在上。

3. 请学生快速将十指交叉,然后看看自己到底是右手拇指在上还是左手拇指在上。

4. 让学生松开手,再立即将十指交叉,但这一次要把原来在上面的左手拇指改为右手拇指,而原来在上面的右手拇指改为左手拇指。

5. 小组讨论:你觉得改变自己的习惯容易吗?从中你领悟到了什么道理?

6. 辅导教师归纳:

(1)如果人们改变了早已养成的习惯姿势,会感到不舒服。

(2)很多时候,人并不是不喜欢改变,而是不习惯于改变。

(3)如果只是这么小小的姿势改变都可能引起一些内在的抗拒心理,那么实质上的身体甚或思想意识方面的变化会带来更大的反弹情绪,这些情况是不是常常发生在我们身上呢?

注意事项

教师的归纳应尽量在学生感悟的基础上得出,点到为止。

♠活动62　坐地起身

活动目的

体验合作的重要性。

活动流程

1. 首先要大家4个人一组,围成一圈,背对背地坐在地上。(正常情况下,一个坐在地上的人,是无法手不着物地站起来的。)

2. 4人胳膊挎胳膊,然后要他们一同站起来。

3. 将4人小组变为8人小组,重复游戏。

4. 将8人小组合并为16人小组,重复游戏。

5. 分享:谈谈你在游戏中感悟到了什么?

注意事项

根据具体情况可以让男女生分开做游戏,以打消拘谨心理。

♠活动63 拣棋子

活动目的

体验母亲的辛劳。

活动准备

生鸡蛋若干,围棋子若干,装满20斤书本的书包若干。

活动流程

1. 事先将许多围棋子杂乱地撒在地上,每组选派一名代表参加拣棋子比赛。

2. 参赛同学将约20斤重的书包绑在腰前,书包中放置一只生鸡蛋。要求参赛者在3分钟之内,尽可能多地捡起地上的棋子,同时必须保护好书包中的那只生鸡蛋,拣多者为胜。

3. 比赛结束后,评选获胜的人(既保护了鸡蛋,又拣得多者;或者虽拣得不多,但保护了鸡蛋者)。

4. 请参赛同学谈谈感受。

注意事项

为防止鸡蛋破碎后弄脏书本,可将鸡蛋装入塑料袋,并扎紧。

如果时间充足,可轮流让学生参与游戏。

♠活动64 不能没有母亲

活动目的

体验亲情,感受母爱。

活动流程

1. 学生写下自己认为对自己一生最重要的五项内容,可以是人,也可以是物,但其中必须包括“我”和“母亲”。

2. 学生写完后,辅导教师指导学生完成下面的活动。

(1)指导语:现在要请你忍痛割爱了,五项内容中只能保留四项。请你慎重考虑,从五项内容中去掉一项,去掉的这一项要用笔划去。注意,一旦划去,就意味着它从你的生活中消失了。划去之前,你要不断回忆它在平日里给你带来的欢乐。可现在,它就要消失了,想到这些,你会很难过,但你还是要坚决地把它划去。

(2)以此类推,让学生一项项地划去所写内容。当大多数学生只留下“我”与

“母亲”时，教师要继续激化矛盾：现在，你和妈妈就坐在船上，遇到了海上风暴，灭顶之灾就要降临在你的身边，你和妈妈只有一人能活下来，你怎么办？请你在一两分钟内做出选择。(同时播放《世上只有妈妈好》，以渲染气氛)

此时学生已完全沉浸在教师所设计的情境中，面对两难选择，情绪很激动，迟迟不能做出决定。

3. 教师不用逼迫学生一定要做出抉择，而是适时地将学生从虚设的情境中拉回来。让学生交流一下刚才的真实感受：

(1)你为什么迟迟不能下狠心做出最后的抉择？

(2)刚才那一刻里，你想到了一些什么事情？

注意事项

活动进行过程中，有些学生会情绪失控，痛哭失声。此时辅导教师要把握好现场的秩序，及时将学生的注意力引导到问题的讨论上来。

♠活动65　早熟[①]

活动目的

引导学生通过具体情境了解并体验早孕的后果，思考如何防止一时冲动摘下不该采摘的“青果”。

活动准备

制作香港电影剪辑《早熟》。

活动流程

1. 课件呈现电影《早熟》片断(1)：

家富生长于劳动家庭，父亲是一名读书不多的小巴司机，母亲是一名酒楼接待员。家富在公共屋村长大，家境虽然清贫，但倒也过得自在快活，一家人相亲相爱。

若男在富裕家庭中长大，父亲是一个声名显赫的大律师，母亲是一个公益界的活跃分子。若男自小在父母严厉悉心的安排下，每天用功读书，规矩地练习钢琴，被训练成为一个淑女。若男的父母经常出门公干，若男犹如笼中鸟，在种种的束缚下，若男渴望享受自由自在的爱情。

①本活动素材由浙江象山县三中余也冰老师提供

家富和若男，一个来自草根，一个来自温室，本来互不相关，却竟然在学校的舞会中邂逅，瞬间迸发好感，二人互相吸引着，爱得单纯直接，家富把若男带进一个她向往不已的自由世界。若男不理父母的反对，坚持与家富在一起。

有一天，家富邀请若男一起去野营。

2. 七嘴八舌AB分组：

辅导教师提问：若男应该答应家富的要求，和他一起去野营吗？觉得应该去野营的，坐到A区；觉得应该拒绝的，坐到B区。请大家分别阐述理由。（讨论并分享）

3. 课件呈现电影《早熟》片断(2)：

家富和若男去野营，他们偷尝了禁果，若男意外地怀孕了。

4. 说长道短AB分组：

辅导教师提问：若男怀孕了，她应该怎么办？觉得应该把孩子生下来的，坐到A区；觉得应该做人流的，坐到B区。请大家分别阐述理由。（讨论并分享）

5. 课件呈现电影《早熟》片断(3)：

若男怀孕了，决定把孩子生下来。她被软禁在家中，不许与外界接触。压迫力越大，反而激发起若男的反叛，她决定离家出走，却被母亲发现。若男苦苦哀求，母亲一时心软，放走若男。

家富和若男带着有限的现金，来到一个荒废的村落，这个地方虽然没有自来水，没有电，但环境清幽，恍如世外桃源。家富和若男决定住下来，静待孩子出世……两人过着简朴的生活。家富为了赚钱，甘于做粗活、做苦力；若男挺着大肚子，也吃尽了苦头。家富和若男咬紧牙关，抵抗着贫穷和饥饿，希望能撑到最后一刻。

最终，家富父母找到二人，若男被送进医院的产房，家富却被警方押走了。法官审理案件时说："此类案件经常发生，一般这样急匆匆结婚的夫妻，大多不到三年就会离婚。"家富被判三个月监禁，出狱时，若男抱着孩子来接他。

6. 说是论非AB分组：

看过《早熟》的片断，请大家谈一谈：高中生谈恋爱利大弊大？认为利大的坐在A区，认为弊大的坐在B区，各抒己见。（讨论并分享）

7. 如果有一天，尔冬升导演邀你一起改编《早熟》，你会从哪里开始修改，怎么修改？

注意事项

1. 此活动适合在高中实施。

2. 辅导教师应该在坚持"价值中立"的前提下，根据现场讨论的情况给予必要而适度的引导。

二、认知类活动素材示例

♠活动66　自我标价

活动目的

帮助学生探讨并澄清自己的价值观。

活动流程

1. 辅导教师引言：我们每一个人的心中都有一杆天平。当我们碰到各种各样的事情时，我们总是用这杆天平进行着自己的价值判断和价值取舍。今天，我们一起来看一看，同学们心中的这杆天平是怎样的，你们又是如何给自己看重的东西"标价"的呢？

2. 出示投影：

1. 快乐的心情	2. 健康的身体	3. 责任感强	4. 聪明才智
5. 勇敢坚强	6. 自尊自信	7. 宽容他人	8. 诚实可信
9. 优异的成绩	10. 漂亮的外表	11. 孝敬父母	12. 经济富裕
13. 勤奋努力	14. 关心别人	15. 善于合作	16. 独立自主

3. 以小组为单位活动：假设为市一级商品展销会，要求每一个同学给这16件商品标价，底价为100元，最高价为5000元。然后挑出自认为最好的五件商品，在组内报价，并申诉理由，其余同学审核。

4. 全班活动：假设为省一级商品展销会，自由报价，陈说理由。

5. 情景模拟：你以优异的成绩考上了第一批重点大学，按照你的分数，你完全可以填报你梦寐以求的北大。然而，这将需要一大笔费用，而你却出生于一个经济非常困难的家庭，你的父母又年老多病，你在家中又是独子，填志愿时，你将做出怎样的选择？你为什么做出这样的选择？

6. 辅导教师小结：在漫长的人生旅途中，当我们面对各种问题的时候，不能只为自己的利益而做出选择。我们在进行价值判断的时候，不能仅仅只考虑到自己，还要考虑到别人，考虑到整个社会。当然，最后抉择的权利掌握在你自己的手中。

注意事项

辅导教师要把握好“价值中立”的原则，切勿强加于人。

♠活动67　个性名片

活动目的

1. 把自己最想与他人交流的信息简洁地表达出来，在这个过程中学会肯定自己。

2. 通过“个性名片”的交流，让学生进一步认识自我，并较为客观地了解他人。

活动准备

给每人准备1个胸卡，空白名片纸1盒，彩色笔若干。

活动流程

1. 辅导教师发给每位学生一个空白的胸卡，彩色笔每组若干。

2. 在5分钟时间内，每位学生为自己设计一张“个性名片”，插入胸卡内。

3. “个性名片”要求：

(1)不少于5条个人信息。

(2)除文字外可用图形等多种形式表示。

(3)可以使用多种颜色的笔。

4. 小组交流，集体分享。(活动总时间控制在20分钟以内)

注意事项

1. 5条个人信息可以是具体的，也可以是抽象、含蓄的，但要求是个性化的。

2. 主持人发现典型名片要进行交流并重点提问，深入挖掘个性特质，帮助当事人进一步了解自己。

♠活动68　照“镜子”

活动目的

提供回馈，增进学生的自我了解。

活动准备

每组准备一面镜子。

活动流程

1. 辅导教师说明活动性质及注意事项

(1)团体中每个人对他人而言都像一面“镜子”,本活动即要求每个同学主动地请其他同学作为自己的“镜子”,从不同角度,客观地反映出自己,因而能更全面地认识自己。

(2)提供的回馈包括有关个人言行举止、观念态度、性格或优缺点,但不得涉及人身攻击。

(3)作为“镜子”者必须尽量做最忠实的反映,不可推测。

2. 全班分为4人小组,以轮流的方式,由一位组员将镜子传到所要邀请者的手中,请他作“镜子”来反映自己。每人各邀请另三位同学发言,此时该成员只需静听。若有必要,可于对方反映后,加以补充或解说。

3. 全体组员轮完后,讨论彼此的感受。

注意事项

教师应注意深入小组巡视,若发现有人身攻击现象应及时加以解决。

♠活动69 价值阶梯

活动目的

引导学生思考自己的价值观,并与同龄人比较彼此的价值阶梯。

活动准备

每人一张印有阶梯形线条的白纸。

将课桌撤出教室,使室内有较大的活动空间。

活动流程

1. 辅导教师让全班学生面对十几样不同事物,按个人的想法,依优先次序加以排列,最优先者在最上面,最无关紧要者在最下面,如此排列成阶梯。例如:

(1)想提高学业成绩——分数

(2)想结交更多的朋友——友谊

(3)想学习改变自己——进步

(4)想能为别人做一些事情——充实

(5)想使自己的心情变得更好——快乐

(6)想让自己看起来更有吸引力——外表

(7)想考到全市第一名——荣誉

(8)想有很多的钱——富有

(9)想将来能成为有地位的公务员——权力

(10)想让所有的疾病远离自己——健康

(11)想长大后做一番大事业——成就

(12)想有很多的书供自己阅读——知识

……

2. 学生在组里排好个人的优先等级后，辅导教师在教室的黑板上画一阶梯(级数是12级)，教师每喊出一个选项(例如“想有很多的钱”)，就让学生依个人排列之优先等级站在相应的阶梯前面(纵向排列)。

3. 排在同一个阶梯里的学生可以互相交流一下，然后，环顾左右，看看别人站在什么地方，听听排在其他等级里的同学说说他们的想法。

4. 以此类推，辅导教师每喊出一个选项，全体学生的队列就要变动一次。

注意事项

根据具体情况，选项和黑板上所画等级的多少可以随机调整。

♠活动70　人生画像

活动目的

帮助学生了解自己及别人目前学习和生活中的问题。

活动流程

1. 领导者发给每位学生一张纸，请其画一张能表现目前的“生活世界”和“自我角色”的图画。

2. 画完后，在6人小组内分享图画并说明其意义，其余同学可给予回馈、反问，以便对这位同学有更进一步的认识与了解。

3. 每位组员依次说出自己所画图画的意义。

4. 全组发言之后，再分享彼此对这一活动的感受。

注意事项

辅导教师要注意营造团体安全氛围，防止调侃或攻击。

♠活动71　猜猜他是谁

活动目的

使自知的我和他人所知的我更加融洽,也使每个人体会被人认识的感受。

活动流程

1. 发一张白纸给每位学生,让他们写五个描述自己的句子,“我是一个__________的人”,不必具名。

2. 将每个人写的白纸投入一只小盒子内。

3. 辅导教师收齐后,从盒子中抽出一张念出来,让大家猜猜这一张是谁写的。

4. 被猜中的人说出他们猜对的理由(具体陈述自己对自己的看法)。

5. 最后引导大家谈谈被猜中时及猜中别人时的感受。

注意事项

辅导教师要注意保护个人的隐私,凡是内容不适合大家来猜的纸条应搁置一边,等课后个别处理。

♠活动72　请描述我

活动目的

提供客体自我的信息,增进交流和自我了解。

活动流程

1. 辅导教师说明活动规则,并举例说明。

2. 在4~6人小组内,用轮流的方式,使用比喻的方式描绘小组中的每一个人,可以用某种动物、家具、汽车、植物或自然现象作比喻,如“我觉得你好像一部摩托车……”,然后说明为什么他会得到这种对你的印象。

3. 轮流实施(20分钟),自某人开始,等到大家都把他描绘完毕之后,再换一人,逐一实施。

4. 最后分享被描绘的感受。

注意事项

必须有良好的团体氛围,大家感觉到安全、和谐、信任。

♠活动73 我的墓志铭

活动目的

促进自我认识,展望自己的人生。

活动准备

准备已经印有墓碑图样的白纸,每人1份。

活动流程

1. 辅导教师引言:古今中外,墓志铭都是对一个人的人生写照和评价,它们留下了无数的传奇故事:既有武则天的无字牌——功过任人评说,也有斯蒂芬·金所写的小说《黑暗另一半》中的乔治·斯塔克在墓碑上写的“这是一个很可爱的家伙”——显示了他的智慧和对其人生的总结。墓志铭实际上就是一个人对他自己的写照,不同的墓志铭的主人会有不同的性格。比如有些人可能会说:“这里躺着一个曾经给人们带来快乐的人”——你就可以看出他很开朗;比如说:“我告诉过你我生病了”——你就可以体会到这人的幽默感。所以墓志铭会给予每个人一个机会,一个审视自己、认识自己、审视别人、了解别人的机会。

每个人都有梦想,希望自己在有生之年能够做成什么事情,在自己的墓碑上写上一笔,让后人记住这个名字,今天这个游戏就给你一个设计和预见自己人生的机会。

2. 发给每个人一张已经设计好的墓碑纸,让学生将姓名写在墓碑的上半部分,最好是绰号或昵称(尽量不用真名)。

3. 让学生在墓碑的下半部分写上他们将来的墓志铭,形式、内容不限,但应该是对他们一生的精炼描述。

4. 让大家彼此参观一下各自的墓志铭,评判出一个最好的墓志铭,给获胜者以奖励。

5. 相关讨论:

(1)在设计自己的墓志铭的同时,你是否也在设计着自己的梦想?

(2)相互观赏墓志铭的时候,是否也加强了你和同学们之间的沟通?

(3)什么样的墓志铭最吸引你的注意,这个墓志铭想告诉你什么?

6. 辅导教师总结:

看见一个人的墓志铭,也就在一定程度上认识了这个人;彼此参观一下各人的墓志铭,会有助于同学们之间的沟通和交流。

注意事项

辅导教师的引言很重要，它可以打消学生的误解或顾虑，也可以使活动本身带有更为凝重严肃的色彩。

♠活动74　优点轰炸

活动目的

帮助学生学会面对面地给予他人具体的正面回馈，增进相互了解。

活动流程

1. 将全班分为6人小组，各组成员围坐一圈，中央各放置1张空椅。

2. 辅导教师说明此活动的目的，是互相给予优点的回馈，以了解别人眼中的自己，同时增进每个人对自我的了解。

3. 每次一位学生坐在圆圈中央的椅子上，接受回馈轰炸。每人轰炸时间至少一分钟。

4. 在每位成员都轰炸过该成员之后，换另外一位成员接受轰炸，直到每一位成员都受到轰炸。

5. 轰炸的内容必须具体，以事例说明，例如："每次在小组里讨论问题时，你总会问别人的看法，我觉得你很能考虑别人，不主观。"

6. 受轰炸的人只能听，不能说话或有任何动作表示。

7. 轰炸时，轰炸者与被轰炸者都必须注视对方。

8. 每位成员都轰炸过别人，也被轰炸过之后，全组分享活动的体会。

注意事项

一定要有良好的团体氛围。

♠活动75　优点大轰炸①

活动目的

帮助自信心不足的学生了解自己的长处，增强自信心。

---

①钟志农.心理健康教育课·小学教师指导手册. 杭州：浙江科技出版社，2002

活动准备

每组一个气球，彩纸若干，削尖的铅笔1支。

活动流程

1. 教师引言：好像有的同学觉得自己的优点还不是很多嘛，那么，让我们大家一起来帮帮他们吧。大家一起来做个游戏——“优点大轰炸”！优点怎么能“轰炸”呢？“优点轰炸”其实就是大家一起给这位不太能欣赏自己的同学找优点，找出很多优点来赞美他。

2. 实施游戏

(1)第一步——制成“炸药”。每个人在彩纸上给组内这位自信不足的同学写上优点，然后折叠起来。

(2)第二步——制作炸弹。请各组学生将制作的“弹片”塞进一个气球里，然后把气球吹大并缚紧。

(3)第三步——“轰炸”开始！全组围着被“炸”的同学，把气球举起在他的头顶上，然后用铅笔尖戳破气球。

(4)请各组学生捡起散落在地上的“弹片”，读给这位同学听。每读完一条，大家就要竖起大拇指，手指头要伸到这位同学面前，齐声说：“你真棒！”

(5)教师提示：接受了那么多同学的“轰炸”，“挨炸”的同学能选几条你最喜欢、最能给你力量的优点，让全班同学来分享一下吗？

3. 教师小结：看来，这些同学的优点不像他自己想的那么少，而是他自己缺少发现。经过同学们的帮助，你才感到自己原来是那么优秀，是吧？

注意事项

气球被扎破时，全组学生必须闭上眼睛，注意安全。

♠活动76　自我称赞

活动目的

培养自信心，增进人际沟通。

活动流程

1. 教师引言：谦虚是中国人的传统美德，所以中国人一般不会在别人面前夸奖自己。但有时候人过于谦虚，到最后也许你就不知道自己到底能干什么了。今天这个活动将给你一个机会——一个展示自己优点的机会。

2. 将全班分成4人小组，在组内每个人必须分别回答下面的三个问题：

(1)在外貌方面，你最喜欢自己的哪个部分？

(2)在个人品质方面，你认为自己什么地方最好？

(3)在个人才能方面，你最喜欢自己的哪个方面？

3. 全组最后讨论：

(1)当你向别人介绍你的优点的时候，你是否会觉得不好意思？

(2)这样一个活动对你认清自己的优点与强项是否有帮助？

注意事项

教师要特别强调，每个人要给自己积极、正面的评价，不要谦虚。

♠活动77　我是谁

活动目的

1. 协助学生认识“自己眼中的我”及“他人眼中的我”。

2. 增进学生彼此熟悉的程度，增加班级凝聚力。

活动流程

1. 教师发给每位学生一张A4纸，并说明活动规则。

2. 学生两两分组，一人为甲，一人为乙，最好是找不熟悉的同学为伴。

3. 甲先向乙介绍“自己是一个什么样的人”，乙则在A4纸上记下甲所说之特质。甲在说了自己的一个缺点之后，就必须说一个优点。5分钟后，甲、乙角色互换，由乙向甲自我介绍5分钟，而甲作记录。

4. 上述活动结束后，教师请甲、乙两人取回对方记录的纸张，在背面的右上角签上自己的名字。然后彼此分享做此次活动的心得或感受——

你觉得介绍自己的优点与介绍自己的缺点，何者较为困难，为何会如此？

5. 学生三个小组或者四个小组并为一大组，每大组有6~8人，围成一圈就座。老师请每位同学将其签名纸A4纸(空白面朝上)传给右手边的同学。而拿到签名纸张的同学则根据其对此位同学的观察与了解，在纸上写下“我欣赏你……因为……”。写完之后则依序向右传，直到签名纸张传回到本人手上为止。

6. 每个人在组内分享他看到别人回馈后的感想与收获，最后在全班分享。

7. 教师小结：说明了解“真实的我”与“接纳真实的我”的重要性。

注意事项

必须有前两个阶段创设的良好氛围作为铺垫。

♠活动78　大拍卖

活动目的

引导学生进行价值观的自我澄清。

活动准备

1. 拍卖项目表，可以投影片出示，内容可根据不同年龄学生的价值追求的实际情况灵活设定，例如：

拍卖项目	最高价	得主
许多朋友		
更爱我的父母		
本校最好的运动员		
本班最聪明的人		
歌星		
很富有		
穿名牌服饰		
好容貌		
……		

2. 拍卖人使用的木槌若干把(每组1把)，大小适中。

3. 辅导教师使用的拍卖木槌1把，可扎上红绸带以示庄重。

活动流程

1. 每组选出一个拍卖人。

2. 每人只有5000元，对上述几个被拍项目的出价要有通盘考虑，并有几种备选方案(最低出价、最高出价是多少，按重要程度列出预案)。

3. 每个人可以对任何被拍项目(一个或多个)进行投标。

4. 竞价三次后一锤定音，不能反悔，出价最高的人为该项目的得主。

5. 出价底线必须相互保密。

6. 最后一轮为全班大拍卖，由辅导教师主持，竞价者必须陈述理由。

注意事项

1. 必须有良好的团体氛围。
2. 辅导教师应注意掌控好现场秩序，把握好时间分配。

♠活动79　我画、我写我的梦

活动目的

引导学生从实际出发规划自己的人生。

活动流程

1. 辅导教师发给每个学生一份“我画、我写我的梦”活动单，样式如下：

姓名：____________　　班级：____________

现在的我

(1)健康状况：____________

(2)个性特质：____________

(3)学习情况：____________

(4)家庭情况：____________

(5)优点与兴趣：____________

5 年后我要做什么？ 写写看： 画画看：	10 年后我要做什么？ 写写看： 画画看：
20 年后我要做什么？ 写写看： 画画看：	30 年后我要做什么？ 写写看： 画画看：

2. 个人填完之后，在4~6人小组内交流、分享，听听他人的回馈意见。

3. 全班分享，教师总结与勉励。

注意事项

此活动适合在高中阶段实施。

♠活动80 纸牌游戏——这就是我

活动目的

增进学生对自己的深层了解，促进人际沟通。

活动准备

制作“这就是我”的纸牌。可用扑克牌贴上文字卡片改制，数量必须保证每人10张，每张牌上所写的内容均为下面所列的10个问题：

1. 对你的成长影响最大的人是谁？他使你受到了怎样的影响？

2. 对你的成长影响最大的事情(正面的或是负面的)是什么？它使你受到了怎样的影响？

3. 请说出你三年前曾经憧憬过的三个愿望。它们的共同特点是什么？你现在的愿望又是什么？

4. 考虑到自己的性格和能力，你认为将来你能做出较大成就的工作是什么？

5. 在你所做过的事情中，你最满意的是哪件事情？

6. 与去年相比，你的最大进步是什么？

7. 你最景仰的历史人物或当代人物是谁？

8. 你认为现在你要战胜的最大困难是什么？

9. 在现实生活中，你的目标是什么？

10. 你最喜欢的座右铭是什么？

活动流程

1. 以4人小组为单位，每人手中有10张相同的牌。

2. 辅导教师说明游戏规则：游戏时，4个人按顺时针方向，分别抽取下一位同学手中的纸牌，回答纸牌上所写的问题。这样依次轮流，已抽取并回答过的纸牌另行放开。

3. 游戏结束后，每位同学综合以上有关的自我深层信息，谈谈对自己和对别人的总体看法。

注意事项

1. 辅导教师可根据具体情况，在制作纸牌时加入新的问题或删减这些问题。只要写在纸牌上的这些问题能够最大限度地反映学生有关的自我深层信息，而且适合于口头回答即可。

2. 此活动适合在高中阶段实施。

♠活动81　追求理想自我

活动目的

通过活动投射出学生内在的“理想自我”，并对其作出价值判断和自我反思。

活动准备

1. 教师事先制作“理想自我”建构内容的投影。

理想自我建构(示例)

勇敢	有礼貌	乐于助人	活泼	文雅
幽默	耐心	聪明	刻苦	忠诚
快乐	可靠	身体好	漂亮	文采
自信	守信	脾气好	冒险	谨慎
诚实	有风度	关心他人	成绩好	理智
时髦	乐于合作	善于倾听	有恒心	细心

2. 为每个学生准备空白小卡片10张。

活动流程

1. 发给每位学生10张空白的小卡片。

2. 学生根据投影内容选择自己认为重要的10项内容，填写在10张卡片上。

3. 三分钟后，进行第二次选择，学生只能留下5张自认为重要的卡片。

4. 两分钟后，教师要求学生只能留下1张卡片，让学生尽快确定最后的答案。

5. 4人小组交流自己的三次选择内容，并解释自己这样选择的理由。

6. 全班交流，教师根据学生的回答归纳说明：

(1)每个学生所选的10张卡片就是他的“理想自我”的组成内容，而最后一张卡片则是他目前的追求目标或者是他认为人生最重要的品质。

(2)在人生的道路上,随着阅历、知识的不断丰富,个人的理想自我也在阶段性地改变着内容。正确的态度应该是随着自身情况的变化而适时调整自己的目标,一旦确定就要坚定不移地努力追求。

注意事项

如果有时间,还可以在同学交流的基础上重新建构"理想自我"。

♠活动82　换个想法好吗?

活动目的

引导学生懂得:改变想法,才能改变心情。

活动流程

1. 辅导教师出示一组图片,让学生快速回答,看到同一件事物,可能会出现哪些想法?

例:出示半杯水:(1)只剩半杯了;(2)还有半杯水。

2. 抢答赛:

出示一个蜘蛛网——参考答案:(1)讨厌的蜘蛛网;(2)美丽的纺织物!

出示挂在山腰的半个太阳——参考答案:(1)一天即将过去;(2)新的一天又来了!

出示星期一的日历——参考答案:(1)假日过去了;(2)假日会来临的!

出示上学时在教室门口碰到同学,遭到对方白眼——参考答案:(1)真倒霉;(2)他今天心情不好。

出示一辆老式的旧汽车——参考答案:(1)未来的古董;(2)过时了!

……

注意事项

教师还可以结合学生中常出现的不合理认知设置更多的问题。

♠活动83　品质排序

活动目的

引导学生思考并进一步认识自己内在的品质，并对各种被人们所认同的优秀品质做出自己独立的价值判断。

活动准备

1. 根据学生实际情况设计“人的优秀品质一览表”，例如：

人的优秀品质	个人排序	小组排序
勇气（勇敢、胆子大、敢冒险）		
善良（有同情心、体贴人、照顾人）		
坚毅（目标坚定、百折不挠）		
大度（宽容、不嫉妒、不计较小事）		
乐观（开朗、自信、永不绝望）		
合作（虚心、能让步、好共事）		
负责（认真、守信、有责任心）		
真诚（心地坦荡、待人诚恳、表里如一）		
……		

2. 将上表发至每个学生手中，人手1份。

活动流程

1. 按4~6人分组，选出组长1人主持活动。

2. 每个学生先自行排序，以自己欣赏和肯定的程度高低为每一种优秀品质列出序号。

3. 小组内分享，每个学生只需说出自己排在前三位的优秀品质，并说明自己的理由。

4. 组长主持讨论协商，在组内排出大家基本认同的前三位优秀品质的顺序。

5. 全班分享，各组组长发言，说明本组排在前三位的优秀品质及其理由。

6. 各组意见若有分歧，可展开争论，最后通过协商取得多数人的共识。

注意事项

1. 须有较好的团体氛围作铺垫。

2. 组长要有较强的协调能力。

3. 本活动适合在初中阶段使用。

♠活动84　心理快餐[1]

活动目的

帮助小学生在同学的交流中学会一些心理自助的方法。

活动准备

1. 每人一只装蛋糕用的小纸盘，一张彩色的三角形纸片。

2. 两块写有“心理自助餐桌”的纸牌。

3. 座位呈梅花形，中间放一排“心理自助餐桌”。

活动流程

1. 辅导教师引言：我们知道，快乐和烦恼是一对孪生姐妹。那么，请你回忆一下，你曾遇到过的不快乐的一件事，说说你当时的感受。后来你又是怎样调整你的心态的呢？

2. 小组交流后全班交流。

3. 辅导教师引导：刚才听了大家的交流，我觉得你们真了不起，你们的一些方法很管用。在你不快乐的时候用了这些方法，就会使你的感觉好一点，就像我们肚子饿了吃快餐可以饱肚一样。现在请同学们拿起笔，让我们也来准备一份“心理快餐”，把你寻找快乐的方法写(画)在卡片上，放在快餐盘里。准备好“心理快餐”的同学，请将你制作的“心理食品”放在“自助餐桌”上(配乐，学生制作“心理快餐”)。

4. 全班享受“心理快餐”

(1)请同学们在音乐声中自由选择你喜爱的“快餐”。

(2)小组交流：你为什么要选这份“心理快餐”？每个小组推荐一份最佳“心理快餐”。

(3)全班交流最佳“心理快餐”，说说你为什么喜欢它？交流后评价。

注意事项

此项活动适合在小学高年级实施，活动前应有良好的团体氛围做基础。

---

①钟志农.心理健康教育课·小学教师指导手册.杭州：浙江科技出版社，2002

♠活动85　顶纸棒

活动目的

让学生在活动中感受自信。

活动准备

旧报纸若干,胶水。

活动流程

1. 让学生用旧报纸卷成一根细长的纸棒后,指导学生学习用手心、手背、肘关节、额头等部位“顶纸棒”。“顶纸棒”的要领是:一直,二稳,三平衡。即让纸棒尽量保持垂直于地面,顶着纸棒移动时要平稳,移动方向同纸棒倾斜方向一致,随时调整平衡。

2. 游戏采用两人一组的形式进行,一人练习,一人看时间,时间到后互换。(教师协调点拨,尽量让每个学生都能成功)

3. 分组讨论:大家谈谈“顶纸棒”成功的原因。

4. 辅导教师归纳学生意见:“顶纸棒”是一种游戏,但它同样可以启发我们:同是一个天,同是一个地,别人能做到的,只要有信心,不怕失败,我们同样也能做到,甚至做得更好。同样,学习上如果能认真、努力、勤奋,不怕困难,同样能获得成功。

注意事项

总时间控制在10分钟左右,时间过长则学生的注意力容易涣散。

♠活动86　对掌推

活动目的

体验压力与反压力,感悟在人际对抗中应如何调控自己的冲突反应。

活动流程

1. 将学生分成两人一组,让他们面对面站着。一人面向黑板,一人背朝黑板。然后请他们举起双手,将自己的手掌与搭档的手掌对贴在一起。

2. 辅导教师喊“开始”,每一组的对手必须用力推搭档的双手。辅导教师要不断地为他们加油,例如:“使劲!”“只有几秒钟了!”等等。

3. 教师暗示面朝黑板的学生突然把力收回。

4. 学生互换位置，再重复上述步骤。

5. 分组讨论：

(1)当你用力推你的伙伴的手的时候，为了保持平衡，你的对手需要做什么？

(2)如果你用更大的力气，你的对手有什么反应？

(3)当其中一个人突然撤回自己手掌的时候，另一个人的反应是怎样的？

(4)你觉得在人与人发生冲突时，这个游戏可以给你怎样的启示？

注意事项

游戏开始前应提醒学生互相保护，不要让对手摔倒。教师做撤回手掌的暗示时，动作不能过大，以防止学生撤回动作过猛而使另一位学生摔倒。

♠活动87　信件大会串[①]

活动目的

使学生通过信件大会串的形式，了解到父母一代对自己这一代同龄人的真实看法，从而有助于他们建立起比较客观的自我认知。

活动准备

1. 在活动前一天以班主任的名义给每个学生家长带去一封信，信中有两个问题：

(1)您发现您的孩子进入初二年级之后，在哪些方面长大了？请举出一两个最典型的事例来说明。

(2)您觉得您的孩子在哪些方面还没有长大？也请举一两个典型事例来说明。

2. 请家长就上述问题给班主任写一封回信，并表明是否同意这封信的内容可以在班级活动中公开。如果不同意，请在信封上表明记号。回信密封之后，在活动的当天由学生带回学校，交给班主任或辅导教师。

活动流程

1. 教师引言：今天我们讨论的话题是“我长大了”。我想，除了刚才我们谈的那些对自己长大与否的看法之外，我们还非常想知道父母对我们成长过程中的一些看法，看看在他们的眼里，我们有没有真正长大。下面让我们一起交流父母的来信，每小组推荐一封信。

---

①吴武典，钟志农.团体辅导.北京：大百科全书出版社，2007

2. 将父母的回信随机发到每个学生手中,每个学生只能拿其他同学父母写的信件,不能拿自己父母写的信件。

3. 小组内交流父母来信,推荐一封向全班同学交流的信,要求:

(1)信的内容要尽可能典型,对大家的成长有帮助。

(2)暂不透露学生的姓名,读完之后,由教师根据来信内容,确定是否应该让学生在全班"亮相"。

4. 小组代表宣读组内推荐的家长来信并谈感受,教师可提问。

(1)向读信的小组代表提问:你们为什么推荐这封信?

(2)向被推荐的信中的同学提问:你当时为什么会那样想、那样说或那样做?

(3)向全班同学提问:我们中间有哪些同学在家里也是那样做的?当时心里有怎样的感受?

5. 教师小结:读了我们家长的信,才知道"长大"的答案是如此丰富多彩,从中我们大家更深入地理解了长大的含义。

注意事项

1. 教师事先不要拆阅家长来信,以便让家长来信保持真实的原貌。

2. 在各小组分享家长来信的时候,辅导教师要深入各组了解典型信件,做到心中有数。

3. 除了反映学生"长大"的信的内容之外,也可以适当选择一些当事人还没有"长大"的事例作分享,以反映青春期初中生"半成熟、半幼稚"的特点,但应以不涉及隐私、不伤害学生为原则。

♠活动88 "友谊常青藤"跳棋[①]

活动目的

通过游戏使学生认识到维护真情友谊应注意的基本准则。

活动准备

1. 按后面的图例印制"友谊常青藤"跳棋棋盘,可画成枝叶繁茂而曲折的常青藤,叶片就是跳棋格子,文字说明可写在叶片上。

2. 骰子每组一个。棋子每人一只,棋子表面分别标以四种颜色。

---

①吴武典,钟志农.团体辅导.北京:大百科全书出版社,2007

活动流程

1. 4人一组，每组一个骰子，一张棋盘，每人一只棋子。

2. 开始游戏：

(1)组内用掷骰子的方式，以点数的多少决定下棋的先后顺序；

(2)用掷骰子的方式决定每人每次可跳几个格子(即棋盘图中的叶子)；

(3)棋子走满格数后，根据最后一格中的文字说明，决定是再前进几格或者是后退几格；

(4)前进时如果遇上占位的其他棋子，则向前越位一格，以此类推；

(5)后退时如果遇上占位的其他棋子，则再向后退一格，以此类推；

(6)其余正常情况下的进格或退格都只实行一次，不应连续进退；

(7)以最先到达终点的人为胜利者。

3. 小组分享：

(1)通过这个游戏，你认为要使同学间友谊能够长久，应该注意哪些问题？

(2)哪些做法是最容易伤害自己朋友的？

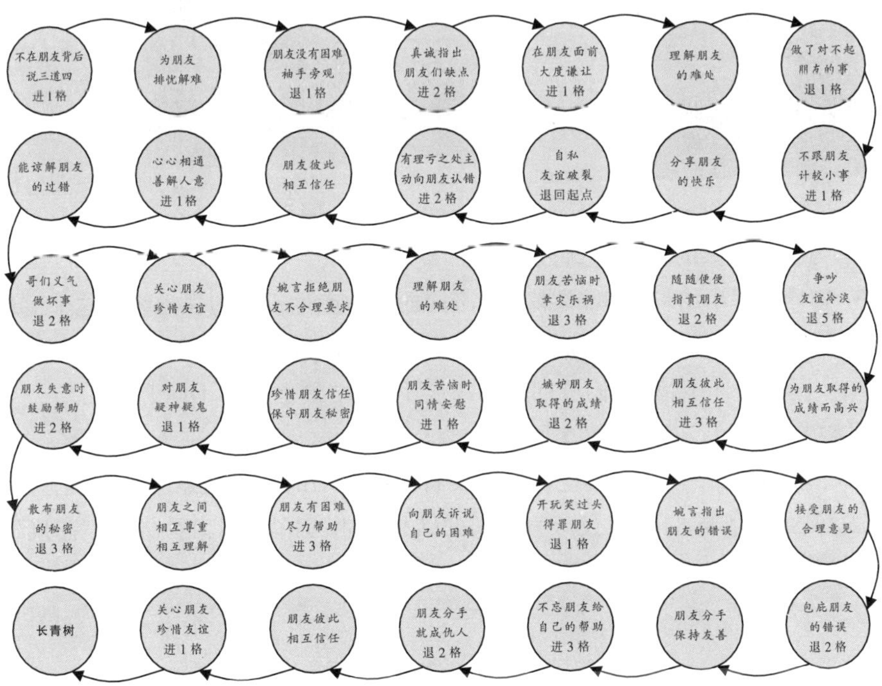

“友谊常青藤”跳棋棋盘示意图(钟志农，2001)

♠活动89 双关图[①]

活动目的

通过活动使学生理解:人的认知是有选择性的,不同的看法会产生不同的结论。

活动流程

1. 下面请大家看以下几幅图,心理学上称之为“双关图”,你觉得图中是什么呢?

图1

图2

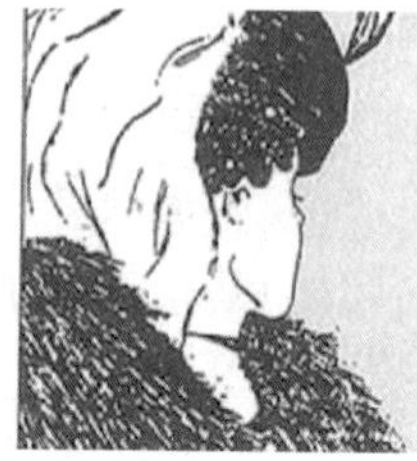

图3

图4

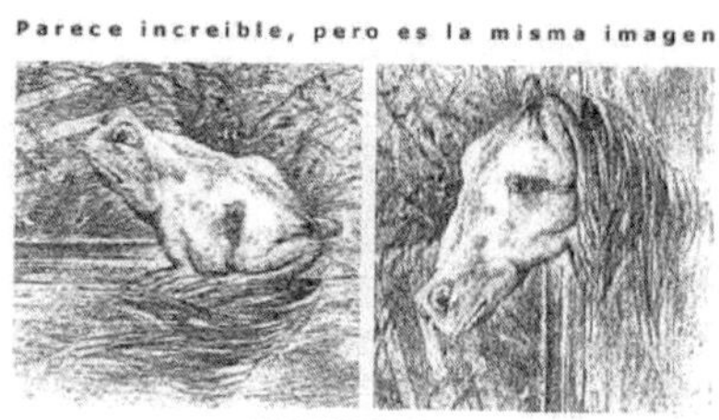

图5

2. 为什么大家的看法有这么大的分歧?

3. 辅导教师小结:这几幅图揭示了不同的视角产生不同的视觉结论这个道理。它告诉我们:人的认知(包括知觉和思维)是有选择性的,不同的选择会产生不同的结果。同样一件事情,我们看问题的角度不同,结果也全然不同。

注意事项

辅导教师的归纳要准确,应注意不要将这项活动的结论任意转换到其他的方向上去,例如:“不同的态度会产生不同的结果”,因为“视角”、“看法”与“态度”是有区别的。

①李岚.谁动了我的奶酪.中小学心理健康教育,2006(6)

♠活动90　该用什么作参照物？[1]

活动目的

引导学生认识到：改变想法才能改变情绪和行为方式。

活动流程

1. 故事呈现

小A以优异的成绩考入了某重点中学实验班，他在以前的学校里学习成绩总是数一数二的，在班级就更不用说了，学习对他来说是一件轻松的事。但是现在，他却感到很困惑，他说："开学到现在，我一直感觉很疲惫，压力很大，学习像脱了节一样。以前上课总觉得老师讲得太慢了；可现在却觉得老师讲得实在太快了，听起来非常吃力。期初考试和期中考试我的成绩都很烂，就连我的强项现在也不能发挥它的优势了，只有班级中游的水平。我觉得现在的我变得很渺小。唉！我在怀疑，是不是到了高中我的脑子就不灵了？"

2. 心态分析

请大家来分析一下，小A的看法、情绪、行为和结果都出了什么问题？并将你们的分析填在下表中的第一行。

看　法	情　绪	行　为	结　果

请大家看看这张图，你们觉得这两个小人谁稍微大一些？其实他们是一样大的，只不过右下角这个人因为有了比较，所以给我们一种错觉，认为他更小一些。小A最初和同学作比较时，他没有认识到发生错觉的可能，所以将错就错，开始了对自己的怀疑。后来，这种自我怀疑在他身上果然发挥了神奇的效果，他的预言实现了，并且预言的实现使他情绪更加恶化，于是更加确定预言是真实的。我们可以猜到结果他必然又将受到一次打

图6

①李岚.谁动了我的奶酪.中小学心理健康教育，2006(6)

击。所以:不是因为有些事情难以做到,我们才对自己失去自信;而是因为我们对自己失去了信心,有些事情才显得难以做到。

3. 改变看法

下面我们来帮助小A改变看法。请同学们四人一组讨论,并在上面的表格中第2、3两行里写下正确的看法及其引起的情绪、行为和结果。

4. 辅导教师提问

如果小A根据我们的建议改变了看法,会不会仍然觉得成绩没有提高,自己还是很渺小呢?或者和班里名列前茅的同学比比,又觉得很郁闷呢?那该怎么办?

5. 辅导教师总结

不要总拿别人作为参照对象,我们更应该把自己作为参照对象:"我努力了,虽然和成绩好的同学比看不出进步,但是和自己比比,还是可以发现进步的地方。"

注意事项

教师应尽量引导学生得出结论,要防止自己在活动中讲得过多。

♠活动91　填报志愿抢答赛

活动目的

在高考前对学生进行升学指导,帮助学生找到个人志愿的合理定位。

活动流程

1. 出示抢答题目

(1)你知道有关院校及有关专业每年录取的最低分数线是多少?

(2)教育部有没有根据形势的变化,对今年的招生作了一些新的规定?

(3)我省今年共计划录取多少人?

(4)我校在省内处于什么水平?

(5)历来我校升学情况如何?

(6)今年我校教学水平是呈提高趋势还是下降趋势?

(7)你知道第一志愿的录取率一般是多少吗?

(8)你觉得第一、第二和第三志愿之间应该是怎么样的关系呢?

(9)你的志愿梯度合适吗?能保证第一志愿落选时,第二志愿或第三志愿起作用吗?

……

2. 分组讨论

(1)你请教过父母长辈、亲朋故友、同窗好友或学校的老师吗？他们提出了怎样的想法和建议？你认为他们的想法和建议有哪些是合理的呢？

(2)父母想对你的志愿来个“包办”，甚至施加压力时，你该怎么办？

(3)你在学校和班级中处于什么位置？你选择什么层次的学校最合适？

(4)你的身体状况适合你想报考的志愿吗？

(5)你确定报考志愿时考虑过家庭的经济状况吗？

3. 全班分享，教师小结

注意事项

教师可根据具体情况，对这些问题进行合理的增删或修改，只要适合于抢答或讨论，并且能够体现出填报志愿的一般策略和技巧即可。

♠活动92　E网情深①

活动目的

帮助学生辨别过度使用网络的危害，提高学生的自控能力。

活动流程

1. 发给每个学生一份问卷，请每个学生回答下列问题：

(1)写出你自己必须上网的10个理由。

(2)如果你生活中没有网络，将会发生什么事？

(3)家里人反对我上网的理由有哪些？

(4)根据你上网的经验，你觉得上网有哪些不利的影响？

(5)相比较而言，你认为上网“利大于弊”还是“弊大于利”？

2. 根据对利弊看法的不同倾向性，将学生分成两大组，开展即兴辩论。

3. 评出最佳辩手2人，正方、反方各1人。

4. 教师归纳总结。

注意事项

教师要充分尊重学生的各种不同观点，切勿将自己的价值观强加给学生。

---

①吴增强，蒋薇美.心理健康教育课程设计.北京：中国轻工业出版社，2007(有改动)

♠活动93　记忆盒

活动目的

训练小学生的记忆能力。

活动流程

1. 请学生从身上随机拿出16样物品,凑在一起。

2. 将16个物品放在一个4×4的方格盒中,给大家一分钟的时间记住物品摆放的位置。

将这16个物品拿出来,堆在一块,请一个同学自告奋勇上来,用最短的时间恢复物品摆放的位置。

3. 重复几次,变化摆放的位置,看谁的正确率最高。

4. 学生讨论:记住物品位置的方法主要有哪一些?

5. 教师小结:

(1)可以将方格盒里的物品按大小编上序号,并记住相应位置,这样就可以“对号入座”了;

(2)也可以几个人分工,每人负责记住几样东西,这也是个节省时间的办法;

(3)还可以将物品简单分类,用分类法加强记忆等等。

注意事项

本活动适合在小学中年级实施。

♠活动94　集宝

活动目的

认知训练:包括脑力思考与类化能力的训练。

活动准备

提前布置,让学生每人从家中拿来5件自己喜欢的小物品,并做上记号,以便活动结束后认领;但注意不要带很贵重的东西。

活动流程

1. 每人献出五件“宝物”(贝壳、胸针、火柴……任何小东西均可),力求种类繁多,愈抽象、愈奇特愈好。

2. 每个人在大家所带来的物品汇集而成的“宝物”当中,任取数件组合归成一类。

3. 在4~6人小组里说出自己归类的依据或理由，与大家分享。

4. 组内成员对每人做的归类是否合理作出评价。

注意事项

1. 事先注意教育，最后要物归原主。

2. 选取物品时，要设置1~3人作为辅导教师的助手以维持秩序。

♠活动95　图片联想

活动目的

训练联想、创造的能力，并培养团体成员间合作的精神。

活动准备

每人从家里带来几张图片。

活动流程

1. 先将每人带来的图片任意排开。

2. 学生自选图片进行组合，在小组里就所取的图片内容描述成连贯的故事。

3. 小组成员推选出最佳联想故事，在全班分享。

注意事项

注意爱护他人物品，活动后物归原主。

♠活动96　大胆想象[①]

活动目的

发展小学生的想象力。

活动流程

1. 辅导教师布置两项任务，学生可选其一

(1)用纸制作一个七巧板，按纸上原有的画线剪下即可，并根据自己的想象拼出各种图形。

①钟志农.心理健康教育课·小学教师指导手册.杭州：浙江科技出版社，2002

(2)任选取一幅图,在原图上进行绘画。

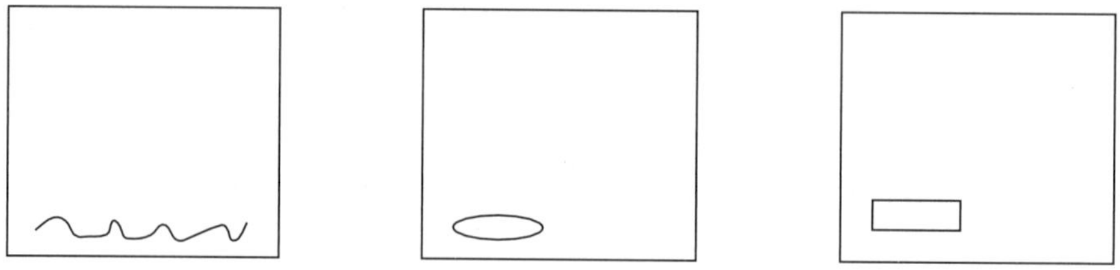

2. 学生自选任务,实施活动

(1)教师根据学生的兴趣,发给学生不同的工具。

(2)统计做七巧板与画图的人数,并分组比赛。

(3)播放一段音乐,让学生在音乐声中自己动手操作,教师巡回指导,并表扬或展示一些完成得不错的作品。

(4)学生展示作品,并解释自己的创意。

3. 投影出示情境,让学生分组自由想象,然后全班分享

(1)情境1:有幢高楼里只造了两部电梯,大家常常为乘电梯等候时间过长而焦急不安,请你在2分钟内为他们想出5种以上解除烦恼的办法。

参考答案:规定一部往上,一部往下;6层楼以下不开放电梯;30岁以下走楼梯;女士、老人、孩子、残疾人优先;电梯口设阅报栏……

(2)情境2:假如有朝一日外星人终于和地球人之间达成友好往来,地球上有什么东西可能出口到外星上去?请你在3分钟之内设想出5种物品来。

参考答案:地球人洋娃娃,地球仪,世界地图,大力神杯模型,奥斯卡金像奖仿制品……

注意事项

此活动适合在小学中年级实施。

♠活动97　切蛋糕

活动目的

启示学生要从不同的角度考虑问题。

活动流程

1. 投影:生日蛋糕。

2. 请大家想出一个办法:只切4刀就将这个蛋糕分成尽可能多的份数。

3. 分组讨论。

4. 全班分享。

5. 辅导教师小结：

(1)正确答案是14份。

(2)如果在平面上我们遇到了阻碍，为什么不从三维空间来考虑这个问题呢？

注意事项

教师应尽量肯定学生的各种创意，不应轻易否定。

♠活动98　图形想象与声音想象①

活动目的

发展小学生想象能力。

活动流程

1. 根据形状进行想象活动

(1)出示"□"。可能的答案：电视机、报纸、电脑、桌面、篮球筐、操场……

(2)出示"○"。可能的答案：洞、圆桌面、眼睛、管子、碗、钮扣、盖、瓶……

(3)出示："⁞"。可能的答案：竹、雨、斑马线、血滴、珠子、字行、眼泪……

(4)出示："—"。可能的答案：路、绳、竹竿、被子、木板、地面、床、电线、树……

(5)出示："≈"。可能的答案：波浪、滑板、鞋子、跷跷板、驼峰、桥、云……

(建议：可以采用自己思考并回答的形式，也可以采用分小组讨论和比赛的形式。教师用一些红花、五角星等作奖品，以鼓励学生。)

2. 根据声音进行想象活动

录音机先放一段抒情的音乐，接着突然转折，出现一些不协调的声音，学生根据自己的生活实际，推断可能发生的事情。

(1)狗叫声。推断：看见了陌生人、有小偷、发现了奇特的现象、求救、追逐、挨打……

(2)尖叫声。推断：害怕、求救、高兴、惊慌、挨打、被烫伤、骨折、小孩打针、恶作剧……

(3)咳嗽声。推断：生病、提醒别人、掩饰自己的窘态、心虚、动脑筋想办法……

①钟志农.心理健康教育课·小学教师指导手册.杭州：浙江科技出版社，2002

(4)脚步声。推断:夜深人静时、心里烦躁或生气时故意跺脚、为吸引人的注意力……

(5)玻璃打碎的声音。推断:不小心打碎了花瓶、吓了一跳杯子掉在地上、故意破坏、引起别人的注意、发脾气……

(建议:可以逐个播放一种声音,让学生自由想象发表言论,也可以让学生自由讨论之后再回答。)

3. 教师点拨

想象力可以使我们的生活变得更加丰富,更加有趣。经常展开想象还有利于我们解决问题。

注意事项

教师对学生提出的各种答案,只能给予充分的肯定与表扬,并鼓励更有创意的想法,切忌批评与比较。

三、行为训练类活动素材示例

♠活动99　时间的主人

活动目的

帮助学生对放学后的宝贵时间做出适当的安排。

活动流程

1. 辅导教师引言:如果你在某一天晚上七点才吃完晚饭,却有11项事情要你利用这一晚上来做,而你又必须在十点半以前上床睡觉,请问你将如何进行?

2. 分组讨论:可以照你的经验或你的意愿自由回答。

3. 训练:在下面的11项事情后面,均列有三种时间选择,请先就你需要的时间在三者中择一,然后将所有选择的事,依照你的意思排列出实施的先后次序,并将次序号码填入事项前之空格,例如你认为“写日记”当最先做即排在(1)。以此类推,一一填好,在十分钟内作答完毕。

请注意:若时间不够分配,在11项事情中,你最多可删去3项,至少需选出8项,而所有事情运用的时间,总数不得超出三个半小时。

( )准备第二天的小考(10分,40分,60分)。

( )写第二天要交的作业(　　　　　　　　)

( )写日记(   )

( )协助做家事(   )

( )预习第二天上课的教材内容(   )

( )做自己喜欢做的事(   )

( )和父母谈话(   )

( )看电视(   )

( )阅读课外书籍,包括报纸、杂志(   )

( )逛街(   )

( )玩游戏(   )

4. 进行小组协调讨论

注意事项

所列出的事项与时间可依各学校生活情况的不同,加以增删修改。

♠活动100 生活馅饼

活动目的

帮助学生对自己的生活安排作具体的、客观的、系统的分析与检查。

活动流程

1. 辅导教师在黑板上画一个大圆圈说:"这个大圆圈代表你们生活的一部分。首先,让我们来看看你怎样使用你的时间。这个圆圈代表一天二十四个小时,现在请各位估计一下,在下列各项中每项所占用的时间,然后把你自己的'馅饼'按各项的比例加以分割,画在个人的纸张上。"

(1)睡眠

(2)上学

(3)上网

(4)家庭作业

(5)体育锻炼

(6)帮妈妈做家务

(7)看电视

(8)吃饭

(9)复习功课

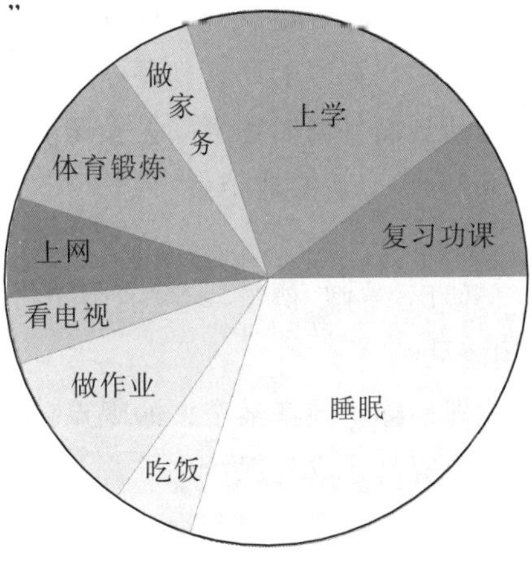

2. 等每个学生都画好自己的“生活馅饼”后,小组讨论下面几个问题:

(1)你对你目前使用时间的情形满意吗?

(2)在你的理想中,应该怎样使用时间?现在画一个圆圈代表你的理想的“生活馅饼”。

注意事项

这种方法不但可应用于时间的分配,亦可应用在金钱、精力的使用上。

♠活动101　巧用婉语

活动目的

初步懂得用词的重要性,学习委婉地表达自己意见,提高沟通技巧。

活动流程

1. 每两个人分成一组。

2. 第一轮练习

(1)甲提出一个建议。例如:“咱们周六去打游戏吧。”

(2)乙采用“好吧,但是——”的句式回答。例如:“好吧,但是我还是想去打球。”

(3)甲也继续用“好吧,但是——”的语句回答。例如:“好吧,但是咱们还是先把作业写完吧!”

(4)一直照这样的谈话方式进行下去,直到规定时间结束为止。

3. 第二轮练习

(1)甲用同样的建议开始这段谈话,如:“咱们去吃饭吧。”

(2)这一次双方的回答都要使用“好吧,而且——”的句式。例如,乙的回答可以是:“好吧,而且我们还可以去操场散散步。”

(3)2分钟以后游戏结束。

4. 讨论

(1)使用“好吧,但是——”的语句时,你的感受是怎样的?对方是否能考虑你的不同意见?

(2)即使你不同意某个人的观点,用“好吧,而且——”是否会让大家的心情好一些,并更容易达成共识?

(3)在你的生活中是否会遇到一些难以拒绝的事情,你能否使用上述句式来尝试表达自己不同的意见？

注意事项

教师还可以设计一些学生经常遇到的难题，作为典型情境在全班征集“最佳拒绝方式”。

♠活动102　坚守界限

活动目的

通过行为训练，使学生初步学会一种四级界限的设置模式，能自信地向他人表明自己的原则立场，同时也能在沟通中维护他人的原则。

活动准备

制作投影片：四级自信模式

第一级：通过有礼貌地提出请求，设定你个人的界限。

注意：这不是宣称你的道德高尚！只是对你的需要的简单、诚实表达。为了使它能得到尊重，使用下面的表述“你介意吗(顿一下)？我觉得……”。

第二级：有礼貌地再重申一次你的界限或边界。

注意：你可以不得罪任何人，而坚持你的需要！事实上，你不必出言不逊就可以做到。你可以考虑这么说：“很抱歉，我真的需要……”(提示：你第一次请求之后没有退让的事实，将会给第二次请求增加许多力量，尽管它还是以和善的方式展开。)

第三级：描述不尊重你的界限的后果。

“这是一件很重要的事。如果你不能……我就不得不……”

注意：你的后果也许只是简单地走开，否则将会更难堪。但要注意：大多数人在这个时候通常会放弃的，即使这个需要对他们的健康和心态至关重要！我们大多数人害怕采取坚持的态度。然而，有时我们必须保护我们的界限，这是事实。

第四级：坚持并实施自己的容忍底线。

“我明白，你选择不接受我。正如我刚刚所说的，这意味着我将采取行动……”

活动流程

1. 第一轮训练

(1)把全班学生分成两人一组，一人为A，另一人为B。请他们面对面站着，间隔1. 5米左右。

(2)请每个小组的A主动向B靠拢，一次一小步，直到A觉得他们够近了。现在A

说“我只想靠这么近”,并停下来不动。

(3)此时,请B继续向前走,一次一小步,直到达到他们自己的舒适限度。(注意:这会引起不舒适的笑声,那没什么。辅导教师可告诉学生,有时探索本身就是不舒适的,并请他们相信你,再忍受一小会儿。)

(4)当每个小组的B都不再向前走了的时候,辅导教师说:“我们现在有一屋子的组合,每组的两个人中至少有一个觉得不舒适。对不对?”(这会带来笑声)“事实上,现在,每组的两个人可能都有点不舒服,因为B确切地知道,他已经擅自闯入A的舒适区了。没有人会愿意这样。我马上就要解除你们所有的痛苦……但你们还会恢复原样的。(通常,这又会带来笑声)请B向你的搭档友好地道歉:‘对不起!’现在请大家都回到原来的位置上去。”

2. 第二轮训练

(1)辅导教师出示投影片,讲解“四级自信模式”。

(2)请A先向B走近,直到B已经感到不太自在时为止。

(3)告诉B进入自信模式的第一级。他可以很有礼貌地要求他们的搭档退后一点儿,无论他们怎么说都可以,例如:“对不起,我们站的距离再远一些,你不会介意吧?我不习惯和人靠得很近。这使我不自在。”

(4)请A对自己的搭档笑笑,但要站在原地不动。(这会带来笑声,当A那么做时,B都会有不同程度的不舒适感。)

(5)辅导教师询问:“B,现在,你们有多少人对你们的搭档有点儿恼火?”请他们举起手示意,随意地笑笑,然后继续告诉他们:“如果你们确实是,那你们需要进入第二级训练——坚持你们的界限。有礼貌地重复你们刚刚的请求,请你们搭档退后一点儿,并保持尊敬和坚定的态度。”(如:“很抱歉,我真的需要远一点的距离。”)

(6)让B这么做。然后让A有礼貌地回答或微笑,但仍呆在原处。

(7)告诉每个小组:“现在你们可以根据自己的情绪及控制能力,自由选择四级自信模式的步骤继续这个过程,也就是按照我们刚才提出的要求来进行下面的第三级、第四级训练。但我要提醒你们的是,请一定要尽量控制自己的不快甚至不满,尽量做到互相谅解。如果你们已经完成整个过程,请握握手,请求互相谅解并坐下。”

3. 分享

(1)对B来说,设定自己的最后底线是难还是容易?

(2)A不答应B的请求,B有什么感受?

(3)当他人不接受我们的请求时,我们会有什么想法和感受?这些想法和感受对我们寻求一种必胜的解决办法有什么影响?

(4)B中是否有人发现,在站多远的距离这个问题上,他们愿意让步?你们看到了不喜欢和不能忍受之间的不同吗?

(5)当你们设定界限时,有多少人使用了自信模式的全部等级?有人只采用了一级,然后就让步了吗?有人甚至忽视了一级到三级,直接跳到了第四级,那样做合适吗?

注意事项

1. 这个游戏中有的学生会感觉不舒适,这并不是坏事,因为有一点儿消极情绪事实上能提高训练效果。

2. 如果男生女生搭配,可能效果会更好一些。此时,应由女生扮演B。

♠活动103　打招呼

活动目的

学会打招呼的技巧,增进团体的温暖。

活动流程

1. 全班分为8人小组。

2. 辅导教师请每组中的第一个学生对右边的同学说"你好"或"我真喜欢你的声音"等问候语。

3. 旁边的同学要回答说"你好"或"谢谢!我很高兴",也可以是其他应对语言。

4. 一个个依次轮流下去。

注意事项

打招呼时,眼睛要注视对方,声音要肯定、柔和。

♠活动104　快乐大转盘

活动目的

训练人际沟通技巧,体会表情、动作和语言在人际交流中的重要性。

活动准备

教室里撤去课桌，椅子靠墙。

活动流程

1. 全班同学在教室里随意站立，保持安静，准备按辅导教师的口令行动。口令参考：

(1)每人脸朝天花板，面无表情地随意走动，遇人转开。

(2)每人脸朝自己脚尖，面无表情地随意走动，遇人转开。

(3)每人脸看他人脸，面无表情地随意走动，遇人转开。

(4)每人脸看他人脸，面带微笑，随意走动，遇人点头。

(5)每人脸看他人脸，面带微笑，随意走动，遇人握手。

(6)每人脸看他人脸，面带微笑，随意走动，遇人握手，心中说："我欣赏你。"

(7)每人脸看他人脸，面带微笑，随意走动，遇人握手，口中说："你很棒！"

2. 相关讨论

(1)当大家都面无表情地随意走动时，你是否感觉不自在？希望别人能冲你笑一笑吗？

(2)当别人主动向你打招呼或握手时，你是否很感动？

(3)从这个游戏中你体会到什么道理？对你在班级里的人际交往有帮助吗？

♠活动105　倾听解密

活动目的

1. 帮助学生领悟到不良的听人讲话的习惯会直接影响与他人的亲密关系。

2. 通过角色扮演，改变自己不良的听人讲话的习惯。

活动流程

1. 录像展示倾听时存在的种种不良行为。

(1)双手交叉抱在胸前，脚无节奏地敲着地面。(传递信息：我不想听你再说下去了。)

(2)整个人都坐在椅子里，身体后仰，头靠在椅背上。(传递信息：听你说话好累噢！)

(3)两腿交叉或腿跷起来，并不时地来回晃动。(传递信息：抖动的腿会分散说话者的注意力，让他觉得你没有在专心听他讲话。)

(4)不停地看表或开始收拾桌子上的东西。(传递信息:明显的逐客令——你是不是该走了?)

(5)手里一直在转笔。(传递信息:你的说话内容真无聊。)

(6)打哈欠,皱眉,叹气,伸懒腰。(传递信息:我对你所说的没什么兴趣。怪不得有人说:“杀死相声家不需刀刃,只需打三个哈欠即可。”)

2. 分组讨论:面对这样的倾听行为时会有什么感受?这样的倾听行为在向说话者传递什么样的信息?

3. 两人一组进行角色扮演:一人扮演说话者,一人扮演倾听着。2分钟后互换角色。说话内容:谈谈你最近的一件开心事或烦恼事。

注意事项

角色扮演前要注意营造良好团体氛围,防止学生出现调侃现象。

♠活动106 体验放松

活动目的

让学生集体体验放松的感觉,掌握自我放松的要领和技巧。

活动准备

放松音乐磁带。

活动流程

1. 热身:“抓手指”游戏

全体同学以圈形站立,伸出左手手心向下,伸出右手食指向上,与相邻同学的左手手心接触。辅导教师随机喊一些数字,当喊到尾数是7的数字(如27,37,47……107……)时,每个学生要设法左手抓别人的手指,而右手逃脱别人的手掌。这一游戏可以体验心理紧张的感觉,可反复做几次。

2. 让学生先体验肢体紧张的感觉

体验的顺序依次为手臂部、头部、躯干部和腿部。

(1)手臂部的紧张:伸出右手,握紧拳,紧张右前臂;伸出左手,握紧拳,紧张左前臂;双臂伸直,两手同时握紧拳,紧张手和臂部。

(2)头部的紧张:皱起前额部肌肉,像老人那样皱起眉头;皱起鼻子和脸颊(可咬紧牙关,使嘴角尽量向两边咧,鼓起两腮,仿佛在极痛苦状态下使劲一样)。

(3)躯干部位的紧张:耸起双肩,紧张肩部肌肉;挺起胸部,紧张胸部肌肉;拱起背部，紧张背部肌肉；屏住呼吸，紧张腹部肌肉。

(4)腿部的紧张。伸出右腿，右腿向前用力像在蹬一堵墙，紧张右腿；伸出左腿，左腿向前用力像在蹬一堵墙，紧张左腿。

3. 让学生进行想象放松

播放轻柔的音乐，根据辅导教师的指导语让学生进行想象放松：

我仰卧在水清沙白的海滩上，沙子细而柔。我躺在温暖的沙滩上，感到舒服，能感受阳光的温暖；耳边听到海浪声音，感到温暖而舒适。微风吹来，使我有说不出的舒畅感觉。微风带走我的思想，只剩下一片金黄阳光。海浪不停地拍打海岸，思维随着节奏飘荡，涌上来又退下去。温暖的海风吹来，又离去，带走了心中的思绪。我感到细沙柔软、阳光温暖、海风轻缓，只有蓝色天空和大海笼罩我的心。阳光照着我全身，身体感到暖洋洋的。阳光照着我的头，我感到温暖与沉重。

轻松暖流，流进右肩，感到温暖沉重；呼吸变慢、变深。轻松暖流，流进我右手，感到温暖沉重；呼吸变慢、变深。轻松暖流，又流回我右臂，感到温暖沉重；又流进我后背，感到温暖沉重；从后背转到脖子，脖子感到温暖沉重。

我的呼吸变慢、变深。轻松暖流，流进左肩，感到温暖沉重；呼吸变慢、变深。轻松暖流，流进了左手，感到温暖沉重；呼吸变慢、变深。轻松暖流，又流回左臂，感到温暖沉重。

我呼吸变慢、变得轻松，心跳也变得慢而有力。轻松暖流，流进右腿，感到温暖沉重；呼吸变慢、变深。轻松暖流流进左脚，感到温暖沉重；呼吸变慢变深。轻松暖流，又流回右腿，感到温暖沉重。

呼吸变慢，越来越深，越来越轻松。轻松暖流流进腹部，感到温暖轻松；流到胃部，感到温暖轻松；最后流到心脏，感到温暖轻松。整个身体变得平静，心里宁静极了，已经感觉不到周围的一切，四周好像没有任何东西。我安然躺卧在大自然中，十分自在。

(静默几分钟后结束，音乐停止)

4. 学生分享体验感觉

注意事项

1. 教师的语调要缓慢，声音要轻柔，语句尽量口语化。

2. 时间在15分钟左右。

♠活动107　天籁之声

活动目的

1. 让学生体验心静的感觉,学会集中注意力,懂得聆听。

2. 感受通过眼神和身体接触(如手、背),彼此间传递及交流信息。

活动准备

《天籁之声》等班德瑞系列音乐磁带或CD(或其他放松音乐)。

活动流程

1. 将全班学生分成两组,围成两个同心圆,里圈和外圈的人面对面坐好。轻轻闭上眼睛,做5个深呼吸,慢慢地放松,静静感受来自周围的声音……2分钟后睁开眼睛,交流听到的声音。

2. 让所有的学生面对面坐好,轻轻地闭上眼睛,做3个深呼吸,聆听《天籁之声》,慢慢睁开眼睛注视对方,默默地去体会对方此时此刻的心情和想要表达的心境……

3. 让里圈和外圈所有的学生面对面坐好,轻轻闭上眼睛,做3个深呼吸,聆听《天籁之声》,慢慢地伸出双手与对方的手轻轻地贴在一起,去感受对方要传达的信息……

4. 让里圈和外圈的所有学生背对背坐好,轻轻地闭上眼睛,做3个深呼吸,聆听《天籁之声》,慢慢地背靠背,去体会对方通过背脊要传达的信息……

5. 全班交流,分享感受。

注意事项

1. 本游戏需要有非常安静、没有干扰的环境,要在温度、湿度十分舒适的情况下,才能让人进入用心聆听、用心说话、用心体验的境界。

2. 本活动的感觉是细微和敏感的,所以对中学生来说,以同性学生一组为宜。

3. 音乐的选择非常关键,以聆听大自然的声音为宜,如流水声、雨声、涛声、虫鸟鸣叫声等。

第四节　团体结束期活动素材示例

心理辅导活动课的"团体结束阶段"与小组团体辅导的"团体结束期"有很大

的不同。一般说来，作为小组团体辅导，整个过程会经历一个较长的时期，成员往往由陌生到相识，由相识到相知，由相知到依恋。因此，当团体进入尾声阶段时，成员之间难免会有依依不舍或者是如释重负的感觉。此时，作为辅导教师，在设计活动上可能重在帮助团体成员自我评估成长幅度与团体的运作情况，并处理好离开团体时的惆怅情绪以及其他未完成事件，让成员之间有一定的情感交流机会，例如可以设计读书会、谈心会、联欢会甚至是野外郊游等等活动。而学校里的心理辅导活动课因为受到课时的严格限制，不可能有很多时间来比较细致地处理上述问题，所以，在最后短短的5分钟左右的时间里，主要的任务还在于概括总结、澄清意义、升华主题，并布置一些课外延伸的辅导练习，以促使学生将讨论的结果、认知的提升加以生活化和行动化。当然，在时间允许的情况下，也可以组织一些时间较短的能够营造热烈气氛、增进团体凝聚力、激发学生正向情绪的小型活动，例如：团体康乐活动或音乐类活动等。

一、团康类活动素材示例

♠活动108　大团圆

活动目的

通过身体的接触带来温暖和力量，使学生在心理辅导课结束前更实在地肯定团体的团结，获得支持与信心。

活动准备

录音机、音乐磁带。

活动流程

1. 请全班学生站立，面对面围成内外两圈，将两手搭在两侧成员的肩上，聚拢静默30秒。

2. 然后随着音乐轻轻地哼唱大家共同熟悉的歌曲，并随着旋律自由摇摆。全体成员在一个充满温馨甜蜜而有内聚力的情境中结束本节课的活动，留下一个美好的、极有象征性的、难忘的记忆。

注意事项

这一活动也应有前几个阶段良好的团体氛围作铺垫，方可水到渠成。

♠活动109　喊出自信来

活动目的

自我激励,增强自信。

活动流程

1. 每人写出两句自己最满意的自我激励的口号,然后熟读,默默背诵。

2. 辅导教师带领全班同学在教室里(或室外)列队,队形为U形。举起右手,用尽全力把自己的口号喊出来。要大声、坚定、自信,重复三遍,然后全班同学热烈鼓掌。

3. 教师现场小结赠言(根据具体情况拟定)。

注意事项

心理辅导课开始之时,就应注意将课桌撤去。

♠活动110　传递祝福

活动目的

增进团体成员的感情,进行相互勉励。

活动流程

1. 发给每个学生一张“祝福卡”,样式如下:

姓名:________________　班级:________________

请各位同学写出对我(　　　　)的祝福,谢谢!

1.
2.
3.
4.
5.
6.
7.
8.

9.
10.

我对祝福卡内容的感想：

____

____

参加这次心理辅导活动课的收获：

____

____

2. 在音乐声中，各小组学生围坐在一起，写下对他人的祝福，并将祝福卡继续传递给自己右边的同学，依次一一增添对每位同学的祝福语，直至大家写给自己的祝福卡传回到自己手里为止。

3. 学生在小组内收到他人对自己的祝福语之后，写下自己的感想，并在小组内作简短发言。

注意事项

1. 只有在团体氛围非常好的前提下才可使用“祝福卡”，绝不可勉强使用。

2. 祝福卡的设计应该尽可能新颖、活泼，例如可使用学生喜闻乐见的卡通形式。

♠活动111　送七彩苹果

活动目的

营造团体结束时的热烈气氛，表达自己对他人的良好祝愿。

活动准备

给每个学生发7张七种颜色的苹果形卡片，大小适中。

活动流程

1. 在心理辅导活动课结束之前，让每个学生想一想，我这“七个苹果”准备送给谁，然后在每张苹果卡上写下一句祝福语，祝福语应该是有针对性的。

2. 背景音乐《七色花》的乐曲声中，学生在教室里随意走动，把代表不同祝福的色彩鲜艳的“苹果”送给自己最想送的同学，并说一句祝福的话。

3. 全班分享：你得到了几个“苹果”？别人对你有什么样的良好祝愿？

注意事项

1. 教师事先应准备若干个“七彩苹果”，写上对班里几位后进学生或者有特殊心理需要的学生的祝福语，在赠送“苹果”时参与到学生的活动中去，将自己的祝福送给这些特殊的学生，以防止某些学生因人际关系疏远或其他原因而收不到别人的祝福。

2. 教师也可事先叮嘱班里的骨干学生，注意到在结束活动时一些可能显得比较孤独的同学，给他们也送上一份祝福。

二、音乐类活动素材示例

《明天会更美好》(群星)

http://ok.wo99.com/mplay.php？id=689570

《真心英雄》(周华健)

http://www.tingshow.com/musicword/c9/s1467/45217.html

《爱的奉献》(韦唯)

http://news3.xinhuanet.com/video/2005~02/12/content_2572662.htm

《同一首歌》(群星)

http://www.cctv.com/program/tysg/01/index.shtml

《让世界充满爱》(群星)

http://list.mp3.baidu.com/xiaoyuan/0/20_tsomp3.htm

《难忘今宵》(李谷一)

http://www.inkui.com/a3/A/F/AF65319F85E2A840DB66.html

《永远是朋友》(毛阿敏)

http://www.yule2000.com/SongPlayFold_1/6939_808138.htm

《我的未来不是梦》(张雨生)

http://mv.suflash.com/html/mv7302.php

《干杯，朋友！》(田震)

http://www.yule2000.com/SongPlayFold_1/31159_323255.htm

《祝福》(张学友)

http://www.7yin.com/music_list/2e173e9c73c06ac4.htm

《友谊地久天长》(英)

http://www.tingshow.com/musicword/c5/s67/59186.html

《感恩的心》(欧阳菲菲)

http://www.geciwww.com/list.asp? id=3080

《爸妈,谢谢你》(许景淳)

http://www.9911.com/play/41587

《懂你》(满文军)

http://www.qishi.com/m/7098.htm

《栀子花开》(何炅)

http://www.f130.com/flash/music5387.htm

《健康歌》(范晓萱)

http://news3.xinhuanet.com/audio/2003~07/14/content_972741.htm

《幸福拍手歌》(蔡国庆)

http://www.jiukuai.com/play2006/73126.htm

《再回首》(姜育恒)

http://www.7ting7.com/MusicPlay/187/9154a51eef99c367.Shtml

《快乐老家》(陈明)

http://wvw.8812345.com/playmusic_real/5940.htm

《我是一只小小鸟》(赵传)

http://news3.xinhuanet.com/audio/2003~06/02/content_900010.htm

《祝你平安》(孙悦)

http://list.mp3.baidu.com/xiaoyuan/2/265_tsomp3.htm

《朋友,出去走走》(吴佰伦)

http://www.inkui.com/a3/4/5/4555E72BE442C9DD7FD8. html

《小小少年》(德)

http://blog.fltrp.com/ecechina/node/1169

《年轻的梦永远打不碎》(马旭成)

http://www.flashpub.net/geci/geci/38014.htm

《朋友》(臧天朔)

http://music.94888.net/mp3/%E8%87%A7%E5%A4%A9%E6%9C%94/

《七色花》(童声)

http://218.13.33.2/xxyw/Soft_Show.asp? SoftID=392

《童年》(罗大佑)

□□□dhttp://www.geciwww.com/list.asp? id=230

《同桌的你》(老狼)

http://www.geciwww.com/list.asp? id=491

《外婆的澎湖湾》(张明敏)

http://list.mp3.baidu.com/xiaoyuan/0/29_tsomp3. htm

本章小结

本章中搜集、整理、编写了分别适用于心理辅导活动课“团体热身阶段”、“团体转换阶段”、“团体工作阶段”和“团体结束阶段”的111例活动素材，并根据心理辅导活动课上不同团体进程的不同需要和特点，加以不同形式的归类，具体分为肢体动作类、语言类、案例类、表演类、影视音像类、游戏类、体验类、认知类、行为训练类、团康类以及音乐类等等，以便查找和使用。尽管其中某些分类方式有局部的交叉，但在相对独立的板块内却并无明显冲突。要特别强调的是，这些活动素材只是“示例”，而不是“总汇”，其目的在于引发第一线辅导教师的思考与灵感，以便通过自己的努力，创造出更多符合中小学心理辅导活动课实际需要和内在规律的新颖的活动素材。

问题讨论

1. 小组团体辅导中使用的游戏形式与心理辅导活动课上使用的游戏形式有哪些不同？

2. 你认为心理辅导活动课活动素材的不竭源泉在哪里？

3. 如何建立学校心理辅导活动课的活动素材资源库？

第五章　心理辅导活动课设计示例

本章中将分别列举小学、初中、高中、职高等不同学段的若干个心理辅导活动课设计方案，展示其从设计到讨论、继而再作修改直至定稿的完整过程，以便使大家对设计一节心理辅导活动课可能会遇到的各种问题有一个具体的印象，并在这样一个逐步完善教案的过程中把握设计活动的基本规律。

要说明的是，在每一个设计方案的第一稿后面，我们会插入一个“思考与练习”，请读者对这一份设计方案提出自己的看法，包括对如何修改原方案提出自己的建议。我们希望读者能够在完成这一个“思考与练习”之后，再去阅读后文的设计点评以及作者最后的修改稿，这样就可能会给您留下更深的印象。

第一节　小学教案设计：如何应对父母的唠叨

在这一节里，我们将以孟丽老师的一节小学五年级心理辅导课的教案为例，分析辅导教师的辅导理念是如何一步一步发生变化的。由于理念定位的改变，活动主题、活动目标、活动设计也都跟着发生了根本性的改变。

一、设计方案初稿：感恩

感　恩

——小学五年级心理辅导活动设计方案

浙江省湖州师范学院附属小学　孟　丽[①]

活动理念

随着年龄的增长,小学高年级学生的自我意识迅速发展,独立意识越来越强,有一种强烈追求自主的欲望。当强烈的独立意识与父母的过多关爱发生冲撞时,学生往往以自己的逆反行为来表示自己的独立,有时心里明知父母是对的,也会反其道而行之;而对父母为他们做的一切,学生不但不能体会到爱,反而觉得父母麻烦多事,不知感恩,更不知珍惜。

心存感恩之心,是改善亲子关系的第一步。通过本次辅导活动,让学生能懂得感恩,并学会珍惜父母的爱,从而改善亲子关系。

活动目标

1. 通过活动,使学生在体验中懂得"滴水之恩,当涌泉相报"。培养学生对父母的感恩意识。

2. 通过活动,使学生学会感激父母的方法,懂得选择合适的方式去回报父母,为父母做一些力所能及的事情。

活动准备

1. 拍摄本校残疾学生母子生活录像、制作投影片。

2. 准备《感恩的心》碟片和故事录音。

活动过程

课前游戏:

学做手语歌曲《感恩的心》的部分动作。

1. 故事引入

教师:同学们,有个真实的故事,它深深地打动了我,因为它就发生在我们所在的学校——湖州市湖师附小。每天,我都能看到一位妈妈背着儿子行走在校园里。让我们一起来看看他们的真实故事。

(点击课件,播放录像)

教师:看了这个故事,你有什么感受呢?

---

①后文修改稿作者同为孟丽

学生谈感受。

2. 感受真情

教师：那么，你的父母又是怎样关心你的呢？请你们在小组里讨论一下，从你记事到现在，爸爸或者妈妈为你做的一件最让你感动的事是什么？

教师巡视，关注各小组感人的故事。（5分钟左右）

教师：来，把你的故事和大家一起说说吧！（听学生诉说他们的故事）你一定是个情感细腻的孩子，关注到了生活的细节。父母对我们的关爱，常常流露在生活的细节里，不去细心地感受，就会被我们忽视了。

3. 真情测试

教师：父母对我们付出了这么多心血，我们又为父母做了多少呢？让我们来个亲情小测试吧！如果你做到了，就高高地举起手，准备好了吗？

出示投影片：亲情小测试——

(1)放学回到家会跟爸爸妈妈打声招呼。

(2)自己的事情自己做，比如整理书包、叠被子等，减轻家长的负担。

(3)能帮父母做些家务活，比如洗碗、拖地、洗菜等。

(4)吃饭时给家里的长辈盛饭。

(5)妈妈累了，给妈妈捶捶背。

(6)给爸爸妈妈泡过茶。

(7)被爸爸妈妈批评时，不顶嘴，不发脾气。

(8)知道爸爸妈妈的生日，并且及时送上一份祝福。

(9)爸爸妈妈心情不好时，能安慰他们，说笑话逗他们开心。

(10)亲口对父母说过："爸爸妈妈，我爱你们。"

教师针对回应不多的测试题目进行追问，例如：

第7题　发现你们很多人没举手，说明你们很诚实，这点让我很感动，能说说为什么事和父母顶嘴吗？

第8题　你是怎么为爸爸妈妈过生日的呢？

第10题　我发现一个有趣的现象，第10题举手的同学特别少，为什么在爸爸妈妈面前，"我爱你"这样的话说不出口呢？（学生讨论）是啊，老师也不习惯，不好意思和自己的父母说，什么原因啊？可能是因为我们东方人比较含蓄，我们喜欢在行动里表达吧。

4. 真情演绎

教师：假如生活中你遇到了这些情况，你觉得怎样做才能让父母和你都感到快乐呢？（准备好真实的道具：茶杯、暖壶、拖把、温度计）

(1)爸爸一脸疲倦地回到了家……

(2)好冷的天啊，面对一桌子待洗的碗……

(3)妈妈发烧了，虚弱地躺在病床上……

(4)妈妈在拖地……

(5)爸爸在厨房忙着烧晚饭，可是盐没了……

(6)爸爸要出差了……

(7)爸爸或妈妈批评我了，批评得很厉害……

出示活动规则：

(1)选一种情况，自由找一位小伙伴演一演。

(2)和小伙伴商量好情节，在正式表演时可以使用老师为大家准备的道具。

(3)别人演出，认真观看，注意欣赏和学习。

请大家开始行动吧！

（表演时，注意要让学生参与评价）

小结：你发现了吗？如果我们常常在心里对父母充满感激，常常为父母做一点力所能及的事，父母就会感到特别的安慰和快乐。我们对父母的爱，就可以常常流露在这些点点滴滴的小事里。

5. 真情流露

过渡：同学们，拥有一颗感恩的心，才会对生活充满感动。让我们一起欣赏《感恩的心》这首歌，欣赏和这首歌一起广为流传的一个聋哑女孩的故事。

播放音乐及故事概要录音。

教师：这是多么坚强的女孩啊！你有兴趣学学这首歌吗？

老师教学生手语动作。

全体起立，让我们怀着一颗虔诚的心来唱这首歌。边唱边学着做，让感恩存在我们心里。

回家把这首歌表演给爸爸妈妈看。

思考与练习

1. 我认为这份设计方案的优点是：

(1)____

____

(2)____

____

(3)____

____

2. 我认为这份设计方案的不足是：

(1)____

____

(2)____

____

(3)____

____

3. 我的修改建议是：

(1)____

____

(2)____

____

(3)____

____

二、初稿点评

我们研究一节心理辅导活动课的设计，首先要关注的是设计的理念。如果理念没有问题，那么就可以具体讨论设计的过程及其细节；如果设计理念出现了偏差，那么应首先探讨理念的定位，设计环节及方法技巧等问题可以先搁置不谈。

在这一份设计方案里，辅导理念的定位是放在“感恩教育”上的。因为近几年来有一种流行的观点，就是认为当代的青少年不懂得“感恩”，当然，这个“不懂感恩”的指向是比较宽泛的，不仅仅是指“感恩父母”，不好以偏概全，但在学校里涉及比较多的往往是针对父母师长的“感恩”。假如某些学生与父母之间出现了关系紧张问题，师长们首先想到的就是子女缺少了传统的道德观，不知道应该感恩自己的父母。所以，“感恩教育”成了主流社会的价值导向。只要看“感恩教育”口号的本身，就知道它带有明显的传统德育“灌输”与“威权”的色彩，即希望依靠“由外向内、由上而下”的道德灌输来解决学生与上一代人之间的种种矛盾。其实，“感恩父母”与“解决亲子矛盾”是两个既有联系又有区别的问题，要根据具体的人、具体的事、具体的场合，来做具体的分析。一方面，与父母有矛盾、出现沟通困难，不一定等于说问题就出在子女“不懂感恩”上；另一方面，懂得“要感恩父母”又不一定等于说就能够顺利化解亲子之间的矛盾。但这两者的确又是有联系的。总之，我们必须注意到，尽管引导学生懂得“感恩”是非常必要的，凡事“以自我为中心”也的确是不少孩子的实际表现，但是，中小学生与父母之间沟通困难、关系疏远还有很大一部分原因实际是出在家长身上；绝大多数中小学生并非不懂父母养育之恩，他们与父母的矛盾有着比“不懂感恩”复杂得多的深层原因。因此，仅仅靠居高临下的“感恩教育”是不能解决实质性问题的。[1]这就是这一份“感恩”教案，在辅导理念的定位上给我们带来的思考。

当然，“感恩”作为一个道德概念，以主题班会或思想品德课的形式作为载体，对学生进行必要的灌输和引导，是完全必要的。但是作为一节旨在改善亲子关系的心理辅导活动课，是否可以调整一下教师的理念定位，力求更深一步地进入孩子们的心灵，来发现五六年级学生亲子矛盾的问题所在，而把感恩思想的教育工作留给思品课或班会去完成呢？

三、修改稿：爸爸妈妈真的不容易

爸爸妈妈真的不容易

——小学五年级心理辅导活动教学设计

活动理念

随着年龄的增长，小学高年级学生的自我意识迅速发展，独立意识越来越强，有一种强烈追求自主的欲望。当强烈的独立意识与父母的过多关爱发生冲撞时，学生往往以自己的逆反行为来表示自己的独立，有时心里明知父母是对的，也会反其道而行之。而对父母为他们做的一切，学生不但不能体会到爱，反而觉得父母麻烦多事。

①参见本书第三章第一节

理解,是改善亲子关系的第一步。通过本次辅导活动,让学生能站在父母的角度,感受父母养育自己的不易,理解父母,体谅父母的行为方式,以减少亲子之间的冲突和误会,从而达到改善亲子关系的目的。

活动目标

1. 通过活动,学生在体验中感受到父母养育自己的不易和培养自己的良苦用心,能从父母的角度为他们着想,从而理解父母。

2. 学会体谅父母,为父母做一些力所能及的事情。

活动准备

1. 课前让孩子们请家长谈谈自己在单位的工作,如工作的内容、同事间的合作情况、工作的意义、压力等,增进子女对父母的了解。

2. 拍摄残疾学生母子的生活录像。

3. 搜集反映父母与孩子之间亲情的图片,并制作课件。

4. 为每个学生准备1枝纸花。

活动过程

课前游戏:歌曲接龙

以小组为单位比赛,一个组接着一个组地唱与母亲有关的歌,并把歌名写在黑板上。

【设计意图】 调动学生参与的积极性,排除紧张情绪,创设一种轻松、开放、安全、温暖的氛围。

1. 感受真情

这节课,就让咱们来聊聊有关父母的话题。在我们身边就有一位可亲可敬的母亲,她每天都会背着儿子行走在我们的校园里。让我们一起来看看他们的真实故事。(点击课件)

在这个真实的故事中,哪个情节深深地打动了你?为什么?

【设计意图】 以真实的故事来感染学生,引起学生情感上的共鸣,激发学生的情感,为下面的辅导活动作铺垫。

2. 回味亲情

(1)这位妈妈真的很不容易,其实,我们每个人,尽管没有遇到录像中那位小朋友那么艰难的经历,但都是在爸爸妈妈的辛勤养育和精心照料下慢慢长大的。让我们随着画面,一起来回忆爸爸妈妈为我们做的点点滴滴。(点击课件)

(教师旁白:当我们呱呱落地的时候,爸爸妈妈是多么高兴啊!从那一刻起,他们就担负起养育我们的责任。爸爸妈妈细心地照料着我们，哄我们睡觉，给我们喂饭，换尿布；等我们稍稍长大，爸爸妈妈又耐心地教我们数数，给我们讲故事，带着我们去大自然游玩，在无数个夜里给我们掖被子，想着法子做丰富可口的饭菜给我们吃；上学了，他们又操心起我们的学习。我们就这样在爸爸妈妈无微不至的照顾下，一天天长大了。）

(2)在生活中，你从哪些生活细节体会到了你的爸爸妈妈也是很辛苦，很不容易的？请大家在小组里和你的小伙伴说一说。

①学生小组交流。教师巡视。(关注各小组的交流，5分钟左右)

②教师：谁愿意跟大家说说？指名回答。(5人左右)

教师小结：父母要为生活奔波，要为我们操心，可能会有许多我们想不到的麻烦、苦恼和辛酸。

③为了我们能健康茁壮地成长，父母付出了许多，失去了许多。如果把这瓶花看作是你的父母所拥有的一切，在你看来，父母会失去什么呢？注意，你谈到一点，这象征父母所拥有的一切的花束，就会减少一支。

学生交流。

【设计意图】 通过小组讨论、交流，回忆起生活中一幕幕感人的细节，重温那份感动，感知父母的不易。

3. 真情测试

过渡：确实像你们说的那样，爸爸妈妈为我们失去了那么多，而他们开始老了……就像这空空的花瓶，不再充满生气了。好在，我们在慢慢地懂事。父母为我们这么辛劳，我们又为父母做了多少呢？让我们来个亲情小测试吧！如果你做到了，就高高地举起手中的花，准备好了吗？

出示“亲情小测试”：

(1)放学回到家会跟爸爸妈妈打招呼。

(2)自己的事情自己做，比如整理书包、叠被子等，减轻家长的负担。

(3)吃饭时给家里的长辈盛饭。

(4)妈妈累了，给妈妈捶捶背。

(5)被爸爸妈妈批评时，不乱发脾气。

(6)知道爸爸妈妈的生日，并且及时送上一份祝福。

(7)爸爸妈妈心情不好时，能安慰他们，说笑话逗他们开心。

(8)给父母一个拥抱，并亲口对他们说过：“爸爸妈妈，我爱你们。”

【设计意图】 在体验、感知之后，让学生进行真情测试，学生的情感由此及彼，对学生正确地自我认识、自我反省很有帮助。

4. 真情演绎

过渡：看来大家平时的表现还真不错，举手次数少的也别着急，我们可以从现在做起。我们可以像这样通过各种行动为爸爸妈妈增加些什么，让爸爸妈妈拥有些什么。我作为你们的大朋友，也给你们出出主意：可以把你的想法说一说，写一写，演一演，也可以用唱一唱、画一画的形式表达你的心意。

如果你想采用演一演的方式，老师为你们提供这样几个生活情景：

出示投影：

(1)爸爸一脸疲倦地回到了家……

(2)妈妈发烧了，虚弱地躺在病床上……

(3)妈妈在做菜时将手切破了……

(4)爸爸或妈妈批评我了，批评得很厉害……

在小组中找伙伴讨论一下，如果你和伙伴讨论好了方式方法，就在花瓶中插一枝花，待会儿告诉大家这枝花象征着什么。请大家开始行动吧！

(集体交流)

小结：你发现了吗？如果我们常常在心里对父母充满感激，常常为父母做一点力所能及的事，父母哪怕再苦再累，心里也是甜蜜的；我们对父母的爱，就能让父母的心情像这一盆盆花一样地灿烂美丽。

【设计意图】 选取学生生活中可能会遇到的情况，给学生一个展示空间，在真情演绎中，学生不断接受到新的信息和他人的反馈，感受关心父母、体谅父母的快乐。

5. 真情流露

最后，让我们怀着一颗感恩的心，用一种特别的方式唱唱一首歌，把这首歌送给所有的爸爸妈妈。

同唱手语歌《感恩的心》。

【设计意图】 在孩子们比较熟悉的歌曲中结束本课，借助音乐的感染力触动学生的心灵，在爱的氛围中达到情感的共鸣与升华，让学生意犹未尽。

思考与练习

1. 我认为设计方案(第一次修改稿)的优点是：

(1)____

____

(2)____

____

(3)____

____

2. 我认为这份设计方案的不足是：

(1)____

____

(2)____

____

(3)____

____

3. 我的修改建议是：

(1)____

____

(2)____

____

(3)____

____

四、第一次修改稿点评

1. 对“感恩”设计方案(原稿)进行讨论与思考的结果，是辅导教师在这份修改稿中将原来让学生“懂得感恩”的理念定位改变为引导学生体会“爸爸妈妈真的不容易”，从而使辅导理念由高调走向平实，由外在的威权走向内在的感悟。这实际上是一个从道德说教走向关注小学生“观点采择”的心理过程的转变，它体现了思品课与心理辅导课在指导思想上的重大差异。“观点采择”(perspective-taking)经常被比喻为“从他人的眼中看世界”或是“站在他人的角度看问题”，它是与“自我中心”相对立的，它的本质特征是个体认识上脱离“自我中心”，能够为他人着想。[1]

①张文新.儿童社会性发展.北京：北京师范大学出版社，1999.237~238

观点采择是小学生社会化发展的必经历程，只有解决好这一问题，小学生才能在处理亲子矛盾的过程中，从“自我中心”中解脱出来，实现自己从“自我中心”到“移情的社会自我”的发展与成长。

但是，关于这一节课的辅导理念如何定位的讨论并没有到此结束，我们还可以从后文中继续看到它的延伸与变化。

2. 这份修改稿从总体上看，设计是精心的，具体表现在：

(1)思路清晰，以“情”为主线，“感受真情——回味亲情——真情测试——真情演绎——真情流露”，一步步深化主题，有较强的层次感。

(2)选用的辅导素材有些来自本校的真人真事，而且十分典型，不仅使学生感到亲切可信，而且能给学生带来心灵的震撼。结尾的手语歌曲《感恩的心》能引领学生进入一种人生境界，使每一个学生在肢体语言的表达中受到强烈的感染。

(3)整个教案结构严谨，每一处的过渡与转折都设计得非常细致，体现了辅导教师考虑问题细致、处理问题细腻的独特风格。

(4)活动的形式比较丰富多样，教师应该说动足了脑筋，若是组织得好是能够受学生欢迎的。

3. 对第一次修改的设计方案，从具体细节上是否可以从以下角度加以修改或调整：

(1)热身活动的设计是可行的，但是否先让学生在组里议一议，比如教师可以说：“大家会唱同爸爸妈妈有关的歌曲吗？我们来一个歌曲接龙比赛好吗？先在小组里用1分钟时间确定一下你们要唱哪首歌。”然后再按照某种游戏规则进行歌曲接龙。

(2)录像的内容越是感人，教师就越要注意认真倾听学生的观后感受，并做出有针对性的回应，不要走过场，不要急于转到下面的环节中去。这样才可能在情感体验上为后面问题的解决积蓄团体动力。

(3)“回味亲情”后的那一段教师旁白可以不要，因为对五年级学生来说，反映父母关爱子女的内容他们完全可以看懂，只需配上音乐快速浏览和回忆一下就可以了。有了旁白反倒类似说教，而且容易和后一个问题的结论重复。

(4)小组讨论“生活中的父母有多么不容易”这一环节，是这次活动的重点，一定要充分展开，投放多一点时间，不能走过场。而下面一些表面化的文章可以少做或不做，要尽可能让学生比较真切地体验到父母在哪一些事情上不容易，力求有所突破。在这一过程中，教师则要注意认真倾听，发现学生讨论中的典型事例和细节,以便对后面的问题解决做出导向。所以,教案中"指名"二字应去掉,发言人数不要限制在5人,因为这是重点环节,能否打动学生,能否使学生感受真情,在此一举。

(5)"父母为我们失去了什么"这一环节,这一问题对小学生而言可能会有一些难度,显得比较抽象,可以先在小组里议一议,再做全班交流。

(6)"真情测试"这一环节可能有些像思品课的"导行"了,当然从表面看这些要求都是对的,但是问题在于没有抓住学生内心的真实想法和感受。须知五年级学生要解决的亲子关系难题并不是捶背、盛饭这一类事情,而是逆反心理开始滋生、亲子之间说不到一块了,所以这四个情境中只有第四个是有较强的针对性的,也是有一定难度的,即:"爸爸或妈妈批评我了,批评得很厉害……"而五年级的亲子关系辅导课要关注的恰恰是这些问题。那么,怎样从上一个环节转到这样一个焦点问题上？是否可以这样来进行转折:正因为"父母真的很不容易"、正因为"父母为我们付出了很多",所以有时他们看到孩子有些问题,就难免会显得着急,于是就会开始唠叨。而我们五年级的同学喜欢爸爸妈妈唠叨吗？(学生肯定要说"不喜欢"。)于是就会产生爸爸妈妈和我们之间的摩擦。那么我们就来商量一下:面对爸爸妈妈的唠叨,我们最好怎么办？——请大家各想各的办法,来一个头脑风暴。

(7)"演一演"的内容也似乎与小学思品课的做法有些雷同,都是告诉学生应该如何去关心自己的父母,同样是一种道德灌输。不如紧扣上面揭示的"爸爸妈妈真的不容易,当他们对我们唠叨起来的时候,我们最好怎么办"这样一个现实问题,根据"头脑风暴"碰撞出来的点子,来做一番"角色扮演",让学生体验在遇到"父母唠叨"的具体情境时如何应对为好,并说出为什么要这样应对。也就是说,不仅要让学生扮演,而且要让学生评价、判断、争论。角色扮演不在多,而在真实、有操作性和代表性,并能引起学生的共鸣和认同。

4. 修改这份教案有两种办法:一种是大改,推倒重来;一种是在基本保留原来辅导框架的基础上,做一些调整和部分修改。其实,大改反倒容易,因为没有框框;小改反倒难,难就难在要千方百计"转好弯子"上,这就要看辅导教师的具体情况和自身条件了。大改或小改的前提都是辅导教师必须在自己的理念上认同修改建议,不能勉为其难。如果教师自己没有认同,那就应该坚决按自己的思路去办。因为世界上没有绝对的"行"和绝对的"不行"。

总之,教案一定要由上课的老师最后来决定怎么做。我们提的建议,不管可行与否,都不要求辅导老师"照搬"。有时,在讨论一堂课的设计修改问题时,十几位研讨人员会有七、八种主张提出来,这往往使辅导教师左右为难。所以,笔者经常对接受督导的辅导教师说:“不管别人怎么建议,你自己跟着自己的感觉走,因为是你上课,不是别人上课。”

五、修改稿:如何应对父母的唠叨

如何应对父母的唠叨

——小学五年级心理辅导活动设计方案

活动理念

随着年龄的增长,小学高年级学生的自我意识迅速发展,独立意识越来越强,有一种强烈追求自主的欲望。当强烈的独立意识与父母充满关爱的唠叨发生冲撞时,学生往往以自己的逆反行为来表示自己“长大了”,有时心里明知父母的唠叨是为了自己好,也会产生反感,嫌自己的父母麻烦多事,甚至和父母产生摩擦,从而使亲子关系蒙上阴影。

理解,是改善亲子关系的第一步。因此,本次辅导活动,重在引导学生能站在父母的角度,感受父母养育自己的不易,理解父母,体谅父母,正确看待父母的唠叨,从而达到帮助学生改善亲子关系的目的。

活动目标

1. 通过活动,学生在体验中感受到父母养育自己的不易及其良苦用心,能从父母的角度为他们着想,从而理解父母的行为方式。

2. 学会正确应对父母唠叨的方法。

活动准备

1. 根据一组“父母与孩子”的生活图片及歌曲《爸妈,谢谢你》的磁带,制作课件。

2. 每组1张海报纸,1支粗的记号笔。

活动过程

课前游戏:歌曲接龙

教师引导语:大家会唱与爸爸妈妈有关的歌曲吗?请同学们在小组里商量一下唱什么,一起小声准备一下,一会儿我们来一个歌曲接龙比赛好吗?

【设计意图】 调动学生参与的积极性,创设一种开放、安全、温暖的氛围。

1. 回味真情

(1)教师过渡语:这节课,就让咱们来聊聊有关父母的话题。我们每个人,都是在爸爸妈妈的辛勤养育和精心照料下慢慢长大的。让我们随着画面，一起来回忆爸爸妈妈为我们所做的点点滴滴。

(点击配乐课件《爸妈，谢谢你》)

(2)在生活中，你从哪些生活细节体会到了你的爸爸妈妈也是很辛苦，很不容易的？请大家在小组里和你的小伙伴说一说。

①学生小组交流。教师巡视。(关注各小组的交流，5分钟左右)

②教师：谁愿意跟大家说说？(学生畅谈)

教师小结：父母要为生活奔波，要为我们操心，可能会有许多我们想不到的麻烦、苦恼和辛酸。

【设计意图】 通过小组讨论、交流，回忆起生活中一幕幕感人的细节，重温那份感动，感受父母的不易。

2. 头脑风暴

(1)教师：爸爸妈妈有那么多的烦心事，有时看到孩子达不到他们的要求，就难免会显得着急，有时就会不停地唠叨。那么他们什么时候会在你耳边唠叨呢？同学们喜欢爸爸妈妈唠叨吗？在小组里议一议好吗？

(2)头脑风暴

教师在学生发言后小结：哦，所以有时就免不了会和爸爸妈妈之间产生一些摩擦。那么我们商量一下：爸爸妈妈那么不容易，面对他们的唠叨，我们最好怎么办？大家各想各的主意，来一个"头脑风暴"，请大家在小组中说出你的主意，请一位同学快速记录，说得越多越好。

(3)全班交流：(把各小组"头脑风暴"碰撞出来的点子都挂在黑板上)大家看看，哪个点子最好？(勾出好的点子，问："这是哪个小组的创意？")

(4)教师根据大家认同的方法进行简单的归纳。

【设计意图】 采用"头脑风暴"是为了帮助学生发散性地思考问题，迅速转动大脑搜求各种应对父母唠叨的方法，激发学生的创造性思维，鼓励他们更有创造性地去解决问题。

3. 角色扮演

(1)小组讨论表演

(根据"头脑风暴"碰撞出来的点子)这几个大家都认为很好的点子，经得起实践的考验吗？咱们来现场模拟一下怎么样？请大家先在小组中商量一下，一位同学当爸爸或妈妈，一位同学做孩子，其他同学帮他们指导策划一下。

(2)选两个组的同学表演

教师:请大家仔细地看,边看边想,你觉得作为孩子,这样应对爸妈的唠叨,好不好?为什么?

学生评价。

(3)如果在生活中你再次面对父母的唠叨,你想采用哪种方法?

(4)教师小结

同学们,我还听过90岁的老奶奶教训70岁奶奶的故事呢!其实在父母的眼中,孩子再大也仍旧是孩子,我们就像父母心中的风筝,永远让他们挂心。我希望同学们能在这次活动中,找到最好的方式应对父母的唠叨,因为,我们的父母太不容易了。

【设计意图】 给学生一个展示空间。在角色扮演中,学生不断接受到新的信息和他人的反馈,学习应对父母唠叨的最佳方法。

4. 感悟真情

在《爸妈,谢谢你》的乐曲声中结束今天的活动。

【设计意图】 在孩子们都比较熟悉的歌曲中结束本课,借助音乐的感染力触动学生的心灵,在爱的氛围中达到情感的共鸣与升华,让学生感到意犹未尽。

思考与练习

1. 我认为这份设计方案修改稿的优点是:

(1)____

____

(2)____

____

(3)____

____

2. 我认为这份修改稿的不足是:

(1)____

____

(2)____

____

(3)____

____

3. 我的补充建议是：

(1)____

____

(2)____

____

(3)____

____

六、第二次修改稿点评

1. 据辅导教师说，事先对本校学生作过调查，证实“唠叨”与“反唠叨”是小学高年级亲子关系的主要矛盾。因此修改稿的辅导理念是有针对性的，学生谈起来就有话好说，而且会发自内心。至于学生应对父母“唠叨”的策略，可能五花八门，也可能比较单一，但具体的表现形式不大可能一刀切。因为每个爸爸或妈妈和每个孩子都有其独特的个性和处事方式，其中有值得肯定的，也会有需要引导的，这就要看教师的临场引导了。其实心理辅导课最难的就是现场的应变，再好的设计也会有特别难处理的现场互动情境。这就是设计以外的操作问题了。

2. 看了修改稿之后，我们要考虑的问题是：主题切入点改变了，前半部分的设计与后半部分是否协调？如果基本协调，那么整个重心也要移到后半部分上，而前半部分的处理（包括热身）也需作相应的调整。

3. 第二个环节的第一个问题表述不当：“那么他们什么时候会在你耳边唠叨呢？同学们喜欢爸爸妈妈唠叨吗？”“什么时候”应该为“在什么情况下”；“同学们喜欢爸爸妈妈唠叨吗？”是封闭式问题，可改为“你听了爸爸妈妈的唠叨后有什么感觉呢？”

4. 关于“头脑风暴”的活动规则，不仅要强调“请大家在小组中说出你的主意，请一位同学快速记录，说得越多越好”，而且要说明：讨论过程中，不评价某个意见的对与错，也不必反对别人的意见，只需正面表达自己的意见。

5. 教案只是一个框架，一种思路，课堂情境千变万化，所以辅导重在“临场应变”。因此，没有必要把老师说的每一句话都设计好，那样到了现场操作时就会有“演戏、背台词”的感觉。

总的感觉，修改稿在“战略”上的问题基本上考虑清楚了，其他都属于“战术”问题了，可以由第一线的“指挥员”自主决定，“当断则断”。

七、设计方案改定稿

如何应对父母的唠叨

——小学五年级心理辅导活动设计方案

活动理念

随着年龄的增长,小学高年级学生的自我意识迅速发展,独立意识越来越强,有一种强烈追求自主的欲望。当强烈的独立意识与父母充满关爱的唠叨发生冲撞时,学生往往以自己的逆反行为来表示自己长大了,有时心里明知父母的唠叨是为了自己好,也会反感,觉得父母麻烦多事,甚至和父母产生摩擦,因而有时就会给亲子关系蒙上阴影。

理解,是改善亲子关系的第一步。通过本次辅导活动,让学生感受父母养育自己的不易,理解父母,体谅父母,正确看待父母的唠叨,共同探讨积极应对唠叨的好办法,从而达到改善亲子关系的目的。

活动目标

1. 通过活动,引导学生体验、感受到父母养育自己的不易和培养自己的良苦用心,能从父母的角度为他们着想,从而理解父母的行为方式。

2. 学会积极应对父母唠叨的方法。

活动准备

1. 根据一组"父母与孩子"的生活图片及歌曲《爸妈,谢谢你》的磁带,制作课件。

2. 每组1张8开白纸,1张红色海报纸,1支粗的记号笔。

活动过程

1. 小游戏:雨后春笋

指导语:让我们先来做个游戏——雨后春笋。雨后,一阵春风吹过来,笋妈妈在呼唤她的孩子们快快钻出地面呢! 现在我来做"笋妈妈",同学们就是"笋芽儿"了,我说几个"笋芽儿"钻出来,每个小组就要有几位同学站起来。准备好了吗?

(开始游戏)一阵春风吹过来,一个"笋芽儿"钻出来! ……(以此类推)……又一阵春风吹过来,所有的"笋芽儿"钻出来!

笋妈妈看见自己的孩子一个个钻出地面,心里是多么高兴啊!

【设计意图】 调动学生参与的积极性,营造一种开放、安全、温暖、热烈的氛围。

2. 忆真情:铺垫情感

(1)同学们,我们的爸爸妈妈也在盼着我们健康快乐地长大,在我们的成长过

程中，爸爸妈妈为我们做了很多很多，让我们一起来回忆他们关爱我们的点点滴滴。（出示PPT：配乐摄影作品《爸妈，谢谢你》）

看这些照片的时候，你可以对着画面指指点点，可以和伙伴交头接耳，想跟着唱也行。

(2)看到这些似曾相识的画面，让你想到了什么呢？

（学生自由畅谈）

小结：爸爸妈妈把我们养大多不容易呀，他们要为生活奔波，要为我们操心，可能会有许多我们想不到的麻烦、苦恼和辛酸。

【设计意图】 通过交流，回忆生活中一幕幕感人的场景，重温那份感动，感知父母的不易，为以下环节作铺垫。

3. 谈唠叨：宣泄烦恼

爸爸妈妈有那么多的烦心事，有时看到我们达不到他们的要求，就难免会显得着急，也许还会不停地唠叨。你有这样的经历吗？

他们在什么情况下会在你耳边唠叨啊？

你们听了爸爸妈妈的唠叨后，心里是一种什么感觉呀？

（小组讨论，全班分享）

【设计意图】 让孩子敞开心扉，说出自己的真实想法。

4. 想策略：头脑风暴

老师听懂了大家的意思，所以我们有时就免不了会和爸爸妈妈之间产生一些摩擦，弄得他们不开心，自己也不开心。其实我们心里也不愿这样。那么，我们商量一下：面对他们的唠叨，我们最好怎么办？这就是今天咱们要探讨的主题：如何应对父母的唠叨。大家各想各的主意，来一个头脑风暴，请一位同学快速记录在白纸上，然后在那么多主意中挑选出最好的两条，用记号笔写在红色的纸上。

【设计意图】 通过生生互动，在思维的碰撞中，搜求多种应对父母唠叨的方法，在交流、筛选的过程中获得积极应对唠叨的方法，实现学生的自我成长。

5. 说方法：积极应对

(1)把各小组“头脑风暴”碰撞出来的两个好点子都贴在黑板上。

(2)学生交流，勾出好的点子，并问一声：这是谁的创意？

(3)根据大家认同的方法进行简单的归纳。

【设计意图】 给学生一个交流的空间，学生不断接受到新的信息和他人的反馈，学习应对父母唠叨的最佳方法。

6. 做小结:情感升华

播放《爸妈,谢谢你》的伴奏曲。

在音乐声中,教师结语:同学们,我还听过这样一个故事呢,有一位教授已经60多岁了,有一天,门外寒风凛冽,教授要出门去作报告。他那80多岁的母亲,年迈多病,在病床上,发出断断续续的、低沉的声音:儿啊,多穿点衣服吧……

在父母的眼中,孩子再大也仍旧是孩子,我们就像父母心中的风筝,永远让他们牵挂。很多人长大以后对父母曾经令人心烦的唠叨又有了这样的感受——

唠叨是浓浓的关爱;
唠叨是温暖的呵护;
唠叨是母爱的重叠;
唠叨是亲情的附加……

我们在生活中有时听不进父母的唠叨,有自己的想法,这很正常,说明我们在成长。如果父母的唠叨让你感到心烦了,受不了,记得用上今天学到的好方法哟!

【设计意图】 在孩子们熟悉的歌曲中结束本课,借助音乐的感染力触动学生的心灵,在爱的氛围中达到情感的共鸣与升华,让学生意犹未尽。

思考与练习

1. 我认为最后定稿的这份设计方案和原稿相比,最明显的不同之处是:

(1)____

____

(2)____

____

(3)____

____

2. 我的补充建议是:

(1)____

____

(2)____

____

(3)____

____

八、改定稿点评

以上我们比较完整地展示了孟丽老师设计的一节心理辅导活动课的修改与完善的过程。不难看出,原稿中辅导理念比较宽泛而抽象,设计环节中带有比较明显的德育输入的色彩。而在最后的定稿中,辅导理念指向小学生在特殊年龄段遇到的共性问题,切口比较小,挖掘比较深,触摸到了孩子们的内心世界,因此一定可以充分调动起学生探讨问题的积极性和主动性;整个设计虽然比原稿及前两次修改稿显得粗放一些,但却更为开放,更加注重团体动力的启动与催化,更加注重同龄人相互之间的观点碰撞,更加尊重学生自己的看法和他们通过讨论得出的共识。因此,在后来的浙江省“百科万人”(心理健康教育)教学展示活动中,孟丽老师的这一节心理辅导活动课取得了良好的辅导效果。

当然,我们在平时的心理辅导课活动设计中,不可能要求大家都像孟丽老师这份设计那样,做这么多次的推敲与修改。但是,通过上面这样一个过程性的展示,我们一定可以从中得到许多规律性的启示。

第二节　初中教案设计:穿越情感的风暴

这一节我们将以初二心理辅导活动课《穿越情感的风暴》的设计过程为例,来分析在众多的设计切入点面前,应如何抓住关键问题,理清自己杂乱的设计思路。

一、设计方案初稿:穿越情感的风暴

穿越情感的风暴

——初中二年级心理辅导活动课设计方案

浙江省富阳市富春三中　缪　群[1]

活动理念

中学阶段被称为“狂飙期”或“疾风骤雨时期”的一个原因,是从初中阶段起,学生的身体发生了巨大的变化。性生理的成熟必然会引起心理上对异性的关注和

[1]后文修改稿作者同为缪群

兴趣的增加。因此，讨论"初中生与异性如何交往"的问题，对于帮助初中生防止陷入"青春期恋情"将会是很有现实指导意义的事情。

活动目标

1. 了解异性间正常交往与"青春期恋情"的区别，培养异性间大方交往、互相沟通、相互帮助的习惯。

2. 懂得"青春期恋情"的危害，预防过早陷入"青春期恋情"倾向的发生。

活动准备

1. 印制纸笔测试，每人1张。

2. 排演小品《鲜花》。

活动过程

1. 自我测评：帮助学生了解自己与异性相处的情况

今天我们要讨论的话题是大家的热门话题，就是男女生在初中阶段应该怎样和异性同学相处的问题。先请大家做一个纸笔测试。

(1)学生独立完成下列自我测试题目：

你是怎样与异性交往的呢？请在符合你情况的选项号上打"√"。做完以后不必交上来，因为这是你们自己的隐私，等一会儿只要和老师的分析暗暗对照一下就可以了。

①除了在同一个教室里上课，我从来没有与异性同学说过话。

②我讨厌与异性同学在一起。

③除了工作上、学习上和异性同学交往外，我很少与他(她)们在一起。

④我现在对异性比较好奇，也比较注意，很想与他(她)们交谈。

⑤有时我会跟异性同学一起讨论问题，谈论有趣的人生、爱好等。

⑥有时我会主动跟异性同学说话或活动，也会主动帮助有困难的异性同学。

⑦我认为与异性同学在一起活动很开心、很自在。

⑧我曾经有约会异性同学的愿望。

⑨我曾给异性同学写过纸条。

⑩我曾经与异性同学单独约会过。

⑪我经常接到某个异性同学的电话并经常与他(她)单独在一起。

⑫我想我是爱上他(她)了，我希望整天就与他(她)在一起。

(2)教师说明：自测中1~2种情况的学生在与异性交往的过程中存在羞怯、退缩、害怕的心理；3~6种情况都是男女生之间工作学习上的正常交往；7~10种情况说明出现对异性的好感;11~12种则有陷入“青春期恋情”的可能。

2. 自由讨论:“青春期恋情”与“男女间正常交往”的区别

(1)教师引导:随着社会交往的不断增多,人与人之间交流的日益深广,男女生在学习、工作、生活中都会有广泛的接触。但是因为处于一个特殊的年龄段,在性成熟的前提下,进入青春发育期的初中生,必然会有对异性的微妙的心理变化和特殊的情感体验,即“好感”的出现,这种情况也是正常的心理表现。但是如果对“好感”把握不稳,有可能发展成为沉迷于情感旋涡的“青春期恋情”,也就是社会上俗称的“早恋”。

(2)小组内依次讨论以下问题,然后全班分享。

①在家长和老师眼中,怎样算谈恋爱?

②你认为从言谈举止上看,怎么样的表现是谈恋爱?

③谈恋爱与一般的异性朋友间的交往有什么不一样?

④为什么人家称初中生恋爱为“早恋”?你觉得从哪些方面看是过早了?

(3)教师小结或者由学生归纳出“早恋”的特点:早恋是指过早地陷入爱恋的境地,即未成年的少男少女在性意识的驱动下出现的对异性的朦胧的爱情,过早地迷恋异性并建立恋人关系的一种现象。

3. “二四八”讨论:初中生可不可以谈恋爱

(1)讨论方法:先由两人为一组配对讨论,获得一致意见后,再找旁边的一组配成4人一组讨论,而后为8人,由此形成小组意见。

(2)归纳提示:无论从生理还是心理方面看,初中生都没有成熟,还没有条件谈恋爱。早恋会带来众多的负面效应,例如上课分心,脱离集体,产生妒忌,费时间又带来许多烦恼困惑。对于初中生来说,未来的路还很长,如果放弃生活中更重要的东西而沉迷于两个人的小圈子,会引出许多麻烦,甚至成为人生旅途中一件很大的憾事。

4. 小品表演:让人思量的鲜花

(1)表演小品《鲜花》,主要情节:最近一段时间,郁清的书桌里,隔几天就会有一朵小小的鲜花,她一直没有看到是谁放的,心里却暗暗希望是李明送给她的。但是她特意观察了一下,他连正眼都不瞧她一下,不太像是他所为。旁敲侧击地问了几个男生,也没有结果。她不知拿这些花怎么办。

(2)指导讨论下列问题,也可小组讨论后,派代表上台以即兴表演的形式反映自己的态度。

①你觉得是谁送的鲜花？他为什么要送鲜花给郁清？

②如果确定这花是朦胧爱恋的表示，请你帮助郁清出个主意，怎样来看待、处理这些花？

③如果你是郁清的同学，知道郁清收到花或者送花的情况，你会有怎么样的反应？

(3)让学生谈谈周围看到的类似的情况并作简短分析，注意不伤及具体个人。

(4)为了防止"早恋"发生，男女生之间交往需要注意些什么？

5. 案例分析

(1)教师出示话题3个

案例1：傍晚放学，王丽收到邻班同学周平的纸条。内容如下："王丽，自从第一次见到你，我就被你深深地吸引了，我很喜欢你。我们交个朋友好不好？"她不知道该怎么办。

案例2：建平有一个从幼儿园就在同一个班级的同学小婷。他们一直在一块儿学习，所以就特别谈得来，彼此也相互帮助。可是上了初中，有同学说他们在谈恋爱，老师也警告过建平，家长由此也禁止他们再在一起了。建平说：真不明白这些人是怎么想的。

案例3：班内的兰兰最近不知怎么回事，每天总是用很奇怪的目光看着小刚，没事也喜欢往他座位旁边凑。今天，她让好朋友递信给小刚，让他星期天陪她去爬山，他是去还是不去呢？

(2)学生以组为单位，自选一个话题讨论。帮助上述三位同学排除烦恼，逐个提出自己的看法、建议后，在班上讨论。

6. 教师总结

(1)随着年龄的增长，进入青春期的初中生开始认识到性别的差异，与异性交往的愿望和机会也越来越多。

(2)初中生不适合谈恋爱，因而应该防止早恋倾向的发生。

(3)保持与异性间大方、坦然的交往，那么，你将拥有一份纯洁的异性间的友谊。

思考与练习

1. 我认为这份设计方案的优点是：

(1)________________________________

____

(2)______________________________

____

(3)______________________________

____

2. 我认为这份设计方案的不足是：

(1)______________________________

____

(2)______________________________

____

(3)______________________________

____

3. 我的修改建议是：

(1)______________________________

____

(2)______________________________

____

(3)______________________________

____

二、初稿点评

1. 我们先来探讨辅导理念。根据初中生青春期身心特点，开设这样一节异性交往的心理辅导活动课，从针对性和必要性上来说，都是没有异议的；从本方案文字的表述上看，也无明显的不当之处。但若是从整个设计方案所体现的辅导教师的深层理念上，却可以看出两个相对说来还比较模糊的问题，仍需要辅导教师深入作一些思考。第一，是对"早恋"的看法问题。设计方案中"青春期恋情"与"早恋"两个概念是交错使用的，但细读下来我们可以发现，在教师的理念深处，"早恋"的概念可能更为牢固一些。实际上，"早恋"的概念是不科学的，因为一方面，谁也无法划定一条时间界限，规定什么时候"恋"起来就是合适的，而且真正的恋情出现时是无法以时间标准来控制的；另一方面，这些年轻人是否是真的在"恋"，也是一个说不清的问题。鉴于这两个不确定因素，我们对中学生在异性交往方面出现的超越常态的表现，还是用“交往过密”（尚未确定是否“恋”的）或者“青春期恋情”（基本确定是在“恋”的）来表述为好。理念上明确这一点，辅导教师就可以在实施活动过程中避免一些容易刺激学生神经的言辞。第二，是我们辅导教师对待学生青春期恋情的基本态度问题。笔者的主张是“12字方针”，即：“不支持，不反对；先理解，后引导。”说“不支持”，是因为学校就是学校，学校承载着社会的重托和未来的希望，有着自己的教育目标和教育任务。辅导教师如果明确支持学生的“青春期恋情”，必定与校纪校规相矛盾，必定与目前国情下社会的主流文化相矛盾，必定与家长对学校教育的期待相矛盾，那就会引出很多的麻烦来。说“不反对”，是因为你“反对无效”。不仅无效，而且还会将辅导教师置身于有关学生的对立面，使他们在你的教育或引导面前把自己封闭起来，甚至使教师变成“聋子”和“瞎子”，那么，你想“教育和引导”就成了一句空话。说“先理解，后引导”，是指辅导教师的“价值中立”不等于放弃“价值引导”，但是这种价值引导必须是在充分理解学生内心感受及其年龄特征的前提下，采取恰当的方式才能奏效的。而在本设计中，辅导教师在最后部分写的第2条意见，就反映了教师在深层理念上对这一问题的把握还不十分到位——尽管这只是短短的一句话。它表明这不是“价值引导”，而是“价值干预”。

2. 综观辅导教师的这份初稿，最大的优点是紧贴学生生活实际。设计中的主要辅导素材，都来源于发生在学生现实世界和情感世界中的第一手资料，这相对于现在流行的团体辅导游戏化、不能深入到学生实际生活中去提取辅导素材等现象而言，是一种值得提倡的方向。游戏是一种重要的活动形式和辅导素材，但一个游戏初次使用还有新鲜感，一旦用滥了之后必然走向辅导初衷的反面。小组团体辅导由于涉及人数比较少（8~12人），一个游戏可以不断地对不同的辅导团体加以使用，短时间里还不会出现在同一个团体中“重复”和“撞车”现象；但在心理辅导课上，由于面对的是全体学生的发展性辅导，而且同一个班级在不同年级里都可能开设心理辅导课，这种时候，同一个游戏在同一个团体的不同年段里被多次“复制”的概率就极大。所以，我们要防止把小组辅导的游戏模式照搬到心理辅导活动课上来，而要提倡辅导教师面向学生的生活实际去发现和提取辅导素材。当然，这样一来就会比照搬几个游戏活动的方案设计要费力许多倍。

3. 这份初稿的主要不足在于设计的问题太多、想要解决的问题太多，这实际上反映了辅导教师的辅导思路还没有理顺。①一节心理辅导课要解决的问题一定

---

①参见本书第三章第四节

要集中，问题要少而精，不能面面俱到。同样是青春期异性交往辅导，可以从不同的角度切入，这倒并没有一定之规；但是一旦选准了合适的切口，就一定要瞄准目标，深入开掘下去，千万不能打"沙子枪"，伤其十指却不能断其一指。本设计中，在不同的环节涉及"青春期恋情"与"男女间正常交往"的区别、初中生可不可以谈恋爱、为防止"早恋"发生男女交往需要注意些什么，以及如何处理三个案例中男女生交往的方式等问题，从中不难窥见辅导教师设计思路上的游离不定。

4. 心理辅导课的开头一定要注意营造氛围，建立辅导关系，这一点与个别辅导是相通的。所以，上来就做测试，容易把气氛搞得比较沉闷。辅导教师搬用了心理健康教育学生读本上的测试题，没考虑到这恰恰是许多心理辅导活动课教材的明显缺陷。这样的设计，从纸质文本来看是可行的，一投放实践中就问题多多。如果一节课内出现两次书写活动，就更要慎重考虑了。更何况许多测试还缺少科学性，尤其是对结果的解释方面。当然，我们说的开头要注意营造"氛围"并不一定是指热热闹闹、欢声笑语，"氛围"强调的是心灵的沟通，是安全、信任和团体动力的启动。

5. 建议本设计从调整设计思路入手进行修改。[①]

三、设计方案改定稿

穿越情感的风暴

——初中二年级心理辅导活动课设计方案

活动理念

已经进入青春期的初二学生由于其生理和心理发展的特点，往往容易对自己内心倾慕的异性同学产生好感，而这种强烈的情感体验如果得不到理智的调控，就可能导致异性同学间的"交往过密"，并进而引发一些青春期的心理障碍或行为问题。因此，需要不失时机地对这个年龄的学生进行异性交往的辅导，以帮助他们顺利地度过这个成长发展的关键时期。

活动目标

1. 引导学生了解异性同学"交往过密"的具体表现及其可能产生的后果。

①参见本书第三章第四节

2. 引导初二学生初步懂得与异性同学交往中应把握的一些原则。

活动准备

1. 准备“扑克接龙”的扑克，数量由班内人数而定，每组4人，使用1副扑克。

2. 排演小品《郁清的难题》、《煲电话粥》。

3. 准备粘贴纸盒有关词语卡片(具体见后文第241~242页，活动过程4(3)、活动过程5文中所述)。

4. 分组和座位的安排：班内同学随意组合，4人一组，围坐在一张课桌的周围；各小组在教室内均匀分布，中间留下一块空地并放入小品表演道具(课桌1张、凳子2张、电脑键盘1个、书包1只等)。

活动过程

1. 热身游戏：大西瓜、小西瓜

教师宣布游戏规则：首先我们来做一个热身活动“大西瓜、小西瓜”，各位同学听老师指挥，当老师说出“大西瓜”时，同学们双手的大拇指和食指合拢成为一个大圆圈；当老师说出“小西瓜”时，同学们双手的大拇指和食指合拢成为一个小圆圈。

待学生训练5次后，相反再做5次，即：老师口令为“大西瓜”时，学生的手指合拢为小圆圈；老师口令为“小西瓜”时，学生手指合拢为大圆圈。

等许多学生出现错误时，教师笑言：真是矛盾重重，很容易出错啊！(及时“刹车”)

2. 角色扮演：郁清的难题

(1)教师导言：最近我们的同龄人——初二女生郁清遇到了一件特殊的事，她的心里也很矛盾，请看角色扮演《郁清的难题》。

(2)学生表演

剧情介绍：女生郁清在整理书包时发现一封信，取出来读。信的内容如下：“郁清，你好！从第一次见到你，我就喜欢上了你。我觉得你与别的同学不一样，我很想与你交往，成为比一般同学更好一点的朋友，可以吗？今晚七点我在人民广场音乐喷泉等你，你一定要来，不见不散。小A”郁清自言自语：我要不要去呢？(皱眉思考状)唉，真是难办！

(3)教师提问：你们说，郁清要不要去？(学生根据自己的选择重新调整座位：选择该去的坐左边；选择不该去的坐右边)

左边的同学讨论：

①为什么应该去？

②怎么去？是否打算一个人去？

右边的同学讨论：

①为什么不去？

②如果不去,第二天见面会是怎样的场面？

③如果置之不理,小A会有怎样的想法？会有怎样的感觉？

(4)教师整理归纳学生的意见,强调两点：

①郁清表达态度要明确,不能暧昧；

②郁清应该与小A有正面的接触,但应注意场合、方式。

3. 小品表演:煲电话粥

(1)教师提问:如果你是郁清,你会不会接纳小A对你表示的好感?(举手示意)为什么?(全班分享)

(2)教师适时引发思考:如果郁清接纳小A所示的好感,发展下去会产生什么结果?我们来看一个片断的表演。

三位同学演出《煲电话粥》。

剧情介绍:小A经常打电话给郁清闲聊约会,每次都要"煲电话粥",引起郁清母亲的反感,并导致郁清与妈妈产生冲突。

(3)教师提问并引发讨论:郁清的妈妈为什么要阻止郁清"煲电话粥"?

学生自由发言,主要理由可能为:担心女儿陷入恋爱的境地,担心女儿学习成绩下降等。

4. 游戏——"扑克接龙"

(1)教师引言:如果小A、郁清不听父母劝告,继续密切交往,又将会怎样呢?我们一起用"扑克接龙"的游戏来推测一下。

(2)宣布游戏规则：

①4张A中有1张是带文字的,作为故事的开头;其他牌,如K、Q、J……4、3、2,每张都是带文字的;游戏者根据这些文字的提示,每个人说一句话,来连接一个完整的故事。

②由持有文字提示的A牌的人出第一张牌,其他的人按照一般接龙的规则依次出牌,但需保证牌上的故事情节有连贯性。

(3)学生4人一组用"接龙"的方式来讲故事。

(4)教师概括学生讲述故事中提出的看法,并把关键的词语(课前准备好卡片)粘贴到黑板上。

关键词语主要有:成绩下降、精力分散、影响学习、越轨行为、少女怀孕、堕胎、情绪抑郁、单相思、精神错乱、人际关系紧张、名声不好、威信下降、人言可畏、一旦越轨成年后难以找对象、成家后家庭关系不好,等等。

5. 头脑风暴

(1)将4人小组合并为8人小组,依"头脑风暴"的规则进行讨论:

①在与异性同学交往过程中有哪些表现是属于交往过密的?

②怎样才能预防交往过密行为的产生?请提出具体的方法来。

(2)教师小结,并把关键词粘贴到黑板上。

小结的参考用语主要有:公开、转移、升华、分寸、求助、等距、拒绝、自控、尊重、不神秘,等等。

(3)用托马斯的名言结束:抵制情感的冲动,而不是屈从于它,人才能获得心灵上的安宁。

思考与练习

1. 我认为这份设计方案的优点是:

(1)______________________________

____

(2)______________________________

____

(3)______________________________

____

2. 我认为这份设计方案的不足是:

(1)______________________________

____

(2)______________________________

____

(3)______________________________

____

3. 我的补充建议是:

(1)______________________________

____

(2)____

____

(3)____

____

四、改定稿点评

1. 前面我们讲到，对学生进行青春期教育的切入点可以是多种多样的，例如，对生理变化的接纳、与异性交往的技巧、避免婚前性行为的产生，等等。经过修改后的活动设计抓住了导致学生陷入青春期恋情的关键一环——由一般的"好感"发展为"交往过密"，集中力量讨论如何防止"交往过密"，应该说是牵住了"牛鼻子"。这反映了辅导教师在理清设计思路上有了重要的突破。

2. 整个活动设计除热身游戏之外可以分为四大环节。首先通过学生的角色扮演(内容为：学生常用的对异性表达好感的形式——递纸条)，引发学生的思考和决策；然后，通过一个小品《煲电话粥》，来具体展示男女生交往过密的有关表现；接着，再运用游戏"扑克接龙"使得学生明确：与异性交往过密会带来哪些难以预料的后果；最后，让学生进行头脑风暴，深入分析"与异性交往过程中哪些行为是属于交往过密的"，并具体探讨"当对异性产生好感时，怎样才能避免发展成过密交往"等问题。四个环节紧紧围绕辅导的主线——如何防止"交往过密"来展开，结构紧凑，中心突出，不枝不蔓。

3. 在这份设计中，教师"价值干预"的成分大大减少了，问题变得开放了，学生通过对各种活动的参与来激活思维，理智地面对自己的情感世界，并从同龄人那里获取同类问题的不同的信息反馈，得出他们自己的结论，这对于他们在这一特殊时期的自我反思、自我成长是非常有益的。

4. 要提醒的是，本设计中的"扑克接龙"游戏有助于学生在思考"交往过密的后果"问题上的发散思维，但在操作上若稍有不慎，就很容易延误时间，并影响后面对核心问题"如何防止交往过密"的讨论。所以，"扑克接龙"的游戏规则要交代得很细，扑克牌上对故事情节发展的提示文字也应仔细推敲，使之既能对学生的故事接龙起到引导发展线索的作用，又不至于限制学生的思路。

第三节　普通高中教案设计:人生长宽高

本节以高中一年级心理辅导活动课《人生长宽高》为例,重点探讨“活动过程”部分的设计,以说明活动设计应该如何做到重点突出、详略得当、简洁明了,并强调高中生心理辅导活动课要力求上出思想的深度。

一、设计方案初稿:人生长宽高

人生长宽高

——高中一年级心理辅导活动课设计方案

浙江省宁波市鄞州中学　邵巧倍[①]

活动理念

人生有长有短,但总的来说,人生是有限的。同样长度的人生有质量高低之分,即人生的宽度和高度不同。整个人生,其实是一连串选择的过程,人生质量很大程度上取决于个人的选择,但每一次选择是否来自一个人自主或理性的思考呢?我们是否可以通过价值澄清,来努力拓宽人生的宽高呢?

本课考虑到高中学生思考较多的人生和人生价值问题,借助其日常生活中极可能发生的情境故事,透过价值澄清法的思辨过程,来培养其价值选择及判断的能力。

活动目标

引导学生对“人生”的思考,体验人生选择的艰难,澄清人生价值,从而为人生中将面临的种种抉择做好心理准备。

活动准备

将教室布置成适合分组讨论活动的自由空间,将学生分成几个6~8人的小组,为每个活动小组准备必要的白纸和笔。

活动过程

1. 开场白

①后文修改稿作者同为邵巧倍

(1)简单引导语：我们的人生有长有短，同样长度的人生又有质量高低、容量大小之分。如何才能在有限的长度内拓宽自己人生的容量呢？这就是我们今天这堂课要为自己澄清的内容。

首先请各位同学思考并回答一个问题："人生是什么形状的？"要求学生充分发挥抽象思维能力，然后自由回答。教师注意引导并总结这些回答的共同点。适当的时候补充提问"人生是几维的？"以便得出"长宽高"三个维度。

(2)打出主题：人生长宽高

同时提问："你的人生有多长？多宽？多高？""如何才能拓展你人生的容量？"引出以下的两个主题活动。

接下来，我们将通过两个操作简单而意义非凡的心理游戏来帮大家澄清这两个看似抽象复杂的问题。

2. 主题活动

主题活动部分包括两个部分："人生刻度尺"以及"人生保险箱"，分别澄清人生的长度和如何拓展人生的宽高这两个方面。

活动一：人生刻度尺

指导语：人生有长有短，平时我们当中有人会感叹人生苦短——"转眼"、"瞬间"、"光阴似箭"、"逝者如斯夫"等词汇形容人生之短暂，恨不得时光倒流，重来一次；也有人觉得"度日如年"，恨不得早点结束自己的一生。一年有365天，一天有24小时，一小时有60分钟，每分钟60秒，那么一生有多少秒呢？计算起来，很庞大的数字！不妨让我们对生命的时间有个可视性的感觉。

活动步骤：

请每位同学取一张代表人生长度的人生刻度尺。

(1)撕一撕

找到自己现在所在的年龄位置，然后找出人生可能结束的刻度。撕去已经度过的这些年，并撕去人生结束后的部分，手里只剩下我们即将要开始和面对的人生。再找出退休的刻度，然后撕去退休后的时光。

(2)算一算

①从现在开始到退休，我们还剩下多少年？

②这几十年中，

有多少时间要用来睡觉休息？(1/3)

有多少时间要用来吃饭、娱乐休闲、发呆？(……)

还剩下多少时间可以用来学习、工作？（……）

(3)想一想

人生刻度尺上，真正用于努力奋斗的长度有多少？请各位同学回答，选出“最长的”和“最短的”长度，并得出结论：“人生不是很长！人生的长度是有限的！”

然后根据人生的模型，借鉴“人生长河”观点，提出：“人生的长度是有限的，我们能做的只有‘拓展人生宽度、勇攀人生高度’。”那么你的人生有多宽多高？怎样才能拓展人生的宽度和高度呢？

人生情境1

“在座各位同学年龄都差不多，你们大学毕业时，有些会选择成为公务员、教师，有些选择走进企业或者自己创业，有些选择留校读硕，有些选择出国深造，还有一些选择在找到满意工作前先待业在家，或者从事自由职业。每做出一次选择时(比如刚刚结束的分班)，你考虑最多的是什么呢？决定你人生形状的因素是什么？”

请同学们分组讨论；教师在听取各组同学的不同意见后，选取共同点，针对“价值观”这一因素展开，提出正是“价值观”的不同，导致选择的不同，导致人生宽度和高度的不同。

活动二：人生八宝箱

指导语：人生是一连串选择的结果！在我们的人生道路中，时时充满了选择，正是这些选择，带我们从过去进入到现在的生活状态中，影响人生发展轨迹。我们还将处处面临大大小小的选择：文理分班、专业选择、就业深造、结婚生子……在所有的选择过程中，有哪些东西是你非常在意的？还有哪些是你认为不太重要的？接下来将由我们自己通过“人生八宝箱”的游戏来解答！

活动步骤：

(1)制作“人生八宝箱”

请每位同学取一张白纸，将手中的白纸对折三次，得到一个含有八个格子的“箱子”。

(2)价值大盘点

配合轻松舒缓的冥想音乐，请各位同学闭上眼睛回顾自己人生中的每一次选择，想象今后可能面临的选择，然后仔细地盘点一下——“你的人生中最重要的是什么？”

引导语：每个人的人生都是一连串选择的过程，在我们人生的道路上时时刻刻都充满着选择，正是这些选择，带我们进入到现在的生活中，也影响到以后的人生发展轨迹。我们曾经面临过许许多多的选择，我们今后还将面临更多的选择，在所有的这些选择过程中，哪些东西是你非常在意的，还有哪些是你认为不太重要的……接下来请你盘点一下，你认为在你的人生当中最重要的一些东西，它们可能是一些人、一些物、一些事情、一些抽象的概念……但是它们对你来说都是最重要的……选取其中最重要的八样，想好之后，仔细地确认一下，是不是就是这八样，还有没有其他的……然后把这八样放进"八宝箱"。

(3)价值收藏

在这些重要的东西中，选取其中最重要的八样，收藏进你的"人生八宝箱"，注意：这些收藏品之间不能重复，并且一个格子只能容纳一样收藏品。

现在，每个人都拥有了一个属于你自己的"人生保险箱"，里面放满了你的人生中最重要的八样东西。

这些东西都很重要，但如果仔细地观察，我们会发现，这些东西在有些人生时刻会互相矛盾，如果选择其中的一样，可能需要你放弃另外一样。比如，亲情和健康，健康和金钱，金钱和朋友……每个人在选择时的观点不一定一样，但我相信每个人的选择都会有自己的充分考虑。

人生情境2

沿着人生长河，带着"人生八宝箱"，我们乘坐自己的小船从起点出发了。一路上风波不断，第一次，我们的船超重了，需要我们打开保险箱，挑选其中的一样，然后扔进河里；第二次，电闪雷鸣，需要我们取出另外一样以渡过难关；第三次，我们遇到了一场风暴，我们的船无法前进，我们又无奈地抛弃其中的一样，以继续行进；第四次，前方出现了一片暗礁，需要我们再次做出选择以换回顺利航行；第五次，人生百慕大三角出现了，漩涡接踵而来，我们不得不又做出了选择。

庆幸的是，在我们做出了这五次选择之后，终于风平浪静，我们可以暂时缓下脚步，打开手里的箱子，看看里面还剩下什么。

(4)价值澄清

教师用恰当的语言描述"人生情境2"，同时要求学生在做每一次选择时，找到该价值所在位置，并将所在的格子整个撕下来。同时按照选择放弃的顺序依次排列。

在每个人都只剩下最重要的三样时，可以让学生自己开始分组交流："一开始选择了哪八样？后来放弃了哪五样？为什么？如果需要在这三样中继续做抉择，你会如何做决定？为什么？”

然后，选取代表，进行全班性的探讨。

最后，让我们为自己在整个过程中表现的勇气和智慧，来一次最热烈的掌声！

3. 尾声

通过以上系列活动(人生形状的提问——人生刻度尺——人生八宝箱——人生长宽高)，大家对自己人生的长度以及决定宽高的关键因素都有了深刻的感受。假设多年后真的遇到类似的选择时刻，你会怎么选？(学生自由发言)

结语：祝愿大家在现实生活中，珍惜时间，珍视自己的价值观，拓展宽度，勇攀高度，使每个人人生的形状都朝着自己满意的方向发展！

思考与练习

1. 我认为这份设计方案的优点是：

(1)______________________________

(2)______________________________

(3)______________________________

2. 我认为这份设计方案的不足是：

(1)______________________________

(2)______________________________

(3)______________________________

3. 我的修改建议是：

(1)______________________________

(2)______________________________

(3)____

____

二、初稿点评

1. 这份设计方案具有鲜明的高中心理辅导课特点，从讨论的话题来看，涉及高中生的人生观和价值观，符合学生自我意识发展的年龄特征；从话题可能深入的程度来看，也以高中生思辨能力的发展水平作为基础。因此，如果设计更加合理一些，引导更为得当一些，是可以上出高中心理辅导活动课的深度的。这一点，与初中的心理辅导活动课应该有一个明显的区分度。

2. 在辅导理念的表述上，有一些问题值得推敲。例如，请注意这段话："同样长度的人生有质量高低之分，即人生的宽度和高度不同。整个人生，其实是一连串选择的过程，人生质量很大程度上取决于个人的选择，但每一次选择是否来自一个人自主或理性的思考呢？我们是否可以通过价值澄清，来努力拓展人生的宽高呢？"这里实际上提出了两个重要的问题：一个是人生过程中的价值问题，另一个是人生过程中的选择问题。这两个问题都是大问题，在辅导的操作上则都是大切口。如果从"人生质量很大程度上取决于个人的选择"这句话来看，这节课的重点应该在"学会选择"上，这是符合高一学生的实际需要的。但从整个设计来看，是虚拟的价值选择游戏占据了主导地位，而高一学生面临的"文理分科"问题却被搁置在一边。也就是说，抽象的"价值澄清"替代了现实生活中的"价值澄清"。这样一种设计思路，实际上依然反映了辅导教师的辅导理念尚未得到澄清。

3. 在具体的设计上，初稿显得"既过细又过粗"。从"过细"的方面说，方案里教师的引导语、总结语不厌其详，游戏的操作也非常具体；从"过粗"的方面说，前后重复、自相矛盾的地方也不止三两处。比如：

(1)开场引言与下面提的问题是重复的。既然有了引言，后面教师的问题就成了无疑而问。

(2)文字不够简洁，有不少重复之处，主要表现在教师的语言设计过细。换句话说，教师是否讲得太多了？

(3)人生情境1应该创设一个具体的情境，但是设计中好像没有，而是从大学毕业后的选择说起，绕了一个圈子，才说到高一文理分科的选择，而且只有短短的一句。那么是否可以单刀直入提出关键性问题呢？其实，对高一学生谈大学毕业后的选择为时过早，对他们而言，最现实的问题莫过于高一分班考试时"选理科，还是选文科？”从这里我们是否可以发现，辅导教师在设计这一节课的活动环节时，也许更多考虑的是概念性的东西(人生的三维模型)，而不是学生现实中最急需解决的问题(学文科，还是学理科？)。这是许多辅导教师容易陷入的误区，他们往往不是先考虑学生的年龄特征、发展需要和急需解决的问题，然后再去找相关的辅导素材，而是先想到了某个游戏或者是看到了某篇文章，觉得很新颖，于是在下意识中就将完成某个游戏或者演绎某篇文章的观点放在了设计的主要平台上，却将学生现实生活中要解决的发展性课题放在了从属的地位。

而接下来的活动“人生八宝箱”，从教师的“指导语”中可以看到与“人生情境1”的教师“指导语”几乎相同的内容和相同的问题。因此，上一个环节可以删去。

(4)“价值大盘点”中的“引导语”与“人生八宝箱”开始时的“指导语”也有多处重复，应该删除其中之一。同时，“价值大盘点”的“引导语”与下文的“价值收藏”的“引导语”也有重复之处，也应删节。

4. 整节课内容太多，层次分得太多，因此整个设计显得繁杂，主要线索反而不够清晰了。

三、设计方案改定稿

人生长宽高

——高中一年级心理辅导活动课设计方案

活动理念

人生有长有短，但总的来说，人生是有限的。同样长度的人生有质量高低之分，即人生的宽度和高度不同。整个人生，其实是一连串选择的过程，人生质量很大程度上取决于个人的选择，但每一次选择是否来自一个人自主或理性的思考呢？我们是否可以通过价值澄清，来努力拓展人生的宽高呢？

即将面临或已经经历文理分班的高一学生，自我意识高度发展，他们开始较多思考人生和将来(包括选择文理科、专业方向与升学意向)；但由于该阶段价值观的不稳定性，在面临重大选择和判断时，内心常常体验到较广泛的冲突和压力。

本课借助两个心理游戏和两个人生情境，透过价值澄清法的思辨过程，以培养其价值判断及选择的能力，从而更加充分地认识自己，并能更加现实地设计自己的人生。

活动目标

引发学生对“人生”的思考，体验人生选择的艰难，澄清人生价值，从而为人生中将面临的种种抉择做好心理准备。

活动准备

1. 将教室布置成适合分组讨论活动的自由空间，将学生分成几个6~8人的小组，为每个活动小组准备必要的白纸和笔。

2. 印发“人生刻度尺”。

活动过程

1. 开场白

(1)首先请各位同学思考并回答一个问题：“人生是什么形状的？”

(教师注意引导并总结学生回答的共同点。适当的时候补充提问“人生是几维的？”以便得出“长宽高”三个维度。)

(2)引出主题：“人生长宽高”

提问(在小组内分享)：

①你设想你的人生有多长？多宽？多高？

②“如何才能拓展你人生的容量？”

接下来，我们将通过两个操作简单而意义深刻的心理游戏来帮大家澄清这两个看似抽象、复杂的问题。

2. 主题活动

活动一：人生刻度尺

指导语：人生有长有短，平时我们当中有人会感叹人生苦短——“转眼”、“瞬间”、“光阴似箭”、“逝者如斯夫”等词汇形容人生之短暂，恨不得时光倒流，重来一次；也有人觉得“度日如年”，恨不得早点结束自己的一生。一年有365天，一天有24小时，一小时有60分钟，每分钟60秒，那么一生有多少秒呢？计算起来，很庞大的数字！不妨让我们对生命的时间有个可视性的感觉。

活动步骤：

请每位同学取出画在纸上的代表人生长度的人生刻度尺。

(1)撕一撕

找到自己现在所在的年龄位置，然后找出人生可能结束的刻度。撕去已经度过的这些年，并撕去人生结束后的部分，手里只剩下我们即将要开始和面对的人生。再找出退休的刻度，然后撕去退休后的时光。

(2)算一算

1. 从现在开始到退休,我们还剩下多少年?

2. 这几十年中,有多少时间要用来睡觉休息?(1/3)有多少时间要用来吃饭、娱乐休闲、发呆?(……)还剩下多少时间可以用来学习、工作?(……)

(3)想一想

人生刻度尺上,真正用于努力奋斗的长度有多少?

(请各位同学回答,选出“最长的”和“最短的”长度,并得出结论:“人生不是很长!人生的长度是有限的!”)

小结:人生的长度是有限的,我们能做的只有“拓宽人生宽度、勇攀人生高度”,那么你的人生会有多宽多高?怎样才能拓展人生的宽度和高度呢?

活动二:人生八宝箱

活动步骤:

(1)制作“人生八宝箱”

请每位同学取一张A4白纸,将手中的白纸对折三次,得到一个含有八个格子的“箱子”。

(2)价值大盘点

配合舒缓的音乐(如理查德·克莱德曼的《思乡曲》),请各位同学闭上眼睛回顾自己人生中的每一次选择,想象今后可能面临的选择,然后仔细地盘点一下——“你的人生中最重要的是什么?”

引导语:每个人的人生都是一连串选择的过程,在我们人生的道路上时时刻刻都充满着选择,正是这些选择,带我们进入到现在的生活中,也影响到以后的人生发展轨迹。我们曾经面临过许许多多的选择,今后还将面临更多的选择,在所有的这些选择过程中,哪些东西是你非常在意的,还有哪些是你认为不太重要的……

(3)价值收藏

在这些重要的东西中,选取其中最重要的八样,收藏进你的“人生八宝箱”,注意:这些收藏品之间不能重复,并且一个格子只能容纳一样收藏品。

现在,每个人都拥有了一个属于你自己的“人生保险箱”,里面放满了你的人生中最重要的八样东西。

这些东西都很重要,但如果仔细地观察,我们会发现,这些东西在有些人生时刻会互相矛盾,如果选择其中的一样,可能需要你放弃另外一样。比如,亲情和健康,健康和金钱,金钱和朋友……每个人在选择前后的观点不一定一样,但我相信每个人的选择都会有自己的充分考虑。

活动三:漂流人生长河

(1)播放录像:黄河奔涌向东、河面越来越宽、水流越来越深、船只在河水中起伏颠簸的画面,配以乐曲《黄河颂》。

教师用恰当的语言描述"漂流人生长河",同时要求学生在做每一次选择时,找到该价值所在位置,并将所在的格子整个撕下来。同时按照选择放弃的顺序依次排列。

引导语:沿着人生长河,带着"人生八宝箱",我们乘坐自己的小船从起点出发了。一路上风波不断,第一次,我们的船超重了,需要我们打开保险箱,挑选其中的一样,然后扔进河里;第二次,电闪雷鸣,需要我们取出另外一样以渡过难关;第三次,我们遇到了一场风暴,我们的船无法前进,我们又无奈地抛弃其中一样,以继续行进;第四次,前方出现了一片暗礁,需要我们再次做出选择以换回顺利航行;第五次,人生百慕大三角出现了,漩涡接踵而来,我们不得不又做出了选择。

庆幸的是,在我们做出了这五次选择之后,终于风平浪静,我们可以暂时缓下脚步,打开手里的箱子,看看里面还剩下什么。

(2)价值澄清

在每个人都只剩下最重要的三样时,可以让学生分组交流:"一开始选择了哪八样?后来放弃了哪五样?为什么?如果需要在这三样中继续做抉择,你会如何做决定?为什么?"

然后,选取代表,进行全班性的探讨。

3. 尾声

通过以上系列活动(人生形状——人生刻度尺——人生八宝箱——人生长宽高——漂流人生长河),大家对自己人生的长度以及决定宽高的关键因素都有了深刻的感受。

你认为应该怎样拓展自己生命的宽度与高度?

(学生自由发言)

结语:我们不能无限延长自己人生的长度,但我们可以决定自己生命的宽度与高度!祝愿大家珍惜时间,树立正确的价值观,拓展宽度,勇攀高度,使每个人的人生形状都朝着自己满意的方向发展!

四、改定稿点评

1. 整个改定稿较之初稿而言，文字显得简洁多了，线索也清晰多了。本设计以对“人生长宽高”的哲学思考为中心，通过三个活动加以展开：“人生刻度尺”——指向“生命的长度是有限的”；“人生八宝箱”——指向每个人的价值理念，检视每个人的价值倾向；“漂流人生长河”——引导学生进行价值判断与价值选择。相信通过这一系列的活动，会给高中生的价值观念发展与澄清起到较好的引导作用。

2. 理念表述上，第二段增加了高一学生文理分班的选择困惑，很必要。它可以提示辅导教师在整个活动的操作过程中要防止“空对空”、“虚拟对虚拟”的“兵棋推演”倾向，而应注意密切联系学生的生活实际问题。因为学生的价值澄清、价值判断和价值取舍往往都是与现实生活联系在一起的，过分概括化的推理有时难以真正触动他们的心灵；除非是在小组团体辅导中，有足够的时间(例如3~4次团体活动)作团体动力的催化、积蓄与铺垫，这种虚拟游戏的作用才能发挥到它的极致。

3. 如果换一种思路，整个设计不是以演绎“人生长宽高”的哲理为主线，而是以解决高一学生期末面临的“学文还是学理”的实际问题为主线加以展开，最后再归纳到“人生长宽高”的哲理上来作为“点睛之笔”，是否会更好一些？

第四节　职业高中教案设计：花开应有时

职业高中学生除了在身心发展的总体水平上与普通高中学生大体相当之外，在个体素质、学习基础、价值取向、人生追求、班级风气等方面都与普通高中有很大的不同。因此，对职高学生开展班级心理辅导活动课，在设计的理念与思路上就必须顾及这样一个“大人群”的独特性，在某些选题上很可能还要大胆突破我们传统德育理念上的一些束缚。本节中展示的设计方案《花开应有时》就是一个比较典型的例子。

一、设计方案初稿：花开应有时

花开应有时

——职高二年级心理辅导活动课设计方案

浙江省富阳市职业高级中学 李联洲①

活动理念

职高学生的青春期恋情,已是一个普遍存在的校园现象。对于这类问题的教育,既不能回避,也不能靠堵压,而应重在疏导。老师和家长应引导他们在正确认识校园青春期恋情对个人成长的利弊得失的前提下,注重树立正确的性道德观念。尤其是对职高中的女生群体,更应该让她们学会把握自己,对自己有一个守住底线的要求。

本节活动课是针对职高女生班级的情况而设计的。

活动目标

1. 引导职高女生认识爱情之花早开必夭的道理,帮助她们树立健康的、负责任的性态度。

2. 使职高女生懂得与高中阶段的异性交往还必须保持一定的距离,自觉地意识到只有用理智控制自己的情感,才有可能把持自己的行为。

活动准备

1. 制作相关课件。(准备一个典型的案例)

2. 座位排列:自由组合6人一组,共7组。各小组排列成一个马蹄形。

活动过程

1. 音乐热身

(1)欣赏flash歌曲《栀子花开》,会唱的同学一起跟唱。(渲染气氛)

(2)导语:同学们,大家好!首先欢迎大家来参加本次活动。今天首先要做一个小调查:你长这么大了,有没有曾对异性产生过好感?(学生会笑,也会有大胆的,说:“有!”)老师本来想说,如果有的话,请你对我微笑一下,结果你们都大笑起来,说明这样的情感大家都有。我想对大家说的是,青春期对异性有好感其实是一件非常自然而又正常的事情,甚至可以说是一件幸福的事情,因为老师也曾经历过。那么,如果你对某位男生特别有好感,你会怎么办呢?

(3)全班分享。(举手回答,不做讨论,估计方式会比较多:暗恋、写信、约他出

①后文修改稿作者同为李联洲

去玩、直接告诉他等等。)

2. 案例分析

(1)过渡语:面对突如其来的"花开信息",由于各人的性格不一样,所以采用的应对方法也不一样,导致的结果也不一样。今天我们来看一个故事,看看我们故事中的这两位主角是怎样来处理这种事情的。

(2)投影出示案例:

小丽,高一(8)班女生,聪明又善良。她爸爸妈妈平时工作很忙,基本上没时间照顾她,因此她觉得很孤独。第二学期的时候,班里转来一位男生小亮,小亮身材高大、外表很酷。刚来时,老师安排小亮坐在小丽的后面,小丽对他的第一印象很好。一次因双休日两个人都没有回家,于是有了交往的机会。从交谈中,小丽才知道小亮从小生活在单亲家庭中,父亲工作很忙,脾气暴躁,平时对小亮又非常严格,所以家庭温暖对小亮来说既遥远又陌生。于是小丽和小亮两个人都有一种"同是天涯沦落人"的感慨。渐渐地,小丽与小亮之间的话越来越多,话题也越来越广,两颗孤独的心很快就走到了一起。后来,两人的过密交往开始引起了同学的议论和老师的劝告。

老师:你对他们的交往有什么样的看法?他们还可以继续交往吗?(小组讨论2分钟)

(大部分的同学会比较同情,也会有很多同学支持他们交往,但肯定有同学会反对。)

老师:我们的很多同学都认为如果不影响学习可以继续交往。那么我们要来看看小丽会怎样做呢?

(3)投影出示案例(续1):

小丽与小亮因为同学和老师都开始注意他们了,于是从"公开"转入了"秘密",他们开始越走越近,关系越来越亲密,每次双休日都要在一起逛商场,泡网吧,上公园。直到有一天,小丽因家中无人,带了小亮上她家,两个人从聊天到亲吻再到搂抱,后来,小亮向小丽提出了"越轨"的要求。

老师:此时,小丽该怎么办?(估计大部分学生的直接反映是拒绝。可自由发言。)

老师:我们的同学都知道该拒绝,而事实上当两个人有了一定的感情,又在无人监管的情况下，可能会有一些人不够理智，而我们的主人公小丽就没有拒绝……

(4)投影出示案例(续2)：

两个月过去了，小丽发现月经没来；又等了两个月，月经还是没来，小丽冒名去医院检查后确认怀孕了。回来后小丽问小亮该怎么办，小亮却说："不知道！"然后撇下她一个人走了。

问：你们觉得小丽此时该怎么办？(小组讨论5分钟，以小组派代表的形式来发言。)

(估计向某人求助的答案会比较多，例如求助同学、朋友、亲戚、父母；告诉老师的可能比较少；最后一种可能会选择堕胎。但又会有新的问题出现，例如，该到什么样的医院去做？还有，是否有人会提要生下来？)

老师：同学都很好地谈了自己的意见，那么我们再来看小丽怎么办了呢？

(5)投影出示案例(续3)：

我们再回来说小丽，事实上，小丽并没有处理好这个事情，她不知道从哪听说，剧烈运动可以使孩子流产，于是她就拼命地运动，结果就出现了先兆流产(流血了)，她以为孩子就烂在肚子里了。可又过了三个月，她感觉到了胎动，才知道孩子还活着。后来，在小丽极度焦虑和恐慌中，孩子早产了。

(6)老师：这是一个非常不幸的结果，也最不应该出现这样的状况。我们觉得小丽在很多的环节中其实都可以把握好却都没有把握好，导致了这样的后果。接下来我想请同学们就小丽这件事来讨论一个问题，那就是——作为一个职高学生，我们该如何来避免发生这样的错误？讨论2分钟，以小组派代表的形式来总结。

老师：同学们都说得很好，异性交往要把握分寸。我们说男女同学交往，其实是一件非常正常的事情，但最怕的是交往过密，过密了就有可能会发生难以自控的事情。

3. 总结

不该开花的时候开花，不该结果的时候结果，是会受到自然规律的惩罚的。爱情之花也应开放在生命之树成熟的季节。我相信，我们的同学肯定会好好把握的。非常感谢同学们与我分享你们的心声。谢谢！再见！

思考与练习

1. 我认为这份设计方案的优点是：

(1)______________________________

____

(2)______________________________

____

(3)______________________________

____

2. 我认为这份设计方案的不足是：

(1)______________________________

____

(2)______________________________

____

(3)______________________________

____

3. 我的修改建议是：

(1)______________________________

____

(2)______________________________

____

(3)______________________________

____

二、初稿点评

1. 这份活动设计方案的最大特点在于辅导理念的突破。在课前，对于这个话题是否要在以往传统的青春期教育课题上有所突破，甚至突破一定的“禁区”——跟女生们谈谈关于是否接受异性的性要求，是否可以怀孕或生育等问题，辅导教师最初也是有过犹豫的。后来征求了很多老师的意见，多数老师担心会有副作用；但经过反复讨论，大家还是认同了这样一个事实：这些问题是非常具有现实性的。现实生活中职高学生过密交往，发生性关系，甚至有女生还生下了孩子等现象是客观存在的，既然存在这些事实，为什么要回避它？

在理念上另一个值得肯定的地方就是：面对学生中这些现实的青春恋问题、少女怀孕问题、堕胎问题等等，辅导教师不是依照传统的德育理念进行说教或者价值干预，而是通过学生自己的讨论甚至是争论，进行各种不同观点的碰撞，最终得出她们自己的结论。这就体现了心理辅导“助人自助”的根本理念。

2. 这份设计方案的第二个特点，是选择了一个典型的“两位职高生从青春期恋情发展到性失误”的案例，相当有代表性。正因为案例来自真实的生活，所以才能够震撼学生特别是女生的心灵，引起她们严肃而沉重的思考。尽管这节活动课只用了一种案例分析的形式，但由于案例线索清晰，层层深入，所以同样可以紧紧抓住学生的注意力，使讨论过程中的团体动力充分地运作起来。

3. 对于在心理辅导活动课上讨论职高男女生过密交往这一话题，关键在于如何引导。应该说，辅导教师在分段出示案例的每一个片断中，都包含了一个特定的问题情境；但总的看来，问题的呈现还比较模糊和中性（“小丽该怎么办？”），矛盾冲突还不够尖锐，对学生价值观念上的冲击力还不够强烈。因此建议在问题的设置上要一针见血，将学生的思维直接推向矛盾情境的漩涡之中，也许会更加激发思维的碰撞和团体动力的震荡。

三、设计方案改定稿

花开应有时

——职高二年级心理辅导活动课设计方案

活动理念

职业高中学生的青春期教育，特别是关于男女生过密交往问题，是当今学生、家长、老师最关心的热点话题之一，同时它也是一个相当棘手、难以恰当处理的问题。现在学生的观念变化很快，也很“前卫”。这类问题的教育，我们不能回避，不能靠堵或压，而应重在疏导。本次活动就是通过一个典型案例的分析和讨论，使职高女生学会如何用理智的情感来把握自己，并学会在与男生交往过程中把握一定的尺度，对自己有一个“守住底线”的要求。

活动目标

1. 使职高女生懂得如何用理智来控制自己的情感，懂得与异性交往必须保持一定的距离。

2. 引导职高女生树立健康、负责任的性态度。

活动准备

1. 制作相关课件。(准备一个典型的案例)

2. 座位排列:自由组合6人一组,共7组。全班分小组围坐成一个马蹄形。

活动过程

1. 导入

(1)欣赏flash歌曲《栀子花开》,会唱的同学一起跟唱。(渲染气氛)

(2)出示课题《花开应有时》。

(3)小调查:你长这么大了,是否曾经对异性产生过好感?(如果有的话请对老师笑一笑)那么我想问的是:如果有,你会怎么办?

学生可能会答:①写情书寄给他;②打电话告诉他;③不一定要告诉他的,可以暗恋嘛!

(4)教师:由于每个人的情感态度不一样,所以大家采用的方式方法也可能不一样,当然最后导致的结果也会不一样。今天我们来看一个故事,看看我们故事中的这两位主人公是怎样来处理这种事情的。

2. 案例分析

(1)投影出示案例:

> 小丽,高一(8)班女生,聪明又善良,她爸爸妈妈平时工作很忙,基本上没时间照顾小丽,小丽觉得很孤独。第二学期的时候,班里转来一位男生小亮,小亮身材高大、外表很酷。刚来时,老师安排小亮坐在小丽的后面,小丽对他的第一印象很好。一次,因双休日两个人都没有回家,于是有了交往的机会。从交谈中,小丽才知道小亮从小生活在单亲家庭中,父亲工作很忙,脾气暴躁,平时对小亮又非常严格,所以家庭温暖对小亮来说既遥远又陌生。于是小丽和小亮两个人都有一种"同是天涯沦落人"的感慨。渐渐地,小丽与小亮之间的话越来越多,话题也越来越广,两颗孤独的心很快就走到了一起。后来,两人的过密交往开始引起了同学的议论和老师的劝告。

问题1:小丽在这样的情况下,可能有两个选择:继续谈下去,或者暂时中断关系。如果你是小丽,你会选择什么?为什么这样选择?

学生小组讨论、全班分享交流。

教师:我们的很多同学都认为如果不影响学习还是可以的,或者可以转化为学习动力。

那么我们一起来看看小丽是怎样做的呢？

(2)投影出示案例(续1)

> 小丽与小亮因为同学和老师都开始注意自己了，于是从“公开”转入了“秘密”，他们开始越走越近，关系越来越亲密，每次双休日都要在一起逛商场，泡网吧，上公园。直到有一天，小丽因家中无人，带了小亮上她家，两个人从谈天到亲吻再到搂抱，后来，小亮向小丽提出了“越轨”的要求。

问题2：此时，小丽也有两个选择：接受性要求，或者不接受性要求。如果你是小丽，你认为该怎么办？为什么？

学生小组讨论、全班分享交流。

教师：从刚才的交流中，我发现基本上所有的同学都觉得应该拒绝。而事实上，在现实生活中，当两个人有了一定的感情，这样的感情又发展到了一定的程度，又在相对无人的状态下，有一些人就可能因不够理智而把持不住自己，我们的小丽就没有拒绝……

(3)投影出示案例(续2)：

> 两个月过去了，小丽发现月经没来。又等了两个月，月经还是没来，小丽冒名去医院检查后确认怀孕了。回来后小丽问小亮该怎么办，小亮却说：“不知道！”然后撇下她一个人走了。

问题3：小丽的面前有两个选择：生，或者不生。如果你是小丽，你选择什么？请说明理由。

学生讨论、分享交流。

教师适时插话引导：

①如果决定要“生”，会带来哪些后果？遇到哪些难题？请设想得尽可能细一些、远一些。

②如果决定“不生”，那么你准备采取什么样的堕胎措施？到哪里去进行堕胎？

教师：同学都很热烈地谈了自己的意见。接下来，我们再来看小丽。

(4)投影出示案例(续3)：

> 我们再回来说小丽，而事实上，小丽并没有处理好这个事情，她不知道从哪里听说，剧烈运动可以使孩子流产，于是她就拼命地运动，结果就出现了先

兆性流产(流血了),她以为孩子就烂在肚子里了。可又过了三个月,她感觉到了胎动,才知道孩子还活着,在小丽极度焦虑和恐慌中,孩子在校园里早产了。

教师:这是一个非常不幸的结果,也是最为被动的结果。回过头来看这个案例的发展过程,我们会觉得小丽在很多的环节中,本来都有机会根据自己的思考把握好尺度,做出正确的选择,但她却都未能把握好,最终导致了这样的后果。接下来我想请同学们就小丽这件事来思考一个问题。

问题4:作为一个职高女生,我们该如何来避免发生这样类似的事呢?

学生:小组讨论、分享交流。

教师随机引导方案A:

①怎样避免发生把孩子生下来的失误?

②怎样避免发生越轨行为的失误?

③怎样避免发生异性之间交往过密的失误?

④通过今天的活动课,你最大的感悟是什么?

教师随机引导方案B:

①青春期男女生交往中有正常交往和过密交往,一旦过密交往,该怎么办?

②过密交往后,有发生越轨行为和不越轨行为,一旦发生越轨行为,作为当事人的我们该怎么办?

③发生越轨行为后,有的不会怀孕,有的会怀孕,一旦怀孕,我们该怎么办?

④通过今天的活动课,你最大的感悟是什么?

3. 总结

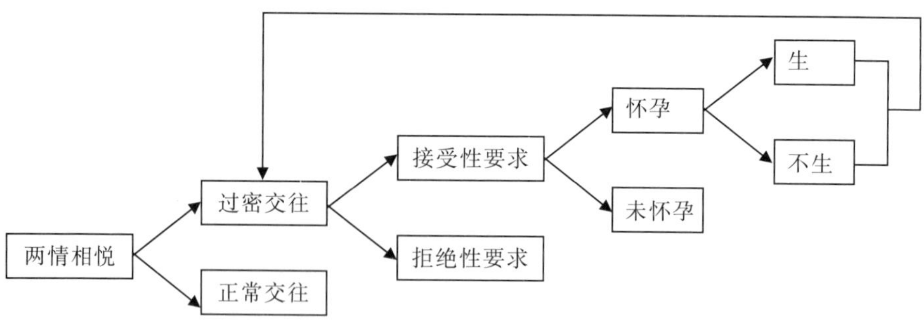

教师根据上面的投影片进行总结:异性交往,要把握分寸,不能交往过密。我们回顾小丽的这个事件,造成这样的结果,它的源头问题出自哪里?那就是两人交

往过密，我们说男女同学交往，其实是一件非常正常的事情，但交往过密了就有可能会发生难以自控的事情。

今天的活动课告诉我们：不该开花的时候开花，不该结果的时候结果，是会受到自然规律的惩罚的。爱情之花也应开放在生命之树成熟的季节。我相信，我们的女同学肯定会好好把握自己青春的花季时节的！非常感谢同学们和我一起分享大家的心声。

思考与练习

1. 我认为这份设计方案的优点是：

（1）____

____

（2）____

____

（3）____

____

2. 我认为这份设计方案的不足是：

（1）____

____

（2）____

____

（3）____

____

3. 我的修改建议是：

（1）____

____

（2）____

____

（3）____

____

四、改定稿点评

1. 改定稿与初稿的最大区别,在于问题的设置变得尖锐了。三个关键点上,教师提出的问题都是让学生无法回避的,二者必选其一:(1)大家都在风言风语了,那么,继续谈,还是中断不谈? (2)小亮提出性要求了,那么小丽是接受,还是不接受?(3)已经怀孕了,那么小丽是该将孩子生下来,还是不该将孩子生下来?而且上述每个问题都要求学生陈述理由。这样一种问题设置方式,实际上反映了辅导教师的一种引导思路,这个思路在教师最后环节的总结中,通过一张投影片将它形象地展示出来了。教师先是层层深入、步步逼近,然后再由根溯源、由果推因,使学生在强烈的矛盾冲突和反思中产生一种冲破迷雾、豁然开朗的感觉。

2. 在明确了如何正面讨论上述这些问题之后,接下来的问题就是:现场引导的底线在哪里? 在这份设计里,我们可以看到,辅导教师的最后底线在于“不能把孩子生下来”。这样一种“度”的把握,是符合职高学生实际的,同样是辅导理念上一种非常现实的考虑。

3. 通过这样的问题设计,再加上教师在现场对团体安全氛围的营造,就基本可以挖掘出学生的真实心声,达到本次活动的基本目的。即使有少数学生在现场由于种种原因不肯发言,但相信她们也在认真倾听,她们的思维和心灵同样在积极参与。特别是当案例中的小丽面临着几次“怎么办”时,对现场中某些有相同经历和相同问题的女生来说,更是会引起她们的高度关注和深度反思。如:关于“小丽是否要交往下去”,现场大部分的女生可能会选择继续交往;而在面对“是否接受性要求”这一问题时,绝大部分的女生会表示不能答应。对于在现场的少数有类似问题的女生,在分享到别的同学的选择及其理由时,她们的心灵同样在接受一次自我审视甚至是清理洗涤,这对于她们的自我成长同样是有积极意义的。

本章小结

本章根据小学、初中、普高、职高不同辅导对象的实际情况,列举了四份心理辅导活动设计方案,展示了从初稿到定稿的修改和演变过程,并对每一篇设计方案的主要优缺点作了比较具体的点评。在小学的活动设计中,我们重点讨论了如何厘清辅导理念、区分德育与心育界限的问题；在初中的活动设计中，我们重点讨论了如何厘清设计思路、选准切口的问题；在普高的活动设计方案中，我们重点讨论了如何有条理地设计活动过程，使整个辅导活动层次分明、线索清晰的问题；在职高的活动设计中，我们重点讨论了如何设计引导性问题，使学生思维活动的指向更明确、辅导效果更明显的问题。在每一份设计方案的修改过程中，我们穿插了多项“思考与练习”，使读者的设计理念也参与其中，相信这对于提高读者的心理辅导活动课设计能力大有裨益。

问题讨论

1. 在设计与修改心理辅导活动方案的过程中，起主导性作用的要素是什么？

2. 如何在设计过程中摆脱学科教学方案的设计思维范式？

3. 如果一份心理辅导活动课方案设计得过于详细，对于体现辅导的理念和宗旨会有何种阻碍？

操作篇

CAO ZUO PIAN

内容提要

本篇包含两章。第六章系统地提出了心理辅导活动课6条操作原则、8条操作要领和10项操作技术，从而构建了一个完整的心理辅导活动课操作规律的理论架构。其中关于"八重"、"八不重"的独特论述，自1999年以来已经在国内中小学心理辅导业内产生了广泛的影响，至今仍在各种教育媒体流传，成为本书作者具有代表性的学术观点。第七章则按中小学不同的学段，分别列举了四则心理辅导活动课的操作性课堂实录，并同样采取互动式的评析练习，以帮助读者体验辅导教师在操作层面上的得与失。

个性化理论视点

◎ 辅导教师自己不要讲得太多,要时时牢记心理辅导活动课的"主人"是学生,不要"喧宾夺主"。但现在我们在心理辅导活动现场见到的情况往往是,教师动不动就要接学生的话茬,接过来后就滔滔不绝,一直说到学生两眼发直为止。

◎ 有些优秀的教师在辅导课上,与学生相处得那么自然亲切,给学生的感觉真是"如坐春风"一般,那既是教师平时的师德修养及育人风格的真实流露,同时也和教师的体态语言密切相关。这些教师的眼神、手势、身体倾斜的幅度、微微偏头的姿态等等,处处透出一种发自内心的真诚与亲切,又略带一点点诙谐与夸张。这是教育与辅导的功夫,更是教师人格魅力的展现。

◎ 如果辅导教师事先没有明确的辅导动机,没有一种通过自己设计的辅导活动来解决班级多数成员在成长中遭遇的实际问题的强烈冲动,没有一种为某个活动环节的设计朝思暮想、茶饭不思、夜以继日、辗转反侧的"着迷"一般的深入探究,那么,在活动实施过程中出现磕磕绊绊、阻力重重、发展迟缓、气氛僵滞、彼此防范、关系疏离等不流畅的现象,就毫不奇怪了。

◎ 信任使人感到安全,信任才能敞开心扉。说真话难免会有错话,但对学生在成长过程中出现的错话持一种宽容而积极的态度,可强化学生自我向善的意向与努力。

◎ 完美的理性结论远远比不上学生积极参与、十分投入地沟通交流,甚至面红耳赤地争论不休所产生的那种心灵震撼力和对人的启迪来得深刻、来得重要。

第六章　心理辅导活动课的操作要点

在本章中，我们将讨论心理辅导活动课实施过程中的一些技术性问题。文中所提出的各项操作原则、操作要领，是20世纪九十年代初以来，沿海地区许许多多第一线的辅导教师在长期的中小学心理辅导活动课实践中，经过反复探索才总结出来的，因此带有鲜明的本土特色和很强的操作性。可以说，这一章内容是本书的重心所在。

第 ·节　心理辅导活动课的操作原则

心理辅导活动课应该是有其自身运作规律的。遵循这些规律，辅导现场就生机勃勃；违反这些规律，辅导现场就变得死气沉沉。这些成功的运作规律已经在心理辅导课的实践中被反复证明，我们可以据此总结出若干操作原则。这些原则主要是指：动感第一、情境体验、多元互动、现场生成、主体抉择、和谐有序。下面分别加以论述。

一、动感第一

心理辅导活动课的"命根子"在于"动"。班级心理辅导要以学生的活动构成辅导过程的基本环节，精心设计好活动形式是辅导成功的关键。

1. *在活动中实现发展*

为什么心理辅导活动课一定要"动"起来？因为"活动"与"发展"是团体辅导的

生命动力所在。学生的发展不是外力强加的,而是通过主体的活动主动实现的。活动是实现主体发展的必由之路,发展是主体参与活动的最终目的。只有活动才能有效地调动学生的主体参与性,改善他们的自我意识和情绪状态,使他们集中精力专注于辅导主题的展开,从而降低心理防御水平,以更好地敞开自我的内心世界。①而且,也只有活动才能打破课堂环境中长期以来存在的"知识本位"、"教师中心"、"灌输为主"的旧有的教育模式,建立起民主、平等的师生关系,构建起以学生为中心、以学生自主活动为基础的辅导过程,并增强团体辅导的开放性与实践性。

2. 在操作上切忌以"讲"代"动"

从某种意义上说,开设一堂心理健康知识讲座比设计和组织一节心理辅导活动课要容易得多。特别是对兼职教师来说,在时间紧迫又缺少经验的情况下开设心理辅导活动课,很容易"误入歧途",以"讲"代"动",因为在他们看来这是最省事的"捷径"。无可否认,讲座是一种必要的心理健康教育形式,但讲座不是团体辅导,讲座的功能也不能代替团体辅导的功能。心理辅导活动课必须精心设计好每一个活动的基本板块,在辅导过程的每一个环节上真正让学生动起来。

我们来看一则小学四年级的班级团体辅导活动的实录片断。这节题为《新奇独特是创造》的学生心理辅导课的目的是培养小学生的想象能力和创造性思维。整个辅导过程设计了五个活动环节,其中第二个环节的实施过程如下:

师:我们动手来画一画!给你一些图形、线段,你能把它们组合成什么图案。看谁画得多,画得奇特!别忘了给它们取个别具一格的名字!画完后,走出位子,拿起老师给你们的小星星贴在你认为独特的作品上。

在欢乐的音乐声中,同学们都纷纷动起手来。

①钟志农.班级心理辅导必须注意的六个问题.人民教育,2002(10)

师：我真想看看同学们的作品，你可以推荐自己的作品，也可以推荐别人的作品，注意要说清独特在哪里。

生：我推荐汪江峰的作品。因为他说自己很想摘掉自己的眼镜，他给自己画了一副“万能”眼镜，只要戴上它就会恢复视力。

师：真希望这种“万能”眼镜能够早日上市，帮助那些跟汪江峰一样的人早日甩掉烦恼。

生：我来推荐王飞的作品。因为他画了会跳的飞机、火车，样子非常特别。

师：我看出大家的心思：王飞给了大家一个惊喜，大家都很想看看他的作品。王飞，你拿上来给大家看看。（当大家看到他的作品时，有些同学竟然发出了“哇”的叫声）

师：有更特别的作品吗？

生：我画了一个外星人，因为我不知道世界上到底有没有外星人。这个外星人是我的知心朋友，我有写不好的作业他也能够帮我写，而且速度很快。我给他取了个名叫“做得快”。

师：你有小帮手了。

生：我推荐朱杰的“西瓜帽”。（说着，他举起作品“西瓜帽”）

生（朱杰）：这顶西瓜帽有两种功能。当我渴的时候，西瓜汁会渗进我的皮肤，帮我解渴。当我累的时候，西瓜帽会放出我喜欢听的音乐，使我变得很轻松。

师：我也真想有这么一顶帽子。

生：我的作品是两只蚂蚁。

师：两只蚂蚁的特别之处在哪里？你能介绍给大家听一听吗？

生：两只小蚂蚁要回家，一只小蚂蚁受伤了，另一只小蚂蚁正在帮助他包扎。（说着，指着那只受伤的小蚂蚁）

师：如果你是那只受伤的小蚂蚁，一定想得到大家的帮助吧！

辅导教师在课后小记里这样写道：“第二个活动是看谁画得独特。学生的创作作品往往是建立在已有素材基础上的一种再创造。当我出示一些学生熟悉的三角形、四边形、线段，让学生组合成为各种各样奇特的图案，并给图案取一个别具一格的名字时，学生的思路一下子开阔了。他们可能会画生活中本身具有的事物，更会创造性地画一些世界上并不存在的事物。学生作画、给画取名的过程就是发挥创造性思维的过程。他们通过想象和思考，再用自己的双手表达出来，给人以视觉上美的享受，这是视觉想象的大冲击。活动中有小组欣赏、自由评价、推荐优秀作品，从而不失时机地让学生品尝到创造的快乐，同时也让学生学会怎样欣赏别人的创造成果。学生汪江峰的作品虽然没有什么特别，但他的心情我们理解，自懂事起就戴上眼镜的他能不希望自己摘掉眼镜吗？那两只小蚂蚁是通人性的，适时的引导又让他们懂得了要帮助残疾人。这虽然并不是本课的重点，但我觉得这也是必要的。"

二、情境体验

活动离不开具体情境的创设。班级团体辅导要从情境体验开始，引发学生的情感共鸣，活动设计要尽可能生动有趣，才能使学生喜闻乐见，专注投入。

1. 任何学习都从情境开始

按照皮亚杰的观点，任何学习都应该从情境开始。心理辅导活动课也是这样，活动为辅导的主题提供了模拟的生活场景，而提供动态的生活经验又是所有的团体辅导的基本原理。因为人的心理活动或心理问题都是在特定的社会环境中发生和发展的，所以，把来自社会环境、学校环境和家庭环境中的各种具体问题放置到类似的环境中去再认识，重新进行辨析和调整，将有助于学生澄清问题的实质，体谅当事人的情感，发现建设性的解决问题的办法，并可以使学生直观地筛选出令人满意的行为模仿标准。

2. 体现"情境性"要注意的问题

体现"情境性"在操作上要考虑以下几点：模拟的生活场景的设计要符合学生的年龄特点和生活实际，能引起学生的共鸣；要注意具体地而不是抽象地呈现问题；角色扮演或小品要有情节及适当的道具，尽可能使学生兴趣盎然。

我们来看一则初二年级的班级团体辅导活动《穿越情感的风暴》实录片断：

师：今天，我们要讨论一个大家很感兴趣而且十分关注的话题，就是男女同学交往的问题。（学生笑）最近啊，我们的一位同龄人——初二的女同学郁清，碰到了一件很特殊的事情，请看表演《一封信》。

（一女生进入教室正中央进行角色扮演：先在课桌前蹲下，在整理抽屉时发现一封信，把信拿出抽屉，然后站起来）

女生：咦，怎么有一封信啊？真奇怪，（稍停顿）打开看看吧！（打开信封，抽出信纸）是谁写给我的呢？（看信纸落款处）小A？他找我什么事啊？（开始读信）

"郁清,你好!从第一次见到你,我就喜欢上了你……"(女生羞涩地自言自语)什么呀?(然后继续读信)"我觉得你与别的同学不一样,我很想与你交往,成为比一般同学更好一点的朋友,可以吗?"(自言自语)什么乱七八糟的啊?!(继续读信)"……今晚七点我在人民广场音乐喷泉等你,你一定要来,不见不散!"(自言自语)唉!我要不要去呢?(整理好书包,满腹心事地下)

师:谢谢这位同学为大家表演!(掌声)同学们,如果你是郁清的话,你会不会去赴小A的约会?这样好了,觉得"会去"的同学坐这边,(示意左边)认为不会去的同学坐这边,(示意右边)拿上凳子开始行动。(学生带凳子换座位)

师:好,我先来问这边的同学,说说你们为什么会去好吗?

……

在上面这一则案例中,辅导教师在提出初中生异性交往的具体问题之前,先创设了一个具体情境,来引发正处于青春期的初二学生经常遇到的面对异性的朦胧好感甚至是青春恋情时的那种感受——一种惶恐不安而又充满激情和遐想的复杂感受,从而非常自然而又具体地把本次团体辅导的主题呈现在全体学生面前。

三、多元互动

互动是团体的基本特征,互动又是团体达到目标的重要条件。任何一个团体都是建立于一种人际互动的行为世界之中的。人际互动的世界是一个由参与互动的双方或多方共同建构的世界,这个世界是在团体成员相互讨论与回应的行为中逐步形成的。

1. 团体互动促进个人成长

心理辅导活动课是一种互动的"团体的过程",这个过程会产生影响团体成员及整个团体的力量,此即所谓的"团体动力"。在这种团体的辅导过程中,每个成员认知的矫正或重建、情感的体验或迁移、行为方式的改变或强化,都依赖于成员间的交流和互动。而且,这种班级社会环境的互动强化作用往往比个别的辅导帮助更有成效。大量的实践经验表明,当学生身处班级团体中接受心理辅导时,他们的情感体验和心灵上受到的震撼是在个别辅导、主题班会、课堂教学及心理健康理论讲座等场合下所无法比拟的。因此,参与团体互动的经验具有重大的意义。团体提供给学生一个现实社会的缩影,使他们能把在团体互动中所获得的感受同日常生活经验相联系,并在安全、信任的气氛中尝试着去学习或改变行为。

团体互动交流可以促进个人成长，其理论依据，是美国学者柏恩的“相互作用分析理论”。柏恩认为团体的每个成员在互动中可以促进对自己和他人的认识，并从中得到他人的支持、反馈与学习，因而促进个人的成长。团体成员将自己所关心的事情及困扰，提出来和其他成员分享、共同探讨，其他的成员除了有支持作用外，同时还给予回馈、建议及经验分享，使得当事人在这样的互动中更能为自己带来省察、思考，更能深入了解自己，因而能对自己的问题有更深入、正确的看法，促使观念、态度、价值观及行为的改变。这就是说，一个团体中，人与人之间的交互作用的影响力构成了“团体动力”。正如个体受到内在因素与外在因素的影响，而形成了个人的“成长动力”一样，“团体动力”也自然地发生在团体成员的互动之中。

2. 互动的前提是参与

心理辅导活动课必须促成一种气氛，让每一个学生都想说话，让每一个学生都有话说。要做到这一点，其基本方法是改变座位的排列组合，采用小组合作学习形式。座位一变，学生们四目相对，心灵的窗户就立即打开了。这有点像被罗杰斯称为是“交朋友小组”或“会心团体”、“坦诚团体”、“个人成长团体”的形式。罗杰斯甚至认为，“会心团体”是本世纪最重要的社会性发明。当然，心理辅导活动课中的小组合作互动方式与真正的小组辅导或“会心团体”是有区别的，但它却是一种促进学生在辅导过程中互动互助的有效形式，正如奥地利心理学家阿德勒所说，它可以“使儿童学会与别人合作，共同完成任务”。

布鲁纳也主张使小组讨论成为学生学习活动中表达思想感情的工具。因为在这样的互动合作的活动中，学生能倾听别人的意见，能对别人的意见做出评价，并能通过集思广益形成自己的观点，既不钻牛角尖，也不人云亦云。这样一种能与他人和团体合作共事的人格特质，就是在自由的、没有压力的小组讨论中逐渐形成的。

当然，这里有一个问题是要格外注意的，那就是讨论话题的设置必须是学生能力范围所及的，同时又是有一定复杂性和不确定性的，也就是说，应该有一定的思维力度。毫无争议性的问题不可能激发起互动的氛围。

3. 互动的催化与团体大小及成员组合方式有关

Kephart(1951)指出，3个人的团体会产生6种可能的关系，而7个人的团体则有966种可能的关系存在。团体愈大，愈有机会遇到各种人，互动愈丰富；但团体愈大，组织的问题也愈加复杂、困难。例如“次团体”产生的几率也可能加大，冲突的可能性也相应提高。较大的团体对成员的吸引力较小，满意度较低，因为每人分配到的时间有限，互动机会及深度也受影响，团体较易受少数成员的控制（例如由两三个人占据了大部分发言的机会）。相反的，团体较小时，成员比较容易体会到自己的重要性，比较容易感到满意，彼此互动机会较多也比较深入；只是资源广度较小，是此种小团体互动的缺憾。①但在班级团体辅导中，这种缺憾可以通过在全班面前的交流分享来加以弥补。

班级团体成员动辄四五十人，因此团体的互动往往要划分小组来进行。心理辅导活动课的小组人数以4~6人为宜。两人小组形成不了多向交流的气氛，讨论也不可能深入持续；三人小组容易出现其中两人滔滔不绝、另一人被冷落的尴尬局面；八人小组则因人数较多而难以控制，或者因人数较多而互相等待甚至是相互推诿。但在特殊情况下，分组可不受人数的限制。

小组组合的方式应尽可能做到随机分组。例如可以采用数字抽签分组、动物抽签分组、拼图分组、诗句分组、英文字母分组、扑克牌分组、以组长为核心自由分组等。不仅每一节班级团体辅导活动课都要根据主题的需要采取不同的分组方式，就是在同一节心理辅导活动课上，也应尽可能变换分组的方式。之所以要花费这么多精力去研究分组技巧，其目的就在于让每个学生在每次活动中都可以结交到新的伙伴，以便将团体的互动功能发挥到极致。如果是怎么省事就怎么分组，结果便可能使学生在每次活动时见到的都是几张老面孔，那么也就很难在彼此间碰撞出新的思想火花。

小组的座位排列方式也大有讲究。一般情况下，教师为图方便，往往习惯于让前后两排座位的四位学生组成小组。其实从学生的角度考虑，这种四人小组让人反反复复转身太麻烦，一次一次扭头又很吃力，结果经常是草率结束，使讨论无法收到应有的效果。还有的教师虽然撤去了课桌，但将四人小组一字排开，全班学生的面孔都朝向教师，或者是让全班围成方阵，即主题班会常用的那种座位排列方式。此种情况下，尽管教师可能会将“班级方阵”再划分为若干个小组，但同样也是不利于学生进行交流的。有时，一次心理辅导活动课的气氛达不到理想的程度，究其原因并非教师的活动设计不当，而是学生座位排列限制了人际的互动所致。所以，小组座位应该以四人弧形排列、四人圆形排列、六人马蹄形排列为主要形式，再以这些小组为单位，组合成全班的圆形、方形、扇形、弧形、梅花形、散点式、对抗式、鱼缸（内外两圈）式等人际交流互动模式。

---

①黄惠惠著.团体辅导工作概论.台北：张老师文化事业股份有限公司，1995.59

4. 讨论是团体互动的主要形式

有的教师问："心理辅导活动课经常使用小组讨论的方式，是不是多了一点？"产生这种看法的原因主要有两个：其一，是不了解讨论是任何团体辅导的主要活动方式。不管在团体辅导中采用何种多姿多彩的活动形式，但只要进入到实质性阶段时，就必然会使用讨论的方式，否则便无法使成员之间充分沟通，并使他们达到统整合作。其二，恐怕还是受了传统教育观念的影响。许多教师习惯于自己的"一言堂"，从来不去质疑自己是否讲得太多了。即使偶尔组织小组讨论，也只是作为一种点缀和陪衬，在内心深处说不定还有一种"做戏"的感觉，所以一让学生讨论就觉得心里发虚、不舒服。

还有的教师会问："小组讨论在小学低年级能行得通吗？"这要看我们从哪个角度来作判断。如果用我们成人的标准去衡量，小学低年级的学生的确讲不出什么惊人的大道理；但我们若是深入到这些孩子的中间去观察，就不难发现在他们之间自有他们的认知标准和沟通方式，自有他们更容易接受的游戏规则和共同语言，他们对自己感兴趣的事情是会有说不完的知心话的。[①]

四、现场生成

如果一位辅导教师能够很好地理解和把握心理辅导活动课"主体性"的根本特征，那么学生内在的本原潜力就会被极大地激发出来，而辅导教师就会在整个辅导过程中享有源源不断、丰富而生动的辅导资源。实践表明，在心理辅导活动课的过程中，真正能够震撼学生心灵、引导学生深入思考、激发学生强烈的情感体验、进一步开掘辅导主题内涵的辅导素材，往往不是教师事先预设的，而是在辅导活动的现场即时性地生成的。真正具有生命活力和生活气息的辅导资源，就存在于辅导现场和辅导过程之中。

我们来看一次题为《打开心结》的心理辅导活动课实录片断：

……（热身活动，略）

教师用投影片出示案例：

初二学生小超最近觉得很苦恼，他发现自己很难和父母相处。家长总是批评他，而他一听到家长的批评就心烦，结果父母亲和小超之间冲突频繁。比

①钟志农.班级心理辅导必须注意的六个问题.人民教育，2002(10)

如，放学回家，小超想轻松一下，就打开了电视。母亲见了，马上批评道："小超，你的学习成绩越来越差了，怎么有空看电视？"小超说："看一会电视又怎么啦？"父亲在一旁讽刺道："让你读书写作业，总是无精打采，看电视怎么这么积极主动啊？"小超也火了："对我的要求这么严格，你们自己做得怎么样，爸爸每天只知道应酬喝酒，妈妈也不是经常出去打麻将吗？有什么资格说我？"爸爸大怒，于是"家庭战争"又开始了……

师：大家看一下，这个家庭的矛盾是什么？

生1：我觉得是缺少沟通，父母和子女都有错误。身为父母不应该打麻将，应给子女做个好榜样。

师：哦，你的意思是说，父母要我们学习的前提是他们自己不能看电视、打麻将。

生2：我认为是父母和孩子想法不同。父母只想让孩子多读书；孩子只希望父母不要打麻将、喝酒，多花点时间和孩子在一起。父母要是多为孩子想想，孩子要是多为父母想想，就不会发生这种情况了。

生3：这个案例里的父母只想让孩子专心学习，就忽略了让孩子劳逸结合。

师：那你们在家里遇到这种情况，你们是怎么处理的呢？

生4：有的时候，我的父母看电视，我也想看，他们不让，我就说你们自己也看电视，凭什么不让我看？他们就说，我们已经长大了，会赚钱了，等你长大了会赚钱了，随你看。（全班学生笑）

生5：我和我的父母是达成一种交易的。只要我作业多做一点，做得认真一点，他们会同意让我玩两个小时的电脑，或者看一会电视。这样对自己的心理也是个安慰，避免劳累，以免想不开。（全班学生大笑）

生6：我跟他们不一样！如果家长不让我看电视的话，我就去玩电脑，不让我玩电脑的话，我就去厨房烧菜，反正我就是不学习！（学生大笑）

师：为什么呢？

生6：我的想法是，他不叫我学习的时候我才去学习。如果他叫我学习就去学习，那不是太没有面子了？他态度凶一点，声音高一点，我就得去学习，那我岂不是天天要挨骂啦？（全体学生又笑了）

师：我们经常会遇到这样的事情，好多同学都觉得当我们在学习的时候，父母不应该去玩，应该和我们同甘共苦。是这样吧？

生7：如果我在写作业，我妈妈在看电视，我就去把电视关掉！因为我觉得不公平!

生8:我觉得父母当年可能没有好好读书,所以把希望寄托在孩子身上,要孩子好好读书。可孩子也许不争气,不光成绩不好,还这样和他们顶嘴,不理解他们,所以父母很苦恼。

生9:我自己的时间自己安排,我想写作业,他们要看电视,我就让他们看,我自己会认真写作业。但如果是他们要我写作业,那我就不让他们看电视!

生10:我想不通分数为什么对父母这么重要?人的一生不仅仅限于分数,如果你成绩很好了,像马加爵一样努力,可是马加爵不会做人,学习好又有什么用?不一样犯罪被枪毙了吗?如果你在学校读书不是很好,可是能像比尔·盖茨一样,那也照样是世界首富。(全体学生鼓掌)

生11:有些思想很害人,父母只知道让子女多读书、读好书,光注意做表面上的文章,可孩子真正遇到了实际中的问题,就什么也不会了。所以我们要培养一点实际的能力。如果说一味读书就是成功的捷径的话,中国12亿人都走读书这条路,那这条路不就被踩成泥潭啦?

师:哦,你认为造成亲子之间针锋相对的局面是父母的认识不对?

生11:是的。

生12:如果我们总是默默地听父母的话,那么连自己的立场都没有了。现在的学生都希望有自己发展的空间。我们小的时候让父母骂,现在长大了,就想学大人的样子,想评论别人,而不是被别人评论。

生13:现在年轻人的思想不知道要比父母超前多少倍,都想把握自己的生活,不想听别人的安排。当然,听别人的安排也是一种游戏规则,但是如果总是遵守这种规则,那在人世间轮回一千遍也没有什么意思!我们要把握现在,寻找自己所喜欢的未来,用自己所喜欢的方法,寻找自己所向往的成功。(全体鼓掌)

生14:父母跟我们说话总是得理不饶人,让我们子女感到委屈,就急着要争辩,所以就成了针锋相对的局面了。

生15:我们应该是平等的!

生16:不要拿父母的地位来压我们!

生17:遇到这种时候,父母会想,孩子长大了,翅膀硬了,然后就会跟我们吵起来。

师：是啊，沟通就是要心平气和，要自然一点。还有，大家都希望父母不要管那么多，大事可管，小事不管。那我们在和父母亲交流的时候，应该怎样做他们才会不生气？

生18：家长的语气太冲了，双方都在气头上，应该平静下来想一想。小超可以告诉父母为什么自己的成绩那么差，希望父母在哪些方面帮助他。

生19：该休息的时候就应该让我休息。

生20：双方应该心平气和地坐下来谈。

生21：我认为突然说要坐下来沟通会显得很尴尬，很别扭。我想最好的沟通就是在老妈拖地板、烧饭的时候陪陪她，和她聊天，把在学校里的事情、心里想的事情都说出来，这才是最自然的沟通。

师：你这个办法很好呀！你想要让父母知道你还是爱他们的，对不对？因为良好的沟通要有三个条件：第一要心平气和；第二要注意措辞；第三要告诉父母你们还是爱他们的。

生22：语气还要缓和一点。

生23：给他们倒杯茶，表示一下对他们的亲近。

生24：要把父母亲的位置抬得高一点，你是晚辈，就要站在晚辈的位置上。因为现在的父母亲都有点自大，他们都认为把你生出来，养你到这么大不容易，你必须得听他们的。所以，哪怕父母有些话说错了，你也要先听，事后再和他们慢慢说，这样，他们会觉得你懂事，渐渐地就愿意听你的话。

（学生议论开了）

……

这是一堂关于亲子关系的心理辅导活动课，对于初二的学生是非常有针对性的。在开始的热身活动之后，教师运用一个具体的预设情境，直接切入到父母和儿子的冲突当中。这时，辅导教师需要注意的问题就是，到底如何把学生引导到自己的辅导目标上去。是硬要按照预设的路子牵着学生的鼻子走呢，还是根据现场发生的情况，顺其所思，予其所需？其实，初中学生与家长的冲突是非常普遍的现象，学生们都有切身的体会，在这节活动课上就有几个非常典型的反映子女逆反心理的例子，例如“如果家长不让我看电视的话，我就去玩电脑，不让我玩电脑的话，我就去厨房烧菜，反正我就是不学习！”还有像“我自己的时间自己安排，我想写作业，他们要看电视，我就让他们看，我自己会认真写作业；但他们要我写作业，我就不让他们看电视！”这些例子在活动中一出现，就是可能出彩的地方，那就看老师怎么引导，怎么去挖这个“金矿”了。此时教师就要改变自己原先设计好的方案，顺着现场生成的辅导素材把学生的话题引向深入。因为学生心中有很多的委屈需要宣泄，需要倾诉，教师要能够敏锐地察觉到这一点，及时改变原来的操作思路，让学生谈谈自己经历的家庭冲突及发生的具体情境，运用小组讨论形式，让学生互相诉说自己在这种情况下的具体感受和困惑，把大家都摆进去，以加深每个人的体验。然后再适时地抛出预设的问题：“在这种情况下，该如何避免与父母的争执？我们可以做些什么？”这样，学生就会很自然地理性地去思考这个中心问题，那么这节课就水到渠成了。

但是，许多辅导教师往往缺少这样一种“现场生成”的辅导意识和准确捕捉辅导素材的能力。因此，有必要提醒教师做好以下两点：

1. 要全神贯注地倾听学生

倾听是辅导的基本技巧，在心理辅导活动课中也是这样。辅导教师要善于全身心地倾听学生的诉说，敏锐地觉察出学生发表意见时的“弦外之音”和“话中之话”，通过澄清、引导、重述、追问、具体化等辅导技术，循循善诱地发掘学生欲言又止的深层心理，及时捕捉学生闪光的思想和语言，将隐含在学生发言中有价值的事件、经历、体验、感悟、疑问挖掘出来，使之凸现和明朗化，以生成新的、活生生的问题情境，推动辅导过程向深层次发展。详见本章第三节“操作技术”。

2. 不要急于给出现成的结论

在辅导教师的思想中要强化“学生具有解决自身问题的潜能”这样一种人本主义的辅导理念。辅导教师不要总是习惯于以一个说教者的姿态出现在学生面前，不要急于给出现成的结论，而要尽可能地将解决问题的自主权交还给学生，由学生在团体的启发下自己探寻出适当的、可供选择的方案。若能如此，则学生思考的智慧和自助的能力将得到很好的发展。

五、主体抉择

谁是课堂上的“主体”、“中心”和“主角”，这是几百年来在学校里争论不休的老问题。尽管“辅导”不同于“教学”，“辅导”应该是一种平等的对话关系等理念也早已是辅导界的一种定论，但当“辅导”发生在“学校”(特别是在班级)和“团体”(特别是大团体)的具体环境中时，谁是整个辅导过程的“主体”、“中心”和“主角”就有可能变得扑朔迷离了。

到底谁是辅导的主体力量和中心人物？罗杰斯认为，每个人都有一种内在的需求和动机，用以促进自己的成长和提高；而且每个人都有一种解决自身问题的潜在能力，即使是心理适应不良的人也同样如此。所以，罗杰斯便主张在辅导中坚持“以当事人为中心”。另一位著名的精神科医生、生死学大师伊丽莎白·库伯勒·罗斯也认为：“每个人内在都有成为甘地或希特勒的潜能。前者是我们最美好、最具同情心的一面，后者是最负面、渺小、黑暗的一面。人生的课题就在提升渺小的我，去除负面的我，找到彼此最美好的部分。”“每个人内心深处都知道自己将成为什么样的人，当你成为那个人时你会感觉得到。反之亦然。当什么地方出了差错，你无法成为那个人时你也会知道。”所以，罗斯坚定地主张“我们来这世上都是要来学习生命的课题，但没有人能告诉你你的课题是什么，那要靠你自己去发掘。”① 以上这些观点给我们的启示是：辅导教师必须相信每一个学生可以“自己发现自己”，“自己救助自己”，必须让每个学生成为辅导活动全过程的“主体”和“主角”。心理辅导活动课的目的不是为了告诉学生在成长的道路上要做些什么或怎样做，而是为了唤醒每个学生内在的成长需求，激发每个学生改变自我、努力向善的动机和潜能，以促进每个学生的自我发展，包括使每个学生进一步了解自我、寻找自信，建立协调的人际关系，增进对环境的适应，拓展人性中真善美的一面等。

根据心理辅导活动课强调“主体性”的特点，在操作过程中，辅导教师要注意以下几个方面的问题。

1. 要关注每一个学生

辅导教师在活动过程中必须面向每一个学生，关注每一个学生，特别是平时所谓的“后进学生”。要确保每个学生都被自己注意到了，并关心每一个学生说的话是否都被大家听清了。当辅导教师因种种原因未能听清时，有必要委婉地追问：“你的意思是说……是吗？”以表示自己对该学生的充分关注。同时，教师还要引导全体学生注意倾听每一位同学的发言，因为只有当每一个学生都感受到教师和团体对自己的关注与尊重时，他们的主体自信才会得到真正的张扬，他们的潜能才会如炽热的岩浆一样奔涌而出。

2. 教师自己不要讲得太多

辅导教师自己不要讲得太多，要时时牢记心理辅导活动课的“主人”是学生，不要“喧宾夺主”。但现在我们在心理辅导活动现场见到的情况往往是，教师动不

①(美)Elisabeth Kubler-Ross著，张美惠译.心的出路.北京：国际文化出版公司，2006.7

动就要接学生的话茬，接过来后就滔滔不绝，一直说到学生两眼发直为止。学生一开始还专注地听老师的“教诲”，但逐渐就出现注意力分散，再往后，便会有一些学生开始打哈欠了。这里面的缘由所在，就是教师没有注意自己角色的转换。所以，教师一定要改变“讲课”的老习惯，把注意力集中在引导学生与学生(即“主体”)之间的相互沟通上。

3. 注意创设安全、民主的班级气氛

要把学生主动参与活动与讨论的积极性调动好。如果调动不好，没有氛围，学生沉闷不语，老师就只好点名叫学生回答问题，或者是由自己来“自问自答”，填补空白，那还有什么主体性可言？而氛围的创设往往又和教师的精神状态是否振奋有直接的关系，如果教师心不在焉，或应付任务，或居高临下，那么学生就不可能出现主体参与的积极氛围。①关于班级气氛与学生互动讨论的关系问题，在本章第四节中还要详细谈到。

4. 教师不要代替学生做出改变的决定

心理辅导活动课要引导学生自我改变认知模式和行为方式，但不要由教师代替学生做出改变的决定，因为我们助人的目的是为了让学生学会自助。

六、和谐有序

心理辅导活动课是师生真情的流露、心灵的交融，因此，教师要转换“教育者”的角色，努力营造一种平等、和谐的气氛。

1. 辅导教师的“角色到位”是创设和谐氛围的根本

心理辅导活动课要力求使学生尽量少受心理防御机制的阻碍，尽可能揭示自己最核心的情感，尽可能揭示一个真实的自我，以便使自己能被大家如实地看待和评价，并从他人那里得到肯定或否定的反馈。这样，学生才能更好地认识自我，改变自己的适应不良的行为方式，体会学习、生活的美好内涵。这一切，都有赖于一种彼此信任、和谐的气氛的形成，而其关键则是班主任的“辅导角色”是否能真正到位。

罗杰斯认为，治疗者(或辅导者)对当事人无条件的积极关注、接纳、关怀、共情，以及当事人能够体会感受到治疗者(或辅导者)对自己的这种尊重与共情，是所有心理咨询与心理治疗的必要条件和充分条件。这也就是林孟平所说的，辅导

①钟志农.班级心理辅导必须注意的六个问题.人民教育.2002(10)

是一种关系,是一种和谐的人际关系。这种关系能给被辅导者一种安全感,使其可以从容地开放自己。[①]

构成这种和谐关系的核心是辅导教师的三种最重要的人格特质:真诚——关注——共情。

(1)真诚。指辅导教师是一个真实的自我,没有虚假的外表,愿意和学生一起表达真实的情感和态度。而教师的这种真诚,也必定会使学生表现出一个真实的自我。

(2)关注。指无条件的、积极的关注与接纳,不对学生的思想、情感、行为的好坏强行做出评判,使学生得以自由地表达情感体验,而不必担心失去教师的信任和接纳。因为教师若是在表情言语的反应上略有好恶之感的流露,学生就会立即设置心理防卫,那么人格的改变也就不可能发生了。但这里要强调指出:所谓"无条件接纳"是指尊重学生抒发感情、发表观点的权利,而并非无条件地同意他所有的看法或行为。

(3)共情。指辅导教师设身处地地理解对方,能感受到学生的情感,包括感受到学生不明显、不清晰的情感,如同感受到自己的情感一样。但教师的共情不等于情感的迷失,也不等于和学生有同样强度的情感表达。

满足以上三个条件,和谐的辅导关系就出现了。不满足这三个条件,师生之间就有了心理距离,又称为师生"心理阻隔"。只要有"心理阻隔"存在,师生间的"空间阻隔"就破除不了。即使在形式上撤去讲台,让教师和学生坐在一起,师生之间仍有一种无形的排拒力和约束力,和谐的辅导氛围依然不能形成。[②]所以,根本的问题在于转变教师的教育观念和提升教师的人格特质。

除此以外,教师还要特别注意自己的体态语言,因为口头语言是可以刻意修饰的,但体态语言却往往会使你不由自主地流露出潜意识中的情感倾向。有些优秀的教师在辅导课上,师生之间相处得那么自然亲切,给学生的感觉真是"如坐春风"一般,那既是教师平时的师德修养及育人风格的真实流露,同时也和教师的体态语言密切相关。这些教师的眼神、手势、身体倾斜的幅度、微微偏头的姿态等等,处处透出一种发自内心的真诚与亲切,又略带一点点诙谐与夸张,这是教育与辅导的功夫,更是教师人格魅力的闪光。而有的教师尽管语气温和,但表情却刻板冷漠,亦即体态语言失当,那么辅导中的和谐氛围也就无法形成。

---

①林孟平著.辅导与心理治疗.上海:上海教育出版社,2005.8

②石鸥.教学别论.长沙:湖南教育出版社,1998.116

2. 让学生在不受伤害的状态下成长

心理辅导活动课是每个学生自我探索、自我了解、自我更新的历程,它要在一种彼此尊重、接纳、信任的氛围中,放下个人的防卫意识,与其他成员进行探讨、分享,彼此给予回馈、鼓励和建议。因此,心理辅导活动课拒绝对学生作否定性的评价,这样才能使学生在不受到伤害的状态下学习与成长。

(1)教师始终要注意保持一种随和、宽容、接纳的态度,支持、鼓励学生在团体中自由发表意见,充分与同伴沟通。即使学生中出现了一些较为偏激或是明显错误的看法,教师也不要简单否定,而应采取温和的态度,把问题反馈给学生小组进行讨论,并让有错误观点的学生参与其中,教师也可以特地加入该组讨论,通过组内交流来澄清该学生的错误认知或态度,然后在全班重提旧话,请这个学生自己再来谈谈新的认识。这样就避免了教师或同学对其直接的否定性评价。

(2)在团体情境中,如果出现评价不当或表述不准确的情况,就容易使个别学生受到伤害,这是任何团体辅导都难以绝对避免的局限性,因此要尽可能事先加以防范。教师要注意引导学生遵守团体活动规范和"游戏规则",以防自己有意无意地伤害了他人。

(3)教师还要注意克服自己在平时的教育教学工作中习以为常的一些习惯性语言,力避使用一些刺激性的、带有负面色彩的词汇。所以从某种意义上说,心理辅导活动课也在促进教师自身的成长与发展,在启发自己反思和改变旧有的一些教育观念和教育方法。

3. "和谐"并非突破方圆,并非混沌无序

在团体辅导中会有令人愉快的体验,但有时也会获得不愉快的体验,活动的混沌无序、难以掌控现场就是其中之一。究其原因,是许多初涉心理辅导活动课的班主任片面地从形式上去理解辅导的要义,以为辅导就是要改变教师训导的面孔,就是要和学生平等相处,就是不要有教育者的架子,因此在课堂上努力扮出一副笑脸,尽量以温和的语气说话,然而却不知如何提升心理辅导活动课的内涵与价值,结果让学生看出老师内心的"底气不足",课堂秩序一反常态,甚至陷于一片混乱。而教师对学生在活动中出现的庸俗无聊的调侃、活动秩序失控等现象却一筹莫展、束手无策,想发火又怕有损辅导者的形象,于是只好放任不管。这是对辅导精神的严重误解,必须加以纠正。

(1)营造氛围,精心开场

万事开头难。心理辅导活动课如果从开场时起就处于一种躁动不安的状态,

那么团体就无凝聚力可言。心理辅导活动课与小组团体辅导不同,小组团体辅导可以通过一个较长的过程,分阶段整合多种力量来逐渐凝聚人气;而心理辅导活动课因为受课时的限制,必须从一开始就营造氛围,精心开场,这才有可能从起始环节就紧紧吸引住每一个团体成员,凝聚团体成员的向心力,催化团体内在气氛,使每个成员专注于本次团体活动的目标和方向。

营造氛围、精心开场的具体方式有游戏热身、音乐渲染、角色扮演、创设情境(以录像或小品等形式加以呈现)等,详见本书第三章第三节和第四章第一节。

(2)精心选题和设计活动

心理辅导活动课的现场氛围是否和谐, 学生是否愿意积极投入所探讨的话题,与辅导教师选题是否切合学生的生活实际及发展需要,以及辅导教师对整个活动的设计是否周密、精心、有趣等有着直接的联系。如果辅导教师事先没有明确的辅导动机,没有一种通过自己设计的辅导活动来解决班级多数成员在成长中遭遇的实际问题的强烈冲动,没有一种为某个活动环节的设计朝思暮想、茶饭不思、夜以继日、辗转反侧的"着迷"一般的深入探究,那么,在活动实施过程中出现磕磕绊绊、阻力重重、发展迟缓、气氛僵滞、彼此防范、关系疏离等不流畅的现象,就是毫不奇怪的了。

(3)教师要有良好的精神状态

在许多时候,心理辅导活动课的活动过程陷入僵局,难以推进,学生兴味索然,或者话题分散、嘈杂不堪,并非其他原因,恰恰是辅导教师抱着一种"为完成规定任务"而表面应付的态度,精神萎靡,消极被动,注意涣散,顾左右而言他,并将此种不良情绪直接传递给了团体成员,因而使学生对辅导活动的目标和方向感到茫然,极大地挫伤了全体学生参与活动的热情。也有的辅导教师对开设心理辅导活动课虽然较为重视,但是却缺乏足够的自信,在实施辅导的现场中少了一点灵气,少了一点振奋,少了一点激情,因而无法感染、打动、催化学生,和谐互动的人际关系也无法建立起来。可见,要充分展现出心理辅导活动课的和谐性,辅导教师必须进入一种良好的精神状态。

(4)建立团体规范,实施"社会控制"

"社会控制"是指团体成员获得团体顺从以使团体能有秩序运作的过程。一个团体没有得到成员相当程度的顺从,就会无法运作,互动会变得一团乱并且无法预测,而社会秩序与安定是形成与维持一个团体的必要条件。

规范是在团体里或者社会情境下,共同认为适当的期待、想法或行为。规范是行为的准则,由团体成员共同建立以维持行为的一致。如果每个成员都各自决定自己在团体互动中的行为方式,则没有人能够预测别人的行为或团体可能会发生什么事。因此规范提供了预测别人行为的基本资讯,并使个体能准备予以适当的反应。规范亦可以当作成员自己行为的导引,以降低个体行为的模糊度。规范指明了团体中"应该"做的和"不应该"做的,因此具有价值判断的意义。团体有了规范,辅导教师就可以降低其个人权力及控制的使用力度,而可以运用规范协助团体建立有效、适当的行为以达到团体的目标。①

下面是我们为中小学心理辅导活动课拟定的两则"活动须知",即团体规范,它可供辅导教师作为与学生协商规范内容的参考:

中学心理辅导活动课学生活动须知

一、坦率真诚——在团体活动中,应以坦率、真诚、信任的态度展示自我,敞开心扉,吐露真话,表现自己的真情实感。

二、保守秘密——在团体活动中,了解到的各种信息,必须共同保守秘密,课后不传播、不评论、不做任何伤害他人利益的事。

三、认真倾听——在团体活动中,要认真聆听每一位同学发言,设身处地去体会他所表达的看法或情感,并诚恳地做出相应的反馈。

四、相互尊重——在团体活动中,任何同学的自我表达都应受到尊重。不管这些同学表达的观点或情感在你看来是对的还是错的,我们都应表示充分的尊重。当然,你可以表达自己的不同观点或情感,但任何人都不可因此去取笑或嘲讽他人。

五、和谐有序——在团体活动中,应保持一种民主、平等、宽松、和谐的气氛,人人都可以自由地发表自己的见解,也可以有幽默感。但在我们发表意见或倾听他人看法时,切勿开一些庸俗的玩笑,或进行一些无聊的调侃。

六、参与交流——积极参与小组与班级的活动或讨论。团体活动的主要目的是为了促进同学之间的交流,通过交流,可以使我们更好地了解别人,也可以使别人更好地了解我们自己。

七、助人自助——以爱心关怀他人并接受他人的关怀,体谅他人的苦衷,并感谢他人对你的理解。在互帮互助中探求解决问题的办法,摆脱以往的心理困惑,改变自己不恰当的思考方式和行为方式。

---

①黄惠惠著.团体辅导工作概论.台北:张老师文化事业股份有限公司,1995.62

八、促进成长——在团体和同学的帮助下，使自己成长得更快一些，发展得更完善一些。

（钟志农，2001）

小学心理辅导活动课学生活动须知

一、坦率真诚——把老师和同学当作自己最真诚的朋友，诚恳地向大家说出自己的真心话，不必担心会不会讲错。

二、保守秘密——在活动课上听到的事情，要为同学保密，不到其他地方乱说，以免伤害了跟你说真心话的那位同学。

三、认真倾听——在别的同学发言时，要认真听清他的意思，并表示你很理解他说的是什么。

四、相互尊重——不管别人说的话是对还是错，你都应该让他把话讲完，即使人家讲错了，也绝不去嘲笑或讽刺他。

五、和谐有序——你想说的话你可以尽管说，但不要随便拿别人开玩笑，更不要伤别人的心。

六、参与交流——积极参加讨论，和别人交流自己的各种想法，并进一步了解别人对一些问题是怎么想的。

七、助人自助——用爱心关怀你的同学，使他能在你的帮助下学会解决自己的问题，同时你也必定会得到同学们给你的建议和帮助。

八、促进成长——天天努力，快快成长，让自己的明天比今天更进一步。

（钟志农，2001）

在实施“社会控制”的过程中要注意的问题是，心理辅导活动课的规范应该是动态的、发展的、因地制宜的，不是一成不变的；班级团体的社会控制不能过于严谨甚至太严厉，否则就会削弱团体的吸引力，并导致团体成员的不满与冲突。因此，还有必要在帮助学生建立班级辅导活动规范的同时，建立起辅导教师的操作规范。在下一节的最后，我们列出了一则《中小学心理辅导活动课教师操作须知》，可供辅导教师参考。

第二节　心理辅导活动课的操作要领

我们把心理辅导活动课的操作要领通俗地概括为“八重”、“八不重”，就是“重感受，不重认知；重引导，不重教导；重目标，不重手段；重口头交流，不重书面活动；重真话，不重有无错话；重氛围，不重理性探讨的完美；重应变，不重原定设计；重自我升华，不重教师概括总结”①(钟志农，1999)。下面分别论述之。

一、重感受，不重认知

辅导不是说教，不是安慰，不是训导，也不是逻辑分析；辅导是心灵的碰撞，是人际的交流，是情感的体验，是帮助一个人自助的过程。

心理辅导的过程是学生的认知结构、情感体验、行为方式在辅导教师的干预下进行调整、重组、统整的过程。这个过程是一个主动的过程，而不是单纯依靠外力实现的“塑造”、“教育”的过程(刘华山，1998)。②开设心理辅导活动课的根本取向，并不是要让学生懂得几条心理学的原理，或者掌握几种调节心态的方法技巧，而是要促使学生在团体的助力下，审视自己的内心，反思自我的成长，思考学习，思考人生，思考自我与外界的关系，以推动自我的完美发展。在这样的活动过程中，学生只要能在某一个问题的某一方面真正有所感悟，有所触动，有所体验，那就是一种成长，一种发展。反之，如果学生只是记住了几个心理学的概念术语，能说出心理健康的一些基本常识，但却没有情意活动的介入，没有情感体验作为其认知的强化、迁移以及感染、疏导自我的动力，那么，这个过程依然不能说是个体成长发展的过程。

例如，在一节小学二年级的心理辅导活动课上，师生共同探讨“学会谦让”的话题。在播放了一段录像之后，教师问：“什么是谦让？”一个学生说：“就是好的东西让给人家，坏的东西留给自己。”另一个学生补充说：“先让别人进教室，自己后进教室。”对于小学二年级的学生来说，他们对人际交往中相互关系的理解和评判都离不开具体特征的比较，离不开一个具体的参照标准，因此，这样的回答说明学

①钟志农.班级心理辅导活动课的操作要领.思想·理论·教育，2001(10)，本文发表后，被国内多家杂志和300多个网站转载，并在近几年来出版的多种专著或培训教材中被大量引用。

②刘华山.学校心理辅导.合肥：安徽人民出版社，1998.47

生已经感受到了谦让的行为标准是什么，教师就应该加以肯定。但教师还是要把自己的标准答案书写在黑板上："谦让就是想着别人，让着别人，心中有他人。"尽管教师的概括从认知的角度说更为简洁，但却已脱离了小学生从实际生活中得到的真切感受，变成了一种没有生命活力的抽象教条了。

二、重引导，不重教导

辅导，顾名思义，一为"辅"，二为"导"。"辅"者，扶助，辅佐，非主要之意也；"导"者，引导，疏通也。心理辅导，重在"导"，难在"导"，它既要注意契机，还要注意分寸。心理辅导活动课主要应该是"非指示性的"，教师不应该对学生作强制的说理和武断的解释，即使是必需的暗示、忠告、说服等"指示性"手段，也只能最低限度地使用，即力求"随风潜入夜，润物细无声"。

应该肯定，辅导过程中需要认知成分的参与，也需要教师必要的指点和教导。"但若只有教导或只是在说教，却又不是辅导了。……倘若一位辅导员……只是在作逻辑分析，他就不是在进行辅导。因为在辅导过程中，基本的重要条件是我们陪伴着当事人去面对人生；而事实上，人生是个心理过程，而非逻辑过程"（林孟平，1986）。[①]由此可见，辅导不是开药方，不是给学生现成的答案。辅导是引导学生自己思考问题，自己得出结论；即使在他需要别人给予帮助的时候，也是为了让他能更准确地得出自己的结论。

那么，怎么加以"引导"？"引导"总是通过问题来"引"来"导"的，所以，教师要善于抓住时机，及时提出引导性的问题，而这恰恰是心理辅导活动课中最难以把握的一点。而问题提出之后，又该如何深入？这和个别辅导操作过程基本相同，它同样表现为一个"四段论"：倾听（掌握更多准确的信息）→同感（设身处地予以理解）→判断（理出头绪，找到一个"切入点"）→商量（在团体讨论中提出3~5种方案和思路，供学生自行选择，而且不存在"唯一"或"最佳"）。总之，"引导"应该"顺其所思，予其所需，同其所感，引其所动，投其所好，扬其所长，助其所为，促其所成"。（张日升，2000）

关于"重引导，不重教导"还有一个"不可绝对化"的问题。所谓"不重教导"，不是不要适度的教育指导，不能把这个观点推向极端，以为在心理辅导活动课过程中连一句带有教育色彩的话都不能出现。有的辅导教师一听到几句"教导"性的语

①林孟平.辅导与心理治疗.香港：商务印书馆，1986.3

言,便立即要质疑“辅导到底应该是指示性的,还是非指示性的?”其实,提出这样一个非此即彼的问题,本身在理论上就已陷入了绝对化。汤恩(1944)提出,由于罗杰斯“非指示性”的咨询理论的流行,作为“指示性”的传统的心理咨询面临着被遗忘和被放弃的危机,故此必须给予一定程度的重视。因为无论是传统的“指示性”心理咨询,还是现在流行的“非指示性”的心理咨询,都有其特定的理论意义和实践价值,任何偏执一端的做法都是应该避免的。

总的看来,心理辅导活动课主要应该是“非指示性”的,辅导过程应该以学生为中心,但也不能排除辅导教师某些必要的指示、暗示和忠告。因为中小学生年龄尚小,许多方面还需要成年人的扶助,尤其是心理辅导活动课一般只有短短的四十几分钟,不可能像个别辅导那样可以进行多次访谈,在一两个月甚至更长的时间里进行“非指示性”的会晤,耐心等待当事人的自我成长。在这种情况下,辅导教师必要的指示和点拨恐怕就是无可厚非的了。

三、重目标,不重手段

心理辅导活动课最重要的是把握好辅导理念和辅导目标,如果只考虑形式和手段的新鲜花哨,很可能会导致舍本求末。

心理辅导活动课重在创设一种氛围,而氛围的形成有一个“热身—催化—互动—共振”的渐进过程,实在来之不易。一旦氛围形成,心理辅导活动课就有了一半的成功把握,因此教师要格外珍惜。此时如果不合时宜地插入一段多媒体课件,很可能打断了学生互动的兴致,冲淡了暖意融融的团体氛围,并使辅导过程失去了本来可以达成的流畅感。

例如某班级开设一节《盲目从众不应该》的心理辅导活动课,总体看,使用多媒体手段的效果是好的,特别是其中有一段关于学生过生日请客的录像提供了非常真实的生活场景,对于辅导主题的展开起了重要的作用。但是在分析一些同学盲目从众的原因时,教师用多媒体设置了标准答案①②③④,而学生回答的各种看法却不可能是按这个顺序展开的,所以教师只好演示一下,停一下。一来二去的,教师的操作也乱了,只好从头再来一遍,于是本来比较浓郁的辅导氛围顿时就消失了。

可见,使用多媒体教学手段或电教手段主要应该用于呈现情境或提出思考性的讨论题,尽量不要用来出示知识性的标准答案。而且,过多地按编程出示标准答案还容易造成学生思维的惰性,不仅心理辅导课如此,文化课上也基本是这样。

总之，有现代化教学手段的辅助可以为心理辅导课增添不少生气和便利，但这种手段的使用一定要服从于辅导目标的需要，不要只是为了变换一下形式。事实证明，在条件简陋的农村中小学，如果教师吃透了辅导理念和辅导目标，活动设计又比较贴近学生实际，那么，虽然未能采用现代化教学手段，却同样可以开出效果较好的班级团体辅导活动课。

四、重口头交流，不重书面活动

这是一种非常简单却又很容易被教师忽视的操作规范，它是辅导过程有没有动态气氛的关键。

心理辅导活动课与个别辅导的最大区别，就在于学生是通过群体交流产生的影响力来调整自己的认知、态度、情感和行为的。心理辅导活动课的重点应放在学生与学生的交互作用上，主要通过学生之间的相互影响力来达到辅导的目标。

口头交流的作用主要在于：

1. 学生能发现别人也有跟自己相同的问题，通过交流，自己理解和支持了别人，也得到了别人的理解和支持，而同龄人的理解和支持往往比老师的评价与支持更为重要，由此可以大大增强他们的自信心；

2. 使积郁得到宣泄，并可重塑自我形象；

3. 使学生得到社会性发展的经验；

4. 体验到自己在同伴中有所作为，可以和别人成功地进行交往，因而增加了安全感；

5. 在不能确定自己应持的态度时，可以倾听并综合大家的意见，以得到最大的收获。

在团体辅导中，交流的效果与团体规模有直接的关系，规模过小，人数过少，成员交互作用的范围过窄，学生就会感到不满足，就会出现乏味、不舒畅的感觉；团体规模过大，人数过多，辅导者难以关注每一个学生，学生之间沟通也不易，参与和交流的机会受到限制，团体的凝聚力就难以建立，探讨问题时就会流于草率、片面、表面化，就会影响活动的效果。而班级是属于一种规模较大的团体，为了克服上述的一些不利因素，教师必须注意经常使用小组合作的形式，在小组内促成组员之间的口头交流和互动关系，并适时地将小组交流的结果与全班学生分享，用以发扬大团体信息渠道多、思维活跃、容易集思广益的优点。

还要说明的是，“不重书面活动”不是不可以进行书面活动。有些纸笔练习，有些测试，有些行动计划，有些自我描述，是必须动笔的。不过从实践经验来看，动笔不可过多，时间不可过长，否则团体氛围立刻就被冲淡了。另外，也不要动不动就让学生"静思默想"，以为学生只要闭眼一想，问题就解决了，这实际上还是文化课上用思考求得认知性答案的习惯做法，也不可套用到心理辅导课上来。

五、重真话，不重有无错话

信任使人感到安全，信任才能敞开心扉。说真话难免会有错话，但对学生在成长过程中出现的错话持一种宽容而积极的态度，可强化学生自我向善的意向与努力。

罗杰斯曾经提出，团体指导者必须具备三种基本态度，那就是真诚、正确的同感、无条件完全的接纳。团体辅导者的基本任务是确定良好的气氛，一种对团体成员接纳与信任的气氛，以致使每个成员可以不必防卫及隐藏自己，而是可以自由自在地表达自己，这样就足以使团体咨询产生效果，并促使当事人的改变和成长。所以，在心理辅导活动课上，教师要努力培植一种讲真话、讲实话、不讲套话的风气，形成一种团体内的规范。但是作为成长中的青少年学生，一遇宽松环境就难免讲出一些分寸不当的话来；而且许多时候，他们讲出一些在成人看来是糊涂的甚至是错误的话，其实是出于对教师和团体的真诚的信赖。所以每遇此时，辅导教师一定要放下严肃的德育标准，给学生以真心诚意的接纳、宽容和谅解，使每个学生可以不必担心批评指责，不必小小年纪就学会戴上一副假面具，而这对于他们人格的健康发展是极为有益的。

但是，接纳、宽容和谅解学生讲的错话，并不等于认可学生的错误观念，也不等于放弃对学生的价值引导。心理辅导的价值中立原则并不应该是绝对的，假如学生的价值观有明显的错误，而不加以纠正则可能在团体内造成更大的负面影响，那么辅导教师就不能保持完全的价值中立，而需进行必要的引导。只不过这种价值的引导不应是武断、生硬和粗暴的，而应是一种引而不发，一种循循善诱，一种平等商讨。

例如有一节在初一年级开设的心理辅导活动课《自我形象设计》，在进行游戏活动"大拍卖"的分享环节时，一位学生表示要倾其所有来竞争"最富有"，并解释之所以这样做的原因，是因为"有钱走遍天下，无钱寸步难行"。此言一出，全班哗然，有的首肯，有的茫然。于是辅导教师以中立的态度征求大家的意见："你同意吗？为什么？你不同意吗？又是为什么？请在小组里面说说你们的看法。"各组立即展开了热烈的讨论。此时，辅导教师有意走到提出这一观点的学生所在的小组里，倾听学生们的发言，并与他们进行探讨。经过各组观点的碰撞，最后全班得出了一个共识："钱是很重要的，没有钱许多事情的确办不成；但是，在社会公正的前提下，有钱不一定能走遍天下，无钱也不一定寸步难行。"

辅导教师必须牢记，对于成长中的学生而言，"被人否定"是一种极难承受的打击，它很可能会使当事人的自尊心大受创伤。因此，为了尽量避免说了错话的学生当众蒙受伤害，辅导教师即便有强烈的否定性意见甚至是反感，也必须控制自己的情绪，通过自己的敏锐观察和正确判断，灵活变通地来做出适当的处理。

六、重氛围，不重理性探讨的完美

心理辅导活动课是建立在成员之间相互信任、关心、了解、接纳的氛围中的一种互动的人际交往过程，每个成员的心扉就是在这种人际氛围中打开的。因此，催化出温暖、安全的团体氛围远比完美的理性探讨重要得多。

心理辅导活动课的有效性主要依赖于辅导教师的行为所建立起来的班级团体气氛，这一气氛可以引发学生积极的回应，并导致学生认知和行为的变化。所以，营造坦诚、信任的团体氛围，消除学生对自由沟通和交流的防卫心理，是辅导教师最重要的责任、最主要的任务、最高超的技能，也是心理辅导活动课最基本的环节。

根据30年代勒温对群体气氛的实验研究，可以知道能否营造出相互信任、关心、了解、接纳、安全等社会氛围的关键，在于辅导者的辅导作风是民主的还是专制的。两种不同的辅导者作风，会形成两种截然不同的群体气氛。罗杰斯创立的"个人中心理论"也有一个基本观点，即"只要创造出一种最优化的心理气氛，每个人就都有一种内在的自我理解和改变其对自己、对他人看法的可能性，并能表现出自我指导的行为方式。"(Rogers，1959)换言之，罗杰斯深信，如果在尊重和信任的气氛中，人都有一种以积极及建设性的态度发展自我的倾向。由此也可见罗杰斯对创设辅导氛围的重视程度。

心理辅导活动课的实践证明，是辅导教师和学生的共同行为创造了辅导的氛围，而氛围一旦形成，又可以反过来改变学生的行为，有时甚至也会改变教师的行为。所以，辅导教师要十分精心地致力于辅导氛围的营造和维护，不要因急于求得辅导活动的完整结论而去中止讨论，草草收兵。事实上，要追求一个完美的理性结论是容易做到的，万不得已时教师只需使用投影或口述将正确的意见加以呈现就可以了。但是这种完美的理性结论远远比不上学生积极参与、十分投入地沟通交流，甚至面红耳赤争论不休时所产生的那种心灵震撼力和对人的启迪来得深刻，来得重要。

七、重应变，不重原定设计

心理辅导活动课面对的是充满动感的学生个体和交互影响的班级群体，辅导现场的团体心态千变万化，教师必须灵活把握辅导活动的发展势头，不可刻板依照原定设计行事。

传统的文化课是非常重视教案设计的操作程序的，上课就是执行教案的过程。教师的“教”和学生的“学”在课堂上最理想的进程是完成教案的预定设计，而不是突发的“节外生枝”。一些教师最希望学生回答问题时能达到教案预想的水平，如果不是这样，就会循循善诱，努力引导，直到让教师满意为止。应该说，重视和落实预定的教学设计方案，是一种好的教学作风和习惯，但是心理辅导活动课却有它自身的一些特点，使我们难以完全做到这一点。因为心理辅导活动课的实施过程是充满动感的，它的发展和推进往往是随机的、高度动态的。在师生双边多向和多种形式的交互作用下，学生的潜在能力会随时随地被激发出来，各种奇思妙想、各种生动的生活经历，会在瞬间奔涌而出，学生往往会妙语连珠、才思敏捷，整个现场会变得生机勃勃、充满智慧的挑战、充满童稚与青春的生命活力，每个学生都会真切地感受到自己生命的意义和价值。这时，辅导者也将被辅导，教育者也将受到教育。这样的活动过程是任何周密的设计都难以事先预料的。

因此，教师必须随机应变，随机引导，不要死守原定的活动设计方案。特别是当有的学生发言涉及多数同学关心的共性问题时，教师一定要及时抓住，充分展开。例如一所初中的初三年级某班在进行《对抗压力》的心理辅导活动课时，一位学生站起来说：“我现在在想，我爸爸妈妈都是农民，他们省吃俭用花这么多钱送我来这里读书，可是现在看来，我今年肯定是考不上重高了，我该怎么向我的父母交代？”说到这里，这个学生流泪了，很多学生的眼圈也都红了，有的女生甚至把脸埋入了手臂中间。这时，辅导教师及时改变了原定设计方案，抓住这个震动全班同学的共性问题，在小组内展开讨论，结果气氛空前热烈，学生中提出的各种对策精彩纷呈，辅导活动收到了意想不到的良好效果。

“重应变”，还涉及对各种辅导教材的变通处理问题。心理辅导活动课的教材无非是为辅导活动提供素材和情境，它的核心部分是辅导目标体系和每一单元的辅导理念。使用教材时，关键是把握目标体系和辅导理念，至于具体的活动内容和素材，则是可以灵活调整的，而不是不可变动的。一般说来，在一次心理辅导活动课上，如果学生的主体性充分发挥出来了，而且辅导氛围非常融洽，那么时间往往是不够用的。所以有学者主张每一次辅导活动以两节课为宜(刘华山,1998),[1]这确实有道理，但在现实的学校环境中很难做到。不过，在心理辅导活动课过程中感到时间紧迫是一个普遍存在的问题，遇到这种情况，教师要注意切勿打断学生的思路和兴致，急于去完成教材预设的任务，而应随机应变，因势利导，并对教材作出相应的调整处理。

八、重自我升华，不重教师概括总结

领悟是学生克服心理不适应、促进自身发展的关键，它往往伴有深刻的认识飞跃。在心理辅导活动课中，即使学生的自我领悟还比较幼稚，辅导教师也不可越俎代庖。

心理辅导活动课的结束部分，应该是学生借助自己的内省、同学的回馈和辅导教师的建议等，对自己的认知体系进行整理和重建的重要环节，这个环节也应该让学生主动参与来完成。比如学习心理与学习方法的辅导，在总结记忆的规律和方法时，是不是一定要辅导教师来加以概括？可不可以让每个小组讨论，评出两三条最佳的记忆方法，汇总起来交给学生排排队、筛选一下，然后由辅导教师再适当补充一两条呢？

当然，“不重教师概括总结”也不是说教师就一定不能概括总结了。例如，“学会拒绝”，是一个人的社会化发展进程中比较高级的要求，学生很难一下子抽象出“拒绝”的若干种巧妙而得体的方法。此时，教师可以采取打开“锦囊妙计”的方法，让学生了解到“拒绝”的技巧大致有：(1)共同推想后果；(2)延迟决定；(3)找借口；(4)用建议替代；(5)转移话题等等。这样，就能比较直接地帮助学生较好地完成认知上的飞跃。

根据上述八条操作要领，我们提出一份比较简洁的《中小学心理辅导活动课教师操作须知》，可供大家在实践中参考。

---

①刘华山.学校心理辅导.合肥：安徽人民出版社，1998.115

中小学心理辅导活动课教师操作须知

一、营造氛围——班级心理辅导活动课成功的关键在于营造一种真诚、和谐、宽松而不庸俗化的团体氛围。构建这种辅导氛围的技巧在于:教师精心设置活动情境,善于抓住学生反馈中的共性问题,以及教师准确把握学生情感共鸣、心灵共振的团体互动的时机。

二、构建关系——辅导教师要注意改变“教育者”的角色定位,和学生平等相处,具有“积极关注”、“真诚”、“接纳”、“共情”、“尊重”等基本态度,使学生感到温暖、安全,从而在团体中真正开放自己,形成相互信任、相互关怀的师生关系和同学关系。

三、认真倾听——倾听是最基本的班级辅导反应技术,是每位辅导教师的基本功。教师要“心耳并用”,认真听懂学生在活动中语言表述的真正涵义。必要时,教师要采用“复述”和“澄清”的技术,把学生表达的信息加以浓缩、精简,突出重点,并使信息明朗化、具体化。

四、注重互动——班级心理辅导活动的目标,主要是在学生的互动中达成的。教师要把关注的着力点放在推动学生团体的互动关系上,其操作要领则是改变传统的师生“对峙”的课堂组织模式和座位排列形式,积极使用小组合作学习模式,并使小组活动与全班回馈有节奏地流畅地组合起来。互动的最终目的是为了达到团体成员之间的沟通、理解与互助,以促进学生在同龄人的启发下自我成长。

五、适时引导——班级心理辅导活动主要应该是“非指示性”的,但这并不排斥辅导教师必要的引导和点拨。老师引导的关键在于把握将问题引向深入的契机,或者运用“面质”技术对学生的认知方式及思维方法提出“挑战”或异议;或者将学生共同的感受或意思加以衔接,产生并联;或者把学生未察觉到的易混淆的问题加以澄清,从而增加学生的认同感,并引导他们走向改变认知和行为的积极方向。

六、聚焦中心——辅导教师必须明确辅导主题及其理念,在活动中将辅导的焦点集中在中心问题上,防止因界定不清、似是而非而出现辅导理念的错位或辅导主题的偏移。

七、及时调停——当班级辅导活动在学生互动过程中出现偏离主题、漫无边际、浪费时间、氛围不融洽甚至个别成员反应含有敌意等特殊情况时,辅导教师要及时施加适度而巧妙的干预,以保护团体氛围不受干扰,团体成员不受极端的刺激。

八、临场应变——班级心理辅导活动的辅导理念和辅导主题必须是明确而稳定的,但辅导活动的设计和活动素材的选择则是灵活的。班级辅导活动过程中最生动、最感人、最富有教育启示意义的素材往往来自于团体互助及全班回馈的过程中。每当这种难得的辅导素材突然在团体活动中闪现时,辅导教师必须紧紧抓住,随机应变,调整原有的活动方案。

九、自我发展——班级心理辅导活动的最终目的是促进学生的自我发展与自我成长。这种成长首先来自于学生自身认知的改变和情感的体验,它的影响也许不会立竿见影,却可能会长期地伴随学生的人生进程。因此,辅导教师不要习惯于自己得出结论并对学生加以灌输,而应积极带领学生在参与活动中进行探讨、思考、反省、感悟和升华。

十、包容歧见——班级心理辅导过程追求一种真情的流露和真我的风采,言不由衷或屈从压力不是辅导所期待的结果。因此,辅导教师要鼓励学生在活动中讲真话,为学生创造一种发表己见的宽松氛围,允许并尊重学生的不同看法,不强制性地改变学生的原有认知或行为方式,并相信学生在不同见解的争议当中,早晚会作出适合自我发展的正确抉择。

(钟志农,2001)

最后,还要强调一点,即心理辅导活动课本质上还是中小学教育中的一种活动课程,它在操作上也必须遵循教学的一般规律,同样需要课堂教学的基本理论来指导。假如撇开这些,另起炉灶,也许只会使心理辅导活动课的发展多走弯路。

第三节　心理辅导活动课的操作技术

在这一节里,我们来探讨10项在心理辅导活动课上经常会用到的初级的操作技术,它们是:专注技术、倾听技术、重述技术、具体化技术、引导技术、同感技术、支持技术、面质技术、保护技术和自我开放技术。

一、专注技术

"专注",是指辅导教师在心理辅导活动课上能够借助语言信息和非语言信息向学生传递出专心、关注的态度,学生可以从这些信息中感受到教师对自己的尊重与接纳，并以自己对教师的信任、降低自己的防卫心理以及积极参与团体互动来做出回应。

教师的专注技术一般可以从以下的课堂行为中表现出来：

1. 平行面对学生，并微微倾向学生，以传达自己对学生的重视信息。

2. 保持精神的高度集中，并用温和、理解的目光与学生进行交流，以传达自己对学生的尊重信息。

3. 保持开放的身姿，双手自然下垂，或手指自然相握置于腰带上下1~2寸处，或一只手自然下垂，另一只手捏一支笔自然地抬起在胸前，以传递自己平等对待学生的信息；切勿双手交叉抱胸呈封闭状，或双手叉腰呈威严状，或双手背于身后呈高傲状。

4. 面带微笑保持轻松，维持和谐声调与关怀语气，以传达自己对学生的亲和、鼓励的信息。

5. 全神贯注地倾听学生发言，以让学生感受到被关心、受重视的信息，详见“倾听技术”。

6. 心理辅导活动课上，辅导教师的专注不仅仅是对个体的，更主要地是对全班学生的。因此，教师既要表现出对某个学生发言时的专注，更要表现出对全班学生围绕辅导主题开展活动状况的专注。这一点，与个别辅导中的专注技术是有明显区别的。心理辅导活动课上，辅导教师要善于“眼观六路、耳听八方”，辅导教师的专注表现不等于“顾及一点，不及其余”，放弃对班级中其他学生的关注与调控。

二、倾听技术

“倾听”是辅导的基本，也是心理辅导活动课的基本；没有倾听就谈不上有效的辅导，包括有效的团体辅导。这里所说的“倾听”不是一般意义上的“听”，它不仅仅是接收到声音，而且要尽可能地了解其意义。一个“倾”字，包含着“专心”与“主动”的含义，它是一种心(神)、身、眼、耳的统整活动；另一个“听”字，则包含了敏锐地寻找声音中的隐含线索，观察发言学生肢体的动作与评估发言学生说话内容的前后关联性等心理过程。

倾听是心理辅导活动课历程中最基本的技术。在团体形成初期，教师的倾听可以激励学生多说、多思考，引导学生积极地表达，而减少自己的发问和讲述，这样就能有利于团体和谐气氛的进一步形成；在团体工作阶段，教师的倾听有助于学生主动思考多种解决问题的策略，如果此时教师自顾自发表解决问题的对策，学生就会疏于思索；在团体结束阶段，教师的倾听更可以用来了解学生对班级的感受，更深入地觉察学生的需求与努力意向，此时如果教师急于下结论，可能使学生的意见不能形成乃至于销声匿迹。

那么，辅导教师如何在心理辅导活动课上成为一个良好的倾听者呢？

真正的倾听可分为两个层面：第一个层面是指辅导教师“行为上的倾听”，第二个层面是指辅导教师“心理上的倾听”。

1. 行为上的倾听

“行为上的倾听”是指辅导教师在与发言学生交流时，在行为上采取“积极参与”的姿态，从身体的姿势、表情的变化、语气语调的运用等方面传达出自己“正在专心倾听”的信息。具体说来，可从以下几方面加以努力：

(1)开放而又放松的身体姿势。开放而放松的姿势，代表无条件的包容与接纳，能使发言学生感到轻松与舒缓，因此是一种适合倾听并鼓励对方说话的姿势。如果辅导教师再注意将身体微微倾向发言学生，则更加可以传递出自己对发言者的关心，它表达的意思通常是“我对你和你说的话有兴趣”（伊根，1975）。这种表征投入的姿势很容易使发言者受到感动，并使之愿意开放自己、剖析内心。

(2)向发言者迈出一小步。当每一个发言者站起来时，辅导教师应注意很自然地将身体转向发言者方向，并轻松地（而非僵硬地）向发言者迈出小小的一步，以传递自己对发言者关注与亲近的信息，然后再在倾听的过程中，自然而然地让自己退回到原来的位置上。

(3)蕴含温暖与支持的视线接触。使发言者在眼神的交会之中，感受到辅导教师蕴含的温暖与支持。但是保持适当的视线接触是一种技巧，教师要在目光的“集中”与“游移”之间把握平衡，“过”与“不及”都会造成负面的影响。

(4)轻松自然的脸部表情。一个友善、微笑而放松的表情，通常表示辅导教师的接纳及有兴趣倾听的意愿。但当讨论到学生中一些沉重的情绪话题时，辅导教师就应适当地调整面部表情以表达安抚或同情之意。

(5)表示鼓励与专注的点头动作。点头不一定是表示对发言者话语内容的同意，它可以表示“嗯，我听懂了”、“请再继续”等意思。点头实际上属于一种酬赏式的反应，它让发言者明了辅导教师的专注，并鼓励发言者继续说下去。

(6)适当回应与插话。除了利用肢体语言表达鼓励继续谈下去的意思之外，辅导教师亦可通过使用回应性的词“哦”、“唔”、“啊”以及一些较短的插话或提问来表达愿意倾听之意。

2. 心理上的倾听

“心理上的倾听”则是指辅导教师在主动倾听的同时，还要仔细观察学生非口语的表达，即不仅听清学生口语中说出来的意思，更要从他的行为、举止、表情中看出他话中所隐含的意义。

(1)在心理辅导活动课上，因为学生在班级团体中可能存在一些复杂的人际关系，所以在涉及某些话题时，很容易出现“话中有话”、“弦外有音”的情况，辅导教师在倾听过程中要注意关注发言学生的情绪、态度、语气及措词用语，力求准确捕捉发言者的真实含义。

(2)对于班级中某些后进学生在心理辅导课上的发言，教师更要注意心理上的倾听。要给予这些学生格外的关注，要从内心深处真诚地接纳他们，对他们的发言不能有丝毫的轻视、不悦、厌烦甚至是反感的表现。教师的倾听态度越是真诚和专注，这些后进学生就越会减少抵触、挑衅、调侃等负面的言论。

除了教师自己注意运用倾听技术之外，“亦应教导学生学会倾听，积极主动地倾听同学的语言、非语言信息，方能让团体互动更为多元、更为热烈、更为和谐。”①

三、重述技术

“重述”，说白了的意思就是“换句话说”。它是指辅导教师在心理辅导活动课上对学生的发言内容用不同的词句来加以解释、表达或澄清。换言之，“重述”就是辅导教师对发言学生的信息内容进行重组，以另一种形式向大家再说一遍。

“重述”的主要目的：一是可以让发言者了解，辅导教师已经听懂了他传递的信息；如果他认为辅导教师的理解是完整的，他就会愿意进一步阐明自己的想法。二是可以帮助辅导教师“核对”自己是否正确无误地听懂了发言者讲述的内容，澄清或者确认互动信息，使学生感受到辅导教师的主动倾听、支持与尊重。

在“重述”过程中，辅导教师要注意以下几个问题：

1. 辅导教师在重述的语言上要尽可能用自己的话来表述，这才能传达自己对发言学生的理解。所以，除了关键词语之外，要避免原原本本重复发言学生的原话。

2. 要尽可能用发言学生能够接受的语词来进行重述，尽量避免使用专业术语。

3. 重述要以主动倾听为基础，内容的再现要符合发言学生的原意，特别是一

①李坤崇著.班级团体辅导.台北：五南图书出版公司，1998.18

些关键性的、敏感的、有代表性的词语要引述原话较为妥当。

4. 重述要采用有弹性的语气来说，用词和句式不宜过于肯定，以便发言学生有可能纠正辅导教师某些不甚准确的解释。例如："你刚才好像说……"，"你的意思似乎是说……"，"不知道我理解是否准确，你大概认为……"等等。

5. 重述之后，一方面要继续主动倾听，另一方面要留意发言学生的情绪反应，判断自己重述的确切性。

6. 重述的目的在于深化讨论，表达学生的真实想法，而非中止讨论。

教师除了自己经常要使用重述的技术之外，还要引导学生学会重述技术，以校正同学间的互动信息，澄清同学间的模糊信息，使同学之间能更深入、更有效、更明确地进行沟通，以避免团体内部产生误解。

四、具体化技术

所谓"具体化"的使用，是指辅导教师在倾听过程中，会经常发现发言学生(特别是小学生)陈述的内容有含糊不清之处，或者只是笼统地叙述了某件事情，却没有说出他的主观情绪体验，以至于发言者自以为说清了某个意思，而教师和全班同学却可能还在"云里雾里"，甚至会产生各式各样不同的误解，此时，就要以"何时、何地、何人、何事、何因、何果、何种感受、何种想法"等问题，来协助发言者更具体地说明和表述自己的观点。

例如，发言学生说"我不认为高中生谈恋爱就一定会影响学习"。这时，如果辅导教师只是粗略地注意到发言者的表面态度，而不注意使用具体化技术，深入探寻发言学生究竟因"何种原因、何种感受、何种想法"而提出这样的观点，自然就无法切中要害。所以，辅导教师在团体运作过程中，要特别注意发言学生使用的一些含义模糊、外延泛泛的字眼，并通过自己准确、简洁的提问，协助发言者整理思路，使其能够清楚地表达他们内心真实、复杂的感情世界。

在使用具体化技术时，辅导教师要注意：

1. 辅导教师首先应专注于倾听发言者的叙述，才有可能发现发言者表述中含混不清的地方。

2. 教师的引导语应该使用开放式问句，如："你的感觉如何？""那么，你对这件事的看法是……""这件事情的大概经过是……""你能再详细一点告诉我们吗？""抱歉，你刚才的那句话我没有听清楚，可以再具体解释一下吗？"一般不宜使用封闭式问句如"对不对？""是不是？""该不该？""好不好？"等等。而且要尽量少用

“为什么”等语气比较生硬的问题。

3. 有时，发言学生的叙述中有多个含糊不清的地方，辅导教师就应选择关键的部分，进行聚焦式的提问，让发言者作具体细节的描述，以帮助他明确自己的问题的本质。这里要特别注意的是，一次只能提出一个问题，问题的堆积只会使发言学生的表述变得更加含混不清。

4. 有时，发言学生表述模糊的地方往往是他想逃避的部分，辅导教师使用“具体化”技巧时要对此留有余地，不能连续发问，不能步步紧逼。如果察觉到学生一时不愿具体说明，就应该使用倾听、接纳、关注等技巧，留待时机成熟时再作处理。

五、引导技术

“引导”，是心理辅导活动课过程中的一项关键性技术，它是指辅导教师以鼓励和启示性的语句，引领班级团体成员理清思路、聚焦核心问题，或者改变发言学生的思考方式，对自我做出更为深入的了解和剖析。其目的是为了协助学生认清活动目标，进一步表达自己的困惑与问题；或者认识到自己的偏误之处，趋向问题解决的核心，以避免某些学生固守错误的观念；或防止整个团体互动时偏离主题，使活动变成漫无边际和缺乏实际意义的泛泛而谈。

心理辅导活动课上的“引导”一般是通过提问来实现的，但也可以通过教师的倾听、支持、微笑、点头、口头鼓励等其他方式来达到引导的目的。

辅导教师的引导应注意以下几项原则：

1. 辅导教师的引导重在协助而非替代，不必强制学生改变原有的负向认知，不必与学生发生争论或辩论，不必对学生进行训话，也不必要求学生服从教师的意见，而只需注意解决问题的方向，只需将问题抛向团体其他成员以激发不同思维，共同分析不同思维的利弊得失即可，它的目的只在于鼓励每个团体成员作进一步的自我探究。因此，要特别注意多使用接纳性的语言，即多用鼓励语句和启发式问题，避免使用批评或者责备的语句。

2. 多使用开放式的问句，少使用封闭式的问句。例如：“大家认为他的观点对吗？”这一类问句只需全班学生回答“对”或“不对”，这是封闭式的问句；而“大家对他的这一观点有什么看法？不管是赞同的还是不赞同的。”这一类的问句就可以引导团体其他成员说出更多的发散性的观点。

3. 引导时教师所表露的语气必须是真诚和深切关注的，切忌刻板、冷漠、讽刺和程式化的口吻。例如：“你这叫什么观点？”“呵呵，你真是别出心裁呀！还有什么更高明的看法？"这一类口气就会使发言者察觉到辅导教师的拒绝、不耐烦和话里带刺的态度；而"你能不能换一个角度来思考一下？可以说给我听听吗？"这样的口吻则充满了对发言学生的一种真诚的关注。

4. 引导主要用于团体工作阶段中团体动力比较明显、学生中歧义或纷争比较多、讨论方向一时出现摇摆或模糊的时刻。在团体形成的初期应尽量少用，以免束缚学生的思维，妨碍团体动力的进一步催化。

辅导教师的"引导"离不开"发问"。在发问中所提出的问题应注意以下几个层面：

1. 发问的时间性。辅导教师要选择团体成员积极关注讨论主题、心理上已有适当准备的时刻，亦即到了"不愤不启、不悱不发"的关头发问，就比较能获得团体成员的积极反应。

2. 问题的针对性。辅导教师提出的问题必须有助于团体成员各方对存在分歧或认知模糊的观点作进一步探讨。因此，要尽可能提出带有一定挑战性的、能促使全班学生或发言者深入思考的问题。

3. 问题的节制性。辅导教师的引导性发问应有节制，问题不能太多、太碎，也不能漫无边际。如果辅导教师的发问太多，就会干扰团体成员对关键性问题的深入探究。

六、同感技术

"同感"、"通情"、"共情"、"同理心"等，①意为在团体互动中，辅导教师能设身处地站在学生的角度考虑问题，敏锐、准确地领会和理解团体成员所表达的意思和内含的情感，再将这种领会和理解向对方传递的过程。同感技术又称"共鸣性了解"，即"人同此心，心同此理"。

同感技术包含"倾听"、"辨识"、"沟通"三个历程。"倾听"是指辅导教师专注于倾听学生的感觉、经验或行为，以进入学生的主观世界；"辨识"是指辅导教师设身处地地从学生的立场去体会其明白呈现、隐喻或未察觉的感觉、经验或行为；"沟通"是指辅导教师掌握"简述语意"的原则，适当把握与表达对学生的感觉、经验或行为的了解，运用自己的词汇和方式，让学生知道教师已经了解了自己的感觉、经验或行为，并引导学生更深入地自我探索。②

①梁宝勇.心理卫生和心理咨询百科全书.天津：南开大学出版社，2002.510

②李坤崇.班级团体辅导.台北：五南图书出版公司，1998.23

辅导教师在心理辅导课上运用同感技术时要注意以下几个问题：

1. 保持专注与倾听。教师只有高度专注和认真倾听，方能了解学生的感觉、经验和行为方式，并将自己的理解准确地反馈给学生。

2. 注意语言信息和非语言信息的一致性。表达同感时，教师除了自己的反馈语言应该对学生有一个准确的理解和把握之外，还要注意自己的态度、姿势、表情必须力求与内容一致，如果“言不由衷”，学生就会心生反感。

3. 要熟练地运用表达同感的开头语。例如：“你是不是觉得自己……”“对你而言，好像有一种……”“听你的意思，也许你认为……”“哦，所以你才觉得……”“我似乎已经感受到你的……”“这件事情对你来说实在……”等等。

4. 同感的表达并非鹦鹉学舌。教师要善于用单字、单词、成语、经验性叙述、行为性叙述来表达自己的感觉与情感，措词要符合学生的年龄特点和理解水平。例如：

(1)使用单字或单词：你觉得很“烦”，你觉得很“恼火”，你感到很“孤独”，等等。

(2)使用成语：你感到“不知所措”，你是否觉得“心急如焚”，你好像有些“心灰意冷”，你有一种“不堪重负”的感觉，等等。

(3)使用经验性描述：“你的意思是说，现在感觉连作业都来不及做了，更谈不到如何主动去复习，是吧？”“你觉得老师在处理这件事情上显得不太公平，是吗？”

(4)使用行为性描述：“你眼睛里的泪花已经告诉了我一切”，“你兴奋得好几天都平静不下来，是吧？”

5. 教师的同感表达必须简洁、富有弹性。情感反应过多时，团体的注意焦点就会从学生偏移到教师身上去，教师决不应该“喧宾夺主”，应该把陈述的时间充分地留给发言学生；同时，教师的同感表达一定不能过于生硬、过于肯定，句式和语气都应富有试探性，以便让学生有修正、否定、解释、澄清或确认的机会。

七、支持技术

“支持”，是指辅导教师在心理辅导活动课上给予学生充分的关怀、积极的鼓励和强化，使学生感受到教师对自己的尊重，从而更加乐于参与团体的活动，并在团体中更快地自我成长、自我超越。

每一个人在成长的过程中都会有参与某个团体的经验，也或多或少会有某种在团体中自认为不如他人甚至是自惭形秽的感受。同样地，在心理辅导活动课上，由于各种观点、主张的暴露和碰撞，很容易使一些学生怀疑自己提出的想法不够好，担心会遭到教师的批评和同学的嘲笑。此时，辅导教师若能运用支持技术，就可以使这部分学生打消疑虑，获得鼓励，强化自信与自尊。

辅导教师的支持技术可以分为两类："基本支持"与"高度支持"。"基本支持"是用倾听技术和点头、微笑、信任的眼神等肢体语言来传递关怀和接纳的信息，让学生更有信心表现自我、探索自我；"高度支持"是运用口头肯定、手势肯定、公开赞扬或者依据学生发言内容予以补充或重述等策略来传递高度的强化与协助的信息，从而使学生体会到一种自我价值感。

教师运用支持技术要注意以下几点：

1. 要善于察言观色。在团体运作过程中，教师要关注每个成员的具体表现，若发现学生在陈述意见时，存在声音过小、语调无力、底气不足、用词模糊、模棱两可等现象，则可判断对其应使用支持技术；若发现某个小组团体动力不足，对能否有效解决问题表现出某种疑惑时，则亦应适时运用支持技术。

2. 支持应基于事实。教师的支持不是讨好学生，因此必须立足于具体的事实和学生的表现。如果滥用支持技术，只会失去学生对教师判断能力的信任。

3. 把握支持的时机和强度。运用支持技术要讲究火候，适时的支持是有效的，滞后的支持基本无效；运用支持技术又要讲究分寸，支持强度符合支持对象的特点和具体需要，对团体其他成员都是一种教育和感染，而支持力度的"过"与"不及"，都会令发言者本人和团体其他成员产生不悦。

八、面质技术

"面质"，通常带有一些质问的成分，但又不等于质问。在心理辅导活动课上，有时可以发现某些学生前后表述的观点自相矛盾，或者表现为模棱两可、闪烁其词，例如前面说"这次月考没考好心里很难过"，后面却说"也没有什么，无所谓"；或者是语言信息与非语言信息相互矛盾，例如嘴上说"很后悔"，脸上却表现出满不在乎的神情。这时候辅导教师若能巧妙而委婉地指出其矛盾之处，往往可以促使发言者坦率地面对自己，直面其潜意识中想逃避的思想、行为或感受，做出更深的自我觉察，并明了自己的问题的核心和实质。

面质技术可以分为"建设性面质"和"消极性面质"两大类。"建设性面质"是辅导教师运用倾听、同感、支持来表达自己的理解和接纳，引导学生自我检查前后思维的差异及语言与非语言信息的相左，协助学生探讨自己未曾觉察的问题及其实质。“消极性面质”则是辅导教师在自我失控的状态下，以尖锐的、失态的、不留情面的方式来指出学生前后信息或态度的矛盾差异。在班级心理辅导活动课上，教师若采用此种面质，定会引发学生强烈的抗拒行为。

辅导教师使用面质技术要十分留意和谨慎，并注意以下几个问题：

1. 面质应以良好的师生关系和团体氛围为基础。如果团体氛围的创设不很到位，或者发现某些学生与教师有对立情绪，则不能贸然使用面质技术。

2. 教师要把握好情绪和语言表达的尺度。辅导教师的面质以什么形式、什么语气、什么态度来加以表达，是至关重要的。因为，面质虽然不是一种批评指责，但仍然容易引起发言学生的反感，尤其是在班级团体情境中。相同的面质内容若以不同的语气、态度来呈现，会造成完全不同的效果。教师的面质态度必须和蔼、面带笑容，用词应该委婉而具体，但语气却应该温和而坚定，方能使学生一方面感受教师的温馨，一方面觉察到自己的矛盾之处，而不至于当场引发激烈的争辩。

辅导教师还应该尽可能保持一种客观的态度。在面质过程中，当团体或教师的看法与发言学生有所不同时，绝不可表现出一种贬抑发言学生意见的态度，而应该客观地指出两种观点之间的异同，并让发言者自己做出评估和选择。

3. 严守“支持在先，面质在后”的操作程序。辅导教师在感到确有必要进行面质时，必须同时结合使用倾听、同感、支持、引导及其他情感反应技术。特别是教师必须先表达出对发言学生的真诚支持，才不至于破坏师生关系和团体的和谐氛围。没有支持的面质通常会对学生或团体造成伤害。

4. 随时关注面质过程中发言者的态度反应。当发言学生对辅导教师的面质表现出一种不良反应甚至是抗拒时，必须立即停止使用面质技巧，或者适当地减弱面质的使用强度。从防范的角度说，一是教师要注意“对事不对人”，面质只能针对学生具体的语言或行为矛盾，切忌对学生本人的人格做出评价；二是教师提出面质后应该立即以专注与倾听跟进，这是“最佳灭火器”，可以有效降低学生的情绪反应强度。

5. 让学生有充分的机会作出说明。面质不能以让学生“张口结舌”、“无言以对”为目的，也就是说，不能“刁难”学生。因此，教师要有足够的耐心听学生做出解释，并在此过程中加以适度的引导。

6. “见好就收”，不可“穷追不舍”。心理辅导活动课上的面质是为了促进有关学生的自我觉察，并不可能在当场彻底解决学生的实质性问题。所以教师只需“点到为止”，便可引发学生的自我思考，此后则应立即转向整个团体讨论的主旋律。

九、保护技术

“保护”，就是指在心理辅导活动课上，教师应该十分重视让学生在团体中免受心理伤害，以促进学生的健康成长。如果一个班级原先就存在着负向的非正式群体(即所谓的“次团体”或“小团体”)，学生之间未能形成相互尊重、相互倾听的风气，或者教师事先未能和学生共同制订“心理辅导活动课学生活动须知”(即“团体规范”)，或者班级原有的主导性风气就是负面的，则学生在心理辅导活动课上受到心理伤害的几率将大为增加。

团体对于其成员而言，既对他们的自我成长有强大的催化作用，也会给他们带来一定的风险，这些风险包括：团体成员在日常生活的交往中业已形成的矛盾、分裂、敌视、对抗，会在团体的某种情境下被引发；个人的自尊在团体情境下会变得格外脆弱，极易受到伤害；某个成员偶尔会成为整个团体的替罪羊，其他成员可能会“欺负”这个人；团体中有时会助长专制的风气；等等。所以，“如果指导者不格外小心的话，那么成员不仅无法从团体活动中受益，还可能使自己的心理受到伤害。”①

为保护学生在团体运作过程中不受意外事件的伤害，辅导教师应该努力做到：

1. 教师应将班级随机分成几个活动小组，尽量打散班级原有的次级团体。

2. 制定明确的团体活动规范，将“说好话、存好心、多尊重”作为其中必备的规则，引导学生相互倾听与彼此尊重。

3. 教师在小组讨论时应注意在各组之间巡回走动，不仅便于对讨论进行引导，而且可以及时制止伤害性的行为，例如对某个学生的集体羞辱，或者集中讨论某个学生的缺点，或者故意与某个学生唱反调等。

4. 当学生中出现违规行为时，教师不要大声斥责，而应采取引导方式，先“暂时中止”，待教师重申团体规则后，再将讨论主题引回到正确的轨道上。如果教师采取斥责的方法，就会使团体气氛趋于紧张，导致团体动力下降。

十、自我开放技术

“自我开放”，又叫做“自我暴露”、“自我揭示”等，指辅导教师在心理辅导活动

---

①杰拉尔德·柯瑞著.团体咨询的理论与实践.第6版.上海：社会科学院出版社，2006.57

课上,根据当时的具体事件或问题,公开地暴露自己的某些人生经历、经验或感受,包括自己曾经有过的负向体验或经历,来与班级团体成员分享。优秀的辅导教师能通过"过去、现在、未来"的线索,真实而有限度地讲述自己的故事,使自己更具人性,因而使团体成员感受到辅导教师的亲切、真诚和坦率,增进学生对辅导教师的信任,促进团体更深层次的互动。

"自我开放"一般分为两个层次:较浅层次的是向全班学生表明自己对当时团体互动内容的现场感受,包括正向的和负向的;较深层次的是把自己过去的有关人生经历和情绪体验坦率地与全班学生分享,它有助于团体成员受到感染,促使他们思考更多的问题。

社会心理学的研究表明:当一个人向另一个人(或一群人)做出一定水平的自我开放之时,通常会引发另一个人(或一群人)做出相同水平的自我开放。随着这样一个过程的进行,双方的个人关系(或团体成员的互动关系)就会变得愈来愈密切,这一规律被称为自我开放的"互报规则"。掌握这一规律对于团体中辅导关系或团体氛围的推进是十分有益的。

使用"自我开放"技术要注意的问题是:

1. 自我开放的时机不能过早。心理辅导活动课上的自我开放一般用在团体工作阶段或结束阶段,即有了一定的团体氛围、团体成员也有了一定的心理准备之时。否则,辅导教师的"自我开放"就显得做作和牵强。许多教师易犯的毛病是在团体热身阶段或转换阶段,一看到互动的氛围不佳,心里就着急,于是就立即以自我开放来"带动"学生,结果就显得教师"满腔热情",学生却"不温不火"甚至"冷眼旁观";最后不仅不能达到启动团体动力的目的,而且会使教师陷入"不尴不尬"的被动局面。

2. 自我开放的内容不能过多。教师暴露的内容应紧贴团体讨论的主题,陈述尽量简明扼要,不能喧宾夺主,不能占用团体过多的时间。因为在辅导过程中,团体互动的中心和焦点只能是学生,这是一个不能动摇的原则。

3. 自我开放的程度不能太深。教师的深度自我开放容易引起学生的模仿,而一旦学生在团体中做出深度的自我开放,就可能涉及隐秘性问题,并对团体成员造成意想不到的心理伤害。

4. 自我开放必须发自教师的内心。教师的态度要真诚,表达要自然,语言不可流于教条化、术语化、套式化,以免使团体成员觉得是虚情假意。

5. 自我开放必须及时"刹车"并返回主题。自我开放是手段不是目的,自我开放的时机、分寸都要视当时的团体氛围、团体进程、主题内涵及师生关系而定。如果学生对探讨的主题感到较为茫然、团体动力尚需进一步催化时，教师可做适度的自我开放以引导学生扩展思维向度；如果在教师做出自我开放之后，团体动力有所提升，则应立即把话题转回到团体讨论的主题上，并进一步提出相关的开放性问题，不可继续滞留在自我开放的情境体验之中。

本章小结

1. 心理辅导活动课应该是有其自身运作规律的。遵循这些规律，辅导现场就生机勃勃；违反这些规律，辅导现场就变得死气沉沉。这些成功的运作规律已经在心理辅导课的实践中被反复证明，我们可以据此总结出若干操作原则。这些原则主要是指：动感第一、情境体验、多元互动、现场生成、主体抉择、和谐有序。

2. 心理辅导活动课的操作要领可以通俗地概括为“八重”、“八不重”，即重感受，不重认知；重引导，不重教导；重目标，不重手段；重口头交流，不重书面活动；重真话，不重有无错话；重氛围，不重理性探讨的完美；重应变，不重原定设计；重自我升华，不重教师概括总结。

3. 常用的心理辅导活动课的操作技术主要有：专注技术、倾听技术、重述技术、具体化技术、引导技术、同感技术、支持技术、面质技术、保护技术和自我开放技术。

问题讨论

1. 结合自己开设心理辅导活动课的经验，谈谈你对“八重”、“八不重”的感想。

2. 有人认为，心理辅导活动课中，学生不可能有真正的自我开放，不可能揭示自己内心深处真实的想法，对此你有何看法？请说明你的理由。

3. 在心理辅导活动课常用辅导技术中任选三项技术，谈谈你自己的实践经验或体会。

第七章 心理辅导活动课操作示例

在本章中,我们根据中小学不同的学段特点,列举了四节心理辅导活动课的课堂实录。通过这样一个辅导现场的回顾和展示,希望能使大家对心理辅导活动课的操作过程及其技术要领有一个比较感性的认识。

第一节 小学课例:奇妙的想象力

小学心理辅导活动课在操作上有一个非常重要的实施原则,那就是强调其活动性和情境性。在活动过程中要尽量让学生动起来,而让小学生动起来的最好办法就是组织游戏。皮亚杰认为,游戏是具体经验与抽象思考之间的桥梁,具有象征性的意义。游戏能让儿童感觉到熟悉的人和物的存在,且这些人和物能引起儿童的兴趣;在游戏中所发生的人际互动,可以使儿童感觉到安全和可控制感。“在儿童式的游戏中,儿童学习面对想象中的问题,学习如何处理想象中的及实际生活中的问题;在游戏中,他们满足某些内心深处的欲望,抚平负面情绪,学到新的技巧去解决客观的生活或人际问题。”[①]而弗洛伊德的一段精辟的论述也许能使我们对于游戏在小学心理辅导活动课中的作用有更清晰的认识, 他说:“儿童最喜欢、最专注的活动乃是游戏。或许我们可以说,每个儿童在游戏时都像个充满想象力的作家。在游戏中,他们创造了属于自己的世界,更准确地说,儿童安排了他的世

①柯永河.游戏治疗——理论与实务.台北:心理出版社,2001

界里的事件，并且用一种新的、令自己比较高兴的方式来进行。如果因此批评儿童对自己的世界不认真就是错误的；相反，儿童一定是在很认真地游戏，而且投入了很多情感在里面。”①

要注意的问题是，小学心理辅导活动课上使用的游戏，应防止照搬成人培训模式中现成的游戏形式，力求从学生的生活实际出发，组织和开发一些符合学生年龄特点、充满童趣的活动。

《奇妙的想象力》课堂实录

浙江省杭州市西湖小学教育集团　孙　飒

活动理念

想象在儿童的学习和思维发展中具有重要作用：人的想象力越强，思维能力越强；想象力强的人，记忆能力一般也较强。调查资料显示，想象力特别强的学生，学习成绩也比较好。而且，想象力强的儿童个性特点鲜明，他们思维活跃、敏捷，求新求异，有独立见解，寻根问底，记忆力强，知识面较广，联想丰富，学习新事物快，对感兴趣的问题专注。然而，在现实生活中，儿童的想象力却经常被严重幽闭，或者被繁重的课业负担所禁锢。

儿童时代是一个人的想象力迅速形成和发展的时期。在心理辅导活动课中对三年级小学生开展激发想象力的辅导活动，有利于促进儿童想象力的发展。本节课的目的就是通过多种途径的训练拓展学生的思维，有意识地培养学生的想象力。

活动目标

1. 激发学生想象的兴趣，使学生感受想象的魅力。

2. 创设情境，展开想象，培养学生的想象能力。

活动过程

1. 激发兴趣，揭示课题

(1)师：我们一起来看，它像什么？（出示桂林景点“象鼻山”图片）这就是桂林的著名景点“象鼻山”。在很多风景点，人们根据山脉、岩石的形状通过想象给他们起了有趣的名字，吸引了无数中外游客。现在，有家旅游公司要请同学们帮忙，他

①Freud. S. The Relation of the Poet to Daydreaming. In Collected Papers. London: Hogerth Press, 1953.173~174

们发现了一处自然景点，那里也有很多的奇山怪石，只是还没有好好地开发。(出示“仙人晒靴”景点照片)这就是其中的一个景点，你能为它起个有趣的名字吗？

(2)学生小组讨论后，进行交流。

生：我觉得是“巨蟒下山”，蛇都是在像这样的晚上出来的，上面较长的那部分像蛇头，下面像蛇的尾巴。

生：这是“马头山”。

生：还可以叫它“斧枪石”。正着看很像一把斧子，倒着看就像一把枪。

生：我们组给它起名叫“台阶石”，它看上去很像台阶。

(3)师：同学们的想象都很有意思，生活中还有很多美丽、有趣的事物都是通过人们的观察、想象发现的，关键是你有没有学会运用奇妙的想象力。(出示课题)

2. 发散思维，拓展想象

(1)看图想象(出示4幅人物图片)

①师：想象无处不在，你们看，这里有几个人，他们有着不同的动作、表情，请你自由选择其中的一幅仔细地观察，想一想：他怎么了？发生了什么事？

②学生小组讨论后，进行交流。

生：王叔叔上班快迟到了，他一边看手表一边飞快地向公司走去。

生：我也选这一幅，今天是王叔叔儿子的生日，他下班时一边看表一边赶路，生怕赶不到儿子的生日晚会。

生：我说的是小强。小强考了一百分非常高兴。

生：小明是因为一个大哥哥把他最心爱的玩具抢走了，所以他站在地上哭。

生：小明考试考得很差，被他妈妈批评了，所以哭了。

生：我觉得小明是跟妈妈出来玩，不小心跟妈妈走散了，所以哭。

生：我觉得王叔叔是因为他的妻子在医院里刚生了孩子，他急着赶去看孩子。

生：小强考试得了满分，妈妈带他到游乐场玩，他乐得合不拢嘴。

(2)听声音想象(出示录有三段声音的三个小喇叭)

师：刚才，同学们的想象非常丰富，那么，假如你什么景象也没有看到，只是听到声音，会想象吗？

①播放声音1(玻璃破碎的声音)，学生说说自己的想象。

生：小明不小心把碗碰在地上，碗打碎了。

生：小明想把花瓶拿下来为花儿加点水，一不小心，花瓶掉在地上打碎了。

生:小明吃完一碗饭,正想去盛第二碗的时候,一不小心踩上了弟弟乱扔的香蕉皮滑倒了,碗掉在地上打碎了。

生:我觉得是夫妻俩吵架,把碗什么的砸在地上。

②播放声音2、3。(《春江花月夜》、《英雄交响乐》片断)

师:我们一起来欣赏两段乐曲,请你静静地听,细细地体会,听着音乐,你想到了什么?眼前仿佛出现了什么情景?让我们闭上眼睛……

学生交流。

生:第一段音乐我仿佛看到一个古代的女孩在院子里孤独地走着。

生:我听了第一段,觉得是三国时期诸葛亮在使用空城计的时候在城楼上弹琴。

生:第二段音乐我仿佛看到有一支军队打仗胜利了,一个人拿着国旗在城楼上挥舞。

生:我听了第二段音乐,仿佛看见在开运动会,很多人敲锣打鼓地进了运动会的会场。

生:第一首我仿佛看见一个绝妙的女子,她很忧伤,坐在漂在水面上的小船上弹古筝。

生:第一段音乐我想到了电视上介绍的一个非常古老的江南水乡的小镇。

生:我听了第二段,感觉好像是动画片里猫捉老鼠。老鼠一直在前面紧张地跑着,猫在后面飞快地追着。到音乐停时,就好像老鼠撞到了墙上,猫就把它逮住了。

(3)情境想象

①师:想象可以使我们的生活变得更丰富多彩。下面,就让奇妙的想象力把我们带到神秘的南极吧。

②课件出示情境,提出问题:为我国设计一个新的南极考察站。

(画外音)南极气候非常寒冷,到处是冰山,也有可爱的动物,你们看,胖胖的小企鹅正在欢迎我们呢。美丽的南极光也令人神往。不过,给人印象最深的,还是一望无际的皑皑的雪地。我国科学家已经多次去南极进行考察,还在南极建立了长城站、中山站两个考察站。同学们,你能运用奇妙的想象力,为我们国家在南极点附近设计一个新的考察站吗?

师:对于考察站的外形、内部设施、功能,你有什么新奇的想法?让我们先在小组里讨论交流。

③小组自由讨论后,进行交流。

生:我想建造一个像我们百货大楼一样的考察点,有三层,最高一层是住人的,中间一层是吃饭的,最下面一层用来放仪器什么的。

生:我觉得考察站应该是像冰山一样的,旁边布满冰。这样,科学家看见有什么奇怪的物体,就可以住在旁边观察它,不会引起怀疑,具有隐蔽性。

生:我想在这里建造一个可以像火车一样开来开去的考察站,科学家想到哪里去考察,就可以开着火车考察站到哪里。

生:我觉得那里的考察站应该设计得低一点,太高的话会被风吹倒的。

生:我想建造一个铅笔形的考察站,假如你想到南极的哪个角落去,你就可以按一下按钮,里面的铅芯就马上弹出来把你送到那里。

生:我觉得考察站应该造一个球形的,它上面有一根管子可以一直通到我们这边,这样他们那里就不会缺氧气了。风暴来的时候,球形物体可以飞起来,里面的人还可以平稳地坐在那里。风暴退了后,按一下按钮,球形底部还可以伸出四只脚,把这个球慢慢地平稳地放在地上。

生:我想设计一个 UFO 一样飞碟式的考察站,它可以水陆空三用,可以在天上飞,也可以在雪地上开,还可以潜到海底里去。

生:我觉得可以建一个彩色的汉堡形的考察站,南极都是冰天雪地,这样容易识别。上面一层可以住人,中间一层可以用来做实验,最下面一层可以放粮食或者仪器。

师:同学们的想象真是精彩。说不定,有一天,你们的想象真的会变成现实。

(4)七巧板竞赛,在游戏中想象

①师:看来,我们每位同学都拥有这种奇妙的想象力,下面,我们就来进行一个想象力的游戏。(出示七巧板)这是什么,你知道吗?七巧板是我国古人发明的,一个正方形分成七块以后我们重新进行组合,可以让它们变成很多有意思的图形。

②讲解游戏规则。(课件出示)

各组推选一名同学做裁判,每位同学拼出一组图形就举手告诉裁判,并说出图形的意思。裁判进行记数。

③评议优胜组,并请 5 名同学到黑板上展示七巧板图形。(播放节奏欢快的音乐)

师:你觉得哪一幅图形的想象最奇妙?并说说理由。

生:我觉得第一幅会走路的小人拼得最好。因为它的体形很像小人,而且我们走路的时候两只脚都要交叉的,它也交叉的。

生:我最喜欢最后一幅——会走路的小房子。因为他构思非常好,想象房子会走路。而且他拼出了房子很笨拙、摇来摇去走路的样子。

生:我觉得第二幅宝莲灯拼得最好。虽然这个宝莲灯和电视上的不一样,但是非常有新意。

生:我喜欢第二幅,虽然他自己说这是宝莲灯,但我看起来像是两条鱼在玩。左边一个大的三角形是鱼身,下面小的三角形是尾巴,右边也有这样的一条。下面可以说是房子,上面的一小块可以看成是浮在水面上的落叶。要是我给它起个名字,就叫"鱼儿戏水"。

④有谁觉得自己拼的图形还有比他们更奇妙的?再请5名同学到黑板上展示七巧板图形。(播放音乐)

五位同学逐个介绍:我拼的是一只猫头鹰;我拼的是一架喷气式飞机;我拼的是凯旋门;我拼的是火箭,下面这个是火;我拼的是一座在船上的房子,船还在冒烟呢。

师:大家说,他们拼的图形奇妙吗?(生:奇妙!)让我们用掌声给他们鼓励吧!

3. 活动延伸

师:是呀,奇妙的想象力使我们变得更聪明,希望大家开动脑筋,让奇妙的想象力一直陪伴着我们每个人的生活。

活动反思

这是一堂发展性的学习心理辅导活动课。小学三年级是学生智力因素发展的第二个关键时期,学生思维能力的发展进入第一个高峰。我设计这堂课的目的就是在这样的阶段,通过训练来拓展学生的思维、培养学生的想象力。在辅导过程中,为激发学生充分想象,我为学生提供了很多想象的素材和情境。从视觉表象的联想到听觉引起的一些想象(简单的瓶子破碎的声音、两段风格不同的乐曲),再到设计南极考察站这样一个情境的想象,最后设计了一个七巧板的拼图竞赛,在游戏活动中激活他们的思维、培养他们的想象能力。应该说,这些环节的设计收到了激活学生想象力的效果,学生的思维在活动中得到了发展。

不过,设计南极考察站这个情境对于三年级的学生来说有一定的难度。因为想象力的拓展不能离开学生记忆中已经形成的表象,表象的形成又受他的阅历、生活经验、知识范围的局限。首先要对南极的地理环境、自然条件有比较深入的认识,才能更好地开展想象。如果能在前几天布置学生收集关于南极的资料,去进一步了解南极，就会降低设计的难度，更有助于学生想象力的拓展。

思考与练习

1. 我认为这节心理辅导活动课在操作上的优点是：

(1)____

____

(2)____

____

(3)____

____

2. 我认为这节心理辅导活动课在操作上的不足是：

(1)____

____

(2)____

____

(3)____

____

3. 我的修改建议是：

(1)____

____

(2)____

____

(3)____

____

第二节　初中课例：请在我背上留言

进入青春期的初中生在社会认知的发展方面有一个明显的特点，那就是“高度的自我意识”。按照阿尔金德的说法，青少年的自我中心主义在青少年早期达到顶峰，他们过分重视自己的见解与洞察力，却没有想到别人也有他们自己独特的、与众不同的理论和观点。所以，在这个阶段里，学会“观点采择”对于他们的社会认知发展起着重要的作用。在初中心理辅导活动课上，教师要有意识地加强活动与讨论的成分，使学生在活动中获得体验，并在分享体验的讨论过程中，发展自己的观点采择能力。而“观点采择发展的趋势是从直接对他人特点的反映(最少量的成分)，发展到对他人对另外一个人的特点的反映(至少两种心理成分)，再到对他人对另外一个人对又另外一个人的特点的反映(至少3个心理成分)”[①]。随着观点采择递推性质的增强，个体在做出判断时不仅能够逐步学会站在别人的立场上来看问题，而且还能够以第三方身份来看待问题，同时能够明白一个人的观点和行为是如何影响另一个人的，即能够看到人际间的互动以及互动对彼此的影响。这就是初中心理辅导活动课在实施中要注重活动、体验、讨论、分享的原因所在。

《请在我背上留言》课堂实录

河北省石家庄市28中　黄　琦

活动理念

自我意识是一个人对自己的身心状况以及与周围事物关系的认识和体验。青春期是自我意识的第二个飞跃期，高涨的自我意识使初中二年级学生对外界的评价很敏感，并处于自我认同的危机中。“我是一个什么样的人”、“我在别人心目中是什么样的形象”、“别人是喜欢我还是讨厌我”等一系列关于“我”的问题开始反复萦绕于初中学生的心中。另外，他们在认识、描述、评价事物时，往往带有浓重的情绪、情感色彩，沉湎在“自我”的思维和感受中，导致主观、偏执，总是认为自己正确，听不进他人意见，还总感觉别人用挑剔的态度对待他们。所以，在这个时期，辅导老师应该对学生自我意识的发展和完善给予恰当的引导和帮助。

①张文新.青少年发展心理学.济南：山东人民出版社，2002.269

活动目标

1. 通过活动,让学生了解他人对自己的评价,以更加全面、客观地认识自己。

2. 引导学生重新审视自己,从而找到完善自我的方向与方法。

活动准备

1. 按照学生人数至少准备每人一张 A4 纸、一枚别针。

2. 录音机、《献给爱丽丝》等轻音乐磁带。

3. 空阔的活动场地,全班同学围坐一圈。

4. 活动时间是两节课,最好连续上课。

活动过程

第一课时

1. 热身活动:刮大风

在宽阔的活动室里,同学们围坐一圈,撤出一把椅子,老师站在圈外,喊口令,"大风刮,刮呀刮,刮具有……特点的人",具有这种特点的人听到后,就以最快的速度跑到场地中间,再重新找一把空椅子坐,动作慢的同学就没有椅子坐了。这个活动做了好几次,刮到了戴眼镜的人、O 型血的人、喜欢听摇滚的人、爱探险的人、喜欢看恐怖电影的人……("刮大风"的口令要根据外部特征来设计,如果依据学生的内在特质来设计口令,就会有许多人将自己隐藏起来,而给游戏带来阻力)

气氛马上活跃起来了,在活动过程中我们一起思考:怎样才能尽快找到自己的位置。需要注意听口令、动作快,更重要的是充分了解自己的特点。说到这里,老师问全体同学:"你了解自己吗?"一开始大家都点头,后来又都摇头,认为不完全了解自己,在自我认识上存在盲区。这个盲区可以通过"照镜子",也就是"他人眼中的我",了解自己。

2. 活动:请在我背上留言

老师首先讲活动要求:每个人拿出一张 A4 纸,在纸的最上面一行写下自己的姓名,并写一句对留言者的话,比如"谢谢你为我真诚留言"等。写完后,大家相互帮助用别针把纸固定到自己的后背上。这时老师打开录音机,在《献给爱丽丝》这一悠扬的钢琴曲中,让学生在同学后背的纸上写下留言:对这个人的认识,包括他的优点、缺点以及建议,还可以写上最想对他说的一句话。活动开始之前,老师和大家一起约定:本着真诚、尊重、客观、负责的态度对待这个活动。另外,整个活动要求学生不说话,用非语言信息进行交流。

因为是在背上留言,谁也看不到别人在写什么,所以都很放松。大家实话实说，写出了当面不敢或不好意思当面说的话。但在活动刚开始时，异性同学之间有些不好意思写。于是老师加入写的行列，把他们拉在一起，逐渐打破了界限。大家为了能多找几个人写，排成一队，连成一串，你给我写，我给他写，写得都很认真。

第二课时

3. 分享

写完后，师生围坐在一起，首先拿下背上的纸条看，大家时而皱眉，时而点头，时而大笑。接着，一起分享看完留言后的感受。

有个学生很自卑，总以为自己一无是处，看到大家给予她评价很高，很是兴奋："以前我还以为自己很糟糕，很讨厌自己内向的性格，可是大家对我的评价还不错，说我文静、思维深刻、人缘好，现在我感到自己还是不错的。"有的学生通过他人的评价发现了自己隐藏着的优点或缺点。一个男生说："我一直都不知自己的臭脚有如此大的'魅力'，6个人都提这一点了，对不起，以后注意。"但也有人认为留言上的评价不真实，有个学生大胆地说："纸条上的评价大部分符合我，但有人说我'不守信用'，可我怎么也想不起来什么时候失信过，想请那个同学说一说。"这时全体都安静下来，一个学生站起来说："前周周末约好了早上8点到体育馆打球，你没来。"后来那个学生做了解释，误会在面对面的沟通中消除了。

活动课中学生主体参与性很高，分享过程更是流动快、动感强，可以说是瞬息万变。心理老师难以预测，也不可能在课前把握学生能说什么，这就需要老师随机应变、因势利导。但不管怎样，老师都要以尊重、接纳、支持的态度反馈学生的发言。

4. 总结

老师引导大家把他人评价和自我评价进行对照，让大家谈谈有没有新的认识，并反思今后该怎样发展、完善自己。

老师鼓励学生为这堂课做总结。大家都很感谢同学们对自己的真诚留言，最后活动在沉思中结束了。

活动反思

活动刚开始时，我在一旁帮学生固定掉下来的纸条，提醒他们要遵守规则，这时老师充当的是旁观者、组织者和助手。后来一个学生邀请我给她写留言，并在我的后背上固定纸条，给我写留言，就这样我加入到了活动中。当变成了一个参与者时，我的心态变了，理解了学生为什么总是违反规则：试图与人商量、偷看自己的纸条等。因为当别人不明白我的比划时我也想说话，当别人给我写时心里我也紧张……当活动结束时，我深刻体会到看别人对自己评价时的感受，看到称赞的语言，看到真诚的建议，看到自己的缺点，看到俏皮的漫画，我的心情时起时落。在后来的分享活动中，我第一个说出自己的感受，并博得了热烈的回应。我发现真诚是可以传染的，接下来的学生发言也都很恳切。这种深入心灵的交流感动着每一个人。活动结束后的很长一段时间里，还有人时常拿出纸条看看，回味那些真诚的语言。

我认为在分享活动中之所以交流得如此深入，很重要的一个原因是老师角色的改变。只有老师变换旁观角色，深入参与到学生的活动中去，才能真正体会到学生的感受，说的话才是真诚的、带感情的，也才能感染、打动学生。

思考与练习

1. 我认为这节心理辅导活动课在操作上的优点是：

(1)____

(2)____

(3)____

2. 我认为这节心理辅导活动课在操作上的不足是：

(1)____

(2)____

(3)____

3. 我的修改建议是：

(1)____

(2)____

(3)____

第三节　普通高中课例:花开应有时

高中生的观点采择能力进入了一个更高的阶段,即社会和习俗系统的观点采择阶段。在此阶段,高中生开始能够理解个体在某一问题上的看法和观点是受多种因素影响的;其中,社会群体中主要的观点对个体的看法和观点有重要的影响。不仅如此,高中生在与同伴交往时的效率与质量也大为提高,他们有能力让持有不同观点的人接受他们的观点。当高中生能够在争论中采纳同伴的观点时,心理辅导活动课上的互动交流才会变得真正有意义。因此,高中心理辅导活动课对辅导教师的引导技术提出了比较高的要求,辅导教师要善于抓住学生中各种矛盾对立的观点,设置有思维深度的问题,通过深层次的讨论,促进学生自我感悟、相互理解,在多元化的观点碰撞中做出比较与观点采择,增进自己对社会规范和集体行为准则的理解和认同。

《花开应有时》课堂实录

浙江省富阳中学　章建春

活动理念

高二年级的学生基本上都有一种与异性同学建立亲密关系的向往,其中有一部分学生甚至已经进入了“接近异性的狂热期”,这在不同程度上影响着他们的学业进步。因此,引导学生妥善处理已经发生或正在发生的青春期恋情,建立一种健康而适度的异性同学关系, 对于他们顺利完成最后一年多的学业来说非常重要。本活动围绕大多数学生一直在私下议论、但又不便公开谈论的爱情话题,以对自己的爱情天堂的憧憬为切入口,通过一系列问题的探讨,引导学生对自己在有关爱情问题上的价值观进行自我澄清,使他们能树立较为正确的恋爱观,自觉地意识到在爱情这一重大问题上,不应在不适当的时间、不适当的地点,做出不适当的选择。

活动目标

1. 引导学生对自己的爱情观进行价值澄清。

2. 使学生能在进入高三之前,在爱情与学业的关系上作出进一步审视,并在处理具体的情感问题时有一个符合实际的判断与选择。

活动准备

1. 开课班级为宁波市华茂外国语学校高二(8)班,共45人,其中男生13人、女生32人,男女生分开编组,共7组,其中男生2组、女生5组,第2组、第6组为男生,其余均为女生组。

2. 课前准备好课堂上用的小纸条,讨论用的大白纸(事先写好要讨论的问题)、尼龙笔。

3. 无线话筒2个、长绳1根、小夹子14个。

4. 流行歌曲磁带:《栀子花开》。

活动过程

1. *热身活动*

(以《梁祝》为背景音乐,幻灯片显示各小组编号的具体位置。45名同学按大屏幕上显示的小组位置快速就座)

师:真诚沟通,心灵交流,欢迎大家来到心灵课堂。(学生鼓掌)

(同时背景音乐《梁祝》停止)

师:首先,我们要对今天的活动规范作一说明。(幻灯片出示班级团体辅导规范)(1)互相尊重:不管你是否同意别人的观点,你不能对别人有不礼貌的言行;要保守秘密,尊重每位同学的隐私,不把在课堂活动中了解到的信息外传。(2)注意倾听:当别人在发言时,要保持安静、认真倾听,遇有不同观点等别人说完,你才能发言,不得起哄、调侃人。(3)积极参与:积极参与小组讨论、发言等活动;根据老师的指令参与活动;坦率真诚地与其他同学进行交流,不掩饰自己的真实情感。(4)认真思考:今天讨论的是同学已遇到或将要遇到的问题,是人一生中非常神圣而严肃的话题,它或许将会决定你一生是否幸福。(教师逐条说明完后,停顿片刻)

师:大家若同意请鼓掌通过。(话音刚落,响起了热烈的掌声)

师:好,谢谢大家的认同。接下来,我们一起来唱一首大家熟悉的歌。请我们班的文艺委员带领大家一起唱怎样?(学生鼓掌,此时给文艺委员一个无线话筒)

教师播放MTV《栀子花开》。(学生在唱歌过程中,气氛轻松,表现活跃)

师:一首清纯的校园歌曲《栀子花开》把我们大家带入了栀子花开的6月,因为每一种花的开放都有它的一个特定季节。今天,我们一起来共同探讨一个我们大多数同学一直在私下议论但不便公开谈论的话题——我们的爱情之花应何时开放?

出示课题:花开应有时

2. 讨论:我憧憬的他(她)

问1:你是否对某一异性同学产生过好感?(大屏幕出示)

师:有过的同学,请举起你的右手;没有的同学请举起你的左手。

(教师转身,背对学生,举手示范,完成示范后迅速转身面对学生)

(学生纷纷举手,教师迅速默数,有85%的同学举起了右手,余下的同学举了左手)

师:举手情况表明,我们班的大多数同学曾有过这样一段经历。下面这个问题,请大家用表情回答:"笑"表示"有"。

问2:你是否憧憬过自己的爱情天堂?(大屏幕出示,全班同学都笑了)

师:很好,我们每一位同学都对自己有一种幸福的向往。到了我们这个年龄,对自己的爱情有憧憬非常正常,还是郭沫若说得好:春天没有花,人生没有爱,那还成个什么世界!(话音刚落,响起了热烈的掌声)

问3:你憧憬的他(她)是怎样的他(她)?(大屏幕出示)

师:这个问题的回答请同学们动笔,要求每一位同学用不记名的形式将答案写在小纸条上,用较直观、形象的简短形容词,表达出你憧憬的他(她),然后由组长装入信封,1号组与2号组交换,3号组给4号组,4号组给5号组,5号组给3号组,6号组与7号组交换,交换好后由组长负责与小组成员一起分享、归纳本小组认同的意见,并在全班发言,时间是3分钟。

(同学们积极地投入到活动中去,在小组交流过程中,每一个同学都迫切地想知道异性同学对自己的要求到底是怎样的)

师:好,时间到。我们先听听男同学对女同学的要求是怎样的,请1号组先发言。

(学生鼓掌)

生:我们小组一致认同的是:美丽、有气质、善良、有美好的心灵。

师:两个内容:相貌好、心地善良。好,请坐,谢谢这个小组的同学。(学生鼓掌)听听7号组归纳的。

生:温柔、体贴、野蛮、不能是芙蓉姐姐。(全班同学笑了)

师:请坐,不知你们认为芙蓉姐姐是漂亮的还是丑的?接下来我们再来听听,女同学对男同学的要求。先请2号组发言。(学生鼓掌)

生:阳光、有耐心、感觉好、快乐、真诚可靠。

师:要性格开朗、人品好,对吗?(男生点头,教师示意学生请坐)再请6号组的

同学谈谈。(学生鼓掌)

生:善良、大气、幽默、有钱、有内涵、有气质、有点黑社会老大的样子。

师:你们所指的“有点黑社会老大的样子”,指要有点安全感是吧?好,刚才我们都真诚地说出了自己心目中憧憬的他(她)的形象,可以看出不管是男性还是女性都有相同的方面,如人品好。同时,通过交流也向我们指明了每一位同学今后努力的方向。

(部分同学笑了)

问4:若你憧憬的他(她)出现在你的面前,你会怎么办?(大屏幕出示)

师:请同学们在小组内稍作交流,我们再请同学来谈谈自己的看法,时间为1分钟。

(学生开始在小组内交流)

师:好,时间到。有哪一位同学先来谈谈自己的想法?

(停顿片刻,3号组一位女同学站了起来)

生:出现了有两种选择:要么去表明,要么藏在心里。不过,人出现了不等于属于我的。

师:没追过,你怎么知道不属于你的?

生:你喜欢对方,对方不一定有感觉,只好保持沉默。

师:那你到底怎么办呢?

生:暂时观察一下,看情况。

师:这就是你的选择。

生:对。

师:请坐。同学们,我建议为这位女同学主动而坦率的发言鼓掌。

(响起了热烈的掌声)

师:我们请一位男同学谈谈自己的想法。

(6号组有一位男同学举手)

师:好,我们请这位同学谈谈。

生:不可能每天都有感觉的。

师:如果有一天你有了感觉怎么办?

生:我就去追。

师:对方不理你,你怎么办?

生:我会想办法的。

师：好，你很坚决，请坐。

（同学们都为这位同学鼓掌）

3. 案例分析：真情大考验

师：你们真坦率（鼓掌）。刚才同学们都谈出了自己的真实想法，在这些想法中归纳起来就是两种观点：一种是顺其自然——不谈；一种是谈。那么让我们先来看看在我们同学的周围发生过的这样一件真实的事情。（大屏幕出示案例）

高二男生小王，个高，酷，责任心强，成绩一般。上学期班里转来一位女生小李，温柔，靓，成绩优秀，人生地不熟。老师安排小李坐在小王的前面，一见面两个人印象都不错。平时两个人在学习、生活上互相照顾，通过一段时间的交往，两个人感觉都很好，心里暗喜：找到了自己憧憬着的另一半。由于交往的频繁，两个人都渐渐觉得学习精力分散，同学们开始议论起来。在这次期中考试两个人成绩明显下降。小王、小李不知该怎么办才好。

（教师有感情地讲述这一故事）

师：用心想一下，小王、小李该怎么办？（学生真情体味故事的情景）

真情大考验：假若你是小王（小李），你会怎么办？（大屏幕出示）

师：假若你就是小王（或小李），你会怎么办？请同学们在小组内作一交流，我们再请同学来谈谈自己的看法，时间为2分钟。

（各小组同学开始讨论，老师深入小组倾听小组意见）

师：时间到，哪一位同学先来谈谈？

（4号组一位女同学主动站起来）

生：两个人要先弄清楚，原因在哪里，再作调整，没必要一看到成绩下降就分手。

师：如果继续下降呢？

生：如果继续下降了，也可以分手，但分手不一定解决问题。

师：为什么？

生：因为成绩下降的因素有好多，也不一定是男女同学交往的原因。

师：你还是持继续交往的态度？

（女同学点头）

师：好，请坐。还有其他观点吗？（此时，另一位女生站起来）

生：交往太频繁，没时间学习，要先想想：问题到底出在哪里？要把握住才行。

师：你能把握得好吗？

生:应该可以吧。

师:你怎样把握?这正是我们同学和老师想知道的。

生:该学习的时候专心学习,不要想他,不分心就好了。

师:那,你认为应该怎样办?

生:不要太明显,保持普通同学之间的交往,是友好交往。

师:保持正常的交往,是这位同学的观点。我们请一位男同学来谈谈。

(6号组一位男生站起,同学们主动为其鼓掌)

男:借鉴历史,伟大的爱情是进步的动力,爱情的力量是伟大的。

(全班同学鼓掌)

师:用历史来说明。对此事,你认为该怎么办?

生:交往下去。(同学坐下)

师:从同学们的分析中可以明确地看出,对此事的两种观点:谈、不谈。请结合案例及平时对此类事情的看法,给你半分钟时间考虑,你必须作出一种选择,是谈还是不谈?

(停顿片刻)

师:不谈的请起立,谈的坐着不动。

(开始有7位同学站起,教师稍作引导)

师:一边是发展多日的情感,一边是父母对自己学业的期望,你可要想好啊!

(结果有14位同学站起来)

师:好,我们选择结果出来了,有14位同学赞成不谈,其余的31位同学都赞成要谈。现在重新分组,请不谈的同学坐在1~3组,其余同学坐在4~7组。

(老师迅速组织学生找到新的组,人数要基本均衡,学生坐定)

师:好,我们持有相同观点的新小组产生了,下面请每一位同学听清老师的指令:(1)请各小组首先重新确定一名小组长;(2)拿出抽屉内的大白纸,请根据提示的问题展开小组讨论,要求多方位深刻讨论,由1名同学将小组共同的意见写在大白纸上,写的时候要用关键词,记录速度要快;(3)各小组写好后将大白纸用夹子夹在这根绳子上,各小组成员离开座位走动分享,听到停止的信号声,各小组回到原座位,总时间为10分钟,现在开始。

讨论问题:

(1)谈:可能会有什么状况发生?预测一下这段感情的发展。

(2)不谈:你憧憬的人就在眼前,为什么不谈?对方追你,你如何做到不谈?

(大屏幕出示小组在讨论的话题)

(同学开始围绕话题展开讨论、记录,教师到各小组看各小组讨论的答案;完成讨论的小组主动将大白纸夹在前面的绳上,同学纷纷下座位到前面分享各小组的观点;教师等同学基本看完,发出停止信号,每位同学回到自己的座位)

师:我们每一位同学刚才看了其他小组讨论的结果,现在我们将由“谈”与“不谈”的双方各派一个小组作为代表,请小组长谈谈你们小组中持有的观点,先请第七组。

(学生鼓掌)

生:我们是持“谈”的观点。谈的话可能有什么状况发生?家庭矛盾激化,同学议论纷纷,同学关系紧张,老师干涉,成绩起伏不定,心神不定。预测一下这段感情的发展?短期内感情稳定,成绩继续下降,出现第三者。

师:你们说“家庭矛盾激化”,家庭矛盾怎么会激化?

生:老师去告诉家长,孩子不肯分,离家出走,逼父母同意。

师:噢,也就是造成了亲子关系的紧张。“老师干涉”,那老师会怎样干涉?

生:老师会找我们谈话。

师:有用吗?

生:不一定,如果我认为自己是对的,会继续走下去。

师:没用,老师会怎样做?

生:找家长或动用学校纪律处分。

师:会产生怎样的后果?

生:心情不好。

师:心情不好会有什么后果?

生:影响学习。

师:噢,那你能理解老师的做法吗?

生:能理解,老师为了学校和班级,也是没办法。

师:是啊!每一位班主任的出发点都是为了大家好。那你们所说的“同学关系紧张”怎样理解?

生:如果真是好的一对,一般同学会鼓励他们;还有较传统的,也会排斥他们的。同时由于来自同学的压力,氛围不一样,会觉得自己和别人不一样,慢慢离群。

师:交往单一,朋友变少了,是吗?(学生点头)你曾鼓励过或排斥过他人?或被他人鼓励过或排斥过?(学生笑)

师:不好意思回答?“出现第三者”,真出现第三者怎么办?

生:顺其自然,看看自己到底喜欢哪一个。

师:就当作是一次真情考验!不过关于第三者,老师想说一句,在没有正式法律关系前,是没有第三者的。这个小组的同学对问题考虑得很全面,谢谢这位同学。(学生鼓掌)

师:好我们再请第三组的小组长上来谈谈你们的观点。(学生鼓掌)

生:我们组持“不谈”的观点。你憧憬的人就在眼前,为什么不谈?因为高考在即,父母压力,对感情的判断力不够成熟(不要为了一棵树,放弃整片森林)。对方追你,如何做到不谈?那就保持距离,分散注意力,委婉拒绝。

师:你们认为对感情的判断力不够成熟?

生:是的,其实我们大部分男女同学的交往只是一种好奇,(同学开始笑了,学生镇定了一下)至少我是这样认为的,其实感情的东西是很复杂的。

师:怎么个复杂?

生:至少有一点,高中谈恋爱的成功率是很低的,更何况就要高考了,来自父母的压力也很大。谈,有50%的可能会影响学习,为此冒险不值得。我想,山外有山,人外有人,以后到了大学会有更合适的人选。

师:这就是你们组所持的一个观点:不要为了一棵树,放弃整片森林?

生:是的。

师:感情还是不够稳定?请你再谈谈,怎样“保持距离”?

生:我想,与每一个异性同学都要保持等距交往。

师:等距交往?

生:是的,不要让他(她)觉得你也是对他(她)有好感的,跟几个人一起玩比较好。

师:好,谢谢这位同学的精彩解说。(响起热烈的掌声)

4. 总结

师:由于时间的关系,我们不请其他小组一一回答了;同时,老师也相信,通过这一环节的活动,我们每一位同学对上面呈现的观点一定会有自己的看法,真所谓仁者见仁,智者见智。下面,我们一起来听听苏联教育家——马卡连柯对青年男女交往的看法。(大屏幕出示)

青年男女应当保持真诚的关系,也就是说,要有这样一种关系:无论对任何事物,不夸大,也不低估。如果彼此不欺骗,如果尊重自己也尊重他人,这时候,不管保持什么样的关系(友谊的、爱慕的等等关系)那都是健全的关系。

(配音朗诵,有背景音乐,朗诵完,稍作停顿)

师:老师想借此机会谈谈自己的三点想法:(1)在你们这个年龄阶段,异性同学之间有一种微妙的关系,有一段难忘的情结,老师表示充分的理解与尊重。(2)人是社会的人,社会有自己的规范、要求,人不可能任由自己的意愿发展,这正是我们内心种种矛盾冲突产生的根源。(3)在今天的课堂上,对"谈"与"不谈"大家都作出了认真的选择,这当中有我们不同价值观的碰撞。在以后高中阶段的一年多时间内,你们在处理学业与情感的关系中,还要靠你们自己,谁也无法替代你们。作为老师,我相信你们,并尊重你们将要作出的选择。

(再次出示课题:花开应有时。《栀子花开》为背景音乐)

师:最后,衷心地祝愿大家在人生的某个时刻,你们的爱情之花能开得更加鲜艳、更加灿烂!今天的课到此结束,谢谢大家!

(全班同学起立鼓掌)

活动反思

青春期的异性同学间的交往一直是一个较为敏感的话题。这节课的设计是针对重点高中的高二学生。在准备这节课的过程中,我曾在重点高中的不同层次的班级里经过多次试讲。在处理"小王、小李"的事件中都有接近70%的同学持要"谈"的态度,只有30%的同学持"不谈"的态度。这一问题所持态度人数的比例之悬殊是令听课的众多老师出乎意料的。当然,从另一方面去分析,高二这个年龄段的学生对异性同学有各种各样的向往也是正常的,作为老师,我们要做的应该是怎样正确地去引导。引导学生妥善处理已经发生或正在发生的青春期恋情,建立一种健康而适度的异性同学关系,对于他们顺利完成最后一年多的学业来说非常重要。相反,靠单纯的堵拦、硬性的扼制是解决不了问题的。本节课试图通过一系列问题的探讨,引导学生对自己在有关爱情问题上的价值观进行自我澄清,使他们能树立较为正确的恋爱观,自觉地意识到在爱情这一重大问题上,不应在不适当的时间、不适当的地点,做出不适当的选择。

整节课由"热身阶段—情境体验—观点碰撞—观点整合"四个环节构成。作为一节好的心理辅导课,贵在教师通过课堂情境的创设、氛围的渲染等引导学生说真话、说心里话。这节课是借宁波华茂外国语学校的学生开设的,学生都是陌生的,因此在"热身阶段"花了一点工夫。从整节课的后期学生的表现来看,这个环节是成功的,学生都是用坦诚的心在与别人交流。在"观点碰撞"这一环节中,第3

组、第7组的小组长在课堂上大胆、沉着地接受老师的追问，回答既切合学生实际情况，又出人意料；其他各组的回答从现场展示的情况来看，也同样精彩，但限于时间关系不能一一上讲台来解说。从整节课的实施情况来看，学生活动参与积极性高，互动非常好，课堂上学生多次为同学的回答而自发鼓掌。

总的感觉是，基本上达成事先设置的活动目标，但从某些环节的实施细节上看，还有可以进一步做细、做精的地方。

思考与练习

1. 我认为这节心理辅导活动课在操作上的优点是：

(1)________________

____

(2)________________

____

(3)________________

____

2. 我认为这节心理辅导活动课在操作上的不足是：

(1)________________

____

(2)________________

____

(3)________________

____

3. 我的修改建议是：

(1)________________

____

(2)________________

____

(3)________________

____

第四节 职业高中课例:花开应有时

从现状看,职高心理辅导活动课的难点在于活动的组织管理,许多一线的辅导教师对此叫苦不迭。其实,单凭某些职高学生在课堂上吵闹、违纪这一点,是无法做出任何结论的。尽管职高学生基本素质比起普高学生来也许相对薄弱一些,但不能由此去推论职高学生上心理辅导活动课就一定会捣乱。吵闹、捣乱只是一种现象,导致这类现象的原因是多方面的。其中,是否建立起了信任的辅导关系,是否选择了职高学生成长过程中最为关心的话题,是否在互动过程中拨动了职高学生内心深处的琴弦,是三个至为重要的因素。

《花开应有时》(职高版)课堂实录

浙江省富阳市职业高中 李联洲

星期三下午第三节课后,2004财会(2)班的女同学们(女生班)都有说有笑地快步来到了多媒体教室,《栀子花开》的动漫歌曲已在大屏幕放映,音乐柔美动听,同学们都情不自禁地哼唱起来。有几个性急的同学还不停地追问:"老师老师,我们今天讨论什么话题?"

我微笑作答:"别急,让我们先来听完这首优美的歌曲。"音乐毕,同学们都安静地坐在座位上,用期待的眼光望着我。

"同学们,我们今天将要讨论的话题是一个关于青春期的话题《花开应有时》,但是我首先要在这里作一个小调查:你们长这么大了,有没有对异性产生过好感?"

话音未落,同学们都彼此望望,指指点点,继而就哈哈大笑,有的还大胆地说:"有!"

我笑着说:"老师本来想说,如果有的话,请你对我微笑一下,结果你们都大笑起来而且给出了肯定的答案,看来这样的情感大家都有。而我今天想对你们说的是,青春期对异性有好感其实是一件非常自然而又正常的事情,甚至可以说是一件幸福的事情,因为老师也曾经历过。那么,当我们对某位男生特别有好感的时候,你会怎么办呢?"

"写封情书寄给他。"有学生在座位上轻声说。

"打电话告诉他！"

"老师，其实不一定要告诉他的，可以暗恋嘛！"一位同学站起来说。

"是啊！每个人由于性格不一样，所以他采用的方式、方法也会不一样，以至于结果也不一样。今天老师这里有一个故事，我们来看看故事中的这两位同学是怎样来处理这样的事情的。"

接着，我用投影出示了案例：

> 小丽，高一(8)班女生，聪明、善良。她爸爸妈妈平时工作很忙，基本上没时间照顾小丽，小丽觉得很孤独。第二学期的时候，班里转来一位男生小亮，小亮身材高大、外表很酷。刚来时，老师安排小亮坐在小丽的后面，小丽对他的第一印象很好。一次因双休日俩人都没有回家，于是有了交往的机会。从交谈中，小丽才知道小亮从小生活在单亲家庭中，父亲工作很忙，脾气暴躁，平时对小亮非常严格，所以家庭温暖对小亮来说既遥远又陌生。于是小丽和小亮有了一种"同是天涯沦落人"的感慨。渐渐地，小丽与小亮之间的话越来越多，话题也越来越广，两颗孤独的心很快就走到了一起。后来，两个人的过密交往开始引起了同学们的议论，老师也向他们提出了劝告。

我接着就问："同学们，你对他们的交往有什么样的看法？"

同学们以小组为单位热烈地讨论起来，而后一位同学举手站起来说："老师，我觉得他俩关系虽好，也不一定是恋爱，同是天涯沦落人嘛！"

另一位同学说："我觉得他们是因为缺少家庭温暖，为了寻找家的感觉，才走到一起的。""只要把握好分寸就可以啦，毕竟是正常关系嘛！"这时还有一女生站起来说。

"我认为现在的中学生都有种逆反心理，老师不能过于反对他们，越反对越亲密。"

"那么，你们觉得小丽接下来该怎么办呢？"我接着问。

"老师，我认为假如可以互相鼓励的话，他们其实可以继续交往下去。"一个学生站起来说。

这时，我看到有一位圆圆脸的女生一直低头不语，于是就请她起来说说。

"老师，我也不知道，应该可以交往下去吧！"

此时，性格一向直爽的张同学主动站起来说："我认为很正常嘛，两个人都缺少家庭温暖，在一起不孤独。假如我是小丽也希望交往下去，因为交往本来就很正常，身正不怕影子斜。"同学们听了都笑出了声。

"老师，我认为只要不影响学习，是可以继续交往下去的。"又有一位同学站起来肯定地说。

"哦，我听明白了，我们的很多同学都认为，如果不影响学习，或者可以转化为学习动力，是可以继续交往的。那么，我们要来看看小丽是怎样办的呢？"随即，我就出示了第二张投影片：

> 小丽与小亮因为同学和老师都开始注意自己了，于是从"公开"转入了"地下"，他们开始越走越近，关系越来越亲密。每次双休日都要在一起逛商场，泡网吧，上公园。直到有一天，小丽因家中无人，带了小亮上她家玩，两个人从谈天到亲吻再到搂抱，后来，小亮向小丽提出了"越轨"的要求。

很多同学在看的过程中都发出了惊叹的声音，最后都异口同声地说："不能答应！"

我接着说："老师知道假如是你们的话，都知道应该要拒绝。但是小丽呢，她会拒绝吗？她会怎样拒绝呢？"

有同学站起来说："这个年龄段是非常冲动的，他们毕竟是年轻嘛，小丽可能会答应吧！"

还有同学有不同意见："小丽会拒绝的，否则长大后会有阴影，再说以后对老公怎么交代呢？"

"小亮要尊重小丽，不能发生越轨行为。"

还有一位同学站起来说："我觉得小丽应该马上转移话题，问小亮要不要喝点东西。"同学们听了都笑了起来。

我接着说："大家都觉得应该拒绝，这是对的！但事实上，在现实生活中，当两个人有了一定的感情，而这样的感情又发展到了一定的程度，又在相对失控的状态下，有一些人可能会因为不够理智而把持不住。很遗憾，小丽就没有拒绝……"

我出示了第三张投影片：

> 两个月过去了，小丽发现月经没来，又等了两个月，月经还是没来，小丽化名去医院检查后确认怀孕了。回来后小丽问小亮该怎么办，小亮却说："不知道！"然后撇下她一个人走了。

还未看完，已有学生在小声议论："小亮这个没良心的，真是气死人了！"也有同学说："小丽太可怜了，怎么办呢？"

这时，我就说："同学们看到这里肯定有很多的感慨，可能也有些同情小丽。那么事情发生到了这里，你觉得此时的小丽该怎么办？"

分组讨论后，第一小组的一位同学站起来说："我们觉得小丽应该告诉最亲的人，让靠得住的人来帮助她。"

我问同学们："你们会找同学吗？"

"不会！"

"为什么？"

"因为时间长了，假如和这位同学关系不好了，她就会讲出来的，还是找亲戚可靠。"也有同学在小声地议论："亲戚也不可靠的，还是告诉爸爸妈妈好！"

这时，一向很单纯的刘同学站起来说："老师，应该先吃避孕药，再跟父母说，然后去堕胎嘛！"学生们听了都大声笑了起来。

马上有同学站起来反对说："已经怀孕还吃什么避孕药。"

"这位同学说得对，已经怀孕了再吃避孕药是没有用的。"我充分肯定了她的回答。

"和父母商量肯定会被骂一顿，只怪小亮太不负责任了。"一位同学站起来很无奈地说。立刻，有同学针锋相对："到那时已经没有办法了，一定要告诉家长，虽然家长要打她，但毕竟还是心疼女儿的。而小丽等打掉孩子身体恢复后，可能就不会再冲动了！"

第三组的一位同学站起来说："我们觉得应该先去找小亮，反正走到这一步了！小亮再不管就去告他，不管的话他真的很没有良心啊！"

"对！应该去告他！"绝大部分同学都表示附和。

"告是没有用的，因为小丽是自愿的。"有的同学表现得似乎很理智。

听到这里，我马上加以提醒说："据我所知，这类事件，法律上有规定：女方如果在 14 周岁以下，男方在 14 周岁以上要负刑事责任；如果女方在 14 周岁以上，又是自愿的，男方就只负民事责任，适当赔点医药费就完了。"

这时，刘同学站起来表达了一个令人意想不到的观点："我觉得生命这么可贵，应该把孩子生下来。"她话音未落，全班哗然，七嘴八舌地议论开了。

我马上接着她的话题进行引导："刚才有同学说生命这么可贵，应该把孩子生下来，那我们来说说看，生下来可以吗？"

话音刚落，有同学就站起来说："当然不能生下来，以后怎么嫁人啊，再说也没有经济条件抚养啊！”

“生下来归谁养啊，小亮不一定会娶她的！再说小丽长大后结了婚，让老公知道了怎么想，以后怎么做人呢？”

又有同学表示认同前面的看法：“我也觉得生下来不好，生下来小丽的名誉怎么办呢？”

“确实，”我接过了话题，“小丽的孩子要是生下来那问题就大了！一是她的名誉要受损害，二是孩子是私生子，他的成长会非常坎坷，他将会遇到很多的现实问题。况且，计划生育部门会让你生下来吗？即便是你躲躲藏藏生下来了，经济来源呢？怎么养大?怎么上户口?怎么上学?怎么办身份证呢？你又该怎样进行家庭教育？他的成长会健康吗？有心理问题怎么办？他可能会恨你这个母亲一辈子。这样一分析，你们认为还该不该生下这个孩子？”

“不能生下来！”学生们齐声回答，我看到了刘同学也在不断地点头。

我接着又问：“那么，假如此时小亮不是掉头就走，而是陪着小丽一起想办法呢？那该怎么办呢？”

“那也不能生下来！”同学们很坚决地回答。

一位同学站起来说：“如果小亮愿意承担，那就由小亮陪着去堕胎。堕胎过后也要分开，否则，再发生这样的事怎么办？”同学们都点头称是。

我接着说：“同学都谈了自己的观点，我们再来看小丽是怎么解决的。”

于是，我出示了第四张投影片：

小丽其实并没有处理好这件事情，她不知道从哪听说，剧烈运动可以使孩子流产，于是她就拼命地运动，结果就出现了先兆流产(流血了)，她以为孩子就这样烂在了肚子里。但是又过去了三个月，她却感觉到了胎动，这时她才知道孩子还活着，小丽极度焦虑和恐慌。最后，这个孩子早产了。

女孩子们看到这里，有很多的感慨，大家都为小丽感到深深的惋惜。

有位同学起来总结说：“我觉得小丽从始至终都没有把握好。因为，当他们的交往刚刚引起同学的议论和老师的劝告时，他们反而转入了秘密交往，而且交往更密切了。后来，在小亮提出越轨要求时，她又默许了；最不应该的是，她把小孩给生了下来。”

“我觉得小丽最大的问题是在一开始的交往，不能太密、太近。应该保持距离。不能把异性朋友带到家里去，也不能给对方制造机会。”王同学说。同学们都不由自主地为她鼓起掌来。

我微笑着点点头："是啊！同学们都说得很好，异性交往，要把握分寸，不能交往过密。我们回顾小丽这一次'青春恋'的整个过程，到最后产生了这样的后果，问题的源头出自哪里？那恐怕就是两个人交往过密。本来，男女同学交往是一件非常正常的事情，但最怕的是交往过密，过密了就有可能会发生难以自控的事情。我们都知道一个道理：不该开花的时候开花，不该结果的时候结果，是会受到自然规律的惩罚的。同样的，爱情之花也应开放在生命之树成熟的季节。我相信，我们的同学肯定会好好珍爱自己的青春的。非常感谢同学们让我分享你们的心声，谢谢大家！（鼓掌）再见！"

活动反思

对中学生的青春期恋情，及时加以引导是非常关键和重要的。此次心理辅导活动，在内容上较以往可以说有所突破——从正面跟女生们一起讨论关于是否接受异性的性要求、怀孕、生育等问题。对于这个话题，事先我也征求了很多老师的意见，尽管有的老师表示反对，但事实上它还是非常具有现实性的：生活中，中学生谈恋爱，发生性关系，甚至有女生还生下了孩子等现象确实存在，那么作为教师采取回避态度又有什么好处？事实也证明，通过这样的正面交流活动，基本可以反映出学生的真实心声。特别是当小丽面临着几次"怎么办"时，从学生们的回答中可以折射出她们真实的想法来。如：对于"他们是否要继续交往下去"的问题，有80%的同学会选择"继续交往"；对于"是否接受性要求"的问题，有80%的同学表示"不会答应"。那么，关键就在于其余20%的同学，在分享到别的同学的选择及其理由时，是否能改变原来的想法，并且能更谨慎地对待这样的事情？如果这堂课能引起他们的思考，我们的活动就有了非常实际的意义。

整个活动进行下来，学生的参与率比较高，发言的人也特别多。本来我还担心学生不肯说真话，不愿意表露心声，而事实证明并非如此。这说明了一个道理：我们的学生是值得信赖的，他们有能力解决好自己成长道路中遇到的各种复杂的问题。同时，也要求我们教师不居高临下地把自己的价值观强加给他们，而是能够以一种平等和共情的态度来与他们进行面对面的探讨和交流。

思考与练习

1. 我认为这节心理辅导活动课在操作上的优点是：

（1）______________________________

____

(2)____

____

(3)____

____

2. 我认为这节心理辅导活动课在操作上的不足是：

(1)____

____

(2)____

____

(3)____

____

3. 我的修改建议是：

(1)____

____

(2)____

____

(3)____

____

本章小结

1. 小学心理辅导活动课在操作上有一个非常重要的实施原则，那就是强调其活动性和情境性。在活动过程中要尽量让学生“动”起来，而让小学生“动”起来的最好办法就是组织游戏。在游戏中，小学生学习面对想象中的问题，学习如何处理想象中的及实际生活中的问题；在游戏中，他们满足某些内心深处的欲望，抚平负面情绪，学到新的技巧去解决客观的生活或人际问题。

2. 在初中心理辅导活动课上，教师要有意识地加强活动与讨论的成分，使学生在活动中获得体验，并在分享体验的讨论过程中，发展自己的观点采择能力。从而引导个体在做出判断时不仅能够逐步学会站在别人的立场上来看问题，而且还能够以第三方身份来看待问题，同时能够明白一个人的观点和行为是如何影响另一个人的，即能够看到人际间的互动以及互动对彼此的影响。

3. 高中心理辅导活动课对辅导教师的引导技术提出了比较高的要求，辅导教师要善于抓住学生中各种矛盾对立的观点，设置有思维深度的问题，通过深层次的讨论，促进学生自我感悟、相互理解，在多元化的观点碰撞中做出比较与观点采择，增进自己对社会规范和集体行为准则的理解和认同。

4. 职高心理辅导活动课的难点在于活动的组织管理。其实，吵闹、捣乱只是一种现象，导致这类现象的原因是多方面的。其中，是否建立起了信任的辅导关系，是否选择了职高学生成长过程中最为关心的话题，是否在互动过程中拨动了职高学生内心深处的琴弦，是三个至为重要的因素。

问题讨论

1. 现场听一节心理辅导活动课，写下尽可能翔实的课堂实录(要特别注重师生之间的对话)，然后与辅导教师详细地研讨每一环节、每一步骤、师生互动的每一句话，看看从中可以总结出哪些经验与教训。然后请对方来听你的心理辅导活动课，并与你作同样的研讨交流。如果有条件拍摄课堂录像，则可以按“微格教学”的方式来进行研讨。

2. 你对心理辅导活动课上的秩序失控问题是如何看待的？以你的实践体会，谈谈你对改善心理辅导活动课组织管理的应对策略。

评价篇

PING JIA PIAN

内容提要

本篇内容包含一章，即第八章。这一章从“过程评价”和“效果评价”两个维度，对心理辅导活动课的评价标准和评价方法作了探讨。本着“化繁为简”的原则，这一章重点提出了符合学校教学规律的即时性评价的操作方法，并制订了相关的评价工具。对于第一线的辅导教师和业务指导人员来说，这些评价标准和工具简明易懂，在开课现场使用时可以得出基本符合实际的评价结论。在本章的后半部分，作者针对目前中小学心理辅导活动课实施过程和评价过程中出现的种种具体问题，提出了“一种感受”、“四种倾向”和“四个误区”。

个性化理论视点

◎ 在实施评价的过程中，要把握“不论成败、只讲得失”的原则，对具体问题作具体分析，做到有根有据、以理服人；而不是简单草率地对一次辅导活动得出“成功的”或是“失败的”结论。

◎ 只有大家都抛却功利心和功利标准，我们才能放平心态，才能敞开心扉、无所顾忌地畅所欲言，才能不讲套话、假话，只讲实实在在的真话。而辅导教师真正的成长就是从“讲真话”开始的。

◎ 辅导教师们在实施心理辅导活动课中，遇到的挫败体验，其主要根源不在于我们自己的素质适合不适合做这项工作，而在于我们在这一领域内的实践经验的积累还没有达到一定的量限。打个比方说，飞行员上天要讲“飞行时数”，没有几百、上千小时的飞行记录，可能成为一个优秀的飞行员吗？再比如说学开汽车，你跑的公里数不到几百、几千公里，可能成为一个合格的驾驶员吗？那么，掌握心理辅导活动课的规律怎么可能只凭几节、十几节课的时间就能做“常胜将军”呢？

◎ 只要是课堂，就需要课堂管理；而课堂管理是要有能力和技巧的。从这个意义上说，“心理辅导教师”首先是一个“教师”。在学校里做心理辅导教师，首先要过好“教师关”，然后才可能当好一个“会上心理辅导课”的心理辅导教师。

第八章　心理辅导活动课的评价

心理辅导活动课的评价，其内容可以说是包罗万象。从评价对象来说，可包括教师和学生两个方面。其中，教师的部分，可评价其活动内容、活动设计、活动准备、活动组织、辅导技巧等，所以不难看出，对教师的评价其实主要是对辅导活动本身的评价，反之亦然。学生的部分，可评价其自我概念的改善，自信心和自控能力的提高，个人行为的增加、减少或者消失，认知的改变或情感的体验、升华，班级风气的转变等，也不难看出，对学生的评价其实是对辅导活动效果的评价。从评价的时间来说，可包括活动结束后即时性评价、单元结束后评价、期中评价、期末评价或学年评价等。从评价的主体来说，可包括教师评价、学生评价、学生团体评价、家长评价、领导评价和督导评价等。从评价的性质来说，可包括形成性评价和终结性评价等。

在本章中，我们将重点讨论心理辅导活动课的辅导活动评价和辅导效果评价，以及在心理辅导活动课的评价过程中可能发现或涉及的带有普遍性的若干问题。

第一节　心理辅导活动课的过程评价

在一般情况下，我们若是去问辅导教师是如何来评价心理辅导活动课的，很多教师都会依据学生在活动中的表现和活动后的反映，特别是教师自己在辅导过程中的主观感受来做出判断。“这样的判断固然有其重要的参考价值，但从科学性、专业性和艺术性的角度来看，这样的评价方法只能提供一些片面和笼统的信息，很难清楚了解在活动与辅导方法中，哪些部分能引起学生最大的共鸣，哪些部分会导致团体动力的阻滞，因此也无法对“整个辅导活动的教学设计有全盘的概念，无法了解学生之实际表现与理想目标有多大的差距，无法对自己本身的教学工作做专业的判断，或以此作为决策的依据。”(王文秀、李湘屏，1990)正因为如此，努力构建一个比较科学而又比较容易操作的心理辅导活动课评价指标体系，就显得尤为重要。

一、辅导活动过程评价的标准

谈到心理辅导活动课的过程评价，有两点是需要首先说明的：

第一，心理辅导活动课的过程评价受到辅导时间的限制，很难用当堂测试评价的办法，所以一般应采用形成性评价。当然在一个单元、一个学期或者学年结束时，也可以采用一些量表或问卷调查来做量化评价或是定性定量评价，这种形式往往用在终结性评价中。

第二，现在的心理辅导活动课还处在探索阶段，一些学校的领导、教师还习惯于用文化课的课堂评价标准(如：目标、重点、难点、过程、手段、时间、主体地位、主导作用、课堂效果等)来做参照，这不能说完全不对，但有一点是可以肯定的，这就是一定要把评价的标准和重点逐步转移到对心理辅导活动课自身的一些规律和特点的把握上来。

冯观富(2003)对“辅导活动评价”一词的意义及特点曾做过以下的表述：

1. 辅导活动评价是一种客观认定而统一的标准，这种标准是评价者与被评价者所共同认知的要求事项，不因彼此的看法有不同的解释；

2. 要用客观科学的方法，是指评价工具、手段不因时空不同而影响评价结果；

3. 辅导活动评价的目的在于搜集与了解被评价者对辅导活动实施的情况如何；

4. 辅导活动评价是一种对实施情况给予好与坏、成功与失败的主观的价值判断，它可提供自我改进；

5. 整个评价是提供资讯、进而做价值判断、最后采取合理行动方案的一系列过程，而不是终结行为。①

而 Gibson & Mitchell(1981)则提出，良好而有效的评价应符合以下六个原则：

①冯观富.学校心理辅导的组织与管理.台北：世界图书出版公司，2003.382

1. 有明确的目标；

2. 有具体可行且有效的评量工具或标准；

3. 能有效运用评价标准，既能熟悉评价的技巧，又能了解所要评价的内容；

4. 能涵盖所有的人员，如行政人员、家长及学生等；

5. 有意义的评价一定包括回馈的部分且能贯彻到底，是一个连续性的过程；

6. 这种评价强调正面的意义，主要是作为修改及自我奖励的依据，而非用来挑错、记过处分或批评。①

关于心理辅导活动课的评价标准，近二十多年来已经有一些很值得我们借鉴的经验。例如英美等国实施的类似心理辅导活动课的活动一般以一系列教育内容和配套方法组成专题方案(program)的形式进行，方案的设计、过程和效果有一套严谨、深入的跟踪评价体系，评价的内容包括：

1. 专题设计方案的评价。主要考察点为：(1)方案是否体现了辅导活动的目标与实质，是否从提高学生心理健康和发展个性出发？(2)方案是否获得了物质和政策上的资源保证，切实可行？(3)方案实施是否遵循辅导伦理，具有安全性？

2. 辅导活动指导的评价。主要考察点为：(1)活动领导者是否提供了口头或书面的活动指导纲要？(2)所提供的指导是否做到了既必要又具有策略性，即在学生最需要的时候给予了正确的指导，并且富有启发性，激发了学生心理潜能的发挥？

3. 活动组织管理的评价。主要考察点为：(1)活动的组织气氛是否温暖而充满活力，有利于每一个学生参与积极性的发挥？(2)领导者与成员是否建立了一个有效的沟通网络，可以及时彼此沟通与分享？(3)学生是否成为辅导的主体，并尽力体验心灵上的成长？

4. 辅导活动协调性的评价。主要考察点为：(1)在方案进行的全过程中，与学校、家长、社区的联系和沟通是否周到、及时、恰当？(2)在活动过程中，学生和家长们的参与、反馈情况如何？

5. 辅导活动效果的评价。主要做法为：每个辅导活动方案结束后，辅导教师通过收集学生在相关主题上的前后测验或访谈结果进行对比，以判断活动的成效②。

台湾学者李坤崇综合王秀文(1995)、颜若映(1986)的观点，提出用以下十二个向度来评价班级团体辅导活动(心理辅导活动课)的整个实施过程：

---

①李坤崇.班级团体辅导.台北：五南图书出版公司，1998.111

②施丽君.班级心理辅导活动课评价指标体系的建构研究.浙江师范大学硕士学位论文，2005

1. 教师辅导专业的知识与能力是否充分?教师与教学前已建的自己的专业理论、技巧与实务是否能胜任辅导教学?若仅因配课而担任课程,是否能自我充实或观摩他人教学以提高专业的知识与能力?

2. 教学单元设计是否适切?教学是否以学生为中心?是否能顾及学生旧经验?

3. 学生特质能否充分了解?是否了解班级次文化?是否了解学生的互动模式或讨论状况?是否了解学生喜欢探讨的主题或内涵?是否能善用学生口语与学生多元互动?

4. 辅导目标是否顾及认知、技能、情意?是否包括活动单元目标、行为目标?

5. 教学历程是否流畅、符合学生程度?教学方法是否生动有趣?能否提高学生的学习兴趣?时间安排是否适切?

6. 评量工具是否具有颇佳的信度(reliability)与效度(validity)?是否有适合评量目标的评量工具?若无适合的评量工具,教师能否自行编制?

7. 评量技术是否具备?是否了解评量工具之编制方法与历程?是否了解如何验证信度与效度?是否了解命题原则?

8. 评量人员是否包括教师、家长、学生?各类人员是否能包括学生在不同情境的行为与态度?家长与学生是否能积极地参与?

9. 评量历程是否涵盖开始、过程、结束与追踪等阶段,兼顾安置性、形成性、诊断性、总结性等评量?

10. 评量结果解释是否正向化、鼓励化、增强化?是否能顾及团体表现与个人努力?

11. 教师教学反思是否切实?活动或教学结束后是否填写"班级团体辅导教师活动自评表"(表8-1)?能否随时自省自己的教学方法、教学内涵、师生互动、学生学习成效?

12. 教师能否剖析班级团体辅导在班级情境、教材内容、人数、时间或地点的限制?能否寻求替代或解决的策略?①

①李坤崇.班级团体辅导.台北:五南图书出版公司,1998.111~112

表 8-1 班级团体辅导(心理辅导活动课)教师活动自评表

活动名称: 班级: 日期: 年 月 日

请教师自我评析这次活动的心得或感想,以作为设计往后活动的参考。请就下面每个题目符合你的想法或感受的程度,在适当位置下打"√"。

评 量 行 为	教 师 自 评			
	非常符合	有点符合	不太符合	很不符合
1. 活动设计符合单元目标。				
2. 活动内容、过程生动活泼。				
3. 学生能用心参与活动。				
4. 学生讨论相当热烈。				
5. 各组讨论主题相当深入。				
6. 活动分组相当适切。				
7. 学生颇能遵守活动的规则。				
8. 善用教具,让学生更喜欢参加活动或活动更顺畅。				
9. 活动时间分配相当妥当。				
10. 活动准备充分,活动场地或环境布置颇佳。				
11. 整体而言,这次活动相当成功。				
对这次活动,我的心得是:				
这次活动中,我最高兴的事情是:				
今后须改进的事项: 签名:________________				

(资料来源:李坤崇.班级团体辅导,1998)

不难看出，上述十二个向度中，有相当一部分指标是关注班级团体辅导即心理辅导活动课在学生身上产生的实际改变效果的，例如第 2、3、6、7、8、9、10 条，均涉及对学生认知与行为改变的科学测量技术，这是和台湾中小学开设班级团体辅导活动历经几十年，已经逐步走向规范与成熟的现状密不可分的。

根据中国内地开展心理辅导活动课的实际水平，上述评价体系的某些要求恐怕在大多数学校中难以实施。因此，根据实际情况，内地学者更多地把关注点放在心理辅导活动课的形成性评价上。例如，王淑敏、张大均(2003)就提出，对班级团体辅导活动课的评价，应采用形成性评价与终结性评价相结合的方式，并以形成性评价为主。形成性评价可以从目标的合理性、主题的适宜性、主题的参与性、过程的全人化、策略的有效性等五个方面进行；而终结性评价可以从学生心理素质的提高与行为变化两个方面进行。而刘宣文(2002)则提出：对心理辅导活动课教学效果的评价应从辅导目标、辅导内容、暖身活动、活动情境设计、辅导过程、学生反应、教师表现、辅导作业、辅导方法与策略、辅导效果等十个方面来进行。

值得一提的还有内地青年学者施丽君(2005)对心理辅导活动课评价指标体系的研究。该研究遵循了制定教育评价指标体系的基本原则，分六个步骤加以实施：1. 分解目标，提出初拟指标；2. 对初拟指标进行归类、合并和筛选；3. 从有关学科的科学意义上进行理论论证；4. 根据不同情况，选择使用合适的方式进行专家评判；5. 预试修订，进行信度和效度的检验；6. 最终确定指标体系。该研究结果见表 8–2。

表 8–2　心理辅导活动课评价指标体系

<table>
<tr><th rowspan="2">一级指标</th><th rowspan="2">二级指标</th><th rowspan="2">权重</th><th rowspan="2">主要观测点</th><th rowspan="2">评价标准</th><th colspan="5">判定等级</th><th colspan="2">评价结果</th></tr>
<tr><th>A 100</th><th>B 80</th><th>C 60</th><th>D 40</th><th>E 20</th><th>一级指标</th><th>二级指标</th></tr>
<tr><td rowspan="2">辅导活动设计 0.22</td><td rowspan="2">1–1 辅导目标</td><td rowspan="2">0.32</td><td>包含认知、情意、行为目标</td><td>学生形成良好的心理品质；学生增进对相关主题的认知和体验；满足学生的特定心理需要。</td><td></td><td></td><td></td><td></td><td></td><td></td><td></td></tr>
<tr><td>具体明确</td><td>目标细化为可观察的行为特征。</td><td></td><td></td><td></td><td></td><td></td><td></td><td></td></tr>
</table>

	1–2 活动主题	0.37	符合学生心理	主题着眼受辅学生的心理需要或共同问题。							
			联系学生实际	主题适合本地区本校的情况；内容设计联系学生实际生活。							
			环节设计合理	内容设计没有科学性错误；活动各环节都为主题与目标服务。							
	1–3 活动形式	0.31	符合受辅学生的心理水平	活动方式符合学生心理特点和心理水平。							
			利于主题进行	活动方式有利于主题开展和深入。							
辅导活动过程 0.52	2–1 活动氛围	0.28	师生情感投入	生生、师生之间互动真诚开放；氛围安全、接纳、温暖、共情；学生感受到同学和老师的尊重接纳。							
			遵守活动规范	师生双方遵守活动规范。							
	2–2 学生参与	0.25	参与活动程度	在活动中的主体地位明显；主动参与活动和讨论。							
			自我体验和探索程度	与同学和老师有较多自我开放和经验分享；活动中有积极自我体验和自我探索。							
	2–3 教师引导	0.27	辅导理念	平等对待、无条件积极关注和尊重学生；对学生的发言较少进行价值判断和干预；掌握辅导主题的相关理论。							

			系统引导活动进行	致力于营造和维持坦诚、信任的辅导氛围；对学生参与活动和自我探索提供引导支持；适时恰当统整学生的探索经验；讲的时间远少于学生的活动时间；调控活动重点，根据现场反馈灵活调整活动内容与进度。							
	2-4 活动进程	0.20	活动准备	场地安排充分调动学生参与活动的积极性；活动需要的材料准备充分；准备的材料有利于主题的推进。							
			暖身活动、主题活动、辅导作业各环节进行	暖身活动调动学生参与活动的积极性；主题活动各环节达到预设效果；辅导作业利于延伸学生对主题的体验；辅导作业考虑学生能力与意愿，不增加负担。							
			各环节节奏	活动各环节时间分配适当；各环节之间过渡自然。							
辅导活动效果 0.26	3-1 学生成长	0.85	辅导目标达成	相关主题的原有经验有所调整和成长；更了解自己的个性、需求和价值观等；在活动中有明显的情感体验和自我探索；有将在活动中所获得的经验迁移到实际生活中的可能。							
			班级凝聚力增加	活动中学生更加融入班集体。							

	3–2 教师发展	0.15	师生关系改善	与同学更加了解和接近，师生关系融洽。							
			辅导能力提高	对辅导活动的设计和过程引导有所反思和成长。							

(资料来源：施丽君.班级心理辅导活动课评价指标体系的建构研究,2005)

评价指标说明：

1. 心理辅导活动课是辅导教师针对学生性格特点、心理需求及发展任务，规划长期性、计划性的课程内容和系统活动方案，通过班级成员的合作学习和团体动力，促进其完善自我探索：与人互动的一种辅导课程。对其评价需遵循过程性和发展性的原则，着重于过程评价。

2. 本指标体系的评价标准为综合评审得分计算：$M=\sum KiMi$,其中 Ki 为评分等级系数，A、B、C、D、E 的系数分别为 1.0、0.8、0.6、0.4、0.2，Mi 是各二级指标的分值。本研究采用下述评分标准：

(1)辅导活动课评价总分在 20~40 分之间，说明该辅导活动课尚不符合课程实质和应用效果，需要改进，评价等级定义为不合格；

(2)总分在 40.1~60 分之间，说明该辅导活动课基本符合辅导课程实质，评分等级定义为合格；

(3)总分在 60.1~80 分之间，说明该辅导活动课较好地体现辅导课程实质，取得较好效果，评分等级定义为良好；

(4)总分在 80.1~100 分之间，说明该辅导活动课很好地体现辅导课程实质，取得很好效果，评分等级定义为优秀。[①]

3. 对心理辅导活动课进行评价的目的在于提高辅导教师的教学技能，因此在评价过程中，还需要用文字详细说明被评活动过程的优缺点及改进事项，课后与辅导教师进行交流和反思，以督导评估意见的形式促进教师辅导技能的改进，发挥评价的真正作用。

上述评价指标体系的研制过程比较严谨，具有一定的科学性、系统性、针对性和操作性，值得在实践中加以应用和完善。但是，由于该指标体系注重全面、系统地反映心理辅导活动课的诸种要素，因此显得架构比较庞大，权重分配与分值统计比较精细，这就难免会给操作上带来一些难度，所以，它也许更适合用于阶段性

①施丽君.班级心理辅导活动课评价指标体系的建构研究.浙江师范大学硕士学位论文,2005

的督导评价或一个区域里的辅导教学技能评比。而作为供第一线辅导教师随时使用的常规性辅导活动评价指标,除了要能反映心理辅导活动课的基本规律和价值导向之外,一定要强调评价指标重点突出、操作起来简便实用。因为在学校教育的具体环境中,心理辅导活动课的评价经常是即时性的,学校各项工作的运作节奏非常紧凑,常常是辅导活动一结束,听课的老师们就要聚集在一起,辅导教师要立即进行反思总结,而同道们也要即兴发表评价意见;特别是督导人员的评价,更是要在较短的时间内能够言简意赅地对整个辅导过程做出明晰的剖析。因此,从实战需要出发,我们除了需要像表 8-2 所示的这一类系统、全面的评价指标体系之外,还需要一种更为简洁明了的即时性评价工具。

为此,我们可以把心理辅导活动课的活动评价标准简化为五条:辅导理念基本正确;设计思路比较清晰;活动过程氛围和谐;辅导技巧运用得当;辅导目标基本达成。

1. 辅导理念基本正确

理念不仅是一个设计的问题,更是一个操作的问题。辅导理念是心理辅导活动课的灵魂,一个教师的辅导理念是否正确,是显现于整个辅导过程之中的。尤其是当学生在辅导现场提出各种具体问题、发表各种不同见解之时,更是对教师是否能准确把握辅导主题及其核心理念的一种严峻挑战。因此,把辅导理念仅仅归入"辅导设计"的范畴,是不恰当的。在实施心理辅导活动课过程评价时,应该将"辅导理念基本正确"作为首要的和独立的评量标准,具体说来包括:

(1)要看教师在辅导理念上对核心概念(core concept)的界定和把握是否准确

如果对辅导理念的核心概念都理解错了,那么整个辅导理念的表述和实施就迷失了方向。

例如:情绪和情感,气质和性格,快乐和幽默,烦恼和焦虑,失败和挫折,爱慕和早恋,我的未来和我的理想,等等,都是既有联系又有区别的概念,如果不认真辨析,就可能混为一谈了。

某初中一位心理辅导教师开了一节题为《学会沟通》的心理辅导课,教师的导语是:"这个世界如果没有沟通会怎么样?"然后出示五种情境:①如果有人抄你作业,你怎么办?②同学跟你借去 10 元钱,过了一个月没还,你怎么办?③车上你踩了别人一脚,你怎么办?④同桌考试不及格,你会怎么办?⑤街上你看到残疾人,你会怎么办?

在实施评价时就要考虑:这五种情况是否都属于"沟通"问题?沟通,是在某些情况下，比如说有认识上的分歧或误解，有工作上或人际关系上的明显而持续的矛盾，有情感上的隔阂和距离，等等，于是通过语言的或非语言的方式，使对方了解自己的想法，达成共识或求同存异，以消除误解。用这样一个理念去分析，情景①属于“学会拒绝”；情境③是短暂的冲突矛盾，属于化解冲突的技巧；情境④属于学会鼓励和帮助；情境⑤是属于关爱他人特别是残疾人；只有情境②属于持续时间较长的误会，需要通过沟通来传递信息、给予暗示或消除误解。这个例子说明辅导理念的把握直接涉及辅导活动的操作方向。

(2)要看在实施过程中对辅导主题的理解有无片面性和绝对化

辅导主题要强调其针对性，要符合学生的年龄特征和实际需要。任何辅导主题其实都是一种价值导向，但这种导向要讲究“度”，不能将一种本来是合理的主张推向极端。

例如某初中一位辅导教师开了一节关于从众心理的心理辅导课，主题是“该不该随大流？”教师陈述目标时，把目标定位在“学习中要独立思考，要培养自己思维的独立性和批判性”上，这恐怕在理念把握上有一定的片面性。对“从众”的问题，在理解上要注意三点：第一，从众是一种普遍的社会心理，从众不一定是坏事，从众有时也是一个人社会化程度的反应（何时该从众，如爱心捐款；何时不该从众，如参与打架）；第二，要让学生懂得什么是盲目的从众、消极的从众，要学会分辨；第三，要懂得克服盲目从众，最重要的是学会独立思考，培养独立人格，而独立思考是需要勇气的，有时甚至要付出重大的代价。

再比如某初中的一节心理辅导活动课《学会说“不”》，在评价时值得教师反思和探讨的一个问题就是：对“学会拒绝”不能导向绝对化，不能使学生产生错觉，以为就是要学生学会用各种巧妙的方法去拒绝别人的要求，甚至学会说谎。“拒绝”有四种情况：一是可拒绝可不拒绝的；二是必须拒绝而且可以巧妙拒绝又不会伤害对方的；三是即使会影响双方关系或伤害对方、伤害自己但也必须断然拒绝的；四是宁可对自己有损失也不应该拒绝的。“学会拒绝”不是要把我们的学生变成冷漠无情、自私自利的人。

我们还可以再举一例：某初中开出一节心理辅导活动课《我的气质》，一上来就是一张投影片——气质的分类。教师解释：多血质的人好动，胆汁质的人性急，黏液质的人稳重、慢性子，抑郁质的人多愁善感、疑神疑鬼！这样就造成了一种错觉，似乎气质是有好坏之分的，结果在“按自己气质分组”时，抑郁质组的一个人也没有，后来再三动员，总算过去了两个。事后一打听，原来两人都是班干部，他们是为了支持老师工作才过去的。尽管教师后来在小结时强调了气质没有好坏之分，但学生在现场的体验中却对某些气质的特点产生了负面的感受，其原因就在于教师对其辅导主题的价值判断出现了偏差。

(3)要看教师对学生在活动过程中偏离主题的发言能否给予及时的引导

对教师辅导理念的深度考验莫过于在现场应对学生的五花八门的发言。可以说，学生偏离主题的语言是经常会冒出来的，如果教师对自己组织的辅导活动没有深入地思考，就可能会"捉襟见肘"。例如某初中心理辅导教师开设《做人当自强》一课时，对"挫折"主题的把握没有吃准，学生在发言中常常偏到"烦恼"、"困难"、"不顺心"的事情上去，而教师没有及时发现与引导。其实，挫折不等于一般的烦恼、困难、不顺心，挫折是指：先有一个既定的目标(不管是清晰的还是朦胧的)，但由于主观的或客观的原因，出现了曲折、困难，遭到了失败，从而引起的情绪上的消极体验。

像上述这几种偏离辅导主题理念的情况，它所造成的影响往往是全局性的。因此，评价一节心理辅导活动课，必须把正确把握理念放在第一位，方可对辅导教师的专业提升起到引领作用。

2. 设计思路比较清晰

心理辅导活动课的单位操作时间是学校教学常规计划中的一节课，一般而言只有40~45分钟。在这样短短的时间里，要实施一个非常复杂和精细的辅导计划是难以做到的。而且，心理辅导活动课不像个别辅导和小组团体辅导，可以有相对宽松的时间比较从容地对自己的辅导思路不断做出调整，心理辅导活动课的整个进程可以说是"嫁出的女儿泼出的水"，真的难以收回。在这种特定的辅导时空条件下，能否给全班学生留下一个发展性主题的深刻印象，关键就在于操作思路的简洁、清晰、明快。如果思路混乱、东一榔头西一棒子、眉毛胡子一把抓，就难免陷入"以其昏昏、使人昭昭"的尴尬境地。因此，心理辅导活动课的评价指标要给"设计思路清晰"一席之地。

"设计思路清晰"应该表现为：

(1)活动设计有创意，不照搬照抄教学参考资料。如果整个活动是教师自己的创意，那么操作起来便会成竹在胸。

(2)活动形式活泼生动，具有较强的动感。活动不可太多，每一个活动都有其独特的意义，彼此之间衔接十分自然。

(3)活动线索清晰有序，每一步骤紧紧围绕主题需要。教师的思路是通过活动来呈现的,思路清晰,学生的注意力就会被紧紧吸引住,不知不觉间就跟着教师的引领进入了辅导的胜境。

3. 活动过程氛围和谐

一节成功的心理辅导活动课,给人的第一印象大多是“氛围和谐、参与率高”。这是因为教师若能成功地催化团体动力,现场就一定会使参与者和旁观者都感受到一种蓬勃的生机和活力,而这一点恰恰是心理辅导活动课的感人魅力之所在,也是心理辅导活动课达到预设目标的重要前提。

(1)催化团体动力,气氛和谐活跃,学生参与积极性高

团体动力的启动、催化直至高潮,是有其内在规律的。一节成功的心理辅导活动课,教师必定非常注重热身活动的使用、情境的创设以及团体氛围的营造,以便有步骤地激活团体动力,并一步一步推动其发展。

(2)小组认真互动,全班分享有启发性,发言有真情实感

班级团体动力的基础在于小组内的生生互动,只要小组团体“热”起来了,整个班级大团体必然“热气腾腾”。所以调控好小组的活动至关重要。小组的互动应该是实质性的,教师设置的话题集中而又有较大的探讨空间,学生才会乐此不疲、恋恋不舍。而在此基础上的全班分享才会具有启发性,才会引发学生发自内心的肺腑之言,各种“应景”的“假话、大话、空话”才会不治而愈。

(3)自觉遵守团体规范,现场活而不乱

团体动力的正常运作应该是有序的,应该是在团体规范的阈限内充分互动的,辅导现场不会出现“无中心”或“多中心”等失控现象。如果某一位辅导教师感到自己一上班级团体辅导课就混乱不堪,特别是在组织活动和讨论时,学生各行其是、调侃成风,使得教师左右为难、痛苦不堪,那么,首先要“全面反思”的恰恰是教师自己的辅导理念、设计思路、活动安排、组织能力、驾驭班级团体的经验等“基础性工程”是否出现了问题,而无须去责怪学生“没有参与辅导的积极性”或者“学校里的心育氛围没有形成”。

4. 辅导技巧运用得当

教师是否自觉运用一定的辅导技巧,是心理辅导活动课与主题班会或思想政治课的一个重要的区别。

(1)高度尊重学生,语言和表情有亲和力

上面讲到,心理辅导活动课中,辅导教师的主要责任是建立一个安全、接纳和宽松的氛围,使团体成员能够自由、充分地发表意见。因此,辅导教师从体态语言

到口头语言都要力求具有亲和力，处处体现自己对学生的高度尊重，这是辅导教师最起码的专业基本功。

(2)注意运用一些基本的辅导技巧

辅导教师一定要努力运用专注、倾听、同感、重述、具体化等辅导技巧，对各种情况及时做出回应。

(3)有临场应变能力，回应简洁而又比较到位

团体活动的现场是无法完全预料的，尤其是在全班分享交流时，各种情况都可能出现，教师一定要注重临场应变。对学生发言的回应必须简洁，要"以一当十"，不能"以十当一"。要做到这一点，辅导教师要有广博的知识和一定的心理学基础理论功底，能够把握问题的重心和辅导目标的方向，有适度的幽默感，并善于适时引导，使活动或讨论不偏离主题，而且能避免出现明显的失误。

例如某初中心理辅导课《放飞快乐》，在活动进行过程中，教师让大家说说自己曾经经历过的"快乐的故事"。一位女生说她们六人合伙作弄一位同学，把她的钱包"偷"了，然后大家用她钱包里的几百元钱"慷慨""请客"吃零食，最后几百元都花光了，这才告诉那位同学，说"请客"的钱都是她自己的。然后这位女生总结说："这一天我们很快乐。"教师用重述的方法给予了肯定，却没有及时引导："你们都很快乐，有没有人不快乐呢？如果你是那位同学，你快乐吗？"这就说明辅导教师缺少一种临场应变、随机引导的灵活性，只是按照自己预设的台词在做表面的应对，这样的心理辅导活动课就很难给学生留下成长的印记。

还要强调的是，作为辅导教师，特别是兼职的辅导教师，要达到辅导技巧上的专业要求是要有一个过程的。一开始，总是"像的少，不像的多"，甚至会搞成"四不像"，对此我们在评价时应该给予宽容，并多给予鼓励。我们的文化课教学，已经搞了几十年、甚至几百上千年，例如音乐教学，从历史上看，至少有几千年的经验积累，但其教学技艺的精华现在也不见得被我们每一个教师掌握好，那么更何况是刚刚在我国内地诞生不久的心理辅导活动课呢？庄子说："始生之物，其形必丑。"我们无须苛求。从目前来看，对于大多数辅导教师和班主任而言，能积极主动地去探索、尝试，能够大胆地开出课来，就已经不容易了，我们应该予以充分的支持和鼓励。因而，我们专业人员要和他们商量，哪些地方像心理辅导活动课的技巧，哪些地方还不太像。这也是必要的，因为评价是为了改进，为了提高，为了找得失，而不是为了比输赢、论成败。

5. 辅导目标基本达成

(1)如前文所说,心理辅导活动课如果健康发展,一般会经过四个阶段,这四个阶段的辅导目标清晰度都是不一样的,教师应随机进行形成性的自我评价。

①热身阶段。心理辅导活动课在教师的组织下开始运作,此时学生对辅导目标尚不明确,对自己在辅导活动中会处于何种角色地位也不清楚,所以表现为一种目标上的含混性,即模糊性。此时学生的活动主要依赖教师的引导和组织。

②转换阶段。学生开始对讨论的话题表达不同见解,认知出现分化,开始怀着关注或者同情的心态倾听别人的谈话,能够诚恳地,有时是激烈地表达不同的意见;而辅导教师也参与其中,并有选择地对某些学生的看法做出回应和引导。此时,辅导目标初步呈现,并被学生所感知。

③工作阶段。通过学生之间人际互动,成员之间彼此进一步了解,并逐渐使多数学生对某些观点或行为方式表现出认同的倾向, 此时班级的团体凝聚力增强,辅导活动的目标明朗化。

④结束阶段。辅导活动有效完成,学生之间通过彼此交流和帮助对问题有了新的认知,并在活动中获得了责任感和自尊感,情感得到了升华,认同了团体达成的共识或规范,并有一种情绪上的愉悦的体验。如果心理辅导活动课的现场出现了这样一种情绪状态,加之课后对学生行为改变度的观测呈正向趋势,则可认为辅导目标基本达成。在具体操作时,可结合本章第二节中所列“班级团体辅导(心理辅导活动课)学生满意度评量表”(表 8–4)和“学生行为改变问卷”(表 8–5)加以评量。

(2)不要用评价文化课教学目标达成与否的尺度去衡量心理辅导活动课的目标达成度。

不要对每一次辅导活动的目标达成都抱有过高的期望。因为成长是一个过程,不可能一蹴而就。人格的改变和文化课教学目标的达成是有本质区别的,不要用评价文化课教学目标达成与否的尺度去衡量心理辅导活动课的目标达成度。如果多数学生通过活动对辅导目标范围内的某个问题有所感悟, 或者受到感染,或者激发了自己的内驱力,或者改变了某种认知方式或行为方式,那么,都应该视这次心理辅导活动课的目标基本达成。我们不可能按照统一的辅导目标去辅导所有的学生,非要让每个学生在该辅导目标上都达到某种程度不可。心理辅导活动课不可能一次性解决全部问题,但它会给学生带来全新的体验和感受。当然,认知的改变与行为的变化也不可能是同步的。

除了上述五个重要的指标之外,一节心理辅导活动课的实施过程还与许多因素有关，例如准备工作是否充分，教具及多媒体设备的使用是否得当，热身活动是否生动有趣并能调动学生参与的积极性等等，但是，如果在评价中对每一个方面的要求都“死看死守”，就会将辅导教师的注意力引向细枝末节，而失去了宏观的整体的把握。

把上面这些评价指标加以统整，我们可以得到一份比较简洁而又容易操作的“中小学心理辅导活动课形成性评价表”(表 8–3)。

表 8–3　中小学心理辅导活动课形成性评价表

评价标准	具体要求	权重	评价			
			A (1.0)	B (0.8)	C (0.6)	D (0.4)
辅导理念基本正确	选题有针对性，符合学生年龄特征，并非盲目模仿	5				
	对辅导主题及核心概念理解正确，把握无重大偏误	10				
	能对学生偏离主题的发言进行妥善的引导	5				
活动设计思路清晰	整体设计有创意，不照搬教学参考资料	5				
	活动形式活泼生动，具有较强的动感	10				
	活动线索清晰有序，每一步骤紧紧围绕主题需要	5				
活动过程氛围和谐	催化团体动力，气氛和谐活跃，学生参与积极性高	10				
	小组认真互动，全班分享有启发性，发言有真情实感	10				
	自觉遵守团体规范，现场活而不乱	5				
辅导技巧运用得当	辅导教师高度尊重学生，教态、语言有亲和力	5				
	注重倾听、关注、同感、重述、具体化等技巧的使用	10				
	注意适时引导，对学生发言的回应简洁又比较到位	10				
辅导效果比较明显	学生在活动中有感悟、有体验，情感投入度较高	5				
	能自主提出解决自身困惑问题的对策，促进自我成长	5				

(钟志农，2002)

这样一个形成性评价工具，注重的是从整体上对一次心理辅导活动课的过程评价，它适用于班级心理辅导活动结束后的现场评价和各种意见的即时性交流。虽然它也有量化评价的权重设置和记分方法，但最后的结论却不一定就仅仅依据评价总分来得出，因为有时仅凭 1 分或半分之差就判定其为“优秀”或“良好”，甚至于“合格”与“不合格”，也未免失之于绝对化。量化的计分只是为了帮助评价者形象地把握某一评价向度的实施差异，以便辅导教师从中反思经验与教训，而不是为了设置一个“泾渭分明”的优劣界限。

总之，评价标准是心理辅导活动课的指挥棒。死板、统一的评价标准必然会导致心理辅导活动课形式上的单一和刻板，从而使团体活动缺乏其应有的生命力。只有评价标准的多元化，才能使心理辅导活动课的形式、模式多元化，从而赋予心理辅导活动课以新的生命力。只有到了这个时候，我们才能说心理辅导活动课在中国的发展已经趋于成熟。

二、辅导活动过程评价的方法

心理辅导活动课的评价方法，除了正确使用相关的评量工具以保证评价过程和评价结论真实可信之外，在操作中还要注意以下四个方面的问题。

1. 不论成败，只讲得失

心理辅导活动课的评价对于具体实施辅导的教师而言，是非常重要、非常敏感、非常看重的一件事情。在某些时候，评价的结果会直接影响到辅导教师的工作情绪、成长环境以及个人的专业发展前程。因此在实施评价的过程中，要把握一个“不论成败、只讲得失”的原则，对具体问题作具体分析，做到有根有据、以理服人，而不是简单草率地对一次辅导活动得出一个是“成功的”或是“失败的”结论。要做到这一点，督导人员及其他评价者就要认真、全面地做好辅导现场的观察实录，对其中的重点环节甚至要一个步骤一个步骤、一句话一句话地进行记录和分析，认真倾听辅导教师对自己辅导设计及辅导过程的说明和反思，然后从团体辅导理论的高度对整个活动历程的“得失是非”做出高屋建瓴的分析、概括和提炼，这样才有可能帮助辅导教师看到自己专业视野中的“盲区”，心悦诚服地接受督导人员和同道们提出的改进意见，并能较快地促进自己的专业成长。

尽管如此，评价与督导对于开课的辅导教师来说，依然是一种压力。由于督导人员对某一节心理辅导活动课的理念、目标、设计及操作等问题的思考角度、处理方法与辅导教师不尽相同，提出的意见或建议可能与辅导教师相左，加上辅导教师又处于被评价、被督导的地位，每个人的经验、个性特点也各不相同，因此，有些辅导教师在听到批评性的意见时仍旧难免产生负面情绪甚至是挫败感，这是可以理解的，也是难以完全避免的；但我们相信，随着时间的推移，被督导的辅导教师最终还是会做出理性的思考与反应的。

2. 抓大放小，突出重点

心理辅导活动课除了重要的终结性评价应该对活动本身进行全面、系统、细致的评量之外，对平时常规性、研讨性、示范性的辅导活动的评价无需做得面面俱到、滴水不漏。许多时候，过于庞杂、琐碎的信息反馈，反而会淹没了主导性的意见和建议。因此，我们在实施评价时，应该“抓大放小、突出重点”，对导向性的问题要抓紧不放、评深析透；而无关大局的、铺垫性的枝节问题可以一带而过，甚至忽略不计。这样，评价过程才会给辅导教师留下深刻印象，甚至收到“拨云驱雾、豁然开朗”的效果。

3. 多元互动，集思广益

心理辅导活动课现场的形成性评价一定要发动各方力量共同参与，广泛听取各种不同的意见，允许辅导教师对评价意见做出必要的说明、解释和回馈，做到“多元互动、集思广益”，切忌“一言堂”式的单向评价，以免阻塞言路，误导方向。

任何一次心理辅导公开课活动，无论课开得是成功还是失败，都只是提供了一个研讨的现场，有无收获均取决于课后的“研讨”。如果一节课开得非常成功，但是课后的分析讨论不深入，那么就会变成“只知其然，不知其所以然”，回去之后最多是“照猫画虎”，听课的辅导教师不会有实质性的成长。反之亦然，即使一节公开课上得糟糕至极，但只要能在课后认真评议，分析其失败的真正原因与教训，那就会使听课的教师收益良多，这节失败的课也同样是开课教师为同行们做出的重要贡献。所以，只有大家都抛却功利心和功利标准，才能放平心态，才能敞开心扉、无所顾忌地畅所欲言，才能不讲套话、假话，只讲实实在在的真话。而辅导教师真正的成长就是从“讲真话”开始的。

4. 注重过程，再观后效

心理辅导活动课的实施效果在许多时候是延宕反映的，而且学生认知与行为的改变如同“春风化雨”，大多数情况下是“润物无声”的。因此，评价重在辅导的形成过程，重在对每一步骤的实施情况进行科学的分析，而不要求一定要见到“立竿见影”、“立地成佛”的功利性成果。其实，只要辅导过程是扎扎实实的，辅导结果的显现就只是时间早晚的问题了。

第二节　心理辅导活动课的效果评价

心理辅导活动课的评价形态可大致分为“过程”(process)与“效果”(product)两个方面。过程的评价在于考察辅导工作的实施情况，包括实施内容与教师努力的程度；效果的评价则在于判断心理辅导活动课实质上所产生的效果。如本章导言所说，效果的评价主要以学生的反映及其认知、行为的改变作为依据。

一、辅导效果评价的标准

从理论上说，心理辅导活动课是以增进学生的自我认知、改善其行为方式、提高其适应环境和处理人际关系等能力为主要目标的。那么，既然开展了心理辅导活动课工作，就应该在学生的上述各方面带来某种变化，甚至反映出明显的效果。但是，实际上，对心理辅导活动课的效果评价是一件非常复杂和困难的事情。其原因主要是：

1. 没有一个比较统一的、各方都能基本认可的评价标准。

2. 心理辅导教师往往具有多重角色。一方面从辅导的角度要促进学生的发展，另一方面则要承担协助班主任或学校行政人员增进其教育工作效果的责任，而这两者不可避免地具有相关性。而有的辅导教师本身就是班主任，自然具有双重角色。因此很难区分学生的某方面的成长究竟何者为教育的功效，何者为心理辅导活动课的功效。

3. 学校的教育和辅导工作均容易受到校外因素的影响，特别是家庭教育及居住地区环境的影响最为巨大。这些影响固然有积极与消极之分，但常见的却是其负面影响明显抵消学校教育与辅导的效果，从而造成心理辅导活动课效果评价的困难。

4. 心理辅导活动课效果评价涉及个人的动机、态度、自我认同等心理特质，不容易客观衡量，其衡量标准的选择又经常是见仁见智，因此效果评价缺少精确度，常常失之主观。

5. 心理辅导活动课的对象是广大的中小学学生人群，年龄跨度很大，发展水平不同，面临的发展性问题也千差万别，每一次辅导活动的主题、内容、目的都有其独特的针对性。因此，心理辅导活动课的效果评价很难有(或尚未有)一套科学的、被普遍认同而又可以相对稳定地应用于各种不同对象和场合的评量工具。

6. 心理辅导活动课的效果评价涉及面广、统计繁琐、费时耗神，兼任辅导教师的班主任根本无暇顾及，即便是专职心理辅导教师也常常望而却步。

7. 心理辅导活动课的效果评价还涉及一个教师如何看待学生的学生观问题。有的辅导教师对心理辅导活动课成效的要求过高，加上对一些后进学生有先入为主的看法，因此，他们要么是对后进学生在心理辅导活动课上的表现持怀疑态度(比如认为后进生“说一套做一套”，认为后进生在课上“说假话”等等)，要么就是根据一些后进生的行为没有出现立竿见影的变化来否定心理辅导活动课的成效，这显然是不公正的。这种认识的产生在于我们头脑里有两个固定的看法：一是认为自己太了解某某学生了，所以对这个学生临场的表现一概不信任；二是认为某些学生必须彻底改掉何种毛病才算是真正进步了，否则都是假的。这叫做“水至清则无鱼，人至察则无徒”，或者叫做“师至察则永无进步的学生”。其实，学生在心理辅导活动课上讲的是真话还是假话，凭当时的气氛和感觉就可以判断出来。换句话说，我们对学生在行为上的改变要有足够的耐心，并允许学生在行动上出现反复。

尽管如此，我们认为，对心理辅导活动课效果的评价还是应该在实践中努力加以探索并积累经验，且应有一种操作比较简便、相对说来具有主观与客观可测性的评价标准(评价工具)。例如，从学生的主观感受层面加以评价可采用“班级团体辅导(心理辅导活动课)学生满意度评量表”(表 8-4)，而对学生参与辅导活动后的实际表现层面则可采用“学生行为改变问卷”(表 8-5)，具体的评价指标可根据班级情况和辅导主题适当加以调整：

表 8-4　班级团体辅导(心理辅导活动课)学生满意度评量表

第______册　第______单元　　　　　　　　　　　　____年____月____日填

亲爱的同学：

今天的课程又将近尾声了，你是不是觉得意犹未尽呢？我们很想了解你对今天活动的一些感受和意见，好作为我们下一课程的参考。请就下列每个题目的叙述考虑你的想法或感受的程度，在符合你实际情况的号码上方打“√”表示出来。谢谢你的合作！

1. 我能在这次课程中向别人表达我的看法。

很不符合　1　2　3　4　5　6　7　8　9　10　很符合

2. 我喜欢这次课程的内容。

很不符合　1　2　3　4　5　6　7　8　9　10　很符合

3. 我觉得在这次活动中学会了要去关怀别人。

很不符合　1　2　3　4　5　6　7　8　9　10　很符合

4. 我觉得对自己越来越了解了。

很不符合　1　2　3　4　5　6　7　8　9　10　很符合

5. 这一次课程使我对自己越来越有信心。

很不符合　1　2　3　4　5　6　7　8　9　10　很符合

6. 在这次团体辅导中我乐意和其他人分享我的经验。

很不符合　1　2　3　4　5　6　7　8　9　10　很符合

7. 我觉得这一次团体辅导经历很有意义。

很不符合　1　2　3　4　5　6　7　8　9　10　很符合

8. 我觉得这一次团体活动中大家都是互相信任而且坦诚的。

很不符合　1　2　3　4　5　6　7　8　9　10　很符合

9. 我喜欢辅导老师的上课方式。

很不符合　1　2　3　4　5　6　7　8　9　10　很符合

10. 我认为下一次可以改进的地方是：

____

请签名：______________

（资料来源：吴武典.团体辅导手册，1990）

表 8-5　学生行为改变问卷

亲爱的同学：

这份问卷是希望知道你在上过这几次课后，在日常行为方面是不是带来了一些改变？这份资料是供老师总结经验时作参考的，内容绝对保密。请你据实表明你的看法，并且依据符合程度在右边量尺的数字上打“√”即可。谢谢你的合作！

	很符合	符合	不确定	不符合	很不符
1. 比较能尊重别人所有的东西。	1	2	3	4	5
2. 更能控制自己的行为了。	1	2	3	4	5
3. 比较能知道如何与老师相处了。	1	2	3	4	5
4. 初步了解了性知识。	1	2	3	4	5
5. 比较能有计划地使用自己的金钱。	1	2	3	4	5
6. 比较能了解如何与异性相处。	1	2	3	4	5
7. 不太会和同学发生肢体上的一些冲突了。	1	2	3	4	5
8. 比较有耐心地听别人和我不同的意见。	1	2	3	4	5
9. 朋友邀我出去时,比较会先考虑这些活动是否适合我参加。	1	2	3	4	5
10. 比较不会和爸爸妈妈顶嘴了。	1	2	3	4	5
11. 比较能知道毕业以后大概要做什么事情。	1	2	3	4	5
12. 比较能控制自己的情绪了。	1	2	3	4	5
13. 比较不会和老师顶嘴了。	1	2	3	4	5
14. 了解了以前自己并不知道的别人对我的看法。	1	2	3	4	5
15. 比较愿意参加班级的各项活动了,并且能带头作用。	1	2	3	4	5
16. 双休日和假日中,比较会安排自己的活动了。	1	2	3	4	5
17. 和同学相处时争吵的事情少多了。	1	2	3	4	5
18. 放学后如果不能按时回家,会事先打个电话给家里。	1	2	3	4	5
19. 假如父母不答应我的要求,我也不会和他们怄气了。	1	2	3	4	5
20. 有些不良习惯已经改过来了。	1	2	3	4	5
21. 比较能静下心来读书了。	1	2	3	4	5
22. 比较能规劝别人不要欺负弱小。	1	2	3	4	5
23. 在批评别人之前,会先想想用什么表达方式比较恰当。	1	2	3	4	5
24. 比较主动关心别人了。	1	2	3	4	5
25. 当自己有心理困惑时,愿意主动去向辅导老师求助了。	1	2	3	4	5

请签名:____________________

(资料来源:吴武典.团体辅导手册,1990)

二、辅导效果评价的方法

心理辅导活动课的效果评价主要采样于受辅学生的信息反馈，其具体方法不外乎问卷法、观察法、访谈法、叙述法等。

1. 问卷法

问卷法包括当堂辅导效果问卷调查、单元辅导效果问卷调查、学期辅导效果问卷调查、学年辅导效果问卷调查等多种形式。问卷法的好处是评价指标灵活，可根据不同的辅导目标和不同的辅导对象作出调整，统计分析也比较简便，评价结果比较明确；其不足之处是指标的确有一定的主观随意性，评量工具的信度和效度难以判定。

2. 观察法

观察法包括辅导现场对学生情绪变化、态度表现、行为训练改变程度的现场观察，也包括在课后对学生生活、学习、行为习惯、人际关系、处事方式、自我认同等方面改变程度的跟踪观察。观察法的好处是形象直观、一目了然；其不足之处是受观察时空条件的局限，改变过程比较漫长甚至滞后，观察结果受主观意识、客观环境因素及多种教育形式交叉干预的影响较大，不可能"立竿见影"地得到急需的反馈信息。

3. 访谈法

访谈法包括教师座谈会、行政人员座谈会、学生座谈会、家长座谈会、社区代表座谈会，以及教师对学生家庭及其所在社区的访问了解等。访谈法的好处是信息宽泛、细节生动、案例典型，由此得出的心理辅导活动课效果反馈比较真实可信；其不足之处在于工作量比较大，信息的采集与整理所需时间比较长。

4. 叙述法

叙述法包括口头报告叙述与书面总结叙述。教师可在学期或学年结束之时，抽出专门的时间让学生以口头或书面的形式在班级中与同学共同分享自己参与心理辅导活动课的心得与体会，以帮助他们统整自己的成长经验，增进对自我的认识。叙述法的好处是综合性、统整性强，有利于帮助学生完成认识层面的提升甚至是飞跃，也有利于学生之间的互相启发、互相学习和教师对班级团体的发展水平做出整体性评价；其不足之处在于受学生年龄特点特别是抽象思维水平的影响较大，因此比较适用于中学生，而不适用于年龄偏低的小学生。

第三节 心理辅导活动课评价过程中常见问题分析①

关于心理辅导活动课，刘宣文(2002)和陈家麟(2002)曾分别讲过两句话，一句话是“班级心理辅导活动课是中小学实施心理健康教育的最佳途径”，另一句话是“班级心理辅导活动，已经成为当前中小学实施心理健康教育的瓶颈”。这两句话反映了当前学校心理健康教育值得注意的一种现状，即面向全体学生实施“发展性辅导”难以取得突破性的进展，总体来看呈现出一种“不上不下”、“不死不活”、“不进不退”的“胶着”状态，或者说，班级心理辅导活动课的实施，已经进入了一个“高原期(plateau period)”。

这样一种现状的具体表现，在心理辅导活动课评价过程中必然有所反映，这些反映基本上可以概括为辅导教师的“一种感受”、“四种倾向”和“四个误区”。如何对待和解释这些问题，是心理辅导活动课评价过程中无法回避的。

一、一种感受——部分教师的挫败感

这指的是许多从师范大学心理系毕业的专职心理辅导教师和兼任班级心理辅导活动课的班主任老师，在尝试了一段时间的心理辅导活动课之后，除少数基本成功之外，普遍地体验到一种强烈的“挫败感”，有的教师甚至是“屡战屡败”，毫无成功的喜悦。在这种情况下，有的教师开始对心理辅导活动课这一形式的实效性产生怀疑，有的教师则产生了打“退堂鼓”的念头，有的教师还打算，用小组团体辅导作为学校开展团体辅导的主要方式，来取代屡试不爽的心理辅导活动课。

不可否认，小组团体辅导是很重要的心理健康教育途径，但它辅导的对象基本上是具有同质问题的少数学生，而且一般要用2~4个月的时间才可解决十几位学生的发展性或适应性心理问题，因此，它的功能显然无法取代面向全体学生的心理辅导活动课。这就是说，回避开设心理辅导活动课的实际难题，绕着圈子来进行“消灾除难”，这样一个思路是不可行的。心理辅导活动课和小组团体辅导(包括时下比较走俏的“成长活动营”或“拓展训练”)，两者均不可或缺，谁也替代不了谁。

心理辅导活动课如果上得不尽如人意，其主要原因是两个“缺少”，即“缺少经

---

①钟志农.实施班级心理辅导活动课需要注意突破的几个问题.新德育，2005(11)

验”和“缺少指导”。“缺少经验”是因为现在有许多中小学舍不得把课时留给心理辅导活动课，导致担任此项重要责任的辅导教师和班主任缺少“实战经验”；“缺少指导”则是因为大多数中小学的辅导教师和班主任开设心理辅导课都是“摸着石头过河”，各自为战，研讨机制和专业督导系统严重缺损，导致开课教师的专业成长迟缓或滞后。但是，我们千万不能因为看到一些失败的心理辅导活动课，就去怀疑或指责发展性班级团体辅导的必要性与重要性，也不能借口专业化水平不足而去压抑这一新生事物的成长与发展。正确的态度是开展积极的师资培训，如浙江省象山县 2007 年初开办“班级心理辅导活动课工作坊”，就被证明是一种行之有效的好方法。只要指导、研讨和培训跟上去，相信没有改不好的心理辅导课，也没有上不好心理辅导课的教师。

可见，辅导教师们在实施心理辅导活动课中，遇到的挫败体验，其主要根源不在于我们自己的素质适合不适合做这项工作，而在于我们在这一领域内的实践经验的积累，还没有达到一定的量限。打个比方说，飞行员上天要讲“飞行时数”，没有几百、上千小时的飞行记录，可能成为一个优秀的飞行员吗？再比如说学开汽车，你跑的公里数不到几百、几千公里，可能成为一个合格的驾驶员吗？现在中小学里开心理辅导活动课，大家都是“新手上路”，大家的“飞行时数”或“公里数”都远远没有达到应有的数量，那能不磕磕碰碰吗？就拿沿海地区来说，教育业务部门规定班主任每学期开 3~4 节心理辅导课，有些地方要求稍高一点，一学期也只有 5~7 节（中学）或 8~9 节（小学），一学期平均才开 4~5 节或 7~8 节课（假定都能全部开足）是一个什么概念？它说明，作为一个教师，我们在心理辅导活动课这一领域里只有 1 周或 2 周的“教龄”，那我们能保证自己在辅导实践中不遇到挫败吗？大家知道，从师范院校毕业的学生走上教育岗位，头一年或头半年是最痛苦、最困惑的时期，一般需要 3 年左右的实践锻炼，才可能基本适应教育教学工作的需要；而要成为一个比较称职的教师，则至少要有 5 年以上的教龄与资历；若要成为“教坛新秀”或“学科带头人”，一般来说是从教 8 至 10 年这个资历范围内的人才可能望其项背的。既然掌握学科教学规律需要靠大量的教学时数的积累，那么对于心理辅导活动课，怎么可能只凭几节、十几节课的时间就能做“常胜将军”呢？

可见，“新手上路”有“挫败感”是很正常的一件事情。我们千万不能因此动摇了开设心理辅导活动课的信心，千万不可轻言放弃，而要百折不挠地继续探索下去。其中，多多上课、多多反思和多多总结，则是关键的一环。

二、四种倾向

倾向一:选题的单一化

现在中小学的辅导教师在选题时,大多喜欢上人际交往和情绪调节方面的内容。实事求是地说,人际交往,尤其是团队合作的内容比较有动感,上起来顺手一些;而情绪调节的内容,参考资料相对来说稍多一些,这恐怕是大家不约而同选择这两类主题的主要原因。但心理辅导活动课是为促进学生发展成长服务的,它必须以学生面临的实际问题和需要,作为选择主题和内容的主要依据。中小学生除了人际交往的问题之外,还有许许多多发展性问题需要我们给予帮助,例如,入小学、升初中、考高中之后的适应性问题,学业失败带来的自我意识的调整问题,学习方法、学习策略的指导问题,青春期的综合性问题,痴迷网络和游戏机的问题,厌学、弃学的问题,形形色色的不良行为问题,升学志愿、就业意向、消费指导和其他生涯问题等,都是我们心理辅导活动课在选题上必须全面考虑的。

倾向二:活动的单调化

班主任老师上心理辅导活动课,最发愁的是设计不好活动,往往是看别人有个什么活动,就马上照搬过来。即使是小品或角色扮演,也常常缺少创意和生活气息,情节简单,表演粗劣,如果碰到学生态度不认真,那就简直像是在“搞笑”。由于活动设计不精心,那么就只剩下讨论和说教了,这就必定影响了心理辅导活动课的“活动性”及其对学生的吸引力。我们认为,在心理辅导活动课的“活动设计”方面,一要取材于学生的生活和学习,要贴近孩子们的生活实际;二要坚持创造精神,靠自己动脑筋来解决问题,不要一味模仿别人;三是要坚持活动形式的多元化,只要是能够调动学生参与的积极性,促进学生思考人生、反省自我而又不超越课堂内外时空条件的活动形式,都可以拿来为我所用。

倾向三:游戏的过热化

这个问题与上一种倾向是有联系的,正因为活动形式的单调化,许多老师就对“游戏辅导”产生了浓烈的兴趣。这一点并没错,因为游戏辅导是心理辅导的一种重要形式,心理游戏也确实是开展团体辅导很有实效的载体。但如果不考虑课时、场地、环境、辅导对象、辅导主题的针对性等客观因素,不加分析地把一些企业培训游戏引进心理辅导活动课中,甚至以此作为一种“流行”的“时尚”,那么恐怕也是不妥当的。心理辅导毕竟不是“时装表演”,不能赶时髦。现在国内流行的一些心理游戏,有一些是我们国内的专家、教师创造的,也有许多是从国外、境外引进的，其中很多是著名的，甚至是经典的游戏。但正因为“经典”，用的人就会很多。例如“解开千千结”、“闯关”、“飞毡”、“爱心餐”、“信任之旅”等游戏，小学做，初中做，高中也做。第一次做可能很兴奋、很好奇、很开心，但过了一个学期又做，升入中学，换了一个老师还是做这一套，再加上不同年级段的教师相互之间不可能确保沟通，有的教师也未考虑同一个游戏在不同年龄的学生身上应该有何变通，这样在操作中就难免机械重复，就不免令学生感到乏味。再则，很多游戏原本是给成年人设计的，有的是为企业员工培训服务的，有的甚至是为白领阶层、有闲阶级调整孤独心态、促进人际交往服务的。这些游戏大多适合于小组团体辅导，往往需要大量的时间，而且游戏的效果在陌生人群中较为明显。如果把它们照搬到中小学班级心理辅导活动课中，就不一定合适。还有一些教师，不是根据学生中需要解决的实际问题，而是根据自己学到的某一个游戏来设计心理辅导活动课；不是游戏为辅导主题服务，而是辅导主题依附于游戏形式，缺少明确的辅导理念和主题的针对性。因此，最后的“体验分享”环节中就往往是“微言大义”、东拉西扯、缺少中心、言不由衷，好像是“名言大比拼”，只看谁的话说得更漂亮。

总之，我们认为，游戏辅导应该成为心理辅导活动课中一种重要的形式，其作用、功能和它对心理辅导的贡献绝不可低估；但我们不必“一股风”地去搞游戏，不必片面地追求“轻松”、“愉快”、“活泼”。尤其是在初中和高中，心理辅导活动课更应注重引导学生去直面生活，体验和感受自己在现实环境中遭遇各种具体问题时的内心世界，这种有鲜明针对性的心理辅导活动课，可以上得非常有深度、非常有内涵、非常有哲理。此外，有一些游戏用于“热身”的确是很好的，但也不必盲目模仿。例如，通过游戏对一个团体进行分组，可以有很多形式，不必都去学“刮大风”。刮一次“大风”要好几分钟时间，在小组团体辅导中甚至可以刮它二十几分钟，但在时间十分紧缺的心理辅导活动课上，这样做值得吗？除非是辅导理念模糊、辅导内容空泛，辅导教师才不会感受到耽误时间带来的心痛。

倾向四：课堂管理的无序化

曾经在“心海扬帆”中小学心理辅导论坛上看到过一位网友发表的帖子这样说：“刚开始的一两次课，学生觉得比较好玩，对老师也不太熟悉，所以表现还算勉强可以。可是多上几次之后，我就发现了很多问题，比如气氛不好，纪律混乱；不愿意发言，不愿意动手写字；一部分学生认为自己心理很健康，不需要上此课；也有学生认为这门课不考试，不重要，所以不参加；有些学生则认为课堂中做游戏很幼稚，懒得动，根本不来参与；也有学生认为心理健康的老师比较温和，不会很严厉地批评，所以破坏课堂秩序；还有一部分学生是学习习惯差，根本不管是什么老师来上什么课，只管自己爱干什么就干什么，想说话就说话，甚至吃东西、听音乐或者发短信……”

这一段话相当真实地反映了当前许多辅导教师在上心理辅导活动课过程中遇到的课堂管理失控的难题。造成这样的局面，就总体而言，有多方面的原因：第一，是学校里师生各方对心理辅导活动课的重视程度不够，“应试教育”严重压抑“心理健康教育”，“大气候”不好；第二，是辅导教师“单兵作战”，缺少理解，缺少地位，缺少支持系统，是教师队伍中实际上的“弱势个体”；第三，是班级基础因素的影响，心理辅导活动课上的秩序不好，的确与具体班级的管理水平和班风也有很大的关系，如果班级管理水平本来就很低，班级内部风气不好，矛盾重重，那么作为辅导老师也不可能一下子将其扭转过来；第四，是辅导教师内在的角色冲突，当面临课堂纪律混乱的时候，每每不知道如何有效应对而又无损于心理辅导教师的“专业形象”，所以往往显得优柔寡断，甚至手足无措；第五，是一些辅导教师自认为方案设计没有问题，而实际在设计与操作上的确存在问题，只不过自己没有意识到而已……

对于客观上的原因，我们已经谈得很多，所以这里仅就主观方面可拓展的空间谈一点意见。心理辅导活动课是一门科学，也是一门艺术。既然是从事科学和艺术的探索，就都不可避免地会遭遇到艰难、挫败、痛苦和无数次的失望。所不同的只是，科学和艺术探索的大多数对象都是不会说话的，因此，即使我们经受了几百次、上千次的失败，也不会去批评、指责、埋怨甚至反感我们的研究对象，不会去责怪那些被研究对象不理解我们的用心、苦心、诚心和好心，不会去埋怨那些无生命的或有生命的事物不懂得接纳我们付出的各种努力，不会去考虑它们为什么不能做出哪怕是一点点的温馨的反应或回报。相反，我们只会苦苦思索、反躬自省：是不是我违反了它们存在和发展的客观规律？是不是我的研究思路或研究方案有误？是不是我对自己的研究对象了解太少？是不是我的理论视野太窄或操作技术不够扎实？是不是我的付出、功夫、积淀或经验还不到火候？等等。但是，现在我们辅导教师的研究对象是“人”，我们感受的失败往往是以“团体管理无序化”的形式来刺激我们神经的，因此我们在失败和挫折面前就很容易从潜意识中找到一个宣泄负面情绪的对象，我们在归因方式上就会很自然地将课堂秩序混乱的各种根源、责任转移到研究对象——学生的身上去，而恰恰忽略和掩盖了真正需要我们认真反思的东西。说实话，这对于我们自身的专业成长是很不利的。

我们应该意识到，只要是课堂，就需要课堂管理；而课堂管理是要有能力和技巧的。从这个意义上说，“心理辅导教师”首先是一个“教师”。在学校里做心理辅导教师，首先要过好“教师关”，然后才可能当好一个“会上心理辅导课”的心理辅导教师。客观地说，我们许多年轻的同道之所以遇到目前这种管理上的困境，与我们师范院校心理系的课程设置和其他资源配置上片面强调“专业性”，却没有很好地突出和体现“师范性”有直接的关系。如果全面查找原因，此乃首当其冲也。

解决的办法只有通过实践，因为课堂管理能力是要在实践中锻炼才能提高的。这种管理能力对于心理辅导教师来说，是一种新的挑战。但不要一提到“管理”，就马上想到“怒目圆睁”、“不苟言笑”、“批评指责”、“大声训斥”等等；管理课堂是一种艺术，是所有教师应该终身为之学习和努力的。管理良好的课堂不仅仅是课堂上没有难以控制、不守纪律的学生，而且是指“生活在其中的每一个人，不管是教师、学生……都以诚相待、相互尊重。如果一种课堂氛围能够显示出身在其中的每一个学生都同样受到关注的话，那么每个学生自然而然就会回报一种忠诚和勤奋。”这样的课堂我们称之为“健康课堂”，而健康课堂的“每个学生都给予教师充分的信任，因为教师都懂得倾听，并且能够随机应变、因材施教。在听取学生意见时，教师听到的是支持、真诚的声音，没有人惧怕老师或向老师隐瞒什么，更不会有人在老师背后说三道四，这里完全是一种支持、信任、相互尊重的融洽氛围。没有猜忌，不存在对抗，因为以伙伴关系和合作精神为核心的人生哲学观构成了课堂活动的基本框架”①。这样的课堂管理是心理辅导活动课顺利推进的必要前提，也是一个辅导教师随着辅导生涯的积累逐渐达成的一种团体辅导意境。它不可能一蹴而就，但也不会是一种“可望而不可即”的“空中楼阁”。许多优秀的心理辅导教师已经用他们的实践证明了这一点。

三、四个误区

误区之一：学科化

辅导是师生之间的平等商讨，并着重于感觉、情绪的体验与表达，不是心理学理论知识的传授。

防止陷入学科化误区在操作上要注意以下几点：

---

①（美）Raymond M.Nakamura 著，王建平等译.健康课堂管理——激发、交流和纪律.北京：中国轻工业出版社，2002.4

1. 在一般情况下,不要去解释心理学的概念术语。这个问题现在有些争议,有的地方主张每节课都要给学生讲些心理学的基本概念或理论常识,这一点大家可以继续探讨和尝试,不必强求一律。但就多数教师的实践体会而言,基本态度应该是“不绝对禁止,不正面提倡”。有些心理学概念是应该讲,而且是必须讲的,如“艾滨浩斯遗忘曲线”。可是如果放手让教师去讲心理学概念术语,那就很容易走到学科知识传授的老路上去,因为单向传授对于某些教师而言实在是轻车熟路、求之不得的事,但学生却会因此而感到寡淡无味。

2. 不要多写板书,不要追求文化课上那种学科知识结构的系统化、条理化。投影的使用也主要是为了呈现情境材料,而不是为了诠释概念。例如一位教师,在辅导《与众不同》一课时,用投影出示了 11 条性格上的特点,如“聪明”、“谨慎”、“执著”、“谦虚”、“粗心”等,每一种特点后面又加上破折号,做一番详细的解释,这就带有浓厚的文化课色彩了。

3. 在活动课上不要用大块时间去读教材,或齐读投影片上的语句,或者在教材上划杠杠、标重点;不要老是习惯于用文化课的模式去设问提问,如:“是不是这样?”“对不对?”不要总想按照文化课的模式去追求一种正确的、标准的答案。在小结或总结时也不要套用文化课的习惯用语, 如:“我们这堂课主要学习了……”“我今天就讲这么多。”等等。因为,所有这些语言表达方式都在给学生传递着一种信息——“这是在上课呢!”“这是老师在讲授知识呢!”这种暗示的结果,只会是压抑了学生主动参与的主体积极性。

4. 从活动现场的组织形式看,要改变文化课“传授——接受”的教学模式就要尽可能地改变插秧式的座位排列方式,千万不要怕麻烦,也不要以为这是形式主义而采取无所谓的态度。因为传统的座位排列方式,要求全班学生整整齐齐地面对教师,使教室的空间截然分成了两大板块,这实际上是“教师中心”授课模式的反映。这种“空间阻隔”扩大了师生之间的“心理阻隔”,“是传统教学中教师的极大权威性和学生的极大被动性的重要生成因素之一”[①],因此是不利于心理辅导活动课中师生交往、生生交往需要的。

误区之二:带有政治思想教育色彩

辅导是人性由内向外的自我张扬, 不是政治思想教育由外向内的影响或灌输。但很多教师分不清这样一种实质性的差别,只是从形式上去加以判断和区分。

①石鸥.教学别论.长沙:湖南教育出版社,1998.117

有的教师总以为心理辅导活动课的内容一定要像“心理学”的样子，所以，对于情绪情感一类的主题，或者处理人际关系一类的主题，第一印象就是自然地接纳它们是“属于”心理辅导范围的，剩下的只是上得好不好的问题了；但若是看到“兔宝宝回家”、“学会打电话”、“你说过谎吗”这一类的主题，第一个反应就是“这是心理辅导课吗？这不是思想品德课或者常识课吗？”也就是说，他们从一开始就对这一类主题的“归属”问题，心存犹疑甚至表示排斥。这说明，我们有一些教师，对发展性心理辅导活动课的整个内容体系缺少一个总体了解。

防止心理辅导活动课带有一般的政治思想教育色彩，在操作上要注意的是：不要用习惯的政治思想教育术语，来替代心理辅导的有关术语。比如，用“我的理想”来替代“我的未来”。同时，还要注意，避免用政治思想教育的教导模式，替代心理健康教育的辅导模式来解决学生的心理发展问题。

误区之三：主题班会化

辅导是推动学生人格的袒露与升华，不是解决班级的具体事务问题；它以团体辅导的形式运作，却指向每个学生个性发展的需要。

要防止辅导过程的主题班会化，在操作上就要注意：

1. 班主任习以为常的管教训导的面孔必须改变，真正转换自己的角色。做到这一点很不容易，因为班主任总要处理一些令人心烦的琐碎事务，有时忍不住就唱起了“黑脸”，在这种情况下，心态的转换就需要一定的环境氛围。所以我们建议班主任分工合作，各自备好几个辅导专题，然后交叉上课，也许对这种情况能有所弥补。但一味回避也终究不是办法，说到底还是要在转变观念上做文章。

2. 班主任不要长时间地讲道理。例如，一位教师在辅导《成功的钥匙》这一专题时，辛辛苦苦地准备了一大段关于加强责任心的“台词”，用意是很好的，但从学生的心理去分析，就会发现一种有趣的现象：班主任照背事先准备的台词，学生中就会出现“接受教育”的恭敬神情，不过其精神的专注与情感的投入却不如主动参与时的状态，而且还冲淡了他们介入后续活动环节的气氛。

3. 注意不要动辄联系班级内部的具体事务，以为今天机会难得，氛围又比较好，可以抓住时机“联系实际”一番。辅导活动联系实际是应该的，但这种“实际”应该是个人成长的实际，不是要解决班级的实际问题。

误区之四：刻意模仿媒体谈话节目

辅导主要是同龄人之间的交流与沟通，是学生与学生之间的“助人自助”；班级团体辅导不能以教师为中心，教师不要去刻意模仿节目主持人。

上面我们分析了在评价心理辅导活动课时，常见的四种倾向性问题。我们提出这些问题，只是想引起初涉心理辅导活动课的教师们的留意，而不是为了捆住大家的手脚，使大家不敢“越雷池一步”。客观地说，教师们在传统的德育工作模式下，习惯了灌输与说教的思想教育方式，现在要大家一下子转轨到心理辅导模式上来，恐怕是很难适应的。特别是遇到团体动力未能很好地启动起来，虽然注意了引导却顾此失彼，造成时间紧迫等情形时，辅导教师往往就会以说教代替“助人自助”。心理辅导强调主体的体验与感悟，强调学生的自我成长，要落实这样一种理念，辅导教师就必须学会专注、倾听、同感、回馈、引导、重述、面质、具体化等一系列的辅导技巧，而这些技巧的掌握，是需要大家在辅导实践中慢慢体会和逐步了解、掌握的，绝不可能很快就彻底解决问题。所以，在评价过程中过分强调“专业化”，过分指责辅导教师的“教育”色彩，有时反倒会使他们手足无措，甚至丧失了进一步做好这项工作的信心。也许这就叫做“欲速则不达”吧！

所以，除了上面讲到的这些必要的区别标准之外，我们还要表达另外三层意思：第一，“要求不要太高了”；第二，“转弯不要太急了”；第三，“换个角度想一想——即使你上得有点像思想品德课，那也是一节融合了心理辅导理念的思想品德课嘛！就算你这节课很像班会课，那也是贯穿了心理辅导主题的班会课呀！大胆去尝试，不要怕像不像，凡事总有一个过程的嘛！”而且，在很多时候，心理辅导活动课的督导人员，更多的是需要具体告诉辅导教师，应该如何去设问，如何去引导，如何去回应，才体现了辅导的理念、技巧和方法。当我们以这样一种态度，去和教师们交流时，就常常能和辅导教师产生许多同感，而我们提出的建设性意见也往往更能被他们所接纳和认同。

把本节所提及的各种问题归纳起来，我们可以用四句话来加以总结：

1. 心理辅导活动课是有客观规律的。

2. 心理辅导活动课的规律是可以被我们认识的。

3. 认识规律还不等于掌握和运用规律，而掌握和运用规律则是需要一个过程的。

4. 在心理辅导活动课的操作过程中出现起伏曲折、时胜时败，是完全正常的。因为每一次上课时，教师所处的环境、情境、对象、心态、条件等都不相同。所以，辅导教师自己一定要调整好心态，不要以一时的成败论英雄，更不要以一时的成败而自我陶醉或者灰心丧气。

本章小结

1. 心理辅导活动课的活动评价标准，可以择要简化为5条：辅导理念的把握基本正确；设计思路比较清晰；活动过程氛围和谐；恰当运用辅导技巧；辅导目标基本达成。

2. 评价标准是心理辅导活动课的指挥棒。死板、统一的评价标准必然会导致心理辅导活动课形式上的单一和刻板，从而使团体活动缺乏其应有的生命力。只有评价标准的多元化，才能使心理辅导课的形式、模式多元化，从而赋予心理辅导活动课以新的生命力。

3. 心理辅导活动课的活动评价，在操作方面要注意不论成败，只讲得失；抓大放小，突出重点；多元互动，集思广益；注重过程，再观后效。

4. 心理辅导活动课的效果评价，主要采样于受辅学生的信息反馈，其具体方法不外乎问卷法、观察法、访谈法、叙述法等。

5. 辅导教师们在实施心理辅导活动课中遇到的挫败体验，其主要根源不在于我们自己的素质适合不适合做这项工作，而在于我们在这一领域内的实践经验的积累是否达到一定的量限。

6. 当前，在评价心理辅导活动课的过程中，所发现的主要问题，可以概括为"一种感受"——辅导教师普遍存在挫败感；"四种倾向"——选题的单一化倾向、活动的单调化倾向、游戏的过热化倾向、课堂管理的无序化倾向；"四个误区"——学科化、带有政治思想教育色彩、主题班会化、刻意模仿媒体谈话节目。

7. 另外，在评价过程中过分强调"专业化"，过分指责辅导教师的"教育"色彩，有时反倒会使他们手足无措，甚至丧失了进一步做好这项工作的信心。

问题讨论

1. 谈谈你对心理辅导活动课评价标准的理解。

2. 如何看待当前在心理辅导活动课评价中发现的一些共性问题？

3. 在你开设心理辅导活动课的过程中，你是如何防止上成思想品德课或者主题班会课的？有何经验或教训？

参考文献

1. 吴武典. 辅导原理. 台北:心理出版社,2002

2. 吴武典. 学校辅导工作. 台北:张老师文化事业股份有限公司,1995

3. 林孟平著. 辅导与心理治疗. 上海:上海教育出版社,2005

4. 吴武典,金树人. 班级辅导活动设计指引. 台北:张老师文化事业股份有限公司,1993

5. 李坤崇. 班级团体辅导. 台北:五南图书出版公司,1998

6. 吴增强,沈之菲等. 班级心理辅导. 上海:上海教育出版社,2001

7. 梁东标,唐礼深. 班级心理辅导手册. 广州:广东教育出版社,2003

8. 夏海鹰. 心理健康教育课程问题探究. 北京:中国人事出版社,2004

9. 曹梅静,王玲. 中小学心理健康教育课程设计. 广州:广东高等教育出版社,2004

10. 吴增强. 学校心理辅导通论——原理·方法·实务. 上海:上海科技教育出版社,2004

11. 刘华山. 学校心理辅导. 合肥:安徽人民出版社,1998

12. 莫雷. 青少年心理健康教育. 上海:华东师范大学出版社,2003

13. 刘宣文. 学校发展性辅导. 北京:人民教育出版社,2004

14. 陈家麟. 学校心理健康教育——原理与操作. 北京:教育科学出版社,2001

15. 班华. 心育论. 合肥:安徽教育出版社,1994

16. 中国心理卫生协会等. 心理健康辅导·基础理论分册. 北京:世界图书出版公司,2005

17. 李东红,熊少严. 学生辅导·21 世纪的教育选择. 广州:广东教育出版社,2004

18. 潘正德. 团体动力学. 台北:心理出版社,1999

19. 夏林清. 大团体动力. 台北:张老师文化事业股份有限公司,1999

20. 徐西森. 团体动力与团体辅导. 台北:心理出版社,2001

21. 吴武典. 团体辅导手册. 台北:心理出版社,2000

22. 杨极东. 团体辅导——理论与实务. 台北:五南图书出版公司,1993

23. 黄惠惠. 团体辅导工作概论. 台北:张老师文化事业股份有限公司,1995

24. 张老师. 如何进行团体咨商. 台北:商务印书馆,1994

25. 冯观富. 教育心理辅导精解. 台北:心理出版社,1993

26. 王连生. 教育辅导原理与技术. 台北:五南图书出版公司,1990

27. 廖凤池. 儿童咨询团体理念与方案. 台北:世界图书出版公司,2003

28. David L. Williamson 著,曾丽娟译. 让我们更亲近——灵活运用团体技巧. 台北:张老师文化事业股份有限公司,1988

29. 吴武典指导,吴丽娟. 让我们更快乐——理性情绪教育课程. 台北:心理出版社,2001

30. 王慧君等. 团体领导者训练实务. 台北:张老师文化事业股份有限公司,1996

31. 刘勇. 团体咨询治疗与团体训练. 广州:广东高等教育出版社,2003

32. 沈贵鹏. 心理教育活动论. 北京:高等教育出版社/广州:中山大学出版社,2005

33. 李宁. 群体心理学. 广州:暨南大学出版社,2000

34. 樊富珉. 团体心理咨询. 北京:高等教育出版社,2005

35. (美)Carl R. Rogers 著,张宝蕊译. 卡尔·罗杰斯伦会心团体. 北京:中国人民大学出版社,2006

36. (美)Gerald Corey 著,刘铮等译. 团体咨询的理论与实践. 第 6 版. 上海:上海社会科学院出版社,2006

37. (美)Robert Epstein 著,周丽清等译. 创造力拓展训练——团体培训手册. 北京:中国轻工业出版社,2005

38. (美)Gerald. Corey 著,刘铎等译. 团体咨询的理论与实践. 第 6 版. 上海:上海社会科学院出版社. 2005

39. (美)Ed E. Jacobs,Robert L. Masson,Riley L. Harvill 著,洪炜等译. 团体咨询的策略与方法. 北京:中国轻工业出版社,2000

40. (美)Sheldon D. Rose 著,瞿宗悌译. 青少年团体治疗——认知行为互动取向. 上海:华东理工大学出版社,2003

41. (美)Irvin D. Yalom 著,李鸣等译. 团体心理治疗——理论与实践. 北京:中国轻工业出版社,2005

42. 张春兴. 教育心理学——三化取向的理论与实践. 杭州:浙江教育出版社,1998

43. 莫雷. 教育心理学. 广州:广东高等教育出版社,2002

44. 吴庆麟,胡谊. 教育心理学——献给教师的书. 上海:华东师范大学出版社,2003

45. (美)Robert J. Sternberg,Wendy M. Williams 著,张厚粲译. 教育心理学. 北京:中国轻工业出版社,2003

46. (美)Robert E. Slavin 著,姚梅林等译. 教育心理学——理论与实践. 第7版. 北京:人民邮电出版社,2004

47. 林崇德. 发展心理学. 杭州:浙江教育出版社,2002

48. 方富熹,方格. 儿童发展心理学. 北京:人民教育出版社,2005

49. 时蓉华. 社会心理学. 杭州:浙江教育出版社,2002

50. 金盛华. 社会心理学. 北京:高等教育出版社,2005

51. 孙时进. 社会心理学. 上海:复旦大学出版社,2003

52. 沙莲香. 社会心理学. 北京:中国人民大学出版社,2002

53. 吴康宁. 课堂教学社会学. 南京:南京师范大学出版社,1999

54. (美)David G. Myers 著,侯玉波等译. 社会心理学. 第8版. 北京:人民邮电出版社,2006

55. (美)Robert A. Baron,Donn Byrne 著,黄敏儿等译. 社会心理学. 第10版. 上海:华东师大出版社,2004

56. (美)Jose B. Ashford 等著,王宏亮等译. 人类行为与社会环境. 第2版. 北京:中国人民大学出版社,2005

57. (美)Elisabeth Kubler-Ross 等著,张美惠译. 心的出路. 北京:国际文化出版公司,2006

58. 陈木金. 班级经营. 台北:扬智文化事业股份有限公司,1999

59. 郑玉叠,郭庆发. 班级经营——做个称职的教师. 台北:心理出版社,1994

60. 熊智锐. 开放性的班级经营. 台北:五南图书出版公司,1994

61. 江光荣. 班级社会生态环境研究. 武汉:华中师范大学出版社,2002

62. 佐斌. 师生互动论——课堂师生互动的心理学研究. 武汉:华中师范大学

出版社,2002

63. 岳晓东,祝新华著. 中小学心理辅导实用理论与技巧. 北京:北京师范大学出版社,2001

64. 唐思群,屠荣生. 师生沟通的艺术. 北京:教育科学出版社,2001

65. 陈国海,刘勇. 心理倾诉——朋辈心理咨询. 广州:暨南大学出版社. 2001

66. (美)马修·麦凯等著,郑乐平等译. 人际沟通技巧. 上海:上海社会科学院出版社,2005

67. 梁宝勇. 游戏治疗——理论与实务. 台北:心理出版社,2001

68. 徐光兴. 儿童游戏心理辅导. 上海:上海教育出版社,2001

69. (美)Dr. Haim G. Ginott 著,许丽美等译. 老师如何与学生说话. 台北:心理出版社,2001

70. (美)Richard A. Schmuck,Patricia A. Schmuck 著,廖珊等译. 班级中的群体化过程. 第8版. 北京:中国轻工业出版社,2006

71. (美)C. M. Charles 原著,金树人编译. 教师里的春天. 台北:张老师文化事业股份有限公司,2001

72. (美)Robert Epstein 著,周丽清等译. 团体力拓展训练——团体培训手册. 北京:中国轻工业出版社,2005

73. (美)Heidi Kaduson 等著,陈志鹏译. 游戏治疗 101. 成都:四川大学出版社,2005

74. (美)Virginia Mae Axline 著,程小危,黄惠玲编译. 儿童游戏治疗. 台北:张老师文化事业股份有限公司,1995

75. (美)Heidi Gerard Kaduson&Charles E. Schaefer 主编,刘稚颖译. 儿童短程游戏心理治疗. 北京:中国轻工业出版社,2002

76. (美)Elizabeth M. Timberlake&Marika Moore Cutler 著,肖萍等译. 临床社会工作游戏治疗. 上海:华东理工大学出版社,2004

77. 陈敬文. 评课. 福州:福建教育出版社,2005

78. 钟志农. 初中生心理辅导目标体系探索. 大众心理学,1996(2)

79. 钟志农,任张才,缪群. 构建初中生心理辅导目标体系的依据与构想. 浙江教育科学,1996(6)

80. 钟志农. 班级心理辅导活动课是学校"心育"的重要载体. 大众心理学,2001(9)

81. 钟志农. 班级心理辅导活动课的操作要领. 思想·理论·教育,2001(10)

82. 钟志农. 班级心理辅导必须注意的六个问题. 人民教育,2002(10)

83. 钟志农. 实施班级心理辅导活动课需要注意突破的几个问题. 新德育,2005(11)

84. 施丽君. 班级心理辅导活动课评价指标体系的建构研究. 浙江师范大学硕士学位论文,2005

参考网站

1. “心海扬帆”中小学心理辅导论坛
   http://www.xhyf.net
2. 台湾心理咨商资讯网
   http://heart.ncue.edu.tw
3. 上海心理热线
   http://www.sm-line.com
4. 中一心理在线
   http://www.xinliedu.com/Article_Class2.asp?ClassID=30
5. 中小学心理健康教育资源网
   http://xinli.wzms.com/main.asp

后 记

这本书虽说是“十年磨一剑”,但只能说是“开刃”之作,其中粗糙愚钝之处自不待言。热切期待各方专家同行不吝赐教,这就好比“剑”必须经过烈火煅烧这一道工序方能去除杂质一样。而“剑”自然还需要继续“磨”下去,才不至于“生锈”,并使剑刃愈见锋利。

由于篇幅的限制,这14年中对于心理辅导活动课的许多感悟体会不能尽诉笔端,只好留待将来——好在我们事业的希望都在将来。

人生不仅需要经历,而且需要追求。如果光是经历了,却没有去感悟、去发现、去反思、去追求,那么到头来还是在一大堆或无效、或无功、或无聊的事务圈子中打转转,内心充满了痛苦、烦恼、懊悔、无望;反之,如果一个人真的能够从自己或顺利、或曲折、或成功、或失败的经历中去体验、去品味、去探索、去总结,而且总是怀抱一颗不灭的信念火种,不是去武断地否定新的事物,而是去不断地否定旧的自我,那么,随着生命历程的推进,我们的经验就会日趋丰富,我们的心灵就会得到成长,我们对客观事物的认识就会越来越接近于真实和深入。

我想,对心理辅导活动课的研究也是如此。

在结束这本书稿之际,我还要衷心感谢为我提供点评课例(或课例片断)的几位老师,他们是:湖州市师范学院附属小学的孟丽老师、富阳市富春三中的缪群老师、浙江省宁波市鄞州中学的邵巧倍老师、浙江省富阳市高级职业中学的李联洲老师、浙江省温州八中的叶颖老师、杭州市西湖教育集团的孙飒老师、河北省石家庄市28中的黄琦老师、浙江省富阳中学的章建春老师。他们当中,多数是我的徒弟,有三位则是“心海扬帆”网站上非常出色的版主和网友。同时,我还要由衷地感谢宁波出版社的编辑陈静小姐,她的创意、热情和高效率是本书得以顺利出版的重要保证。

钟志农

2007年6月

便携卡

心理辅导活动课

心理辅导活动课常用的设计形式有哪些？

1. 团体暖身阶段常用的设计形式有：

(1)游戏暖身；(2)肢体活动暖身；(3)音乐暖身。

2. 团体转换阶段常用的设计形式有：

(1)小品表演；(2)录像或电影剪辑等媒体应用；(3)游戏情境。

3. 团体工作阶段常用的设计形式有：

(1)团体讨论(六六讨论法，配对讨论法，鱼缸讨论法，代议法，班级论坛，综合法)；(2)创意思考(脑力激荡法，六 W 法，分合法)；(3)联想活动(自由联想，故事接龙，语句完成)；(4)辩论活动(舌战群雄式辩论，分组对抗式辩论，同题分组小辩论)；(5)机智问答；(6)角色扮演(独角戏，人生 AB 剧，多种角色扮演)；(7)身体活动(增进团体凝聚力的身体活动，促进人际沟通的身体活动)；(8)回馈活动；(9)比拟活动(自我比拟，为团体命名，事件比拟)；(10)纸笔练习(促进人际互动和家庭关系探索的纸笔练习，催化学生自我探索的纸笔练习，促进团体信任感、凝聚力和合作态度的纸笔练习，澄清价值观的纸笔练习)。

4. 团体结束阶段常用的设计形式有：

(1)团康类活动；(2)音乐类活动。

心理辅导活动课6条操作原则是什么？

1. 动感第一；	2. 情境体验；
3. 多元互动；	4. 现场生成；
5. 主体抉择；	6. 和谐有序。

心理辅导活动课的8条操作要领是什么？

1. 重感受，不重认知；
2. 重引导，不重教导；
3. 重目标，不重手段；
4. 重口头交流，不重书面活动；
5. 重真话，不重有无错话；
6. 重氛围，不重理性探讨的完美；
7. 重应变，不重原定设计；
8. 重自我升华，不重教师概括总结。

心理辅导活动课的10项操作技巧是什么？

1. 专注技术；
2. 倾听技术；
3. 重述技术；
4. 具体化技术；
5. 引导技术；
6. 同感技术；
7. 支持技术；
8. 面质技术；
9. 保护技术；
10. 自我开放技术。

心理辅导活动课教师的10条操作须知是什么？

1. 营造氛围；
2. 构建关系；
3. 认真倾听；
4. 注重互动；
5. 适时引导；
6. 聚焦中心；
7. 及时调停；
8. 临场应变；
9. 自我发展；
10. 包容歧见。

心理辅导活动课评课指南

5条评课标准：1. 辅导理念基本正确；2. 活动设计思路清晰；3. 活动过程氛围和谐；4. 辅导技巧运用得当；5. 辅导效果比较明显。

4条评课方法：1. 不论成败，只讲得失；2. 抓大放小，突出重点；3. 多元互动，集思广益；4. 注重过程，再观后效。